Das Kursbuch
RELIGION

3

Arbeitsbuch für den
Religionsunterricht
im 9./10. Schuljahr

calwer

Diesterweg

westermann

Das Kursbuch Religion 3

Herausgegeben von Heidrun Dierk, Petra Freudenberger-Lötz, Michael Landgraf und Hartmut Rupp

Erarbeitet von Heidrun Dierk, Petra Freudenberger-Lötz, Jürgen Heuschele, Ulrich Kämmerer, Michael Landgraf, Stefan Meißner, Hartmut Rupp und Andreas Wittmann

Unter beratender Mitwirkung der ehemaligen Herausgeber Dieter Petri, Heinz Schmidt und Jörg Thierfelder

© 2017 Calwer Verlag GmbH Bücher und Medien, Stuttgart und Bildungshaus Schulbuchverlage Westermann Schroedel Diesterweg Schöningh Winklers GmbH, Braunschweig
www.calwer.com / www.diesterweg.de

Druck A³ / Jahr 2018
Alle Drucke der Serie A sind im Unterricht parallel verwendbar.

Redaktion: Dr. Holger Höcke
Herstellung: Corinna Herrmann, Frankfurt am Main
Layout und Seitengestaltung: Rainer E. Rühl, Alsheim
Umschlaggestaltung: Rainer E. Rühl, Alsheim unter Verwendung des Bildes Hans-Georg Hofmann: „Kein Zweifel" 1993 / © VG Bild-Kunst, Bonn 2016
Druck und Bindung: westermann druck GmbH, Braunschweig

ISBN 978-3-7668-**4328**-9 (Calwer)
ISBN 978-3-425-**07827**-4 (Diesterweg)

Mit dem Kursbuch Religion auf Entdeckungsreise gehen

Mit Band 3 der *Kursbuch-Religion*-Reihe möchten wir euch einladen, eure Entdeckungsreise zu euch, der Welt und dem christlichen Glauben fortzusetzen.

Vielleicht habt ihr schon ein paar Jahre mit dem Lehrwerk gearbeitet, dann kennt ihr das Prinzip.
Wieder gibt es sieben Hauptkapitel; die Themen entsprechen denen von Band 1 und 2.
Auch die verschiedenen Elemente des Buches sind dieselben:

Hotspots sind Einstiegsfragen für eine Seite und Anregungen zum Diskutieren.

Was befreit von Zwang und Angst?

Mithilfe der Querverweise auf den Seiten und eines Registers am Ende könnt ihr Seiten hinzuziehen und Verknüpfungen erstellen.

Mehr zur Auferstehung Jesu: >> S. 78f., 80ff.

Eröffnungsdoppelseiten: Hier findet ihr einen Überblick über die Lernmöglichkeiten eines gesamten Kapitels.

> **Bekenntnis**
> Ein Bekenntnis bringt die grundlegende Überzeugung eines Menschen prägnant zum Ausdruck. Es gibt individuelle Bekenntnisse und Bekenntnisse von Gemeinschaften, die so ihre grundlegenden Glaubensinhalte bestimmen und sich damit zugleich von abweichenden Glaubensaussagen abgrenzen.

Infokästen erklären Grundbegriffe oder fassen wichtige Inhalte zusammen.

Navi-Seiten bilden den Beginn und den Überblick zu einem Teilkapitel. Mit Projektaufgaben könnt ihr das Teilkapitel selbstständig erschließen.

Ziel erreicht!

> Erläutere, welches der vorgestellten Menschenbilder deiner Lebenserfahrung am nächsten kommt und welches dir fremd bleibt.
> Beurteile, ob das christliche Menschenbild Menschen stärken kann.
> Recherchiere bei Mitschülerinnen/Mitschülern aus anderen Religionen und dem Ethik- bzw. Philosophieunterricht, wie diese den Menschen sehen.
> „Du sollst dir kein Bildnis machen!" Nimm Stellung, ob das auch für Menschenbilder gilt.

Ziel erreicht! Am Ende jedes Teilkapitels könnt ihr euren Lernfortschritt prüfen.

Im letzten Kapitel **Grundfähigkeiten entwickeln** *geht es um Fähigkeiten, die ihr im Fach Religion braucht. Ihr lernt wichtige Methoden des Religionsunterrichts kennen.*

Viel Freude und gute Entdeckungen mit dem Buch wünscht euch

euer Kursbuch-Team

Inhaltsverzeichnis

Wir haben Religion

Was will der Religionsunterricht? Er ist zwar vom Grundgesetz (Art. 7.3) her abgesichert, doch gibt es immer wieder Diskussionen darüber, wofür man ihn braucht. Aus diesem Grund werden in vielen Bundesländern an Eltern in der Grundschule und zu Beginn der Klassenstufe 5 Informationsbroschüren verteilt. Sie enthalten Thesen zum Religionsunterricht und sollen zum Gespräch anregen. Orientiert am Flyer *10 gute Gründe für Reli* sind folgende Thesen.

1. Raum für die großen Fragen des Lebens geben

Das meint, es geht um Fragen wie: Woher kommen wir? Wohin gehen wir? Was ist der Sinn des Lebens? Gibt es einen Gott? Woran kann ich mich orientieren?

2. Transparent sein

Der Religionsunterricht wird in weiten Teilen Deutschlands nach Glaubensrichtungen getrennt unterrichtet. Dadurch weiß man, wer den Unterricht verantwortet und welcher Glaubensrichtung die Lehrerin oder der Lehrer angehört. Die Lehrkräfte sind trotz ihrer Gebundenheit an eine Glaubensrichtung zur Offenheit verpflichtet.

3. Dem eigenen Glauben begegnen

Kindern und Jugendlichen wird die Möglichkeit gegeben, die eigene Glaubensrichtung (Konfession), die christliche Religion beziehungsweise die Religion des Umfelds kennenzulernen. Man setzt sich mit Texten der Bibel und der christlichen Tradition auseinander. Dadurch gewinnen Schülerinnen und Schüler Sicherheit im Blick auf die eigene Kultur. Dies kann helfen, selbst Antworten auf die großen Fragen des Lebens zu finden.

4. Dialogfähigkeit üben

Im Religionsunterricht soll ausführlich auf andere Religionen und Weltanschauungen eingegangen werden. Der Unterricht will dazu motivieren, Menschen mit einer anderen religiösen Überzeugung respektvoll zu begegnen. Auch sucht er nach Wegen, mit Angehörigen anderer Religionen ins Gespräch zu kommen – beispielsweise beim Besuch eines Gebetshauses. So soll der Unterricht einen Beitrag zum friedlichen Zusammenleben in einer multireligiösen Gesellschaft leisten.

5. Freiheit konkret werden lassen

Dass es den Religionsunterricht gibt, hängt mit der Religionsfreiheit im Grundgesetz (Art. 4) zusammen. Es gibt ein „positives Recht" – man „darf" an der Schule sich mit Glaubensfragen auseinandersetzen, was in vielen Ländern (USA, Frankreich) nicht möglich ist. Gleichzeitig muss kein Schüler am Religionsunterricht teilnehmen. Dies garantiert, dass an der Schule ohne Zwang ein Austausch über die Fragen des Lebens möglich ist.

6. Pluralismus leben
Der konfessionelle Religionsunterricht und das (Ersatz-)Fach Ethik machen an der Schule für jeden sichtbar, dass es in einer vielgestaltigen (= pluralen) Gesellschaft unterschiedliche Antworten auf die Grundfragen des Lebens gibt.

7. Verantwortliches Leben fördern
Im Religionsunterricht setzen sich Kinder und Jugendliche mit ethischen Fragen auseinander. Es geht darin um Grundwerte wie Respekt und Solidarität, aber auch um biblische Themen wie Frieden, Gerechtigkeit und Bewahrung der Schöpfung. So hilft der Religionsunterricht Schülerinnen und Schülern, sich selbst ein eigenes ethisches Urteil zu bilden und Verantwortung in der Gesellschaft zu übernehmen.

8. Selbstfindung unterstützen
Der Religionsunterricht soll Kinder und Jugendliche bei der Identitätsfindung unterstützen. Mithilfe von Texten und Impulsen will er zum Nachdenken über sich selbst anregen. Dadurch können Schülerinnen und Schüler eigene Vorstellungen über ein selbstbestimmtes Leben entwickeln.

9. Mit Grenzen des Lebens umgehen
Das Leben besteht nicht nur aus Erfolg und Siegen. Im Religionsunterricht sollen Kinder und Jugendliche auch über Grenzerfahrungen sprechen können. Dazu gehören der Umgang mit Sterben und Tod, mit Trauer und Leid sowie die Erfahrung des Scheiterns. Im Austausch miteinander können so Strategien entwickelt werden, wie man auch mit diesen Erfahrungen des Lebens umgeht.

10. Raum für „mehr" geben
Im Religionsunterricht erfahren Kinder und Jugendliche, dass Leben mehr ist als das, was vordergründig „nützlich" ist. Im Religionsunterricht ist Raum für Zweckfreies, für Feier (Andacht, Gottesdienst o.ä.) und Gemeinschaft.

Aufgaben

1. Nimm Stellung zu den Thesen und benenne drei Punkte, die für dich am wichtigsten sind.
2. Zeige auf, wie die genannten Schwerpunkte des Religionsunterrichts bisher in deiner Schulzeit vorgekommen sind. Was müsste in Zukunft stärker vorkommen?
3. Das Bild oben zeigt eine Demonstration in Berlin, bei der Eltern und Schüler 2009 bei der Abstimmung „Pro Reli" für die Einführung des Religionsunterrichts demonstrierten. Recherchiere zu den Hintergründen, warum man dafür auf die Straße gegangen ist. Nimm auch Stellung zum Plakat „Religionsunterricht bildet."
4. Die Flyer auf dem Bild S. 6 stammen aus unterschiedlichen Landeskirchen. Recherchiere, wie die Landeskirche, in der du lebst, auf den Religionsunterricht aufmerksam macht.
5. Du bist Werbefachmann/Werbefachfrau und wirst angesprochen, auf den Religionsunterricht aufmerksam zu machen. Entwickle eigene Ideen für die Kampagne. Du kannst dabei auch Symbole für die zehn Punkte oben entwickeln.

Nach Mensch und Welt fragen

Ein Android für Oma?

Bisher hat deine Großmutter in einer kleinen Einliegerwohnung mit euch im Haus gelebt und ganz selbstverständlich am Familienleben teilgenommen. Inzwischen ist sie allerdings gebrechlich, pflegebedürftig und ein Stück weit dement geworden. Im Familienrat wird darüber diskutiert, wie es mit ihr weitergehen soll. Dein älterer Bruder macht den Vorschlag, sie in einem nahegelegenen neuen Pflegeheim unterzubringen, in dem auch Androiden, also Roboter, bei der Pflege und Betreuung der Bewohner eingesetzt werden. Er fragt dich nach deiner Meinung. Du antwortest ...

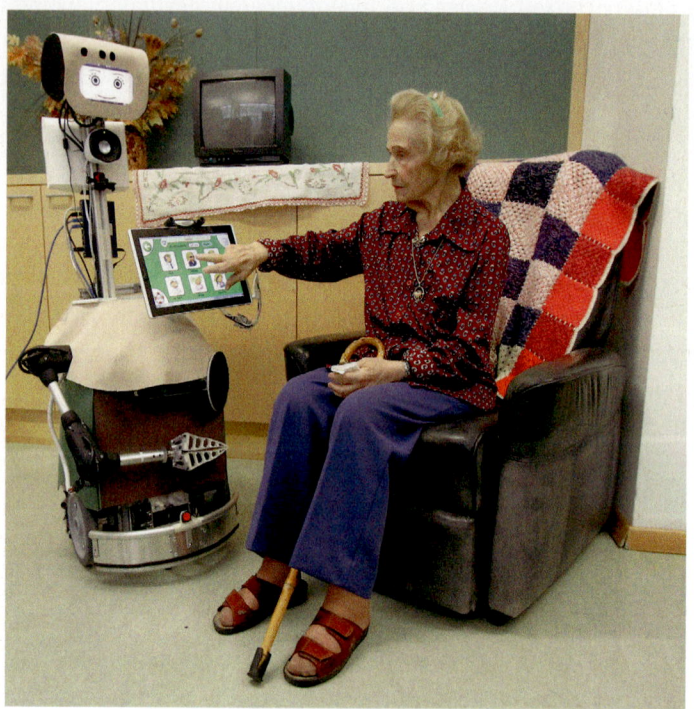

Der Pflegeroboter Hobbit

? Wie ist der Mensch?

? Was ist ein Menschenbild?

? Was ist ein glückliches, erfülltes Leben?

? Worauf hoffe ich?

? Wie lebe ich zukunftsbewusst?

? ...

So ist das Kapitel aufgebaut:

Menschenbilder bestimmen >>

Sinnfragen bedenken >>

Welt aus Hoffnung gestalten >>

Ich kann am Ende des Kapitels ...

✔ erläutern, was ein Menschenbild ist und welches Verständnis von Wesen und Auftrag des Menschen es enthält.

✔ religiöse und weltanschauliche Menschenbilder vergleichen und beurteilen.

✔ unterschiedliche Vorstellungen von einem glücklichen Leben beurteilen und ihre Bedeutung für mich und meine Lebensgestaltung prüfen.

✔ verschiedene Zukunftsvorstellungen vergleichen und ihre Relevanz für das Leben heute bestimmen.

✔ die Bedeutung von Hoffnung für die Lebensgestaltung beurteilen.

Menschenbilder bestimmen

Ich will Schülersprecher/-in werden!
In deiner Schule wird ein neuer Schülersprecher gewählt. Du kandidierst und gestaltest einen Flyer, in dem du dich den Mitschülerinnen und Mitschülern vorstellst und deine Ideen für das Miteinander in der Schule darstellst.

Menschenbilder

Unter einem Menschenbild versteht man die Summe der Vorstellungen, die man vom Wesen des Menschen hat. In einem Menschenbild kommt immer auch das Selbstverständnis, also das eigene Selbstbild zum Ausdruck. Da der Mensch Teil der Welt ist, ist sein Menschenbild immer auch Teil seines Weltbildes. Beide sind Teile einer umfassenden Sichtweise des Lebens. Diese kann vornehmlich religiös (z.B. als christliches Menschenbild), philosophisch, allgemein weltanschaulich oder naturwissenschaftlich bestimmt sein.

Grundeinkommen · Evolution · von Natur aus gut · von Natur aus böse · Konsument · Ebenbild Gottes · Menschenwürde · sündig und gerecht ·

Mit welchen dieser Begriffe hast du dich schon einmal auseinandergesetzt?

Projektaufgaben zu den Seiten 11–20

➤ Entwerft Plakate für fünf verschiedene Menschenbilder und formuliert dazu eine kurze Bewertung.

➤ Recherchiert Menschenbilder aus verschiedenen Alltagsbereichen (z.B. Werbung, Politik ...) und setzt sie in Beziehung zu den in diesem Teilkapitel dargestellten.

➤ Entwerft einen eigenen Text zum Thema Menschenbilder für ein Schülerlexikon.

Menschenbilder und ihre Konsequenzen – ein Beispiel

Bedingungsloses Grundeinkommen: gleiches Geld für alle?

Geld ohne Arbeit?

Spinnerei von Sozialromantikern – oder Schlüssel zu einer gerechten Gesellschaft?
In der Schweiz und in Finnland steht die Einführung des bedingungslosen Grundeinkommens auf der politischen Tagesordnung. Worum geht es dabei? Jeder Bürger soll regelmäßig eine Summe ausgezahlt bekommen, bedingungslos, ohne Bedürftigkeitsprüfung.

Geht es nach den Initiatoren des Schweizer Modells, dann soll das Grundeinkommen die Menschen vom Zwang befreien, für Geld arbeiten zu müssen. Dafür bräuchten Erwachsene etwa 1500 Euro, Kinder und Rentner weniger. Die Initiatoren sind davon überzeugt, dass die allermeisten dennoch weiter arbeiten würden – und zwar unbeschwerter und damit produktiver als zuvor, da sie nicht mehr fürchten müssen, mit dem Job ihre Existenzgrundlage zu verlieren.

In Finnland wird hingegen die Summe von 800 Euro diskutiert. Im Gegenzug könnten alle bisherigen Sozialleistungen entfallen. Damit will die Regierung zwei Ziele erreichen: Erstens soll der Anreiz steigen, gerade schlecht bezahlte Jobs anzunehmen, also der Niedriglohnsektor ausgebaut werden. Zweitens soll die staatliche Sozialverwaltung radikal verschlankt werden.

Hinter den Grundeinkommens-Modellen stehen vollkommen unterschiedliche Menschenbilder: auf der einen Seite das des von Grund auf egoistischen Faulen, der zur Arbeit gezwungen werden muss – auf der anderen Seite das des Mitbürgers, der im Normalfall gern arbeitet und darin Sinn und Struktur findet. Und dem, wenn er es doch nicht tut, dennoch nicht die Existenzgrundlage entzogen werden kann.

Nach einem SPIEGEL-Artikel

Mehr zum Thema Lohn und Gerechtigkeit auf >> S. 171

Aufgaben

1. Entwirf für beide Vorschläge im Text ein DIN-A4-Plakat.
2. Setze dich mit dem Konzept eines bedingungslosen Grundeinkommens auseinander.
3. Benenne Argumente für die beiden Menschenbilder.
4. Gestaltet eine Talkshow mit Befürwortern und Gegnern des Grundeinkommens. Stimmt am Ende ab.

Der Mensch – der klügste Affe? …

Genetiker vollziehen in spektakulären Experimenten einzelne Schritte der Menschwerdung im Labor nach.

Es zeigt sich, dass sich dieser Weg [...] als Drama in drei Akten verstehen lässt.

Akt 1: Evolutionslabor Ostafrika

Es ist eine Art Grundgesetz der Evolution, dass die Aussterberaten in klimatisch turbulenten Zeiten ansteigen. Gleichzeitig wächst die Innovationskraft der Natur. Ein klimatisches Wechselbad wirkt wie eine mächtige Evolutionsmaschine. Für kaum eine Gruppe von Organismen gilt diese Faustregel so sehr wie für die Vorfahren des Menschen. [...]

Seit Langem sind sich die Forscher einig, dass die Entwicklung vom Vormenschen Australopithecus hin zum Urmenschen Homo vorangetrieben wurde von einem ausdauernden Trend zu mehr Trockenheit. Die Niederschläge gingen allmählich zurück, die Jahreszeiten wurden ausgeprägter, der einst dichte Wald wich zunehmend offenerem Grasland. Homo verlor deshalb die Fähigkeit zu klettern und perfektionierte stattdessen das Laufen auf zwei Beinen. [...] Diese Launen des Klimas hätten den Menschen zu einem Verwandlungskünstler gemacht. Statt sich jeweils an spezifische Umstände anzupassen, [...] steigerte er seine eigene Flexibilität. [...]

Akt 2: Du bist, was du isst

Es braucht nicht viel Fantasie, um sich klarzumachen, dass das Leben in der Savanne für die Ahnen des Menschen voller tödlicher Gefahren war. [...] Schon zu diesem frühen Zeitpunkt [= vor 3,4 Millionen Jahren] waren Hominiden* zumindest gelegentlich zu Fleischfressern geworden. [...] Das Gebiss des Menschen ist dafür denkbar ungeeignet. [...]

Hominiden: menschenartige Wesen

Irgendwann fanden die Vorfahren des Menschen dafür eine Lösung: Weil ihre Zähne zum Schneiden schlecht taugten, fertigten sie sich eben ihre eigenen Schneidewerkzeuge an. Anfangs waren diese zwar unvollkommen. [...] Und dennoch war ihre Herstellung ein bedeutsamer Wendepunkt in der Menschheitsgeschichte: Die Evolution fand nun auch außerhalb des menschlichen Körpers statt. [...]

Doch so langsam der Fortschritt auch war, irgendwann begann er sich selbst zu verstärken: Der Mensch hatte sich Zugang zu hochwertiger Nahrung verschafft. Mit dieser konnte er ein wachsendes Hirn versorgen, welches seinerseits die Voraussetzung schuf, um sich noch mehr und noch bessere Nahrung zu verschaffen. Der Mensch hatte so einen Weg gefunden, eine Kette zu sprengen, die ihm seine äffische Biologie auferlegte. [...] Die wirksamste und vielseitigste Waffe des Menschen aber war seine Intelligenz.

... ein naturwissenschaftliches Menschenbild

Irgendwas ist irgendwann/irgendwo fürchterlich falsch gelaufen

Akt 3: Aufstieg zur Weltherrschaft

[...] Homo erectus* hatte sich in seiner neuen Nische als Jäger und Sammler eingerichtet. Auch der Umbau seines Körpers war vollzogen: Deutlich größer als sein Vorgänger [...] erreichte Homo erectus die Statur eines modernen Menschen. [...] Der Rest passierte im Kopf. [...] Es ist, als sei das Hirnwachstum nicht aufzuhalten gewesen. Dieses Organ war in der letzten Phase der Menschwerdungsgeschichte der wichtigste Schauplatz der Evolution. [...] Vielleicht wird es [...] auch gelingen, herauszufinden, was am Ende den Ausschlag dafür gab, dass der moderne Homo sapiens die Weltherrschaft erlangte. [...] Viel ist darüber spekuliert worden, was den Neuankömmling so überlegen machte. War es seine Fähigkeit, abstrakt zu denken? Seine kreative Begabung? Die Sprache? Schlicht eine höhere Fruchtbarkeit? [...]

Klar ist nur: Der moderne Mensch, der aus Afrika gekommen war, hatte nun endgültig das Korsett der Biologie abgelegt. [...] Bald schon begnügte er sich nicht mehr damit, sich der Umwelt, die er vorfand, anzupassen. Er begann damit, umgekehrt diese Umwelt sich anzupassen: Der Mensch machte sich daran, den Planeten zu gestalten.

Johann Grolle in DER SPIEGEL

Homo erectus: der aufrecht gehende Mensch

Vgl. zu Schöpfung und Evolution auch **>>** *S. 48f.*

Schöpfung und Evolution

Die biblischen Schöpfungserzählungen und die Evolutionstheorie beleuchten jeweils eine bestimmte Seite des Menschen. Die Evolutionstheorie fragt danach, wie sich der Mensch und alles Leben entwickeln konnten. Auf den ersten Blick scheinen dem die biblischen Schöpfungserzählungen zu widersprechen: Die Bibel erzählt, der Mensch und alles Leben sei von Gott geschaffen. Von einer Entwicklung steht dort nichts, abgesehen davon, dass die Erschaffung der Welt und des Lebens an mehreren Tagen stattfand. Bei näherer Betrachtung der Bibeltexte wird jedoch deutlich, dass es darin um etwas anderes geht, nämlich um die Fragen: „Was ist der Mensch?" „Warum ist der Mensch hier?" „Was ist Sinn und Ziel des Lebens?" Bei der Beantwortung dieser existenziellen Fragen kann uns die Naturwissenschaft nicht helfen. Hier hat die Glaubensperspektive ihren Sinn. Beide Perspektiven, die naturwissenschaftliche Perspektive und die Perspektive des Glaubens, sind aufeinander bezogen. Sie wollen dem Geheimnis des Lebens aus unterschiedlichen Blickwinkeln auf die Spur kommen.

Anders die fundamentalistische Bibelauslegung: **>>** *S. 128f.*

Aufgaben

1. Vergleiche die Deutung der Entwicklung des Menschen im Text und in der Karikatur.
2. Erarbeite mithilfe des Textes und weiterer Materialien eine anschauliche digitale Präsentation zur Evolutionstheorie.
3. Erörtert gemeinsam, ob ein Biologe auch Christ sein kann.

Ist der Mensch gut oder böse?

Kretzn: österreichisch für schlimmes Kind bzw. für Pickel

Titelseite von Leviathan, 1651

„Der Mensch ist böse!"

Georg Danzer: Traurig, aber wahr

Dass der Mensch a Kretzn* is, hinterlistig, feig und mies,
Dass dei bester Freund di linkt, und es, wo ma hinriacht, stinkt,
Dass a Frau nur frei sein kann, wann's ned abhängt von an Mann,
Dass a Kind betrogen wird, dadurch, dass 's erzogen wird,
Dass da Starke 'n Schwachen schluckt, und die Faust die Hand zerdruckt:
Traurig, aber wahr.

Dass die Ungerechtigkeit täglich mehr zum Himmel schreit,
Und dass es so ned weitergeht, aber wie, das wiss ma ned.
Dass sie d'an n Magn verderbn und die andern Hungers sterben,
Dass die Grausamkeit regiert, und dass 's immer schlimmer wird,
Dass die Wöld im Dreck dastickt, und dass des nur an uns liegt:
Traurig, aber wahr.

Dass der Mensch gern guat sein möcht, hilfreich, edel und gerecht.
Dass in ihm ein Engel steckt, und er nur den Teufel weckt.
Dass er a Gewissen hat, das ihm nie das Falsche rat.
Dass er aber drüber lacht und erst recht das Falsche macht.
Und dass i tiaf in mir drin sölbst oft so ein Oaschloch bin:
Traurig, aber wahr ...

Thomas Hobbes: Homo homini lupus

Das Hauptwerk des englischen Philosophen und Staatstheoretikers Thomas Hobbes (1588-1679), „Leviathan oder Wesen, Form und Gewalt eines kirchlichen und bürgerlichen Gemeinwesens" (1651), entstand unter dem Eindruck gewaltsamer politischer Auseinandersetzungen des Bürgerkrieges in England im 17. Jahrhundert. Die Angst vor der Gewalt prägte Hobbes' Denken, das man ‚aufgeklärten Absolutismus' genannt hat.

Zunächst wird angenommen, dass alle Menschen ihr ganzes Leben hindurch bemüht sind, sich eine Art der Macht nach der anderen zu verschaffen; nicht deshalb, weil sie nach immer größerer Macht streben, sondern weil sie fürchten, die Mittel ihrer gegenwärtigen Macht und Glückseligkeit zu verlieren, wenn sie diese nicht noch vermehren.

Der Wunsch nach Reichtum, Ehre, Herrschaft und Macht jeder Art facht den Menschen zum Streit, zur Feindschaft und zum Krieg an; denn dadurch, dass man seinen Mitbewerber tötet, überwindet und auf jede mögliche Art schwächt, bahnt man sich den Weg zur Erreichung seiner eigenen Wünsche. [...]

Hieraus ergibt sich, dass ohne Einschränkung der Macht der Zustand der Menschen so ist, wie er zuvor beschrieben wurde, nämlich ein Krieg aller gegen alle. Wer hierüber noch niemals nachgedacht hat, dem muss es auffallen, dass die Natur die Menschen so ungesellig gemacht hat und sogar einen zu des anderen Mörder bestimmt hat.

Thomas Hobbes: Leviathan, 1651

Thomas Hobbes:

Der Gesellschaftsvertrag

Ausgehend von seinem Menschenbild entwickelte Hobbes im *Leviathan* den Gedanken, dass menschliches Zusammenleben nur durch eine starke Autorität gewährleistet werden könne. Alle Menschen müssten ihr Selbstbestimmungs- und Selbstverteidigungsrecht in einem Gesellschaftsvertrag freiwillig und unwiderruflich auf einen absoluten Herrscher (Souverän) übertragen, der sie im Gegenzug voreinander schützt.

„Der Mensch ist gut!" – zwei philosophische Menschenbilder

Jean-Jacques Rousseau

Der französischsprachige Schweizer Philosoph Jean-Jacques Rousseau (1712-1778) vertrat ein anderes Menschenbild als Hobbes. Nach Rousseaus Vorstellung lebte der Mensch ursprünglich frei und glücklich in einem paradiesischen Urzustand, ohne Krieg und Elend. Er veröffentlichte 1762 den Erziehungsroman „Emile oder über die Erziehung". Er begann mit dem Satz:

Alles, was aus den Händen des Schöpfers kommt, ist gut; alles entartet unter den Händen des Menschen. Nichts will er so, wie es die Natur gemacht hat, nicht einmal den Menschen.

In weiteren Schriften führt Rousseau aus, wie es zur Abkehr von diesem Urzustand kam und wie er sich eine Lösung vorstellt:

Der Erste, der ein Stück Land eingezäunt hatte und es sich einfallen ließ zu sagen: dies ist mein, und der Leute fand, die einfältig genug waren, ihm zu glauben, war der wahre Gründer der bürgerlichen Gesellschaft. Wie viele Verbrechen, Kriege, Morde, wie viel Not und Elend und wie viele Schrecken hätte derjenige dem Menschengeschlecht erspart, der die Pfähle ausgerissen oder den Graben zugeschüttet und seinen Mitmenschen zugerufen hätte: „Hütet euch, auf diesen Betrüger zu hören [...]."

Da jeder die Geringschätzung, die man ihm zu erkennen gegeben hatte, in einer Weise bestrafte, die der Wichtigkeit entsprach, welche er sich selbst beimaß, wurden die Racheakte schrecklich und die Menschen blutgierig und grausam. [...] Und weil man die Ideen nicht genügend unterschieden und nicht bemerkt hatte, wie weit diese Völker schon vom ersten Naturzustand entfernt waren, haben manche sich beeilt zu schließen, dass der Mensch von Natur aus grausam sei und dass er der Zivilisation bedürfe, damit diese ihn sanfter mache. Indessen ist nichts so sanft wie der Mensch in seinem anfänglichen Zustand. [...]

Rousseau: Diskurs über die Ungleichheit

Wie findet man eine Gesellschaftsform, die mit der ganzen gemeinsamen Kraft die Person und das Vermögen jedes Gesellschaftsmitgliedes verteidigt und schützt, und kraft deren jeder Einzelne, obgleich er sich mit allen vereint, gleichwohl nur sich selbst gehorcht und so frei bleibt wie vorher? Das ist die Hauptfrage, deren Lösung der Gesellschaftsvertrag gibt.

Rousseau: Der Gesellschaftsvertrag

Jean-Jacques Rousseau: Der Gesellschaftsvertrag

Nach Rousseaus Vorstellung von einem Gesellschaftsvertrag („contrat social") ermöglicht dieser jedem Menschen, sich so frei wie im Naturzustand zu fühlen. Der einzelne Mensch soll also auch im gesellschaftlichen, staatlichen Zusammenleben so frei und wild wie im Naturzustand leben können.

Aufgaben

1. Setze das Titelbild von *Leviathan* in Beziehung zu Hobbes' Menschenbild.
2. Beschreibe den Zusammenhang zwischen dem Menschen- und dem Weltbild der beiden Philosophen.
3. Beide Philosophen haben eine Vorstellung davon, wie Gesellschaft funktionieren kann. Vergleiche diese beiden „Gesellschaftsverträge".
4. Daniel Defoes Roman *Robinson Crusoe* erschien 1719. Recherchiere den Inhalt und prüfe, welchem der beiden Menschenbilder er näher steht.
5. Gestalte ein Gespräch zwischen Thomas Hobbes, Jean-Jacques Rousseau und Georg Danzer.

Ich kaufe, also bin ich!

Warum macht Shoppen Spaß?

Im Vollsprint hinein ins Shoppingparadies

Der Stundenplan hatte sich gestern für Hunderte Aachener Jugendliche anscheinend kurzfristig geändert: Schuhladenstürmen in der ersten, Klamotten kaufen in der zweiten, Döner essen in der dritten Stunde. Und vorneweg: Leichtathletiktraining in Form von Sprintübungen, um ja als Erster ins Aquis Plaza zu gelangen. Beobachter [...] kamen schnell zu der Vermutung, dass es an diesem Tag in einigen städtischen Schulen deutlich ruhiger zugehen musste als sonst. Denn zu einer Zeit, wo der Normal-Jugendliche eigentlich Mathe, Deutsch und Englisch büffeln sollte, stürzten sich Hunderte offensichtlich schulpflichtige Jugendliche lieber ins Einkaufsparadies.

Nach erwachsenen Vorbildern musste man nicht lange suchen: [...] Laut Betreiber sollen bis 17.30 Uhr bereits 68.000 Besucher in der Mall gewesen sein. „Wir wurden regelrecht überrannt", sagte Center-Managerin Kathrin Landsmann. [...]

Hartgesottene Fußgänger harrten bereits um 5 Uhr morgens vor dem Elektroriesen Saturn aus, der sogar zwei Stunden früher öffnete [...]. Die Frühaufsteher standen alleine und in kleinen Gruppen im Eingangsbereich, viele mit Rucksäcken, einige sogar mit Sackkarren ausgestattet.   *Stefan Herrmann und Robert Esser in der Aachener Zeitung*

Sprechblasen: Herbert Grönemeyer: Kaufen

Shopping als neue Religion

Der tiefe Glaube ans Kaufen ist ein weltweit gültiges Bekenntnis – und er kommt den Strukturen einer Religion in vielem sehr nahe. Religiöse Sehnsüchte, Konsumkult und die schöne neue Dingwelt hängen zusammen. Und zwar enger als gedacht. [...]

Meinen eigenen Kindern kaufe ich im Supermarkt regelmäßig Schoko-Eier oder bunte Zeitschriften voller Helden aus der doofen Merchandising-Industrie. Die Quengelware ist Teil unserer persönlichen Supermarkt-Liturgie*. Weil ich das selige Strahlen auf ihren Gesichtern so mag. Weil ich es gut kenne, das Habenwollen, den Kick. Das Glück auf Erden. Denn auch das ist wahr: Einkaufen macht glücklich, sogar über den Moment hinaus. Der Erwerb profaner* Dinge ist es heute, an denen sich Sinn, Gemeinschaft und Hoffnung festmachen – vor allem die Hoffnung darauf, dank dieser Dinge ein besserer Mensch zu werden. Während Kirchen schließen, sprießen die Einkaufstempel aus dem Boden. Dein Wille geschehe ...

Liturgie: Gottesdienstordnung

profan: weltlich

Martin Lindstrom ist der Guru des Neuromarketings. Der Däne ist weltweit ein gefragter Wanderprediger, seit er auf die Idee kam, Werbebotschaften im Hirnscan zu testen. Die Reaktionen von über 2000 Menschen hat er untersuchen lassen und dabei festgestellt, dass religiöse und konsumkultige Symbole dieselben Hirnareale befeuern. Probanden, die religiös waren, reagierten beim Anblick religiöser Symbole mit Aktivitäten in den selben Hirnregionen, die auch durch starke Marken gereizt wurden. In seinem Buch *Buyology*, der Bibel des modernen Marketings, schreibt Lindstrom: „Die Reaktionen auf die starken Marken und Kultsymbole waren nicht nur bloß ähnlich, sondern fast identisch."

Britta Heidemann

Auch am Sonntag shoppen?

Der Sonntag als kollektive und individuelle Zäsur in der Woche genießt nach wie vor verfassungsrechtlichen Schutz, er ist im Grundgesetz als Tag der Arbeitsruhe und der seelischen Erhebung geschützt. Das bedeutet: In unserem Leben gibt es mehr als Arbeit und Leistung, Konsum und Vermögen. Der Sonntag als gemeinsamer Ruhetag entspricht dem fürsorglichen Lebensrhythmus, den Gott für seine Schöpfung vorsieht. So unterbricht der Sonntag heilsam den Alltag mit seinen beruflich und sozial festgelegten Rollen und Positionen. Er ermöglicht Begegnung und gemeinsames Feiern unterschiedlicher Menschen. Wir brauchen gerade heute in allem Schrecken über Krieg und Terror, in der Anfeindung durch Hass und Vorurteile und in der sozialen Vereinsamung solche Zeiten der gemeinsamen Ermutigung. Der Sonntag ist und bleibt heilig. Er stärkt den Zusammenhalt einer Gesellschaft.

Hans-Peter Bruckhoff, Superintendent des Evangelischen Kirchenkreises Aachen

Aufgaben

1. Erläutere, warum das *Aquis Plaza* als „Shoppingparadies" bezeichnet wird.
2. Entwirf eine SMS, die die Jugendlichen auf dem Foto an Hans-Peter Bruckhoff schicken könnten, nachdem sie im *Aquis Plaza* gewesen sind.
3. Vergleiche die Menschenbilder, die hinter der Überschrift *Ich kaufe, also bin ich* und hinter der kirchlichen Stellungnahme stehen. Berücksichtige dabei den Text *Shopping als neue Religion*.
4. Untersucht in Gruppen Werbeanzeigen auf die in ihnen enthaltenen Menschenbilder und gestaltet alternative Anzeigen.

Bibel und Werbung: >> S. 108

„Was ist der Mensch, dass du an ihn denkst? ...“ –

Hat der Mensch Würde oder ist er Würde?

Psalm 8: Die Würde des Menschen

HERR, unser Herrscher,
wie machtvoll klingt dein Name auf der ganzen Erde!
Deine Herrlichkeit strahlt über dem Himmel auf!
Schaue ich hinauf zum Himmel,
staune ich über das Werk deiner Finger.
Betrachte ich den Mond und die Sterne,
die du dort oben befestigt hast, so frage ich:
Was ist der Mensch, dass du an ihn denkst?
Wie wertvoll ist das Menschenkind,
dass du dich um es kümmerst?
Kaum geringer als Gott –
so hast du den Menschen geschaffen.
Du schmückst ihn mit einer Krone –
sie verleiht ihm Herrlichkeit und Würde.
Die Werke deiner Hände hast du ihm anvertraut.
Alles hast du ihm zu Füßen gelegt:
Schafe, Ziegen und Rinder – alle zusammen,
und dazu die wilden Tiere auf dem Feld.
Die Vögel am Himmel und die Fische im Wasser
und was sich sonst in den Meeren bewegt.
HERR, unser Herrscher,
wie machtvoll klingt dein Name auf der ganzen Erde!
Psalm 8,2-10 (BasisBibel)

Szene aus dem US-amerikanischen Militärgefängnis Abu Ghraib, Bagdad

Menschenwürde

Menschenwürde gilt als das oberste Prinzip aller Menschenrechte. Sie beruht auf der Überzeugung, dass der Mensch um seiner selbst willen, also bedingungslos geachtet werden muss. Sie verbietet es, Menschen unmenschlich zu behandeln. Der christliche Glaube leitet die Menschenwürde aus der Überzeugung ab, dass jeder Mensch nach 1. Mose 1,27 als Ebenbild Gottes geschaffen ist. Der Philosoph Immanuel Kant folgerte aus der Menschenwürde, dass ein Mensch niemals als Mittel für etwas benutzt werden, sondern nur Zweck bzw. Ziel des Handelns anderer sein darf. In Artikel 1, Absatz 1 des Grundgesetzes heißt es, die Würde des Menschen sei unantastbar. Der Mensch hat also Würde, weil er Mensch ist, nicht weil er sie sich verdient hat oder bestimmte Voraussetzungen bzw. Bedingungen erfüllt. Er kann sie demzufolge auch nicht verlieren, sie kann also nicht „angetastet“ werden. Sie ist nichts Äußerliches.

Aufgaben

1. Beschreibe das Menschenbild in Psalm 8.
2. Gestalte ein Wordle zum Begriff Menschenwürde. Vergleicht eure Wordles.
3. Recherchiert die Vorkommnisse in Abu Ghraib und wendet darauf Artikel 1, Absatz 1 GG an.

Gottesebenbildlichkeit (1. Mose 1,27)
Gottesebenbildlichkeit meint nicht Aussehen und Gestalt des Menschen, sondern sein Wesen: Als Gottes Geschöpf ist er so von Gottes Geist geprägt, dass er zu Gott in Beziehung treten kann. Darin liegt ohne eigenes Zutun seine besondere Würde. Zugleich meint die Rede von der Gottesebenbildlichkeit auch die Bestimmung des Menschen: Als Stellvertreter Gottes hat er den Auftrag, sich die Erde „untertan“ zu machen und über die übrigen Geschöpfe zu „herrschen“, aber im Sinne der Ehrfurcht vor allem Leben und der Bewahrung der Schöpfung.

Biblische Bilder vom Menschen

Sind wir von Geburt an Sünder?

In der [...] christlichen Lehre gilt der Mensch von Geburt an als Sünder. Entgegen einem verbreiteten Missverständnis bezeichnet das Wort Sünde allerdings nicht die einzelne Verfehlung, sondern etwas Grundsätzliches: die Entfremdung des Menschen von Gott. [...] Sünde kann aber auch die Deformati-

Michelangelo (1475-1564): Vertreibung aus dem Paradies (Ausschnitt)

on einer ganzen Gesellschaft bezeichnen. Das heißt: Kinder werden in soziale Verhältnisse geboren, die es ihnen schwer machen, gute Menschen zu werden. Die christliche Tradition sagt deshalb: Jeder Mensch kommt im Machtbereich der Sünde zur Welt. Das Kind selbst ist daran unschuldig. Es steht gleichwohl im Bann der Sünde.

Ein biblischer Mythos erzählt, wie die Sünde entstand. Adam und Eva lebten im Paradies im Einklang mit Gott. Die Schlange, Symbol der Zerstörung, verführte die beiden dazu, von der Frucht eines Baumes zu essen, deren Genuss ihnen Gott verboten hatte. Die Schlange stellte ihnen etwas Verlockendes in Aussicht: zu sein wie Gott und also Gutes und Böses zu erkennen. Von dieser Aussicht verführt, missachteten Adam und Eva das Verbot. [...]

Nach dieser Geschichte entsteht Sünde aus dem Wunsch, wie Gott sein zu wollen: unfehlbar, unverletzlich, unsterblich. Der Kirchenvater Augustin (354-430) nannte diese Sünde die Ursprungssünde (lat.: peccatum originale). Seine Auffassung: Dieser Sündenfall ereigne sich täglich von neuem und zwar im Leben jedes einzelnen Menschen. Diese Ursünde ist also kein einmaliges historisches Ereignis. Irreführend ist deshalb die deutsche Übersetzung des Wortes mit „Erbsünde".

Der Reformator Martin Luther (1483-1546) machte sich wenig Illusion über die Fähigkeit des Menschen, sich grundlegend moralisch zu bessern. Der Mensch sei so in der Sünde gefangen, dass er sich nicht aus eigener Kraft befreien könne. Gerade diejenigen, die sich um moralische Perfektion bemühten, stünden besonders in Gefahr, eitel und arrogant zu werden, warnte Luther.

Burkhard Weitz

Mythos

Ein Mythos (griech. = Wort, Rede, Erzählung, sagenhafte Geschichte) ist eine Erzählung, mit der Menschen ihre Weltbilder und Selbstverständnisse zum Ausdruck bringen. In einem religiösen Mythos wird das Dasein des Menschen mit der Welt der Götter bzw. Gottes Handeln verknüpft. Man hat Mythos auch als „das, was nie war, aber immer sein wird" beschrieben, also als eine Erzählung, deren Inhalt historisch nicht wahr ist, deren eigentliche Aussage aber „stimmt" und immer gilt. In diesem Sinne sind die Erzählungen am Anfang der Bibel (1. Mose 1-11) Mythen. Sie geben symbolische Antworten auf menschliche Grunderfahrungen und Fragen.

Mehr über Mythos in der Bibel: >> *S. 124*

Aufgaben

1. Lies 1. Mose 3,1-24 und arbeite mit Hilfe des Textes von Burkhard Weitz heraus, inwiefern die „Sündenfall"-Erzählung als Mythos bezeichnet werden kann.
2. Vergleiche die biblische Erzählung mit dem Bild.
3. Untersuche die Erzählungen von Kain und Abel (1. Mose 4,1-16), Noah (1. Mose 6,5 – 8,22) und vom Turmbau zu Babel (1. Mose 11,1-9). Welche grundlegenden Erfahrungen werden angesprochen?

„Sünder und gerecht zugleich" (simul iustus et peccator) – das Menschenbild Martin Luthers

Was ist eigentlich Sünde?

Sünde

Der folgende Text ist ein Ausschnitt aus einem Aufsatz mit dem Titel „Sünde". Der Autor, Gerhard Sauter, war Theologieprofessor. Am Beispiel von Davids Ehebruch (2. Samuel 11) erläutert er, was Sünde ist, wie man dazu kommt, (s)eine Sünde zu bekennen und wie man mit ihr umgehen kann.

Doch wenn er [= David] sagt: „Ich bin ein Sünder", dann misst er nicht mehr, was er verbrochen hat. Er bekennt, dass er grundverkehrt ist. Sünder sein heißt: in sich verschlossen sein wie in eine Spirale*, die immer enger wird und aus der ich schließlich nicht mehr herausfinde, geschweige denn mich herauswinden kann. […] Darum meint die Bibel mit „Sünde" nicht nur eine Untat, sondern eine Übermacht, die Menschen nicht beherrschen können – auch wenn sie sich aufs Äußerste bemühen, das Rechte zu tun. Die Sünde ist wie eine Macht, der wir verfallen, gerade indem wir unser Leben und das Leben anderer meistern wollen. Reichen wir ihr den kleinen Finger, dann nimmt sie nicht nur die ganze Hand, sondern greift nach dem Leben. Wir haben uns in die Sünde verstrickt – und wissen nicht einmal davon, bevor Gott uns anspricht und anrührt. Sünde geschieht nicht ohne unseren Willen, aber sie ist zugleich ein Verhängnis, dem wir nicht entrinnen können.

Martin Luther hat gesagt, dass wir Menschen Sünder sind, sofern wir auf uns blicken und uns überhaupt recht erkennen können – und zugleich sind wir Gerechte, kraft der Verheißung Gottes, weil wir an der Gerechtigkeit Christi teilhaben und aus Gottes Urteil leben.

Gerhard Sauter

Sündenspirale:
„Homo incurvatus in se", der in sich selbst verkrümmte, auf sich selbst bezogene Mensch ist in der christlichen Theologie ein geläufiges Bild für die Wirkung der Sünde auf den Menschen. Für Martin Luther war der sündige Mensch ein in sich gekrümmtes Wesen, das sich der göttlichen Gnade verschließt.

Aufgaben

1. Nenne Beispiele dafür, wie im Alltag von Sünde gesprochen wird. Beachte dabei auch das Bild.
2. Beschreibe den Unterschied zwischen Schuld und Sünde und erläutere, warum viele Menschen lieber von Schuld als von Sünde reden.
3. Gestaltet in Gruppen Standbilder zu Luthers Gedanken: a) Der in sich selbst verkrümmte Mensch, b) Der Mensch ist Sünder und gerecht zugleich. Vergleicht eure Standbilder.
4. Zeige Konsequenzen auf, die sich aus Martin Luthers Vorstellung für die Lebensführung ergeben können.

Ziel erreicht!

> Erläutere, welches der vorgestellten Menschenbilder deiner Lebenserfahrung am nächsten kommt und welches dir fremd bleibt.

> Beurteile, ob das christliche Menschenbild Menschen stärken kann.

> Recherchiere bei Mitschülerinnen/Mitschülern aus anderen Religionen und dem Ethik- bzw. Philosophieunterricht, wie diese den Menschen sehen.

> „Du sollst dir kein Bildnis machen!" Nimm Stellung, ob das auch für Menschenbilder gilt.

Sinnfragen bedenken

Karlheinz Ruckriegel ist Professor für Volkswirtschaftslehre an der Technischen Hochschule Nürnberg. Einer seiner Arbeitsschwerpunkte ist die Glücksforschung. Er untersucht z.B. mithilfe von Fragebögen, was Menschen unter Glück verstehen und wann sie glücklich sind. Für ein neues Forschungsprojekt kannst du dich an der Erstellung eines solchen Fragebogens beteiligen.
Entwirf den Fragebogen.

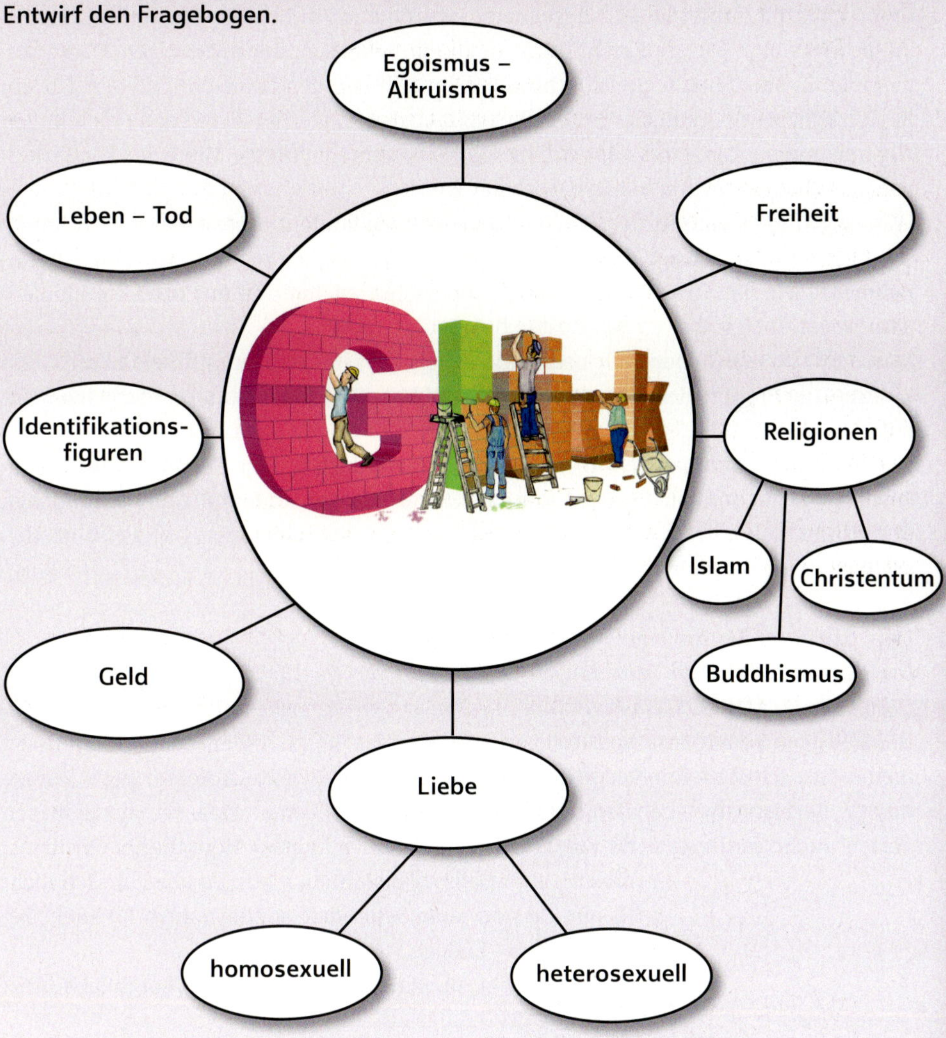

Egoismus – Altruismus

Leben – Tod

Freiheit

Identifikations-figuren

Religionen

Islam

Christentum

Geld

Buddhismus

Liebe

homosexuell

heterosexuell

Glück

Das Wort Glück meint die Art, wie etwas endet bzw. ausgeht. Glück ist also der gute Ausgang bzw. die Auswirkung eines Ereignisses, unabhängig von menschlicher Mitwirkung. Das klingt in der Redewendung, jemand habe Glück gehabt, an. Die antike Philosophie antwortete auf die Frage nach einem glücklichen Leben, dass es eine Lebensaufgabe des Menschen sei, an seinem Glück aktiv mitzuwirken. Das besagt das Sprichwort „Jeder ist seines Glückes Schmied." Die biblische Glücksvorstellung findet sich besonders im hebräischen Wort Schalom, meist mit „Frieden" übersetzt. Es bedeutet auch Glück im Sinne von Unversehrt-heit, Heil, Gesundheit, innerer Ruhe, Wohlfahrt und Sicherheit.

Projektaufgaben zu den Seiten Seiten 21–33

➤ Recherchiert bei anderen deren Glücksvorstellungen und ordnet diese den Glücks-vorstellungen im Teilkapitel zu.

➤ Entwerft einen Artikel für ein Jugendlexikon zum Begriff „Glück". Unterscheidet dabei, wie in den verschiedenen Glücksvorstellungen zwischen Individuum und Gemeinschaft vermittelt wird.

➤ Erläutere, welche der in diesem Teilkapitel dargestellten Glücksvorstellungen du teilst und welche du ablehnst.

Geht es allen gut, wenn es mir gut geht?

Jeder ist sich selbst der Nächste! ...

Das Benefizkonzert

Im Jahr 2015 kamen mehr als eine Million Flüchtlinge und Asylbewerber nach Deutschland, vor allem aus Bürgerkriegsländern im nahen und mittleren Osten und aus Afrika. Als eine der beiden Turnhallen von Leonies Schule als Aufnahmelager für Flüchtlinge eingerichtet wurde und die Schülerinnen und Schüler den Flüchtlingen im Laufe der Unterrichtszeit immer wieder begegneten, wurde auch in Leonies Klasse darüber diskutiert, was man für die Flüchtlinge tun könne. Jonathan, der mit einigen Klassenkameraden in einer Band spielte, schlug vor, im Rahmen des Tages der Offenen Tür ein Benefizkonzert zu organisieren. Die Einnahmen des Konzertes sollten den Flüchtlingen zugutekommen. Die Band sollte auf die Gage verzichten, und die Miete der Verstärkeranlage sollte aus der Klassenkasse bezahlt werden.

Während die meisten in der Klasse die Idee super fanden, protestierte Lukas heftig: „Kommt gar nicht infrage! Bei jedem anderen Auftritt teilen wir auf, was von den Einnahmen übrig bleibt, aber hier sollen wir umsonst spielen und uns über die Klassenkasse sogar noch selbst an den Kosten beteiligen!"

Marco pflichtete ihm bei: „Wir haben die Arbeit, investieren Zeit und Geld in die Organisation, die Proben, den Auf- und Abbau, und haben nichts davon. Da mach' ich nicht mit!"

Mehr zum Thema Flüchtlinge: >> *S. 172*

Henrike und Hanna hielten dagegen: „Aber es geht doch um die Flüchtlinge! Wir wollen die doch mit dem Geld, das wir für das Konzert kriegen, unterstützen! Die brauchen doch Hilfe! Da könnt ihr doch wohl mal auf eure Gage verzichten!"

Die Diskussion wurde richtig heftig ...

Max Stirner: Der Einzige

Der deutsche Philosoph Max Stirner (1806-1856) veröffentlichte im Oktober 1844 das Buch „Der Einzige und sein Eigentum", in dem er sein Menschenbild entfaltete.

Der Selbstgenuss wird Mir dadurch verleidet, dass Ich einem Andern dienen zu müssen meine, dass Ich Mich ihm verpflichtet wähne, dass Ich Mich zu „Aufopferung", „Hingebung", „Begeisterung" berufen halte. Wohlan, diene Ich keiner Idee, keinem „höheren Wesen" mehr, so findet sich's von selbst, dass Ich auch keinem Menschen mehr diene, sondern – unter allen Umständen – Mir. So aber bin Ich nicht bloß der Tat oder dem Sein nach, sondern auch für mein Bewusstsein der – Einzige.

Dir kommt mehr zu, als das Göttliche, das Menschliche usw.; Dir kommt das Deinige zu.

Sieh Dich als mächtiger an, als wofür man Dich ausgibt, so hast Du mehr Macht; sieh Dich als mehr an, so hast Du mehr.

Du bist nicht bloß berufen zu allem Göttlichen, berechtigt zu allem Menschlichen, sondern Eigner des Deinigen, d.h. alles dessen, was Du Dir zu eigen zu machen Kraft besitzest, d.h. Du bist geeignet und befähigt zu allem Deinigen.

Max Stirner: Der Einzige und sein Eigentum

Aufgaben

1. Gestaltet ein Rollenspiel, in dem ihr die Diskussion in Leonies Klasse weiterführt.
2. Sprecht Max Stirners Text laut und chorisch; probiert dabei unterschiedliche Betonungen aus und fasst den zentralen Gedanken zusammen.
3. Kurz nach Erscheinen wurde Stirners Buch in Sachsen beschlagnahmt und der Vertrieb wurde verboten. Nenne und erläutere mögliche Gründe.
4. Stirner verwendet statt „Glück" den Begriff „Selbstgenuss". Nimm Stellung zu diesem Begriff.

... Glück zwischen Egoismus und Altruismus

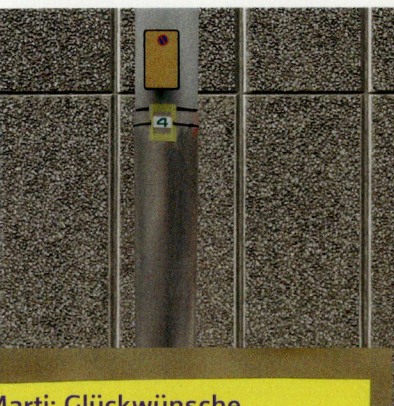

Kurt Marti: Glückwünsche

Dass du dir glückst

Dass dir das Glück anderer glücke

Dass durch dich

ein oder zwei Menschen

besser sich glücken

Dass das Glück dich nicht blende

für das Unglück anderer

Dass du dir glückst

auch im Unglück

Dass eine Welt werde,

wo zusammen mit dir

viele sich glücken können.

 **Egoismus, Altruismus**

Der Begriff Egoismus (lat. ego = ich) wird mit Eigeninteresse oder Eigennutz übersetzt, aber auch mit Ich-Bezogenheit, Selbstsucht oder Eigenliebe. Bezeichnet man einen Menschen als Egoisten, so meint man, dass er sich selbst, seine Interessen und seinen Vorteil in den Mittelpunkt seines Denkens und Handelns stellt. Wenn Egoisten Gutes für andere tun, können sie dies also nur dadurch rechtfertigen, dass ihnen ihr Handeln letztlich selbst Vorteile bringt.

Der Begriff Altruismus (lat. alter = der Andere) bedeutet Uneigennützigkeit, Selbstlosigkeit. Als Altruisten bezeichnet man demnach einen Menschen, dessen Denken und Handeln durch Rücksicht auf andere gekennzeichnet ist und der eigene Interessen dahinter zurückstellt.

Aufgaben

1. Formuliere Gedanken der Frau und des Mannes auf dem Foto. Nimm dabei einmal eine egoistische und einmal eine altruistische Position ein.
2. Entwirf zwei Briefe: Max Stirner (>> S. 22) schreibt an Kurt Marti, Kurt Marti an Max Stirner.
3. Erörtere, was Egoisten und Altruisten voneinander lernen können.
4. Interpretiere das sog. „Doppelgebot der Liebe": Liebe deinen Nächsten wie dich selbst (>> S. 96).

Ist Liebe Egoismus zu zweit?

„Er schuf sie als Mann und Frau" – Liebe ist Glück ...

René Magritte (1898-1967):
Die Liebenden

Heinz Kahlau: Ich liebe dich
Ich liebe dich
heißt auch:
Komm,
schlaf mit mir.
Es kann auch heißen:
Lass uns Kinder haben.
Ich liebe dich.
Ich bin
sehr gern bei dir.
Lass uns zusammen sein
bis zum Begraben.

Zita Rauschgold: Liebende

Mascha Kaléko: Ich und Du
Ich und Du wir waren ein Paar
Jeder ein seliger Singular
Liebten einander als Ich und als Du
Jeglicher Morgen ein Rendezvous
Ich und Du wir waren ein Paar
Glaubt man es wohl an die vierzig Jahr
Liebten einander in Wohl und in Wehe
Führten die einzig mögliche Ehe
Waren so selig wie Wolke und Wind
Weil zwei Singulare kein Plural sind.

Aufgaben

1. Ordne Texte und Bilder einander zu und begründe deine Zuordnung.
2. Verfasse ein Gedicht oder male ein Bild, das deine Vorstellung von Liebe wiedergibt.
3. Untersuche, wie in Medien Liebe, Partnerschaft, Sexualität usw. dargestellt werden. Vergleicht gemeinsam diese Darstellungen mit euren Gedichten und Bildern.
4. Erörtere den Zusammenhang von Liebe und Glück.

... auch für gleichgeschlechtliche Paare?

Trauung künftig auch für eingetragene Lebenspartnerschaften möglich

In der Evangelischen Kirche im Rheinland können künftig nicht nur Ehepaare getraut werden, sondern auch gleichgeschlechtliche Paare mit einer eingetragenen Lebenspartnerschaft. Diese Gleichstellung homosexueller mit heterosexuellen Paaren hat die Landessynode* bei ihrer Tagung in Bad Neuenahr mit sehr großer Mehrheit beschlossen.

„Homosexuelle Paare müssen gleichberechtigt vor den Traualtar treten dürfen", sagte Markus Zimmermann, Superintendent* des Kirchenkreises Köln-Nord, „denn entscheidend ist nicht die sexuelle Orientierung eines Menschen, sondern die Bereitschaft, füreinander Verantwortung zu übernehmen, die Würde des anderen zu achten und dem Partner bzw. der Partnerin mit dem nötigen Respekt zu begegnen." Zimmermann weiter: „Wir haben als Evangelische Kirche heute klargestellt, dass wir jeder Diskriminierung und Demütigung homosexuell lebender Menschen entgegentreten."

Landessynode: Kirchenversammlung einer evangelischen Landeskirche

Superintendent: kirchliches Leitungsamt

Nach Meinung des Superintendenten lasse die sorgfältige exegetische Analyse der biblischen Texte den Schluss zu, dass es in der Heiligen Schrift keineswegs nur eine einzige Lebensform gebe. Die sieben Bibelstellen, die eine bestimmte Form männlicher homosexueller Praxis verurteilen, können nicht die Annahme stützen, die Liebe zwischen zwei Frauen oder zwischen zwei Männern sei durch die Bibel verboten." [...]

„Der Kern der biblischen Botschaft ist, dass Gott uns aufträgt, seiner Liebe entsprechend zu leben. Und das bedeutet eben auch, dass wir uns vor jeder Form von Diskriminierung gegenüber anderen Menschen hüten müssen", betont Zimmermann.

Verständnis äußerte Zimmermann für einen weitergehenden Beschluss der Landessynode, der den Theologen vorbehält, aus Gewissensgründen die Trauung gleichgeschlechtlicher Lebenspartner abzulehnen. Die Diskussion im Vorfeld der Beschlussfassung hätte gezeigt, dass das Bibelverständnis nicht bei allen Pfarrerinnen und Pfarrern dasselbe sei.

Nach der Kirchenordnung der Evangelischen Kirche im Rheinland ist die Trauung ein Gottesdienst anlässlich einer Eheschließung, in dem die eheliche Gemeinschaft unter Gottes Wort und Segen gestellt wird. Dabei bekennen die Eheleute, dass sie einander aus Gottes Hand annehmen, und versprechen, „ihr Leben lang in Treue beieinander zu bleiben und sich gegenseitig immer wieder zu vergeben". Dieser Artikel wird künftig auch auf eingetragene Lebenspartnerschaften angewendet.

Evangelischer Kirchenverband Köln und Region

Aufgaben

1. Arbeite heraus, mit welchen Argumenten sich die Evangelische Kirche im Rheinland für die Trauung gleichgeschlechtlicher Paare entschieden hat.
2. Gestaltet ein fiktives Gespräch zwischen einem Pfarrer/einer Pfarrerin, der/die eine solche Trauung ablehnt, und einem Pfarrer/einer Pfarrerin, der/die eine solche Trauung durchführen würde.
3. Nimm Stellung zu den von Markus Zimmermann genannten Merkmalen einer Partnerschaft.

Biblische Frauen- und Männergestalten als Identifikations-Angebote

David – ein toller Typ?

David, von dem im Alten Testament vor allem im 1. und 2. Samuelbuch erzählt wird, war offenkundig eine vielfältige und schillernde Person , zum Beispiel ...

... ein musikalisch begabter junger Mann:

David lindert Sauls Depressionen durch sein Harfespiel: 1. Sam 16,14-23:

Und wenn der böse Geist Gottes auf Saul war, nahm David die Leier und griff in die Saiten, dann wurde es Saul leichter, und es tat ihm gut, und der böse Geist wich von ihm. 1. Sam 16,23 (Neue Zürcher Bibel)

Otto Dix (1891-1969): David und Saul, 1958

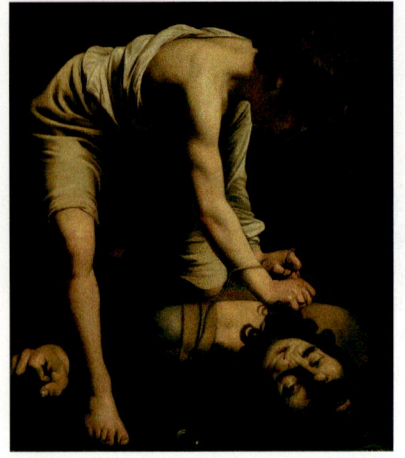

Caravaggio (1571-1610): David und Goliath, um 1600

... ein mutiger Hirtenjunge:

David besiegt den Philister Goliat: 1. Sam 17:

Und David sprach: „Der HERR, der mich aus den Pranken des Löwen und aus den Klauen des Bären gerettet hat, er wird mich auch retten aus der Hand dieses Philisters." 1. Sam 17,37 (Neue Zürcher Bibel)

... ein intriganter Frauenheld:

David schläft mit Batseba, der Frau seines Heerführers Urija, und schickt diesen vorsätzlich in den Tod (2. Sam 11):

Und er schrieb in dem Brief: Stellt Urija an die Front, wo die Schlacht am heftigsten tobt, dann zieht euch hinter ihm zurück, damit er erschlagen wird und umkommt. 2. Sam 11,15 (Neue Zürcher Bibel)

David war auch ein **trickreicher Söldnerführer** (1. Sam 22,1-5 und 23, 1-13), **ein habgieriger Machtmensch** (2. Sam 5,1-15), ein **kluger Politiker** (2. Sam 2,1-11), **ein guter Freund** (1. Sam 18,1-5), **ein trauernder Freund** (2. Sam 1,17-27) und **ein frommer Diener Gottes** (1. Sam 24,1-13).

Marc Chagall (1887-1985): David und Batseba, 1956

Aufgaben

1. Entwirf das Persönlichkeitsbild von David und beurteile es. Bezieh dazu ein, was in den Textstellen über ihn erzählt wird.
2. Beschreibe, wie die Bilder die jeweiligen Texte deuten.
3. Nimm Stellung, ob David für dich ein Identifikations-Angebot sein kann.

Rut – ein Vorbild/ Beispiel für junge Frauen?

Sandy Freckleton Gagon:
Wither thou goest
(= Where you go)

Von Rut erzählt das gleichnamige alttestamentliche Buch, das im 5. oder 4. Jahrhundert vor Christus entstanden sein dürfte. Während einer Hungersnot musste die Israelitin Noomi (auch: Noemi) mit ihrer Familie von Bethlehem ins benachbarte Moab auswandern. Nach dem Tod ihres Mannes und ihrer beiden Söhne zieht sie in ihre Heimat zurück. Orpa, die eine Schwiegertochter, bleibt in Moab zurück, Rut* die andere, begleitet Noomi nach Juda:

Der Name Rut bedeutet entweder „Gefährtin" oder „Erquickung".

Noomi aber sagte: Sieh, deine Schwägerin ist zurückgekehrt zu ihrem Volk und zu ihrem Gott. Kehr auch du zurück, folge deiner Schwägerin. Aber Rut sagte: Dränge mich nicht, dich zu verlassen und zurückzugehen, von dir weg. Denn wohin du gehst, dahin werde auch ich gehen, und wo du übernachtest, da werde auch ich übernachten; dein Volk ist mein Volk, und dein Gott ist mein Gott. Wo du stirbst, da werde auch ich sterben, und dort will ich begraben werden. Nur der Tod soll uns trennen. […] Und die beiden gingen, bis sie nach Bethlehem kamen.
Rut 1,15-18 (Neue Zürcher Bibel)

In Bethlehem trifft Rut Boas, einen Verwandten Noomis; dieser nimmt Rut zur Frau. Ihr Sohn Obed wird Großvater Davids, d.h., die Ausländerin Rut wird zur Mutter eines Vorfahren des großen israelitischen Königs, der wiederum als Vorfahre Jesu gilt.

Der universale Heilswille Gottes
Rut […] hat ein Denkmal erhalten im Stammbaum Jesu von Nazaret (Mt 1,5), des Messias der Heidenwelt. Und so zeigt die Geschichte von Rut und Noomi der jüdischen wie der christlichen Glaubensgemeinschaft den universalen Heilswillen Gottes an.

Ina Johanna Petermann

Aufgaben

1. Setze Bild und Text in Beziehung zueinander und beschreibe, wie das Bild den Text deutet.
2. Viele Brautpaare wählen Ruts Worte als Trauspruch bei ihrer kirchlichen Trauung. Erläutere mögliche Motive dafür.
3. Bewerte auf Grund des ganzen Buches, ob Rut heutigen (jungen) Frauen ein Vorbild sein kann. Vergleicht eure Stellungnahmen.

„Mir geht's gut" – Glück als (Lebens)Zufriedenheit und ...

Im Herbst 2015 erhielt der Wirtschaftswissenschaftler Angus Deaton den Nobelpreis für Wirtschaft für seine Untersuchungen zum Zusammenhang von wirtschaftlicher Lage und (gefühltem) Glück. Deaton hatte herausgefunden, dass Geld nur bis zu einem gewissen Niveau glücklich macht. Das subjektive Glücksgefühl der Menschen steigt bis zu einem Jahresverdienst von 75.000 US-Dollar (umgerechnet etwa 66.000 € oder 5500 € monatlich). Jedes weitere Einkommensplus sorgt nicht für zusätzliches Wohlbefinden, weil beruflicher Stress, zu wenig Freizeit, auch für Familie und Freunde, die Zufriedenheit einschränken. Deatons Forschungsergebnisse entsprechen denen des Nürnberger Glücksforschers Karlheinz Ruckriegel. Dieser hatte wichtige Faktoren gefunden, die Einfluss auf den Zustand des Glücks(empfindens) haben: Bildung, Gesundheit, Arbeit, Einkommen, Umwelt, Unabhängigkeit, Optimismus, Dankbarkeit und vor allem Gemeinsinn. Zusammenfassend hat Ruckriegel Glück als „Lebenszufriedenheit" beschrieben.

Bertolt Brecht: Die unwürdige Greisin

Die Erzählung „Die unwürdige Greisin" handelt von einer Frau, der Großmutter des Erzählers, die sich bis zum Tod ihres Mannes ganz in den Dienst ihrer Familie gestellt und dabei auf vieles verzichtet hat. In ihren letzten zwei Lebensjahren lebte sie anders:
Der Gastwirt hatte ihm mit Augenzwinkern zugeraunt: „Frau B. amüsiert sich ja jetzt, wie man hört." In Wirklichkeit lebte meine Großmutter auch diese letzten Jahre keinesfalls üppig. Wenn sie nicht im Gasthof aß, nahm sie meist nur ein wenig Eierspeise zu sich, etwas Kaffee und vor allem ihren geliebten Zwieback. [...] Das Haus hielt sie sehr rein, und nicht nur die Schlafstube und die Küche, die sie benutzte. Jedoch nahm sie darauf ohne Wissen ihrer Kinder eine Hypothek auf. Es kam niemals heraus, was sie mit dem Geld machte. Sie scheint es dem Flickschuster gegeben zu haben. Er zog nach ihrem Tod in eine andere Stadt und soll dort ein größeres Geschäft für Maßschuhe eröffnet haben. [...] Sie war keineswegs vereinsamt.
Mein Vater brachte in Erfahrung, daß sie im letzten halben Jahr sich gewisse Freiheiten gestattete, die normale Leute gar nicht kennen. So konnte sie im Sommer früh um drei Uhr aufstehen und durch die leeren Straßen des Städtchens spazieren, das sie so für sich ganz allein hatte. Und den Pfarrer, der sie besuchen kam, um der alten Frau in ihrer Vereinsamung Gesellschaft zu leisten, lud sie, wie allgemein behauptet wurde, ins Kino ein! Bei dem Flickschuster verkehrten anscheinend lauter lustige Leute, und es wurde viel erzählt. [...] Sie starb ganz unvermittelt, an einem Herbstnachmittag in ihrem Schlafzimmer, aber nicht im Bett, sondern auf dem Holzstuhl am Fenster. Sie wurde vierundsiebzig Jahre alt.
Ich habe eine Fotografie von ihr gesehen, die sie auf dem Totenbett zeigt und die für die Kinder angefertigt worden war. Man sieht ein winziges Gesichtchen mit vielen Falten und einen schmallippigen, aber breiten Mund. Viel Kleines, aber nichts Kleinliches. Sie hatte die langen Jahre der Knechtschaft und die kurzen Jahre der Freiheit ausgekostet und das Brot des Lebens aufgezehrt bis auf den letzten Brosamen*.

Brosamen: Brotkrümel

Bertolt Brecht (alte Rechtschreibung)

Aufgaben

1. Arbeite Zusammenhänge zwischen dem ersten Text und der Abbildung heraus.
2. Beurteile, ob die alte Dame ein glücklicher Mensch war.
3. Prüfe, ob das Märchen *Hans im Glück* seinen Titel zu Recht trägt.

... als Geschenk

In einem Interview mit der Zeitschrift „entwurf" hat der evangelische Theologieprofessor Wilfried Härle erläutert, wie man Glück unter theologischem Aspekt verstehen kann:

Jan Tomaschoff

Härle: Das Gut oder Glück, das wir für uns oder andere erstreben, bleibt notwendig gebunden an unsere Vorstellungen von Glück, die sich in der Regel aus gemachten Glückserfahrungen, aber auch aus erlittenen Defiziterfahrungen speisen. Das heißt, die bisherige Lebensgeschichte gibt den Horizont ab, in dem sich das angestrebte Glück oder das erhoffte höchste Gut bewegt. Aber gerade das ist eine problematische Begrenzung. Die Begegnung mit dem Unbekannten, Fremden und Neuen, die Erfahrung des bisher noch nicht Erlebten, die überraschende Begegnung, die Ekstase, die alles bisher Erlebte übersteigert – all das kommt nicht in den Blick oder wird programmatisch ausgeblendet, wenn es sich um das von *uns* angestrebte höchste Gut und das von uns zu findende oder zu verwirklichende Glück handelt. Zur wahren Erfüllung gehören immer Elemente, die nicht planbar und machbar sind. Darum kann Glück nur dann ein Äquivalent für „höchstes Gut" sein, wenn es nicht gebunden ist an das, was wir als Glück erstreben, sondern wenn es die Offenheit für Unerwartetes und Ungeplantes einschließt – damit aber auch das Risiko der Enttäuschung, der Verletzung und Ablehnung. Billiger ist das höchste Gut wohl nicht zu haben. Es muss sich einstellen.

Güterethik: >> S. 183

entwurf: Das würde bedeuten: „Glück" als das höchste von Menschen anzustrebende Gut kann nicht „gemacht" werden, nicht hergestellt werden, sondern ist – gerade in christlichem Verständnis – ein „Geschenk", eine „Gnade"?

Härle: Ja, so sehe ich das. Denn alles von Menschen angestrebte und erreichbare Glück bleibt notwendig in den Grenzen des eigenen Erfahrungshorizontes, wie immer man dabei „Glück" für sich definieren mag. Christen aber leben wesentlich aus der Gewissheit des Beschenktseins, oder – um es theologisch genau zu fassen – vom Evangelium der Rechtfertigung des Menschen allein aus Gnade und allein im Glauben. Und dieser Glaube ist wesentlich geschenktes Glück, nicht erworbenes. Vom christlichen Menschenbild aus gedacht ist der Mensch und sein Glück – als Individuum und als Gemeinschaftswesen – grundlegend von seiner Gottesbeziehung, genauer: von Gottes Beziehung zum Menschen her verstanden. Denn der Mensch ist nach Gen 1 Gottes Geschöpf, er ist Gottes Ebenbild und darin zu einer fürsorglichen Herrschaft auf Erden berufen. Nur in diesen drei Bestimmungen kann er sein Glück finden – als Geschenk Gottes.

Aufgaben

1. Zeige mit Hilfe des Textlöschens (>> S. 234) die zentralen Aussagen des Textes auf.
2. Interpretiere die Karikatur vor dem Hintergrund des Texts von Härle.
3. Vergleiche Härles Verständnis von Glück mit dem von Angus Deaton und Karlheinz Ruckriegel (>> S. 28).
4. Formuliere einen Leserbrief an Wilfried Härle.

Das Paradies als Glück(sort) – islamisches Glücksverständnis

Islamische Kalligrafie:„Oh Öffner der Tore, öffne für uns die Tore des Paradieses!"

Höchstes Ziel und Glück für die Muslime ist es, ins Paradies zu kommen. Ob ein Mensch ins Paradies kommt, darüber entscheidet Allah, indem er sein Handeln im Leben bewertet. Dieses Gericht Gottes über die Taten der Menschen wird nicht nur Tag der Auferstehung, sondern auch Tag des Glücks genannt. [...]

Wie im Christentum und dem Judentum kann man vollkommene Glückseligkeit nur durch den Willen Gottes erreichen. So steht es im Koran: „Allahs Wohlgefallen aber ist das größte. Das ist die höchste Glückseligkeit" (Sure 9: Vers 72). Der Mensch kann allerdings selbst zu seinem Glück beitragen. Wer tugendhaft, also vorbildlich, lebt, kann gar nicht unglücklich sein. Das bedeutet, man hält sich von Leidenschaften fern und lebt maßvoll. Indem man jeden Tag gegen die eigene Selbstsucht kämpft, kann man sich weiterentwickeln und an der Schönheit Gottes teilhaben. Für ein gutes Leben muss man außerdem die fünf Grundpflichten des Islam erfüllen: sich zu Gott bekennen, beten, für die Bedürftigen spenden, fasten und pilgern. [...]

Manche Philosophen sagen, dass im islamischen Glauben Fortschritt und religiöses Wissen zum Glück beitragen. Als Vorbilder könnten die Propheten dienen, die die Lehre Gottes verkünden. Der letzte in der Reihe der Propheten, Mohammed, erfüllt beides: Er führte auf der Erde ein tugendhaftes Leben und hatte besonderes Wissen, das ihm Gott mitgeteilt hatte. Religiöse Gelehrte und die Gemeinschaft können den Gläubigen dabei helfen, ein gutes Leben zu führen. Auch Gott selbst kann als Vorbild dienen: Seine Eigenschaften sollen die Menschen für sich annehmen: Gott als der Verzeihende, der Weise, der Freund. In einer besonderen Strömung des Islam, dem Sufismus*, nähert sich der Gläubige Gott so lange, bis sein Geist ganz mit Gott verschmilzt. Die Idee ist, dass der Mensch von Gott erschaffen wurde und schließlich wieder zu ihm zurückkehrt. Dann hat er das höchste Glück erreicht.   *Aus: www.planet-schule.de*

Sufismus: eine Glaubens-richtung im Islam, die nicht so sehr von der Gesetzeserfüllung, sondern von asketisch-mystischer Frömmigkeit geprägt ist

Aufgaben

1. Recherchiere bei muslimischen Mitschülerinnen und Mitschülern deren Vorstellungen vom Paradies. Fasse diese zusammen und beschreibe das darin zum Ausdruck kommende Glücksverständnis.
2. Setze die Abbildung und den Text zueinander in Beziehung.
3. Vergleiche das im Text dargestellte Glückverständnis mit dem von Wilfried Härle (>> S. 29).

Nirwana als Glück – buddhistisches Glücksverständnis

Was ist Erlösung?

Ziel eines buddhistischen Lebens ist (das) Nirwana. Nirwana ist kein konkreter Ort, sondern der Zustand der Erlösung, des Erlöschens allen Begehrens, der Befreiung von allem Materiellen, allen Bindungen, allem Streben, allen Emotionen, des Endes allen Leidens. Nirwana bedeutet den Ausstieg aus dem Samsara, dem Kreislauf aus Leben, Leiden und Wiedergeburt.

Das folgende Gleichnis Buddhas kleidet dieses Glücksverständnis in eine Erzählung:

Der Mensch in der Welt, er ist wie jener Mann, der vor einem wütenden Elefanten um sein Leben rennt und in einen Abgrund stürzt.

Im Sturz klammern sich seine Hände an ein paar Wurzeln fest. Nun zappelt er zwischen Oben und Unten. Er blickt zum Grund und sieht, wie dort zwei Giftschlangen auf ihn lauern. Er blickt in die Höhe, dort wartet der Elefant. Er schätzt die Stärke der Wurzeln ab, an denen er hängt, und erkennt zwei Mäuschen, die emsig an ihnen nagen. Da tropfen von oben aus einem Bienenbau ein paar Tröpfchen Honig auf sein Gesicht, und er öffnet beglückt den Mund und leckt gierig das bisschen Süße auf.

Der Elefant, das ist der Tod, die Schlangen bedeuten Krankheit und Altersschwäche, die beiden Mäuse Tag und Nacht und der Honig die vergänglichen Freuden eines vergänglichen Lebens in einer vergänglichen Welt.

Nacherzählt von
Hans-Jürgen Greschat

Mark Rothko (1903-1970):
White and Greens in Blue

Aufgaben

1. Erläutere, das Verständnis von Leben und von Glück, das das Gleichnis zum Ausdruck bringt.
2. Beurteile, ob das Bild eine angemessene Darstellung des Nirwanas ist.
3. Begründe die Faszination des Buddhismus für viele Menschen außerhalb Asiens. Bezieh dabei >> S. 226ff. im Kapitel *Religionen begegnen* über Buddha und seine Lehre ein.
4. Prüfe, ob du das hier skizzierte buddhistische Glücksverständnis teilen kannst.

Zum Buddhismus ausführlich >> S. 226ff.

Möchte ich ewig leben?

„Der Tod muss abgeschafft werden" –

Jiaogulan – genießen Sie den Tee der Unsterblichkeit

„Es wirkt wie Ginseng – ist aber noch besser!" Das ist die Meinung von überzeugten Menschen, die die Wirkung am eigenen Körper erfahren haben. Das Kraut der Unsterblichkeit, auch Jiaogulan genannt, wird schon seit Jahrhunderten in China als Tee verwendet. Die eigentliche Entdeckung fand in den 1970er Jahren statt, als eine große Volkszählung in China durchgeführt wurde. Dabei war aufgefallen, dass vorwiegend in der Provinz Guizhou überdurchschnittlich viele 100jährige Menschen lebten. Die Wissenschaft kam zum Schluss, dass das hohe Alter der Bewohner mit dem regelmäßigen Genuss von Jiaogulan zusammenhängen muss.

Möchten Sie auch „unsterblich" werden oder zumindest steinalt? Dann verlieren Sie keine Zeit. Genießen Sie diese Pflanze in vollen Zügen!

Aus der Internetseite eines Schweizer Gartenmarktes (leicht bearbeitet)

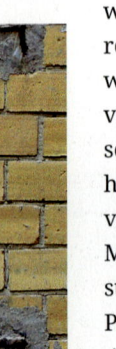

der Tod muß abgeschafft werden, diese verdammte Schweinerei muß aufhören. Wer ein Wort des Trostes spricht, ist ein Verräter
Bazon Brock

Bazon Brock (* 1936) war Professor für Ästhetik und Kulturvermittlung an der Bergischen Universität Wuppertal. Die Abbildung zeigt ein Zitat von ihm auf einem Schild in einem Berliner Hinterhof (in alter Rechtschreibung).

Psalm 90: Wertvolle Lebenszeit

[Herr!] Du reißt Menschen wie aus einem Schlaf.
Sie sind doch nichts weiter als Gras,
das am Morgen zu wachsen beginnt.
Am Morgen blüht es und wächst hoch,
am Abend wird es geschnitten und welkt.
Ja, als dein Zorn brannte, sank uns der Mut.
Als er weiter glühte, kam das Erschrecken.
Du hast dir unsere Vergehen vor Augen gestellt
Und unsere geheimsten Fehler offengelegt.
Ja, unsere Lebenszeit schwand durch deinen Zorn.
Wir verbrachten unsere Jahre wie einen Seufzer.
Unser Leben dauert ungefähr siebzig Jahre
Oder, wenn wir bei Kräften sind, auch achtzig.
Im Ganzen aber ist es nur Arbeit und vergebliche Mühe.
Ja, schnell geht es vorüber, wir sind im Flug dahin.
Wer weiß schon, wie heftig dein Zorn brennt?
Und wer kann ermessen, wie wütend du bist?
Lass uns begreifen, welche Zeit wir zum Leben haben –
Damit wir klug werden und es vernünftig gestalten.
Ps 90,5-12 (BasisBibel)

Aufgaben

1. Beschreibe die Einstellung zum Tod, die sich im Bild und in den beiden Texten ausdrückt.
2. Erläutere Gründe für den Kauf des „Unsterblichkeitstees".
3. Erörtere, warum sich Menschen mit ihrer Endlichkeit bzw. Sterblichkeit schwertun.
4. Setze dich mit den letzten beiden Versen des 90. Psalms auseinander.

Tod als Un-Glück

Wie kann man Abschied nehmen?

In einem Jugendbuch mit dem Titel „Nicht nur Ja und Amen. Von Christen im Wider-
stand" haben Dorothee Sölle und Fulbert Steffensky in kurzen Texten für Jugendliche ihr
Verständnis von wichtigen Begriffen des christlichen Glaubens beschrieben. Der folgen-
de Text ist der Beginn des Abschnitts zum Gebet.

Wir waren einmal auf einer Beerdigung. Ein Kollege und Freund von uns war plötzlich
gestorben. Er war noch nicht alt. Am Tage vorher hatten wir noch zusammengesessen
und unsere gemeinsame Arbeit geplant. Er war ein guter Lehrer, geachtet bei den Studenten. Er stand für das, was er sagte. Dieser Freund war ein gebildeter Atheist, ebenso
seine Frau. Beide waren aus der Kirche ausgetreten. Nun waren wir auf seiner Beerdigung. Wir saßen in der Leichenhalle. Vorne stand der Sarg. Stumm warteten wir etwa
zehn Minuten. Dann hoben die Träger den Sarg auf den Wagen. Wir gingen zum Grab.
Der Sarg wurde hinabgelassen. Als die Letzten des Zuges ankamen, war der Sarg schon
im Grab. Wir standen noch ein paar Minuten da. Dann gingen wir nach Hause.

Die hoffnungslose Stummheit dieser Beerdigung ist uns in schauerlicher Erinnerung.
In uns schrie alles: Warum musste dieser Freund so früh sterben? Was ist der Sinn eines solchen Todes? Wir alle waren voll von Zorn und Trauer, aber jeder behielt seine
Trauer für sich. Sie kam nicht heraus. Sie fand keine Sprache, keine Geste, kein Leid,
keinen Fluch. Wir blieben stumm. [...]

Der Tod hatte keine Sprache und keinen Ausdruck mehr. Der dürre Rest von Ausdruck
war, dass man sich für einen Augenblick erhob, verlegen herumstand und nicht wusste,
wohin man mit den Händen sollte.

Kann man in der Tagesordnung fortfahren, wenn jemand stirbt? Kann man, wenn sich
in unserem Leben wichtige Dinge ereignen, auf Klagen, Loben, Danken, Fluchen,
Schreien, Anklagen, Preisen, Rühmen verzichten? Was geschieht mit uns, wenn unser
Leben so sang- und klanglos wird? Verdörrt nicht das Leben, wenn man keine Sprache
mehr hat für all das, was vorgeht?   *Dorothee Sölle / Fulbert Steffensky*

Aufgaben

1. Erläutere das Unbehagen, das die
   Autorin und der Autor bei der Beerdigung empfinden. Was fehlte ihnen?
2. Entwirf eine Präsentation zu einem der
   folgenden Stichwörter: Todesanzeigen,
   Trauer, Trauergottesdienst, Beerdigung/
   Bestattung, Friedhof. Befrage dazu auch
   Fachleute wie Pfarrer/-innen, Beerdi-
   gungsunternehmer, Trauerredner,
   Friedhofsgärtner.
3. Erläutere die Bedeutung, die diesen
   Elementen beim Umgang mit dem Tod
   zukommt.
4. Setze dich mit der These auseinander, in
   unserer Zeit und in unserer Gesellschaft
   werde das Sterben, der Tod und die
   Trauer verdrängt.

Ziel erreicht!

> Bewerte, welche der Seiten du gern bearbeitet hast
  und mit welchem Thema bzw. welcher Doppelseite
  du nicht klargekommen bist. Hat dir ein wichtiger
  Aspekt gefehlt?

> Gestalte ein Glücksrezept: Man nehme ...

> Sammle Sprichwörter und Redensarten zum
  Stichwort „Glück" und prüfe ihre Überzeugungskraft, indem du sie zu den Glücksvorstellungen in
  diesem Teilkapitel in Beziehung setzt und mit ihnen
  vergleichst.

> Benenne drei Fragen, die offen geblieben sind.

Welt aus Hoffnung gestalten

Du findest in eurem Briefkasten einen Flyer mit der Überschrift „Zukunftsblick gratis. Erfahrene Experten schauen für Sie in die Zukunft. 15 Minuten gratis". Im Text heißt es u.a.: „Haben Sie Fragen zu Ihrer Zukunft? Wir geben Antworten. 15 Minuten kostenlos und unverbindlich." Du überlegst, ob du anrufst bzw. eine Mail schreibst ...

Zukunft

Unter Zukunft versteht man meist die Zeit, die der Gegenwart folgt, also noch auf uns zu-kommt. Im religiösen Sinne meint es das bevorstehende Herabkommen Gottes. Dieser Bedeutung begegnen wir heute noch im Wort Advent. Im Alltag unterscheidet man zwischen persönlicher und gesellschaftlicher Zukunft, d.h. zwischen Vorstellungen, die ich mir von meiner Zukunft mache, und solchen darüber, wie die Welt sich entwickeln und/oder verbessern wird. In beiden Fällen wirken sich die entsprechenden Vorstellungen auf die Lebensgestaltung aus. Die Theologie unterscheidet zwischen Zukunft als adventus (das Unerwartete, Überraschende) und Zukunft als futurum (das Erwartete, Vorhergesehene).

Was könnte auf dem leeren Schild stehen? Ergänze für dich wichtige Aspekte und lege weitere Wegweiser im Heft an.

Projektaufgaben zu den Seiten 34–39

➤ Gestaltet eine Ausstellung mit Zukunftsbildern aus diesem Teilkapitel und weiteren, die ihr selbst gefunden habt.

➤ Recherchiert Zukunftsvorstellungen verschiedener Menschen und vergleicht sie mit denen in diesem Teilkapitel.

➤ Gestaltet mithilfe dieses Teilkapitels eine Mindmap zum Thema Zukunft.

➤ Erläutert die Begriffe Apokalypse, Utopie, Hoffnung, Paradies, himmlisches Jerusalem für ein Schülerlexikon.

Persönliche und gesellschaftliche Zukunft

Und dann gehe ich für ein Jahr nach Australien ...

Gegen Ende des 9. Schuljahres sprechen Leonie und ihre Mitschülerinnen und Mitschüler in Pausen und Freistunden immer wieder darüber, wie sie sich ihre Zukunft vorstellen. Immerhin kommen sie ja, wenn die Noten stimmen, nach dem Sommerferien in die Oberstufe, es sei denn, sie haben etwas anderes vor, wie etwa Sascha: „Ich gehe nach der 9 ab und mache im Betrieb meines Onkels eine Tischlerausbildung. Da verdiene ich schon etwas. Danach mache ich so schnell wie möglich meinen Meister, damit ich mich selbstständig machen und möglichst bald gutes Geld verdienen kann."

„Das kann ich mir überhaupt nicht vorstellen", sagt Lina. „Ich mache das Abi und sehe dann zu, dass ich einen Studienplatz für Medizin kriege. Ich will Ärztin werden, das ist mir schon lange klar."

„Abi mache ich auch", meint Jonas, „aber was danach kommt, weiß ich noch nicht, das lasse ich auf mich zukommen. Vielleicht gehe ich erst mal für ein Jahr nach Australien und mache Work and Travel, danach schaue ich weiter. Ich habe noch keine Vorstellung von meiner beruflichen Zukunft."

Das ist bei Pia ganz anders: „Abi machen, Englisch und Sport studieren, Lehrerin werden, Familie gründen und Kinder haben. Dazu fehlt mir nur noch der richtige Mann, aber den finde ich bestimmt an der Uni."

Leonie ist da wesentlich zurückhaltender und unentschlossener: „Ich weiß eigentlich noch gar nicht, was ich nach dem Abi machen will und überhaupt, was mal aus mir wird. Das hängt doch bestimmt auch von meinem Abischnitt ab. Für mich ist die Zukunft noch ganz offen ..."

Stephen Hawkings apokalyptisches Szenario

Starphysiker Stephen Hawking [* 1942] warnt vor einem selbst heraufbeschworenen Untergang. Ein Atomkrieg, die Erderwärmung, durch Gentechnik erzeugte Viren und Entwicklungen in Wissenschaft und Technologie gehörten zu den existenziellen Gefahren, sagt Hawking in einer BBC-Vortragsreihe, deren erster Teil am 26. Jänner [= Januar] ausgestrahlt wird.

Das Risiko einer Katastrophe auf der Erde in einem bestimmten Jahr sei zwar gering, aber für die nächsten 1000 oder 10.000 Jahre „beinahe Gewissheit", sagt Hawking demnach. Seine Botschaft: „Bis dahin sollten wir uns ins All ausgebreitet haben und zu anderen Sternen, sodass ein Desaster auf der Erde nicht das Ende der Menschheit bedeuten würde." Da man in den kommenden 100 Jahren aber noch nicht so weit sein werde, müssten die Erdbewohner in dieser Zeit „sehr vorsichtig" sein.   *Aus: www.msn.com*

Aufgaben

1. Entwirf eine Mindmap zu den Zukunftsvorstellungen der Jugendlichen.
2. Erläutere die Überschrift der Meldung und beschreibe die Wirkungsabsicht, die hinter diesem Szenario steht.
3. Erörtere, welche Konsequenzen der Zusammenhang von Zukunftsvorstellungen und Lebensgestaltung hat.

Apokalypse
Apokalypse stammt vom griechischen Wort für enthüllen, offenbaren. Sie ist eine Gattung religiöser Literatur, in der bildhaft-anschaulich vom Jüngsten Gericht, vom Weltuntergang, einer Zeitenwende, dem Ende der Geschichte und dem Kommen des Reiches Gottes erzählt wird. Solche Erzählungen reagieren bzw. beziehen sich auf besondere, konkrete historische Ereignisse; sie schildern in metaphorischer oder mythologischer Sprache, wie es beim göttlichen Endgericht zugeht. Es sind religiöse Geschichtsdeutungen, die die kommende Geschichte aus der vergangenen bzw. gegenwärtigen ableiten.

Wie ist es im Paradies?

Paradiese – biblische und andere Zukunftsorte

Das 11. Kapitel des Jesajabuches wird oft überschrieben mit **„Das kommende Friedensreich"**. Darin heißt es:

Und der Wolf wird beim Lamm liegen, und die Raubkatze wird beim Zicklein liegen. Und Kalb und junger Löwe und Mastvieh sind beieinander, und ein junger Knabe leitet sie. Und Kuh und Bärin werden weiden, und ihre Jungen werden beieinander liegen, und der Löwe wird Stroh fressen wie das Rind. Und der Säugling wird sich vergnügen an der Höhle der Viper, und zur Höhle der Otter streckt ein Kleinkind die Hand aus. Nirgendwo wird man Böses oder Zerstörerisches tun auf meinem heiligen Berg ... Jes 11,6-9 (Neue Zürcher Bibel)

Lucas Cranach d. Ä. (1472-1553): Das Paradies als Welt des Friedens

Im 21. Kapitel der Offenbarung des Johannes findet sich die Vorstellung vom neuen oder **himmlischen Jerusalem**. Dort heißt es u.a.: Die Stadt [= Jerusalem] ist umgeben von einer großen, hohen Mauer mit zwölf Toren. An den Toren wachen zwölf Engel und auf den Toren stehen Namen. Es sind die Namen der zwölf Stämme des Volkes Israel. Drei Tore führen nach Osten, drei Tore nach Norden, drei Tore nach Süden und drei Tore nach Westen. Die Mauer der Stadt ist auf zwölf Grundsteinen erbaut. Auf ihnen stehen die zwölf Namen der zwölf Apostel des Lammes. Offb 21,12-14 (BasisBibel)

Ebenfalls im 21. Kapitel der Offenbarung des Johannes findet sich die Vorstellung von der **neuen Schöpfung**. Dort heißt es:

Sieh doch: Gottes Wohnung bei den Menschen! Er wird bei ihnen wohnen und sie werden seine Völker sein. Gott selbst wird als ihr Gott bei ihnen sein. Und er wird jede Träne abwischen von ihren Augen. Es wird keinen Tod und keine Trauer mehr geben, kein Klagegeschrei und keinen Schmerz. Denn was früher war, ist vergangen. Offb 21,3b-4 (Neue Zürcher Bibel)

Pablo Picasso (1881-1973): Weinende Frau, 1937

Im 4. Kapitel des Prophetenbuches Micha findet sich die Vorstellung von **Schwertern, die zu Pflugscharen umgeschmiedet werden**:

Und er wird für Recht sorgen zwischen vielen Völkern und mächtigen Nationen Recht sprechen, bis in die Ferne. Dann werden sie ihre Schwerter zu Pflugscharen schmieden und ihre Speere zu Winzermessern. Sie werden das Schwert nicht erheben, keine Nation gegen eine andere, und das Kriegshandwerk werden sie nicht mehr lernen. Und ein jeder wird unter seinem Weinstock sitzen und unter seinem Feigenbaum, und da wird keiner sein, der sie aufschreckt. Micha 4,3f. (Neue Zürcher Bibel)

Das Paradies – ein Schlaraffenland?

Das **Schlaraffenland** (das „Land der faulen Affen", vom mittelhochdeutschen Wort für Faulenzer) ist im Märchen ein fiktiver Ort, an dem alles im Überfluss vorhanden ist. Es

Mehr zu diesem Bild auf >> S. 144.

ist das Paradies des Nichtstuns und des müßig essenden Herumliegens. In seinen Flussbetten fließen Milch, Honig oder Wein statt Wasser, eine Anspielung auf die Zusage Gottes an Mose, die Israeliten in ein Land zu führen, in dem Milch und Honig fließen (5. Mose 6,3). Alle Tiere hüpfen oder fliegen bereits vorgegart durch die Luft. Häuser bestehen aus Kuchen, statt Steinen liegt Käse herum. Arbeit und Fleiß werden als Sünde betrachtet, Genießen als höchste Tugend. In einem Jungbrunnen kann man dem Alter entgegenwirken.

Pieter Brueghel d.Ä. (1525-1569): Das Schlaraffenland

Utopie

Als **Utopie**, griechisch für „Nicht-Ort", bezeichnet man den Entwurf einer fiktiven Gesellschaftsordnung. Im alltäglichen Sprachgebrauch versteht man unter einer Utopie einen Wunschtraum oder eine Vision.

In Thomas Morus' (1478-1535) *Utopia* herrscht konsequente Gleichheit aller Menschen, es ist eine auf Fleiß und Bildung basierende demokratische Gesellschaft. Es gibt keinen Privatbesitz, sondern nur Gemeinschaftseigentum, Rechtsanwälte sind unbekannt, Kriege werden, wenn überhaupt nötig, von ausländischen Söldnern geführt. Die Bewohner leben ähnlich wie in einem Kloster, mit Gemeinschaftsküchen und Gemeinschaftsspeisungen; es gibt eine sechsstündige tägliche Arbeitspflicht, eine Schulpflicht und eine für jeden Bürger kostenlose Krankenversorgung. Die von der Gemeinschaft produzierten Güter werden dem Einzelnen für den persönlichen Bedarf zugeteilt. Es herrscht religiöse Toleranz.

Aufgaben

1. Benenne das Besondere dieser Zukunftsvorstellungen, indem du dem jeweiligen fettgedruckten Begriff einen charakterisierenden Zusatz anfügst: Das kommende Friedensreich oder ... Nimm auch die Bilder zur Hilfe.
2. Zeige Konsequenzen der Paradiesvorstellungen für das eigene Leben auf.
3. Gestaltet Plakate mit eigenen Zukunftsorten (Text und Bilder) und vergleicht sie.

Hoffnung: Vertröstung und Flucht ...

Hoffnungs-los gegenwärtig leben

„Walden oder Leben in den Wäldern" ist ein Buch des US-amerikanischen Schriftstellers David Thoreau, in dem er sein Leben in einer Blechhütte beschreibt.

Die monströse Bösartigkeit der Fakten unserer Zeit verleitet zur Flucht. Sie führt, den Vorbildern unserer Tradition folgend, viele in die Versuchung, mit urzeitlichen oder endzeitlichen Glückszuständen zu sympathisieren. [...] Himmelreich, Garten Eden, Ewiges Leben, Nirwana, Weltende, Utopia, Walden*, Walden Two, Sonnenstaat, Gottesstaat, Goldenes Zeitalter, Sozialinseln, Fraueninseln, Frauenland, Schlaraffenland; ein Leben nach dem Tod, das den Tod nicht mehr vor sich, sondern sozusagen im Rücken hat. Solche Paradiesvorstellungen waren immer tröstlich, ihre Verordnung heilsam, ihr Klima beruhigend. Das menschliche Elend ist immer die größte Hilfsmacht der Utopisten gewesen. [...] Das eigentliche Leben wird aus der Gegenwart heraustransportiert.

[...] Nun sind aber diese Paradiese gespenstische Projekte. Ihr Wunschleben ist noch nie Wirklichkeit geworden.

Wir sollten mehr an das Ende eines Tages als an das Ende der Welt denken. Wir sollten die Paradiese auf sich beruhen lassen. Es sind keine Zufluchtsstätten für uns. Wir haben nur eine Welt, das ist diese. Aber was ist mit den Hoffnungen? [...] Ich gehe davon aus, dass wir versuchen sollten, in dieser Zeit *hoffnungs-los gegenwärtig* zu leben. Wir sollten leben lernen in der *Gegenwart*. [...] Wir können es uns nicht leisten, das, was wir tun und sein könnten, auf eine Zukunft zu verlagern. *Die Bewährungsprobe findet jetzt statt.* Alles, was wir zu tun haben, haben wir jetzt zu tun.

Christine Thürmer-Rohr

Hoffnung

Das Wort Hoffnung ist verwandt mit dem mittelniederdeutschen Wort für hüpfen, zappeln, vor Erwartung unruhig springen. Umgangssprachlich meint man damit eine zuversichtliche Erwartungshaltung, die davon ausgeht, dass etwas Wünschenswertes in Zukunft eintritt, ohne dass man Gewissheit davon hat. Aus dieser Erwartung kann eine positive Lebenseinstellung und Handlungsorientierung entstehen, aus der man Gegenwart und Zukunft aktiv mitgestaltet. Hoffnung kann allerdings auch als Vertröstung verstanden werden, die dazu (ver)führt, die Gegenwart unverändert zu lassen und alles hinzunehmen.

Aufgaben

1. Benenne die Eindrücke und Fragen, die der Text bei dir hervorruft.
2. Untersuche Gründe und Motive, die zu der Haltung der Verfasserin geführt haben könnten.
3. Beschreibe das Leben eines Menschen, der „hoffnungs-los gegenwärtig" lebt.
4. Skizziere das Leben eines Menschen, der „hoffnungs-voll gegenwärtig" lebt. Passt das Bild dazu?

... oder lebensgestaltende Kraft?

Hoffen wider alle Hoffnung

Hoffen wider alle Hoffnung,
glauben, dass es dennoch weitergeht.
Lieben, wo es beinah nicht mehr möglich,
damit die Welt auch morgen noch besteht.

Fühlen, wo Gefühle sterben,
Licht sehn da, wo alles dunkel scheint,
handeln, anstatt tatenlos zu trauern,
trösten auch den, der ohne Tränen weint.

Wach sein, Zeichen klar erkennen,
helfen trotz der eignen großen Not,
aufstehn gegen Unrecht, Mord und Lüge,
nicht einfach schweigen, wo die Welt bedroht.

Trauen dem, der uns gesagt hat:
„Seht doch, ich bin bei euch alle Zeit."
Mit uns ist er auch in unserm Suchen,
bis wir ihn schaun im Licht der Ewigkeit.

Text und Melodie: Heinz Martin Lonquich

Eschatologie

Als Eschatologie (griech.: Lehre von den letzten Dingen) bezeichnet man die Lehre von den Hoffnungen des Einzelnen (individuelle E.) und der gesamtem Schöpfung (universale E.). Mitunter nennt man E. auch die Lehre vom Anbruch einer neuen Welt. Dahinter steht die Vorstellung, dass die geschichtliche Entwicklung von Gott gelenkt wird, dass diese Welt und die Zeit irgendwann ein Ende haben werden, dass Gott Gericht halten wird und dass dann eine andere, neue Welt beginnen wird, in der Menschen anders leben werden. Für Christen ist im Leben und im Handeln Jesu etwas von dieser neuen Welt schon anschaulich und gegenwärtig geworden (präsentische E.).

Aufgaben

1. Fasse das Hoffnungsverständnis dieses Liedes mit deinen Worten zusammen: Hoffnung ist ...
2. Gestaltet ein fiktives Gespräch zwischen Christine Thürmer-Rohr (>> S. 38) und Heinz Martin Lonquich.
3. Entwirf Perspektiven für die Gestaltung unserer Welt aus Hoffnung.

Ziel erreicht!

> Fasse in fünf Sätzen zusammen, was du über Zukunft gelernt hast. Formuliere gegebenenfalls in fünf Sätzen, welche Fragen sich für dich daraus ergeben haben.

> Untersuche Partei-/Wahlprogramme auf das darin enthaltene Verständnis von Zukunft und vergleiche dieses mit den in diesem Teilkapitel dargestellten Zukunftsvorstellungen.

> Der Zukunftsforscher Robert Jungk (1913-1994) hat 1952 ein Buch mit dem Titel *Die Zukunft hat schon begonnen* veröffentlicht. Nimm vor dem Hintergrund dieses Teilkapitels Stellung zu der im Titel enthaltenen These.

> Benenne drei grundlegend verschiedene Zukunftsvorstellungen.

Über Gott nachdenken

Paul ist mit seinen Eltern bei einer befreundeten Familie eingeladen. Nach dem Essen geht er mit Anna und Leon, den beiden Kindern der Freunde, ins Kinderzimmer. Auf dem Teppich entdeckt er ein Bilderbuch mit einer Tiergeschichte, sie handelt von einem kleinen Ferkel, das den Weg zu Gott sucht. Während Leon und Anna ganz vertieft zusammen spielen, schaut sich Paul das Buch an. Vielleicht kann er es später den beiden vorlesen, denkt er sich. Je mehr Paul sich einliest, desto überraschter ist er vom Inhalt und von der Darstellung. Schnell macht er ein Handyfoto von der letzten Seite, auf der alles noch einmal in einem Gedicht zusammengefasst ist. Dann legt er das Buch ins Regal und spielt mit Anna und Leon Eisenbahn. Ob das Buch wirklich ins Kinderzimmer gehört? Das fragt er sich noch lange.

PS

Damit nun keiner von euch denkt:
„Wer Gott nicht kennt, der ist beschränkt!",
Sei ein Geheimnis euch verraten
(Ihr dürft es gerne weitersagen):

Der Gottesglaube auf dem Globus
Ist fauler Zauber: Hokuspokus.
Rabbis, Muftis und auch Pfaffen
Sind, wie wir, nur „nackte Affen",
Bloß, dass sie „Gespenster" sehn
Und in lustigen Gewändern gehn.

Dem Ferkel haben sie nichts vorgemacht,
Es hat sie alle ausgelacht.
Michael Schmidt-Salomon/Helge Nyncke:
Wo bitte geht's zu Gott? fragte das kleine Ferkel

Was meinst du dazu?

? Warum glauben Menschen an Gott?

? Warum glauben viele Menschen heute nicht mehr an Gott?

? Wie unterscheidet sich der Glaube an Gott in der Kindheit vom Glauben im Jugendalter?

? Wodurch verändert sich der Glaube an Gott?

? Was macht Menschen erfolgreich?

? Warum gibt es Leid und Tod?

? ...

So ist das Kapitel aufgebaut:

Argumente für und gegen die Existenz Gottes prüfen >>

Dem Gott der Bibel begegnen >>

Gottesbilder weiterentwickeln >>

Hans Jürgen Diez (1950):*
Ohne Titel, 2013

Ich kann am Ende des Kapitels …

✔ Argumente für und gegen den Glauben an Gott beurteilen.

✔ biblische Vorstellungen von Gott von anderen Vorstellungen unterscheiden.

✔ Widerfahrnisse des Lebens zu dem Glauben an Gott in Beziehung setzen.

Argumente für und gegen die Existenz Gottes prüfen

Was unterscheidet Menschen, die an Gott glauben, von Menschen, die nicht an Gott glauben?

KONTRA

„Wenn man den Leuten vom Leben nach dem Tod erzählt, kann man sie ablenken von den schlechten Umständen, in denen sie leben."

„Alles, was der Mensch sich wünscht, denkt er in sein Gottesbild hinein. Gott ist ein Produkt der Fantasie des Menschen."

„Wie die Welt entstanden ist, kann man heute naturwissenschaftlich erklären."

„Ich wüsste nicht, wozu ich Gott brauche."

PRO

„Für mich ist die Welt und das Leben wie ein Geschenk."

„Christlicher Glaube motiviert zur Veränderung der Welt."

„Ich finde es gut, dass ich weiß, dass da immer jemand bei mir ist."

„Alle unsere Vorstellungen haben mit Wünschen und Fantasie zu tun. Das sagt nichts über die Wirklichkeit Gottes."

Die Argumente sind durcheinandergeraten. Sie sollen sich aufeinander beziehen. Wie kann man sie einander zuordnen?
Prüfe die Argumente. Welchen stehst du näher?

Projektaufgaben zu den Seiten 42–53

➤ Gestaltet eine Plakatwand, auf der ihr Argumente der Religionskritik zu Argumenten aus dem christlichen Glauben in Beziehung setzt.

➤ In diesem Teilkapitel werden zentrale Argumente gegen den christlichen Glauben formuliert. Wählt eines aus, führt ein Interview (Schule, nach dem Gottesdienst, Fußgängerzone ...) und wertet eure Ergebnisse aus.

➤ Entwerft aussagekräftige Cartoons zu diesem Teilkapitel, in denen ihr die wichtigen Aspekte aufnehmt.

Annes Brief

In einer 9. Klasse stellt die Lehrerin eine Fragenbox auf, in die die Schüler/-innen Fragen legen können, die sie besprechen wollen. Eines Tages liegt Annes Brief in der Box.

Als ich Kind war, habe ich an Gott geglaubt. Meine Oma hat mir oft Geschichten erzählt, die ich fand ich schön. Ich habe mir vorgestellt, dass Gott auf mich aufpasst und mich beschützt. Als ich so 9 oder 10 Jahre alt war, es war auf jeden Fall noch in der Grundschule, hab ich mal meine Lehrerin gefragt, ob die Bibel und die Geschichten stimmen. Und sie hat Ja gesagt, da gibt es keinen Zweifel. Sie hat mich dabei komisch angeguckt. Ich glaube im Nachhinein, ich habe ihr nicht richtig glauben können.

Ich habe dann mehr über die Weltentstehung erfahren und über das Weltall und ich fand so mit 12 oder 13 die Vorstellung immer abgedrehter, dass da oben jemand sein soll. Ich hatte aber auch keine Lust jemanden zu fragen denn Religion ist für viele meiner Freunde was Komisches Ich habe auch gemerkt, dass ich ohne den Glauben leben kann. Eigentlich habe ich auch nicht mehr viel darüber nachgedacht – bis jetzt...

Ich fühle mich seltsam. Als ich Kind war, konnte ich daran glauben, und die Erinnerung machte ein schönes Gefühl. Und auf einmal dachte ich, alles ist ausgedacht. Heute frage ich mich, wenn ich ehrlich bin:
Ist da was dran?

Liebe Grüße
Anne

Aufgaben

1. Annes Brief gibt Einblicke in ihre Glaubensentwicklung. Arbeite wichtige Stationen heraus.
2. Erörtere, welche Situationen zu Zweifeln geführt haben und ob sich Anne bzw. ihre Freunde, Eltern oder Lehrer hätten anders verhalten können.
3. Beurteile, ob das ein Brief ist, der für Mädchen typisch ist. Was könnte der Junge auf dem Skateboard schreiben?
4. Beschreibe deine eigene Glaubensentwicklung. Welche Fragen würdest du stellen?

Ludwig Feuerbach (1804–1872): Alles nur Einbildung

Gott als Architekt.
Französische Buchmalerei,
um 1250

Für Feuerbach ist Gott in Wirklichkeit ein an den Himmel projiziertes Spiegelbild der menschlichen Natur. Was man Gott nennt, ist eigentlich nur das verlängerte Ideal-Ich des Menschen, eine Art Idealmensch, der er sein will, aber nicht ist. „In dem Gegenstand der Religion, den wir Gott nennen, spricht sich nichts anderes aus als das Wesen des Menschen, der Gott des Menschen ist nichts anderes als das vergötterte Wesen des Menschen." Wesenseigenschaften, die der Mensch haben sollte, aber nicht hat, legt er seinem Idealbild bei. Gott ist ein überhöhter Mensch. Die „Theologie" (= Lehre von Gott) ist eigentlich als „Anthropologie" (= Lehre vom Menschen) zu verstehen. Religion ist so für Feuerbach eine Illusion, sie gibt „ihre eingebildeten Wesen für wirkliche Wesen" aus, „sie gibt den Schein der Wirklichkeit für Wirklichkeit aus: Sie macht aus dem Bild ein lebendiges Wesen" und „betrügt so den Menschen". Nicht Gott schuf den Menschen nach seinem Bilde (1. Mose 1,27) – „sondern der Mensch schuf Gott nach seinem Bilde". „Der düstere, furchtsame, schreckhafte Mensch bildet sich schreckliche Götter", „der lebensfrohe, heitere Mensch heitere, freundliche Götter. So verschieden die Menschen, so verschieden die Götter". Gott ist eine Wunschprojektion des Menschen. „Was er selbst nicht ist, aber zu sein wünscht, das stellt er sich in seinen Göttern seiend vor; die Götter sind die in wirkliche Wesen verwandelten Wünsche des Menschen; ein Gott ist der in der Fantasie befriedigte Glückseligkeitstrieb des Menschen. Hätte der Mensch keine Wünsche, so hätte er keine Götter." [...]

Feuerbach gibt nun den Menschen die göttlichen Eigenschaften, die er an ein Phantom abgegeben hat, wieder zurück, während die Religion „dem Menschen alles nimmt [...], nur um damit seinen Gott auszuschmücken". Feuerbach will aus Gottesfreunden Menschenfreunde, aus Gläubigen Denker, aus Betern Arbeiter, aus Kandidaten des Jenseits Studenten des Diesseits, aus Christen Menschen machen. Der Traum vom Ideal-Menschen wird von ihm auf die Erde herabgerissen.

Horst Georg Pöhlmann (leicht bearbeitet)

Aufgaben

1. Erkläre, wie Feuerbach Gott, die Theologie und die Entstehung des Gottesglaubens sieht.
2. Wende Feuerbachs Sicht auf das Bild an. Woran „glaubt" Feuerbach?
3. Arbeite heraus, was Feuerbach mit seiner Religionskritik bezweckt.

Antwort auf Feuerbach

Wie kommt es zu einem Glauben an Gott?

Ein Sahnetortenbeweis

Für [Feuerbach] war Gott im Letzten [...] ein psychologisches Phänomen. Feuerbach beschreibt den Menschen als Wesen mit unermesslichen Wünschen und Sehnsüchten. Wünschen kann man viel; erfahrungsgemäß gehen aber die meisten Träume nicht in Erfüllung. Deshalb – so Feuerbach – verfällt der Mensch auf einen Trick. Er denkt sich die Erfüllung seiner Wünsche im Himmel. Gott ist die Gestaltwerdung der unerfüllten Wünsche des Menschen, also eine im Kopf des Menschen entstandene Projektion. Punkt. [...] das ist aber damit recht besehen keine Kritik an der Religion, sondern der Versuch ihrer Erklärung – ihrer Erklärung allerdings vom atheistischen Standpunkt aus.

[...] das Problem der Feuerbachschen Argumentation ist: Feuerbach begründet damit gar nicht den Atheismus, er setzt ihn einfach voraus und versucht bloß psychologisch zu erklären, warum es Menschen geben kann, die sich nicht zum Atheismus bekennen. Dass es psychologische Gründe geben kann, einen Gegenstand zu wünschen, sagt freilich aus logischen Gründen gar nichts darüber aus, ob es den Gegenstand in Wahrheit gibt oder nicht. Man kann sich intensiv Sahnetorte wünschen. Das heißt selbstverständlich nicht, dass diese Torte hier und jetzt existiert. Aber es heißt natür-

WENN ATHEISTEN WANKEN

Thomas Plaßmann

lich – glücklicherweise – überhaupt nicht, dass sie nicht existiert. Freilich müssen starke Wünsche vorsichtig machen, damit man sich nicht aus großem Hunger eine vorschnelle oder übermäßige Befriedigung herbeizwingen will. Man sollte bekanntlich nie hungrig einkaufen gehen, man kauft dann eher zu viel.

[...] der Versuch Ludwig Feuerbachs fällt also unter das Verdikt, dass Psychologie zwar gewisse psychische Mechanismen erkennen kann und Psychotherapie Methoden entwickeln mag, diese Mechanismen zu beeinflussen. Doch zur existenziellen Wahrheit und zu Gott [...] können Psychologie und Psychotherapie, wenn sie sich ihres wissenschaftlichen Status bewusst bleiben, nie wirklich vordringen.

Manfred Lütz

Aufgaben

1. Beschreibe die Karikatur und bewerte ihre Botschaft. Was würde Feuerbach dazu sagen?
2. Fasse die Argumentation von Lütz zusammen.
3. Prüfe, inwieweit die Argumente von Lütz Feuerbach widerlegen können.

Projektion, Projektionstheorie
Projektion bezeichnet in der Psychoanalyse die Übertragung eigener Gefühle, Wünsche, Hoffnungen, aber auch Ängste auf andere Personen, Menschengruppen, Gegenstände. Die Kritik Ludwig Feuerbachs geht von Projektionen aus und wird daher als Projektionstheorie bezeichnet.

Karl Marx (1818-1883): Religion vertröstet nur

Opium des Volkes

Marx ist deswegen Atheist, weil ein Jenseitsgott den Menschen von seiner Diesseitsaufgabe ablenkt: durch Revolution ein Paradies auf Erden zu schaffen. Gott ist eine Art Fata Morgana, die den Menschen davon abhält, die Wüste seines Lebens zu bewässern und aus ihr einen Paradiesgarten der Freiheit zu machen. Die Aufhebung der Selbstentfremdung und die Wiedervereinigung des Menschen mit sich selbst ist ja nach Marx Tat des Menschen. Der Mensch erlöst sich selbst. Feuerbachs Projektionstheorie hilft Marx, diese Argumentation zu untermauern [...]: „Der Mensch, der in der fantastischen Wirklichkeit des Himmels, wo er einen Übermenschen suchte, nur den Widerschein seiner selbst gefunden hat, wird nicht mehr geneigt sein, nur den Schein seiner selbst [...] zu finden, wo er seine wahre Wirklichkeit sucht und suchen muss." Die Religion „ist die fantastische Verwirklichung des menschlichen Wesens, weil das menschliche Wesen keine wahre Wirklichkeit besitzt". Der himmlische Kapitalist verelendet den Menschen ähnlich wie die irdischen, ja er geht ihnen mit gutem Beispiel voran und legitimiert so ihr Tun.

Aber das „religiöse Elend ist" nicht nur „Ausdruck des wirklichen Elends, es ist zugleich auch Protestation gegen das wirkliche Elend. Die Religion ist der Seufzer der bedrängten Kreatur. [...] Sie ist das Opium des Volkes." Religion hat also nach Marx eine Doppelfunktion. Sie ist 1. Ausdruck des Unglücks und 2. ein eingebildetes Glück, das über das Unglück hinwegtäuschen soll.

Die Aufhebung der Religion als des illusorischen Glückes des Volkes ist die Forderung seines wirklichen Glücks. Die Illusionen über seinen Zustand wird es nur aufgeben, wenn „der Zustand, der der Illusion bedarf" aufgegeben wurde. Die Kritik der Religion ist also im Keim die Kritik des Jammertals, dessen Heiligenschein die Religion ist. Gibt es kein Jammertal mehr, dann ist die Vertröstung auf ein besseres Jenseits unnötig, gibt es keine Wüste mehr, dann entfällt die Fata Morgana. Ist der Mensch glücklich, dann bedarf er nicht mehr eines eingebildeten Glücks. *Horst Georg Pöhlmann*

> **Atheismus**
> Atheismus meint die Ablehnung des Theismus (A-Theismus) und damit der Vorstellung eines persönlichen Gottes, der die Welt erschaffen hat, sie erhält sowie Menschen begleitet und behütet.

Aufgaben

1. Erläutere das Verständnis von Religion bei Karl Marx und das Ziel seiner Religionskritik.
2. Benenne Beispiele, die für die Sicht von Marx sprechen, aber auch Beispiele, die sie infrage stellen.
3. Entwirf ein Plakat, das die Religionskritik von Marx darstellt.
4. Beschreibe die Karikatur und vergleiche sie mit der Religionskritik von Marx. Sind Computerspiele eine Art Religion?

Auseinandersetzung mit Marx

Interview mit Heiner Geißler*

Interviewer: Kann man denn nicht verstehen, dass die Menschen, wenn sie in Not sind, eine Hoffnung brauchen und Zuflucht im Glauben suchen?

Geißler: Verstehen kann man das schon, und in der Tat bekommen die Religionen immer dann besonderen Zulauf, wenn es den Menschen dreckig geht und sie von der Religion Hilfe erwarten. [...]

Interviewer: Dann könnte es also sein, dass der Glaube an Gott nichts anderes ist als eine Vertröstung aufs Jenseits, weil es einem im konkreten Leben so schlecht geht?

Geißler: Jedenfalls ist es auffällig, dass immer dann, wenn es den Menschen gut geht, oder anders gesagt, dass in Staaten und Gesellschaften, die einen hohen Lebensstandard haben, auch der Glaube an Gott zurückgeht und dass in den Elendsvierteln der Erde die Religionen mit ihren Vorstellungen von Gott und einem Leben im Jenseits nach dem Tode wesentlich mehr Zustimmung finden als in den hoch entwickelten industrialisierten Ländern.

Interviewer: Kann es dann vielleicht so sein, dass die Religion auch für die Reichen und Mächtigen nützliche Dienste leistet? Denn wenn das leidende Volk auf das Jenseits vertröstet wird, kommt es nicht auf dumme Gedanken, zum Beispiel auf die Idee, die sozialen Verhältnisse zu ändern und die Machthaber, die es ausbeuten, zu stürzen.

Geißler: Das war eine ganz richtige Beobachtung von Karl Marx, aber er hat etwas übersehen, nämlich, dass die Religion, vor allem die christliche, in der Menschheitsgeschichte die Menschen nicht nur betäubt, sondern auch rebellisch gemacht hat. [...] Karl Marx hat einmal gesagt: „Die Philosophen haben die Welt nur verschieden interpretiert. Es kommt darauf an, sie zu ändern." Das kann man auch mit der Religion machen.

Interviewer: Denkst du, das hätte zum Beispiel auch Jesus sagen können?

Geißler: Warum nicht? In der Zeit, in der Jesus gelebt hat, also vor 2000 Jahren, gab es Machthaber – zum Beispiel die römischen Kaiser, aber auch die Schriftgelehrten und die Mitglieder des Hohen Rates bei den Juden, die die Religion, zum Beispiel die jüdische, dazu benutzt haben, ihre Untertanen klein zu halten. Und genau dagegen hat Jesus rebelliert.

Interviewer: Aber Jesus wird doch immer als der Sanftmütige hingestellt, der, wenn ihn einer ins Gesicht schlägt, sagt, schlag mich noch einmal.

Geißler: Das war ja gerade die Revolution: ein Appell an die Menschlichkeit des Gegners.

Heiner Geißler: Wo ist Gott

I have a dream!

Heiner Geißler (1930), war Generalsekretär der CDU und Bundesminister. Geißler versteht seinen christlichen Glauben immer auch als politisch.*

Bergpredigt: >> S. 95ff.

Aufgaben

1. Erläutere die Argumentation von Geißler.
2. Benenne das zentrale Argument gegen Marx und überprüfe es anhand der Lebensgeschichte von Martin Luther King (siehe Bild).
3. Recherchiere weitere Beispiele, die die Position von Geißler belegen können, und präsentiere diese.

Mehr zu Martin Luther King: >> S. 180, 183

Gibt es mehr als das Beweisbare?

Widerlegen Naturwissenschaften den Glauben an Gott?

Susi und Herr Hempelmann, der Religionslehrer, diskutieren über Schöpfung und Evolution:

„Okay, nehmen wir an, es stimmt, was du sagst. Aber woher willst du wissen, dass nicht Gott hinter dem Urknall steckt? Vielleicht hat ER ja die Ursuppe angerührt und die Entwicklung vom einfachen Lebewesen zum modernen Menschen gelenkt?"

„Aber Herr Hempelmann!", antwortete Susi. „Denken Sie doch mal nach! Wenn Sie Gott wären und den Menschen erschaffen wollten, würden Sie dann zuerst unzählige Dinosaurier machen und dann einen riesen Stein auf sie werfen, sodass die Dinos wieder aussterben und ein paar winzige Tierchen überleben, aus denen dann Millionen Jahre später Menschen werden? Das wäre doch völlig bescheuert! Einen so doofen Gott kann es gar nicht geben!"

„Ach so!" Hempelmanns Stimme klang ziemlich verärgert. „Und wie erklärst du, dass die frühen Menschen immer klüger wurden, wenn Gott nichts damit zu tun hatte?"

„Nehmen wir an, eine Homo-erectus-Mama hatte zwei Söhne", antwortete Susi. „Der eine war klug, mutig, erfolgreich bei der Jagd, der andere ein Dummkopf, der nie etwas zustande brachte. In wen haben sich die Homo-erectus-Frauen wohl verliebt? Natürlich in den klügeren Bruder! Und der vererbte seine Klugheit an seine Kinder. Da die Klügeren mehr Kinder bekamen, wurde Homo erectus insgesamt klüger. Man nennt das Selektion."

„Hmm, das mag ja sein", sagte Peter, „Aber ich finde es schon ziemlich gemein, dass der eine Bruder keine Kinder hatte, nur weil er nicht ganz so gescheit war!"

„Da hast du Recht!", antwortete Susi. „Aber in der Natur ist so vieles gemein! Ein Zebra, das nicht schnell genug ist, wird vom Löwen gefressen. Ein Löwe, der zu lahm ist, verhungert. Beides ist schlimm! Doch noch fieser ist das: Es gibt kleine Tierchen, die ihre Opfer bei lebendigem Leib ganz langsam von innen her auffressen! Autsch! Stell dir das mal vor!" Susi verzog das Gesicht. „Ich meine, wenn ein lieber Gott so was erschaffen hat und dann noch meinte, alles sei gut, dann hatte der wohl riesige Tomaten auf den Augen!"

Michael Schmidt-Salomon/Helge Nyncke: Susi Neunmalklug erklärt die Evolution

Aufgaben

1. Erläutere, wie Susi gegen den Glauben an Gott argumentiert.
2. Wende die Sicht von Susi auf das Bild an. Wie würde sie das erklären?
3. Arbeite heraus, wie Herr Hempelmann argumentiert.
4. Erörtert, warum der Religionslehrer in dem Text derartig einseitig dargestellt wird.

Gottesbeweise

In der Geschichte der abendländischen Philosophie hat man immer wieder versucht, die Existenz eines Gottes zu beweisen. Ein solcher Versuch geht davon aus, dass alles als Wirkung einer Ursache verstanden werden muss. Aber dann muss es eine erste Ursache gegeben haben, die ihrerseits nicht selbst verursacht worden ist. Gott ist danach der erste Beweger (kosmologischer Gottesbeweis). Ein anderer geht davon aus, dass die Natur zweckmäßig geordnet ist. Sie ist z.B. so gestaltet und hat sich so entwickelt, dass menschliches Leben darin möglich ist. Dahinter muss eine planvolle Instanz stehen, die alles so eingerichtet hat (teleologischer Gottesbeweis).

Was bedeutet der Glaube, dass Gott die Welt geschaffen hat?

Warum wollen Menschen wissen, wie die Welt und das Leben sind?

Interview mit dem Theologen Tom Kleffmann

Interviewer: Herr Kleffmann, Sie sind Theologe und beschäftigen sich viel mit dem Verhältnis von Schöpfung und Evolution. Wie beurteilen Sie den Dialog zwischen Susi und ihrem Lehrer?

Kleffmann: Ich meine, Susi und der Religionslehrer Herr Hempelmann haben beide nicht gut verstanden, was es heißt zu glauben, dass Gott die Welt geschaffen hat. Der Glaube, dass Gott die Welt geschaffen hat, will gar nicht die Welt „erklären", so wie man Blitze mit Elektrizität erklärt oder Erdbeben mit der Verschiebung der Erdplatten. Wer glaubt, dass Gott die Welt schafft, hat weiter und tiefer gefragt. Er versteht, dass diese Welt, in der wir leben, nicht von uns ist, sondern ein Geschenk. Er versteht, dass unser eigenes Leben ein Geschenk ist, für das wir dankbar sein können – und zwar bei jedem Atemzug.

Interviewer: Wie können wir uns Gottes Schöpfung dann vorstellen?

Kleffmann: Beide, Susi und Herr Hempelmann, stellen sich die Schöpfung Gottes nach dem Modell „Superman" vor, also sehr menschlich: Wie ein Superhandwerker macht Gott die Welt, setzt alles in der Welt nach einem festen Plan zusammen. Vermutlich wussten jedoch aber auch schon diejenigen, die zuerst die biblischen Schöpfungsgeschichten aufschrieben, dass sie nur bildlich von Gottes Handeln in der Schöpfung reden können. Und darum haben sie die Texte so verfasst. Es reicht meines Erachtens, wenn wir sagen können: Diese Welt hat ein Geheimnis und einen Grund. Gott lässt die Welt und alles in ihr werden – und zwar genau so, wie es die Physiker und Chemiker und Biologen zu erklären versuchen. Eine Welt, in der es schließlich uns gibt: Menschen, die nach dem Geheimnis und Grund und Sinn fragen.

Interviewer: Aber spricht nicht das Leid in der Natur gegen Gott?

Kleffmann: Die Welt ist kein gigantisches Uhrwerk. Dass Gott die Welt und alles in ihr werden lässt, heißt, dass er den Freiraum lässt, in dem sich die Welt entwickeln kann. Das schließt nicht aus, dass es dabei auch Umwege oder Sackgassen gibt. Christen glauben ja nicht ans Schlaraffenland, sondern daran, dass unsere Welt ein Geheimnis und einen Grund hat: Gott. Leid und Tod gehören zu den Bedingungen dafür, dass sich das Leben überhaupt entwickelt hat. Entscheidend ist, dass wir Menschen dazu bestimmt sind, den Sinn unseres Lebens zu finden, der tiefer geht als der Kampf ums Überleben: Wir können uns geliebt wissen und selber lieben.

Mehr zu Schöpfung und Evolution: **>> S. 12f.**

In the beginning God...
APOLLO 8
SIX CENTS · UNITED · STATES

Aufgaben

1. Arbeite heraus, wie Tom Kleffmann die Positionen von Susi und Herrn Hempelmann beurteilt.
2. Formuliere in Thesen die Position von Tom Kleffmann.
3. Bewerte die Argumente des Theologen.
4. Interpretiere das Motiv der Briefmarke vor dem Hintergrund der Aussagen Kleffmanns.
5. Entwirf einen eigenen Antwortbrief an Susi und Herrn Hempelmann.

Was bringt es, an Gott zu glauben?

Gott spielt keine Rolle in meinem Leben

Eine Untersuchung unter Jugendlichen

Die katholische Theologin und Franziskanerin Mirjam Schambeck hat in einer Untersuchung 23 Jugendliche im Alter von 14 bis 22 Jahren nach dem gefragt, was ihrem Leben Sinn, Orientierung, Hoffnung, Mut und Glück schenkt, sowohl in guten als auch in schweren Zeiten ihres Lebens.

Während der Untersuchung wurde deutlich, dass es für die meisten Jugendlichen gar nicht leicht war, Antworten auf die gestellten Fragen zu finden. Doch während des Interviews konnten die Jugendlichen immer tiefer in das Thema eindringen. Abschließend betonten einige, dass sie über die Fragen weiter nachdenken werden.

Mirjam Schambeck entdeckte bei der Auswertung des Interviews, dass die meisten Jugendlichen in ihren Antworten über das sprachen, was ihnen heute und in nächster Zeit Sinn verleiht. Nur wenige sprachen von einem übergreifenden Sinnhorizont, der ihr ganzes Leben umfasst und auch den Glauben an Gott einbezieht.

Aus den Interviews hat Mirjam Schambeck vier Antworttypen herausgearbeitet:

1. Die Beziehungen innerhalb der Familie und zu Freunden sind das, was dem Leben Sinn verleiht und Glück schenkt. Religion spielt keine Rolle.

2. Materielle Dinge verleihen Sinn und Glück, so z.B. ein guter Job, Wohlstand. Religion spielt ebenfalls keine Rolle.

3. Beziehungen zur Familie und zu Freunden sind wichtig, und vor allem der Einsatz für andere Menschen bzw. in sozialen Projekten. Religion spielt keine Rolle.

4. Die Sinnfrage ist die große Frage des Lebens und bezieht Religion, Glaube und Gott ein. Auch Familie und Freunde haben eine hohe Bedeutung, weniger jedoch materielle Werte.

In ausnahmslos allen Interviews wurde erkennbar, dass die Jugendlichen den Glauben anderer respektieren, selbst wenn dieser für sie selbst im Leben keine Rolle spielt. So formuliert Johannes: „Ja, viele Menschen haben ihren Sinn im Glauben gefunden. An irgendetwas muss man sein Leben ja festmachen, aber das ist dem seine eigene Entscheidung und bei mir ist es momentan nicht wirklich genau der Glaube. Es ist in der ganzen Jugend, finde ich, nicht unbedingt der Glaube, weil das oft weit entfernt ist von dem, mit dem wir aufwachsen. Vielleicht für Erwachsene oder ältere Menschen, die mit dem strengen Glauben aufgezogen wurden, die sind da schon noch eifrig dabei, aber unsere Jugend ist da schon recht distanziert dazu."

Aufgaben

1. Entwirf zu den vier Antworttypen eine Grafik.
2. Begründe, zu welchem der vier Typen du dich am ehesten zählst.
3. Beschreibe, wie du dir Johannes vorstellst: Wie alt ist er? Was hat er erlebt? Wie ist seine Position zu erklären?
4. Recherchiere mithilfe eines Leitfaden-Interviews, wie unterschiedliche Personen auf die Frage nach Sinn, Glück und Gott antworten. Wie passen diese Ergebnisse zu dem Befund von Mirjam Schambeck?

Sinn und der Glaube an Gott – ein Philosoph antwortet

Eine Goldene Regel

Nur der Einzelne selbst kann entscheiden, was ihm plausibel erscheint und ob er einer möglichen anderen Dimension Bedeutung für sich und sein Leben zuerkennt. Wenn es ihm aber plausibel erscheint, einen allumfassenden Zusammenhang [...] anzunehmen, kann damit der umfassendste Sinn begründet werden. Und sollte er daran interessiert sein, dass andere seine Sichtweise respektieren, dürfte er keiner anderen Sichtweise ihr Recht absprechen: Goldene Regel aller Religiosität und Areligiosität.

Taizé-Jugendtreffen 2011 in Berlin

Wirkungen einer Beziehung zu Gott

Für die Lebensführung kann es einen beträchtlichen Unterschied machen, ob eine Beziehung zu diesem absolut Schönen [wie Gott verstanden werden kann] eingegangen werden kann: wenn ja, steht womöglich mehr Energie für die Lebensbewältigung zur Verfügung, und eine größere Gelassenheit ist möglich, da vieles dieser anderen Dimension überantwortet werden kann und nicht alles in einem einzigen Leben realisiert werden muss.

Die Liebe zu Gott

Wer Gott liebt, hofft und vertraut darauf, unendliche Liebe zurückzubekommen, um aus diesem Gefühl und Bewusstsein der Liebe heraus leben zu können: weil da einer ist, der mich großartig findet, sodass ich mich großartig fühlen kann. Da trifft es sich gut, dass die Liebe Gottes ohnehin immer präsent ist, wie dies im Christentum angenommen wird. Wenn ein Mensch das auch so wahrnimmt, wird die Liebe erfahrbar als Aufmerksamkeit, die Gott ihm widmet, sowie als Gefühl und Gedanke, von etwas umfangen zu sein, das unendlich größer ist als das Ich, durch alle Endlichkeit hindurch im Horizont dieser Unendlichkeit zu leben und über alle Begrenztheit des momentanen Lebens hinaus die Fülle eines ewigen Lebens in sich zu spüren.

[...] Von Gott geliebt zu sein, heißt ins Weltliche übersetzt: Menschen können sich getragen fühlen von der Energie, die ihrem Leben zu Grunde liegt und nie versiegt, sodass sie ihnen als göttliches Wesen erscheint. [...] „In Gott zu leben" heißt dann, verkürzt gesagt: erfüllt zu sein von dieser Energie, ihr in sich Raum zu geben, ihre Unendlichkeit zu denken und zu fühlen, sie im Reichtum der Sinnlichkeit, in seelischer Weite und geistiger Offenheit zu erfahren. In der vierfachen Liebe zu Gott, zu sich selbst, zu anderen und zur Welt kommt ein Mensch vollständig zu sich und erfüllt den Sinn seines gesamten Seins.

[...] Auch die Liebe zu Gott bedarf zu ihrer Pflege allerdings einiger Rituale im Alltag. Ein solches Ritual ist beispielsweise das Gebet, im weltlichen Sinne die Meditation; im jeden Fall geht es um eine Vergegenwärtigung des Unendlichen im Endlichen.

Wilhelm Schmid

Doppelgebot bzw. Dreifachgebot der Liebe:
>> S. 96, >> S. 179

Meditation: >> S. 247

Aufgaben

1. Fasse die Sichtweise von Wilhelm Schmid in fünf Thesen zusammen und nimm dazu Stellung.
2. Erläutere, was nach Auffassung Schmids die Liebe Gottes „bringt".
3. Erörtere, ob und ggf. wie Menschen heute die Liebe Gottes erfahren können. Ist das Bild ein Hinweis?

Glaube und Zweifel

Was ist Zweifel?

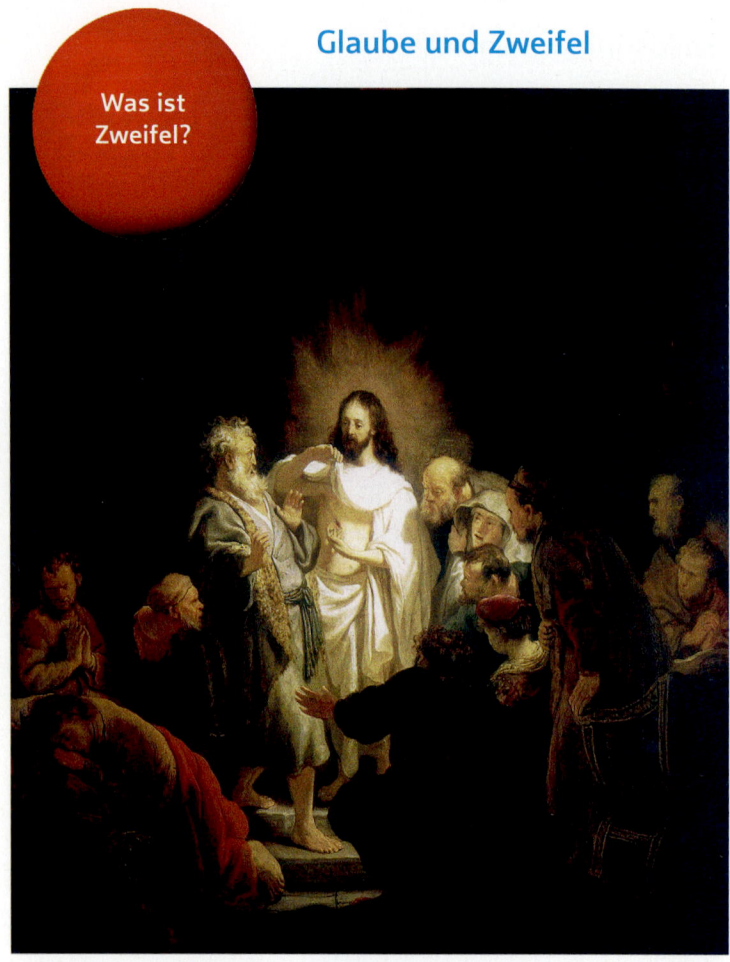

Rembrandt (1606-1669): Der ungläubige Thomas, 1634

Der ungläubige Thomas

Thomas aber, einer der Zwölf, der Zwilling genannt wird, war nicht bei ihnen, als Jesus kam. Da sagten die andern Jünger zu ihm: Wir haben den Herrn gesehen. Er aber sprach zu ihnen: Wenn ich nicht in seinen Händen die Nägelmale sehe und lege meinen Finger in die Nägelmale und lege meine Hand in seine Seite, kann ich's nicht glauben.

Und nach acht Tagen waren seine Jünger abermals drinnen, und Thomas war bei ihnen. Kommt Jesus, als die Türen verschlossen waren, und tritt mitten unter sie und spricht: Friede sei mit euch! Danach spricht er zu Thomas: Reiche deinen Finger her und sieh meine Hände, und reiche deine Hand her und lege sie in meine Seite, und sei nicht ungläubig, sondern gläubig!

Thomas antwortete und sprach zu ihm: Mein Herr und mein Gott!

Spricht Jesus zu ihm: Weil du mich gesehen hast, Thomas, darum glaubst du? Selig sind, die nicht sehen und doch glauben!

Joh 20,24-29

Glaube

Glaube ist ein vielschichtiger Begriff. Während im allgemeinen Sprachgebrauch „glauben" bedeutet, dass ich etwas für wahr halte, dabei aber eine gewisse Unsicherheit mitschwingt, meint Glaube im biblischen Kontext das grundlegende Vertrauen und das Sich-Verlassen auf Gott, auf seine Zusagen und seine Weisungen. Dieser Glaube prägt das Leben eines Menschen in allen seinen Beziehungen zu anderen, zur Welt und Natur, zur Zukunft – aber auch zu sich selbst.

Mehr zur Auferstehung Jesu: >> *S. 78f., 80ff.*

Aufgaben

1. Gebt den Bibeltext mehrmals wie Schauspieler/-innen wieder. Wie klingen die Stimmen?
2. Interpretiere das Bild. Achte besonders auf Licht und Schatten.
3. Entwirf einen Dialog zwischen Thomas und den Jüngern. Sie fragen: Warum hast du uns nicht geglaubt?
4. Interpretiere die abschließende Bemerkung von Jesus.
5. Beurteile folgende Aussagen: „Wer zweifelt, glaubt nicht richtig." „Glaube und Zweifel gehören zusammen." „Thomas will sehen, anfassen. Er will falsche Hoffnungen vermeiden, er will sich Enttäuschungen ersparen. Doch er hat damit die Schönheit des Glaubens verloren." (nach Fulbert Steffensky)

Der Glaube braucht Zweifel

Alan Greenspan, der 18 Jahre lang der mächtige Chef der mächtigen US-Notenbank war und an der Weltfinanzkrise, vorsichtig gesagt, nicht unschuldig, bekennt sich zum Atheismus. Wer die wirtschaftswissenschaftlichen Lehren des Mannes kennt, weiß, dass das nicht stimmt. Der Mann hat einen Gott, der nur anders heißt; er hat eine Konfession, die nur nicht zu den klassischen Religionen zählt.

Der Gott des Notenbankers waren der freie Markt und der schrankenlose Wettbewerb. Seine Kirche war die des Kapitals; sein Credo begann mit dem Glaubensbekenntnis an die Kräfte des Marktes, die alles wunderbar regieren, und es endete mit dem Bekenntnis zum ewigen Wachstum.

Greenspan selber hat bekannt, dass jeder Mensch, um existieren zu können, etwas brauche, man könne es „Ideologie" oder „Glauben" nennen, das ihm dann das Funktionieren der Welt erklärt. Die Frage sei halt, ob dieses jeweilige Welterklärungsprinzip richtig sei oder nicht.

Greenspan hätte besser früher gezweifelt.

Bei einer Befragung durch den Untersuchungsausschuss des US-Kongresses zur Finanzkrise zeigte sich Greenspan schockiert darüber, einen Fehler in seiner Ideologie gefunden zu haben: Der unbedingte, der absolute Glaube an die segensreiche Kraft der Märkte sei falsch gewesen; sein Welterklärungsmodell habe partiell nicht funktioniert.

Es wäre besser gewesen, Greenspan und seinesgleichen hätten früher gezweifelt. Dann hätten sie sich nicht so radikal geweigert, gefährliche neue Finanzinstrumente zu kontrollieren, dann hätten sie nicht mit billigem Geld die Welt geflutet, dann hätten sie nicht an ihrem Glauben festgehalten, als man schon sehen konnte, dass er in die Katastrophe führt. Der Glaube braucht Zweifel, sonst wird er unkritisch, realitätsverzerrend, rechthaberisch, manipulativ und gefährlich.

Der Zweifel ist ein guter Partner, er ist das kluge Korrektiv von Glaube und Ideologie.

Heribert Prantl

Paul Klee (1879-1940):
Zweifelnder Engel, 1939

Aufgaben

1. Analysiere den Text hinsichtlich seiner religiösen Begriffe und fasse ihn mit eigenen Worten zusammen.
2. Erkläre, wie der Zweifel zum Korrektiv des Glaubens und der Ideologie werden kann.
3. Erörtere, wie in der christlichen Religion Glaube und Zweifel zusammengebracht werden können.
4. Entwirf einen inneren Monolog für den Engel von Paul Klee.

Ziel erreicht!

> Wähle drei Argumente für oder gegen den Glauben aus und bezieh dazu Stellung.

> Wenn das Schulbuch mit einer Seite aus diesem Teilkapitel Werbung für sich machen wollte, welche würdest du dafür vorschlagen und warum?

> Formuliere Fragen, die für dich noch offen geblieben sind.

Dem Gott der Bibel begegnen

Die Bibel enthält ganz unterschiedliche Geschichten von Gott. Gott erschafft die Welt und schickt die Sintflut. Er führt das Volk in einer Wolkensäule aus Ägypten heraus und gibt Mose auf einem Berg Gebote. Gott beruft Propheten und wählt Könige aus. Gott lässt Hiob schlimmes Leid erleben. Gott überrascht Jona. Gott wird Mensch. Gottes Geist erfüllt Menschen und macht sie selbstbewusst.

Die Frage stellt sich: Spricht die Bibel immer von demselben Gott?

Gott

Man hat Gottes Wesen in der Geschichte des Glaubens auf vielfältige Weise zu beschreiben versucht und dabei immer betont, dass man Gott nicht exakt fassen könne. Und das ist kein Wunder: Denn wie soll man etwas definieren, was größer ist als alles, was der Mensch denken kann? Dennoch ist es nicht nur erlaubt, sondern auch notwendig, den Gottesglauben zu reflektieren. Wichtigste Grundlage all unseres Redens von Gott ist die biblische Botschaft. Ihr Facettenreichtum öffnet den Blick auf die Vielfalt menschlicher Erfahrungen mit Gott.

Formuliere eigene Antworten und benenne offene Fragen.

Projektaufgaben zu den Seiten 54-61

➤ Gestalte ein Plakat mit Missverständnissen hinsichtlich des biblischen Gottesbildes.

➤ Formuliere Antworten des christlichen Glaubens auf die oben genannten Fragen und bewerte diese nach den Kriterien glaubwürdig / unglaubwürdig.

➤ Stelle zwei große Anfragen an den christlichen Gottesglauben in Form von Einwänden dar.

➤ Entwirf einen Flyer zu diesem Teilkapitel.

Wie ist Gott?

In Psalm 103 findet sich in Form eines Dank- und Lobliedes eine Zusammenfassung des Wesens und Wirkens des biblischen Gottes. Ganz unterschiedliche Erfahrungen werden angesprochen – Erfahrungen, die das Volk Israel gemacht hat, aber gerade auch persönliche Erfahrungen. Jeder Mensch kann hier Erfahrungen aus dem eigenen Leben einfügen.

Was bedeuten Barmherzigkeit und Gnade?

Heinrich Göding d.Ä. (1531-1606): Die Geschichte des Propheten Jona

Lobe den HERRN, meine Seele,
und was in mir ist,
seinen heiligen Namen!
Lobe den HERRN, meine Seele,
und vergiss nicht,
was er dir Gutes getan hat:
der dir alle deine Sünde vergibt
und heilet alle deine Gebrechen,
der dein Leben vom Verderben erlöst,
der dich krönet mit Gnade
und Barmherzigkeit,
der deinen Mund fröhlich macht
und du wieder jung wirst wie ein Adler.

Der HERR schafft Gerechtigkeit und Recht
allen, die Unrecht leiden.
Er hat seine Wege Mose wissen lassen,
die Kinder Israel sein Tun.

Barmherzig und gnädig ist der HERR,
geduldig und von großer Güte.
Er wird nicht für immer hadern
noch ewig zornig bleiben.
Er handelt nicht mit uns
nach unsern Sünden
und vergilt uns nicht
nach unsrer Missetat.
Denn so hoch der Himmel
über der Erde ist,
lässt er seine Gnade walten über denen,
die ihn fürchten.
So fern der Morgen ist vom Abend,
lässt er unsre Übertretungen
von uns sein.
Wie sich ein Vater über Kinder erbarmt,
so erbarmt sich der HERR über die,
die ihn fürchten.
Ps 103,1-13

Aufgaben

1. Gib die Psalmverse mit verschiedenen Betonungen wieder: froh, traurig, gleichgültig, tröstend, warnend … Was passt am besten? Wo bleiben Fragen?
2. Untersuche, welche unterschiedlichen Geschichten im Psalm angesprochen werden. Welche dieser Erfahrungen kennst du aus deinem Leben?
3. Das Bild enthält die ganze Geschichte zu Jona. Recherchiere diese und gib sie wieder.
4. Prüfe, wie die Geschichte von Jona zu dem Psalm passt.

Das Alte und das Neue Testament

Aus dem Alten Testament

Und der HERR sprach: Ich habe das Elend meines Volks in Ägypten gesehen und ihr Geschrei über ihre Bedränger gehört; ich habe ihre Leiden erkannt. Und ich bin herniedergefahren, dass ich sie errette aus der Ägypter Hand und sie aus diesem Lande hinaufführe in ein gutes und weites Land, in ein Land, darin Milch und Honig fließt, in das Gebiet der Kanaaniter, Hetiter, Amoriter, Perisiter, Hiwiter und Jebusiter.
2. Mose 3,7-8

Du sollst dich nicht rächen noch Zorn bewahren gegen die Kinder deines Volks. Du sollst deinen Nächsten lieben wie dich selbst; ich bin der HERR.
3. Mose 19,18

Auge um Auge, Zahn um Zahn, Hand um Hand, Fuß um Fuß. 2. Mose 21,24

Elia aber sprach zu ihnen: Greift die Propheten Baals, dass keiner von ihnen entrinne! Und sie ergriffen sie. Und Elia führte sie hinab an den Bach Kischon und schlachtete sie daselbst.
1. Kön 18,40

Ich will euch trösten, wie einen seine Mutter tröstet. Jes 66,13

Aus dem Neuen Testament

Und als er hörte, dass es Jesus von Nazareth war, fing er an zu schreien und zu sagen: Jesus, du Sohn Davids, erbarme dich meiner! Und viele fuhren ihn an, er solle schweigen. Er aber schrie noch viel mehr: Du Sohn Davids, erbarme dich meiner! Und Jesus blieb stehen und sprach: Ruft ihn her! Und sie riefen den Blinden und sprachen zu ihm: Sei getrost, steh auf! Er ruft dich! Da warf er seinen Mantel von sich, sprang auf und kam zu Jesus.
Und Jesus antwortete ihm und sprach: Was willst du, dass ich für dich tun soll? Der Blinde sprach zu ihm: Rabbuni, dass ich sehend werde. Jesus aber sprach zu ihm: Geh hin, dein Glaube hat dir geholfen. Und sogleich wurde er sehend und folgte ihm nach auf dem Wege. Mk 10,47-52

Er antwortete und sprach: „Du sollst den Herrn, deinen Gott, lieben von ganzem Herzen, von ganzer Seele und mit all deiner Kraft und deinem ganzem Gemüt, und deinen Nächsten wie dich selbst". Lk 10,27

Ich aber sage euch, dass ihr nicht widerstreben sollt dem Bösen, sondern: Wenn dich jemand auf deine rechte Backe schlägt, dem biete die andere auch dar. Mt 5,39

Und sein Herr wurde zornig und überantwortete ihn den Peinigern, bis er alles bezahlt hätte, was er schuldig war. Mt 18,34

Gelobt sei Gott, der Vater unseres Herrn Jesus Christus, der Vater der Barmherzigkeit und Gott allen Trostes, der uns tröstet in aller unserer Bedrängnis, damit wir auch trösten können, die in allerlei Bedrängnis sind, mit dem Trost, mit dem wir selber getröstet werden von Gott. 2. Kor 1,3-4

Aufgaben

1. Beurteile die Texte, indem du sie in eine Reihenfolge von 1 bis 10 bringst.
   1 = gefällt mir sehr gut, 10 = gefällt mir überhaupt nicht.
2. Erläutere den Zusammenhang und die Bedeutung der einzelnen Texte.
   Ändert sich etwas an deiner Rangfolge?
3. Recherchiere das Prinzip der Losungen der Herrnhuter Brüdergemeine.
4. Formuliere Erklärungen, wie das Alte und Neue Testament zusammengehören.

Der Gott des Alten und des Neuen Testaments

Missverständnisse und Irrtümer

In den ersten Jahrzehnten und Jahrhunderten nach Christus, als die Christen ihre Identität oft in Abgrenzung zum Judentum suchten, entwickelten sich Missverständnisse, die bis heute populär sind:

Irrtum eins: Der Gott des Alten Testaments sei ein zorniger, eifersüchtiger, ja sogar rachsüchtiger Gott, vor dem man sich fürchten müsse. Der Gott, den Jesus verkünde, sei dagegen ein liebender, gnädiger und barmherziger Gott. Tatsächlich aber verkündet das Alte Testament nicht nur einen Gott, den man fürchten muss, sondern auch einen sorgenden Gott voll zärtlicher Liebe und Treue zu den Menschen. Und zweitens verkündet das Neue Testament nicht nur den ‚lieben Gott‘, sondern auch den Gott des Gerichts, der genau wie der jüdische Gott voller Zorn auf das Unrecht und Elend blickt, das seine Geschöpfe auf dieser Welt anrichten.

Wie passen Zorn und Liebe zusammen?

Aharon Yakobson (* 1958): Simchat Tora

Irrtum zwei: Der Unterschied zwischen Altem und Neuem Testament sei der Unterschied zwischen Gesetz und Evangelium. Das aus über sechshundert Einzelvorschriften bestehende Gesetz verleite die Menschen zu einer bloß äußerlichen Gebotserfüllung. Wer die besitze, bedürfe keiner Vorschriften, sondern nur der befreienden frohen Botschaft des Evangeliums. Das Argument gründet in der Selbstverständlichkeit, mit der sich Jesus über manche Vorschriften hinwegsetzt. Die Schriftgelehrten werfen ihm vor, dass er am Sabbat Kranke heile, was in Israel verboten ist. Sie werfen ihm vor, dass seine Jünger am Sabbat durch die Kornfelder gingen und dort die Körner aus den Ähren streiften, um sie zu essen. Auch verboten. Aber Jesus sagt dazu: Der Sabbat wurde um des Menschen willen geschaffen, nicht der Mensch um des Sabbats willen. Damit bleibt Jesus jedoch im Rahmen der jüdischen Tradition. Er weist selbst, Jesaja zitierend, darauf hin, dass die äußerliche Gesetzesreligion schon im Alten Testament verurteilt wird: Dieses Volk naht sich zu mir mit seinem Mund und ehrt mich mit den Lippen, aber ihr Herz ist fern von mir.

Christian Nürnberger

Aufgaben

1. Fasse den Text in Thesen zusammen.
2. Beschreibe das Bild. Was sagt es über die Bedeutung der Hebräischen Bibel für einen Juden wie Jesus?
3. Entwirf ein Cover für eine Bibel, die ihrem Inhalt gerecht wird.

Was unterscheidet den Islam vom Christentum?

Allah und der Vater Jesu

Allah-Kalligrafie in der Hagia Sophia, Istanbul

Leyla und Paul sind Nachbarn und gehen in dieselbe Klasse. Morgens fahren sie immer gemeinsam zur Schule. Öfter ergibt sich ein spannendes Gespräch über die unterschiedlichen Religionen. Leyla ist Muslima und Paul Christ.

Paul: Sag mal, warum rufen Muslime eigentlich „Allahu akbar"? Was bedeutet das?

Leyla: Das bedeutet: „Gott ist am größten".

Paul: Du meinst wohl „Allah", nicht Gott.

Leyla: Ich meine Gott. Allah ist nur die arabische Bezeichnung für Gott. Auch arabische Christen nennen Gott Allah.

Paul: Ach so.

Leyla: Muslime kennen aber noch mehr Namen für Gott – 99, um genau zu sein. Sie stehen alle im Koran. Die Kenntnis über den hundertsten ist allein Gott vorbehalten, und kein Mensch kennt ihn.

Paul: Christen haben auch mehrere Namen für Gott, allen voran Vater, Sohn und Heiliger Geist ...

Sure 112

Sprich: Gott ist Einer, ein ewig reiner, hat nicht gezeugt und ihn gezeugt hat keiner, und nicht ihm gleich ist einer.

Leyla: Die kennt der Islam definitiv nicht. Vater kann Gott nach unserem Verständnis unmöglich sein: Er ist ja unvergleichlich einzigartig und komplett verschieden von den Menschen. Nur sie können Kinder haben.

Paul: Unvergleichlich einzigartig ist Gott nach christlichem Verständnis auch.

Leyla: Ich meine, Jesus ist zwar im Islam auch eine wichtige Person, aber eben nicht der Sohn Gottes. Er ist Prophet, also ein Gesandter Gottes. Gott hat ihm den Auftrag dazu gegeben und ihn mit dieser Kraft ausgestattet. Würde nun neben Gott auch noch Jesus als Gott angesehen, wäre Gott nicht mehr der Einzige.

Paul: Für mich als Christ ist Jesus aber eine große Hilfe: In ihm ist Gott Mensch geworden. Durch Jesus erfahre ich so viel von Gottes Liebe. Und durch den Heiligen Geist ist er mir immer nahe.

Leyla: Das ist für Muslime unvorstellbar: Vater, Sohn und Heiliger Geist. Aber auch wenn wir Gott als komplett verschieden vom Menschen ansehen, ist er den Menschen näher als ihre eigene Halsschlagader. Er teilt sich den Gläubigen zum Beispiel durch die Schöpfung mit. Durch sie erfahren wir, wie mächtig und gütig Gott ist, und erwidern sein Tun mit tiefer Dankbarkeit und Gehorsam. Und natürlich teilt er sich auch durch die Propheten mit ...

Paul: ... wo wir wieder bei Jesus angekommen wären.

Beide lachen.   *Alina Bloch*

Aufgaben

1. Arbeite heraus, wie Leyla und Paul Gott sehen.
2. Vergleiche ihr Verständnis von Jesus.
3. Nimm Stellung zu den beiden Sichtweisen von Gott und Jesus.
4. Entwirf Ideen, wie Leyla und Paul mit ihren unterschiedlichen Glaubensüberzeugungen miteinander gut leben können.

Der dreieinige Gott

Gott ist Liebe

In dem Roman „Die Hütte" von William Paul Young aus dem Jahr 2007 wird Macks Tochter in eine Hütte entführt und dort ermordet. Einige Jahre später bekommt Mack eine Einladung zu einem Treffen in der Hütte. Die Einladung ist mit „Papa" unterschrieben. Mack nimmt die Einladung an und trifft auf Gott: „Papa" ist eine füllige schwarze Frau, Jesus ein Holzfäller und der Heilige Geist eine kleine, quirlige Asiatin.

Was ist Liebe?

[Mack:] „Aber welchen Unterschied macht es, dass es drei von euch gibt, die doch als Gott alle eins sind? Habe ich das richtig ausgedrückt?"

[„Papa":] „Ziemlich richtig." Sie grinste. „Es macht einen gewaltigen Unterschied!" Dieses Gespräch schien ihr großen Spaß zu machen. „Wir sind nicht drei Götter und wir sprechen auch nicht über einen Gott mit drei unterschiedlichen Aspekten, wie etwa ein Mann, der Ehemann, Vater und Arbeitnehmer ist. Ich bin ein Gott und ich bin drei Personen, und jede der drei ist vollkommen dieser eine Gott."

Das „Häh?", das Mack zu unterdrücken versucht hatte, platzte nun in aller Pracht aus ihm heraus. „Zerbrich dir darüber nicht den Kopf, fuhr sie fort. „Wichtig ist Folgendes: Wenn ich einfach der Eine Gott wäre und nur Eine Person, dann fändest du dich in dieser Schöpfung wieder, ohne etwas zu haben, das für dich bewundernswert, ja noch nicht einmal wesenhaft wäre. Und ich wäre vollkommen anders, als ich bin."

„Und wir wären ohne ..." Mack wusste nicht einmal, wie er die Frage zu Ende formulieren sollte.

„Liebe und Beziehung. Liebe und Beziehung sind für euch nur möglich, weil sie in mir bereits existieren, in meinem Göttlichsein. Liebe ist nicht die Begrenzung; Liebe ist das Fliegen. Ich bin Liebe."

[...] „Du verstehst nicht, fuhr sie fort, „dass ich nur deshalb überhaupt zur Liebe fähig bin, weil es für mich ein Objekt der Liebe gibt – oder genauer gesagt, eine Person. Ohne eine Beziehung innerhalb von mir wäre das unmöglich. Ihr hättet dann einen Gott, der nicht lieben könnte. Oder, was vielleicht noch schlimmer wäre, ihr hättet einen Gott, für den Liebe eine Begrenzung seines Seins wäre. Ein solcher Gott könnte lieblos handeln, und das wäre eine Katastrophe. Und so bin ich ganz sicher nicht." Mit diesen Worten stand Papa auf, ging zur Ofentür, nahm den Auflauf heraus, stellte ihn auf die Anrichte und drehte sich um, als wollte sie sich Mack präsentieren. „Der Gott, der existiert – der ich bin, der ich bin –, kann nicht ohne Liebe handeln."

William Paul Young: Die Hütte

Gott ist Liebe;
und wer in der Liebe bleibt,
der bleibt in Gott
und Gott in ihm.
1. Joh 4,16

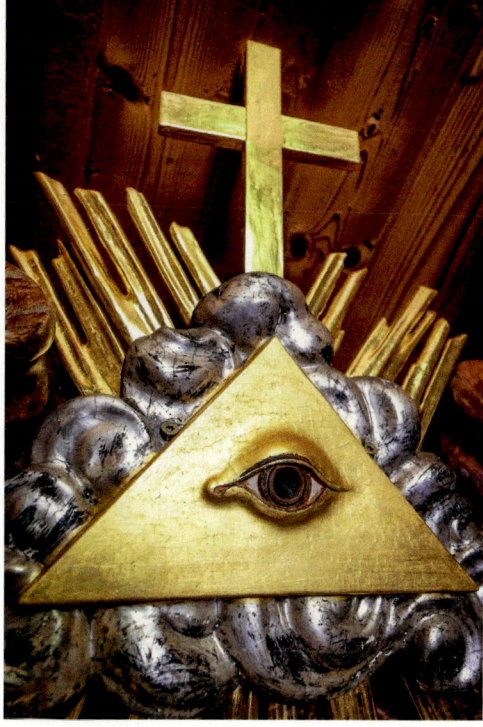

Aufgaben

1. Interpretiere das Bild aus einer Kirche. Es sucht mit unterschiedlichen symbolischen Zeichen den Gott des christlichen Glaubens zum Ausdruck zu bringen.
2. Erläutere den Schlusssatz des Textes. Wo bleiben Fragen?
3. Zeige auf, welche unterschiedlichen Wirkweisen sich mit den Bezeichnungen Gottes als Vater, Sohn und Heiliger Geist verbinden lassen.
4. Formuliere, wie Paul seiner Schulkameradin Leyla (>> S. 58) die Dreieinigkeit Gottes erklären könnte.

Wissenschaft oder Weltanschauung?

Im SPIEGEL-Streitgespräch. „Wir wollen unsterblich sein" mit dem Hamburger Pastor Johann Hinrich Claussen äußert sich der britische Astrophysiker Ben Moore über Glaube und Religion:

SPIEGEL: Warum interessiert sich die Menschheit so sehr für die Geheimnisse des Weltalls?

Moore: Wir sehen diese fernen Lichter, und wenn wir sie beobachten, stellen wir fest, dass die Dinge da oben nicht gleich bleiben, sondern sich beständig verändern. Wir berechnen die Bewegung der Planeten und fragen uns, warum sie sich auf diese Weise bewegen. Schon die alten Griechen gingen davon aus, dass die Welt und die Dinge drum herum mit dem Verstand zu erfassen sind, und das ist doch eigentlich das Kennzeichen unserer Zivilisation. [...]

S.: Können Sie ausschließen, dass da mehr ist als das Sicht- und Verstehbare?

M.: Für mich schließe ich es aus, ich weiß auch nicht, woher das Bedürfnis kommt. [...] Aber es scheint ein menschliches Bedürfnis zu geben, an mehr zu glauben, als da ist, das ist auch völlig okay. [...]

Die Religion dient den Leuten dazu, dass es ihnen besser geht. Sie wollen nicht sterblich sein, sie wollen, dass das Leben nach dem Tod weitergeht. Ich habe das nicht. Ich freue mich zwar nicht auf den Tod, ich lebe gern, aber da ich weiß, dass das Leben endlich ist, gibt es für mich nur dieses eine Ziel: mein Leben jetzt zu leben. Also statte ich dieses Leben mit Regeln aus, mit einer Moral. [...] Ich denke zum Beispiel, jedes Lebewesen sollte ein Recht auf sein Leben haben, weswegen ich auch keine Tiere esse.

S.: Es gibt keinen Sinn des Lebens?

M.: Den gibt es nicht. Wir sind durch Zufall hier, wir sind hier, weil Moleküle diesen erstaunlichen Weg von Bakterien zu Elefanten oder Menschen eingeschlagen haben, es gibt keine Regeln, wie Moleküle sich verhalten sollen. Es ist erstaunlich, es ist großartig, dass wir hier sind, aber es steckt kein Sinn dahinter. [...]

[...] in der Religion kommt am Anfang Gott und dann erst der Mensch. Und die Religion stellt den Menschen in den Mittelpunkt. Aber so wichtig ist Mensch dann doch nicht. Wenn man die Erdgeschichte als einen Tag mit 24 Stunden betrachtet, dann kam der homo sapiens gerade mal vier Sekunden vor Mitternacht auf die Welt, es existieren Myriaden Kreaturen, bevor es ihn gab, und er wird auch wieder verschwinden. Und es gibt neben dem Menschen andere Lebensweisen, die großartig und intelligent sind. Elefanten haben keine Hände, sie können keine Messer herstellen oder im Internet surfen, aber sie haben Gefühle, sie freuen sich, wenn sie Verwandte sehen, sie sind furchtbar traurig, wenn ihre Freunde sterben.

S.: Und dann sagen Sie Herr Moore, in Ihren Büchern, dass alles, was in unserem Gehirn passiert, nur chemische Vorgänge sind. Trifft das auch auf die Liebe zu?

M.: Ja, natürlich. [...] Und Gefühle sind molekulare Interaktion, Hormone führen dazu, dass wir uns gut fühlen oder schlecht. [...]

Es gibt keine Beweise dafür, dass noch andere Faktoren im Spiel sind. [...]

DER SPIEGEL, 24.12.2015 (in Auszügen)

Aufgaben

1. Arbeite heraus, worauf sich der Astrophysiker verlässt und wie er die Welt und das Leben sieht.
2. Überprüfe, ob Moore immer seinem Grundsatz treu bleibt. Woher hat er seine Bewertungen?
3. Formuliere Fragen, die du gerne stellen würdest.
4. Beurteile, ob es sich bei den Aussagen des Astrophysikers um Wissenschaft oder eine Weltanschauung handelt.

Weltanschauung
Einheitliche Gesamtinterpretation der Welt, des Menschen und des Lebens aufgrund naturwissenschaftlicher Erkenntnisse, persönlicher Lebenserfahrungen, Annahmen und Wertungen, die das Erleben, Urteilen und Handeln leiten.

Glaubensbekenntnisse von Jugendlichen

Ich glaube, dass Gott jedem Menschen Hilfe gibt, wenn er sie benötigt.
Ich glaube, wenn die Menschen Fehler machen, dann wird ihnen verziehen,
denn Gott hat keinen Menschen ohne Fehler erschaffen.
Ich glaube, dass kein Mensch arm ist, denn im Herzen ist jeder reich.
Ich glaube, dass kein Mensch leiden muss, wenn es gegenseitig Hilfe gibt.
Ich glaube, dass die Hoffnung in keinem Menschen sterben wird,
da Gott nicht sterben kann.
Ich glaube, dass es Gott gibt, damit Menschen eine Gemeinschaft bilden können
und nicht alleine sind.
Ich glaube, dass Gott derjenige ist, der seine Hand über uns hält
und uns schützend durch unseren Lebensweg begleitet.
Ich glaube an die Hilfe von Gott, die Vergebung von Gott, den liebenden Gott,
die Hoffnung, die Gemeinschaft und das ewige Leben.
Amen.

Ich glaube an Gott, der mir Leben, meine Familie und meine Freunde geschenkt hat. Durch meine Freunde und Familie spendet er mir Trost,
wenn es mir mal nicht gut geht. Ich kann nicht sagen, dass Gott mir persönlich etwas gibt. Aber er gibt mir Menschen, die mir helfen und mir
zuhören. Mir persönlich kann er so helfen, bei anderen Menschen sieht
das anders aus. Es gibt Hunger, Armut, Hass und Zerstörung. Dennoch, die
Welt ist nicht nur schwarz und weiß. Es gibt viele Grautöne, aber vielleicht kann Gott uns dabei helfen, dass es nach und nach vielleicht mehr
Grau gibt und irgendwann überwiegend Weiß. Und so kommt man wieder zu den Menschen. Denn nur durch die Menschen, die Fehler gemacht haben, aber auch die guten
Sachen, kann Gott etwas bewirken.

Beide Texte von Konfirmanden der evangelischen Kirchengemeinde Dortmund-Südwest

Bekenntnis
Ein Bekenntnis bringt die grundlegende Überzeugung eines Menschen prägnant zum
Ausdruck. Es gibt individuelle Bekenntnisse und Bekenntnisse von Gemeinschaften,
die so ihre grundlegenden Glaubensinhalte bestimmen und sich damit zugleich von
abweichenden Glaubensaussagen abgrenzen.

Ziel erreicht!

> Beurteile den Gang des Unterrichts anhand der Kriterien: interessant / langweilig,
  verständlich / unverständlich, hilfreich / unnötig.

> Formuliere einen Einwand gegen den biblischen Gottesglauben sowie eine eigene
  Antwort darauf.

> Formuliere zusammenfassend eine Antwort auf die Frage nach dem „Wesen" des
  biblischen Gottes.

Aufgaben

1. Vergleiche die beiden Bekenntnisse. Passt eines der Bilder dazu?
2. Formuliere Gründe, wie es zu diesen Bekenntnissen kommt.
3. Erörtere, wie Ben Moore (>> S. 60) diese Bekenntnisse beurteilen würde und wie die Jugendlichen die Aussagen des Astrophysikers beurteilen würden.
4. Entwirf ein eigenes Bekenntnis, das deiner heutigen Weltsicht entspricht.

Gottesbilder weiterentwickeln

Marit erzählt: Meine Omas, die reden manchmal in Rätseln. Bei einer Familienfeier sagte neulich die eine: „Also wenn ich die ganzen Kriege auf der Welt sehe und wenn ich mir überlege, was ich schon alles erlebt habe – an einen Gott kann ich da nicht mehr glauben, schon gar nicht an einen guten."

Meine andere Oma schaute überrascht und dann sagte sie: „Wenn ich die Kriege sehe und wenn ich mir überlege, was ich in meinem Leben schon Schweres erlebt habe, dann könnte ich ohne meinen Glauben an Gott hier nicht so fröhlich sitzen."

Wie sind die unterschiedlichen Sichtweisen der beiden Großmütter zu erklären?

  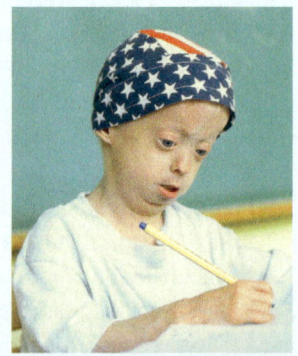

Benenne Geschichten, die zu diesen Bildern passen könnten. Erläutere, was sie mit dem Glauben an Gott zu tun haben könnten.

Widerfahrnisse des Lebens

Das Leben lässt sich nicht einfach planen. Immer wieder kommt es zu Widerfahrnissen, die vielleicht zu befürchten oder zu erhoffen, aber nicht zu berechnen sind. Widerfahrnisse können positiv wie die Liebe oder negativ wie eine schwere Krankheit sein. Sie fordern heraus, sie in einen Zusammenhang mit sich selbst zu bringen und so zu deuten. Dabei können sich grundlegende Überzeugungen wie auch Gottesbilder ändern.

Projektaufgaben zu den Seiten 62-71

➤ Gestaltet eine Präsentation zu den Antworten auf die Theodizeefrage.

➤ Recherchiert, wie Menschen in eurer Umgebung den Zusammenhang zwischen Leid und Gott sehen. Setzt die Ergebnisse in Beziehung zu den Antworten aus diesem Teilkapitel.

➤ Stellt die Lieder zu Liebe, Leid und Tod dieses Teilkapitel dar, ergänzt weitere und untersucht, wie sie Liebe und Leid deuten.

➤ Zeigt in drei verschiedenen Geschichten auf, wie hier Menschen im Sinne von Viktor Frankl (>> S. 71) Verantwortung für ihr Leben übernehmen und Sinn suchen.

Liebe ist ...

Nena: Meine Liebe ist

Du guckst mich an, und ich geh mit
Und der ist ewig, dieser Augenblick
Da scheint die Sonne, da lacht das Leben
Da geht mein Herz auf, ich will's dir geben
Ich will dich tragen, ich will dich lieben
Denn die Liebe ist geblieben
Hat nicht gefragt, ist einfach da
Weglaufen geht nicht, das ist mir klar
Du und ich, das ist ganz sicher
Wie ein schöner tiefer Rausch
Von der ganz besond'ren Sorte
Und wir ham ein Recht darauf
Uns immer wieder zu begegnen
Immer wieder anzusehen
Wenn die große weite Welt ruft
Werd ich sicher mit dir gehen

Liebe will nicht, Liebe kämpft nicht
Liebe wird nicht, Liebe ist
Liebe sucht nicht, Liebe fragt nicht
Liebe ist, so wie du bist

Gute Nacht, mein Wunderschöner
Und ich möcht mich noch bedanken
Was du getan hast, was du gesagt hast
Es war ganz sicher nicht leicht für dich
Du denkst an mich, in voller Liebe
Und was du siehst, geht nur nach vorne
Du bist mutig, du bist schlau

Und ich werd' immer für dich da sein
Das weiß ich ganz genau
Du und ich, wir sind wie Kinder
Die sich lieben, wie sie sind
Die nicht lügen und nicht fragen
Wenn es nichts zu fragen gibt
Wir sind zwei und wir sind eins
Und wir sehn die Dinge klar

Was ist Schicksal?

Jack und Rose in Titanic, 1997
(Regie: James Cameron)

Und wenn einer von uns gehen muss
Sind wir trotzdem immer da
Wir sind da, wir sind da, wir sind da
Wir sind da, wir sind da, wir sind da

Liebe will nicht, Liebe kämpft nicht
Liebe wird nicht, Liebe ist
Liebe sucht nicht, Liebe fragt nicht
Liebe fühlt sich an, wie du bist
Liebe soll nicht, Liebe kämpft nicht
Liebe wird nicht, Liebe ist
Liebe sucht nicht, Liebe fragt nicht
Liebe ist so, wie du bist
So wie du bist, so wie du bist
Text: Nena Kerner

Aufgaben

1. Beschreibe, wovon das Lied erzählt. Setze auch das Bild in Beziehung dazu.
2. Erkläre, wie es zur Liebe zwischen zwei Menschen kommt.
3. Überprüfe, was sich ändert, wenn man die Liebe zwischen zwei Menschen als Schicksal, als Zufall, als Geschenk oder als Handeln Gottes deutet.

Erfolg und Karriere – alles meine Leistung?

Arion Pons

Arion Pons kommt aus Christchurch in Neuseeland, ist 20 Jahre alt und hat sein Studium bereits abgeschlossen. Derzeit schreibt er seine Doktorarbeit und forscht an der Universität Cambridge. Er hat eines der begehrten Stipendien an dieser Elite-Universität erhalten. Arion ist ein sympathischer junger Mann mit vielen Interessen und Hobbys. So ist er zum Beispiel ein begeisterter und in Neuseeland bekannter Musiker und Komponist. Sehr gerne unternimmt er auch Outdoor-Aktivitäten. Schon in der Schulzeit an der Rangiora New Life School ist ihm das Lernen leicht gefallen und er hat drei Klassen übersprungen.

Welches sind die Quellen seiner Kraft und seines Erfolgs? Auf diese Frage antwortet Arion:

My success (as such) is not mine, or a property of me – I am only doing what I can with that which I have been given. [...]

I would derive power or strength from a few specific things. Firstly, from loneliness – especially in nature, and in prayer. When I'm alone I feel like I can see things more clearly, and can understand better the paths and purposes to which I have been set. My faith is very close and personal. And in loneliness I feel more strongly the presence of God, a source of overwhelming peace and gladness. Certainly that is the ultimate source of all power in my life.

I suppose being in nature is really a distinct source of strength from loneliness, though the two go together. Again I feel like I see things more clearly, away from all the confusion and uncertainty of the rest of the world. I will always go for a walk before I do

anything of significance – exams, or difficult decisions, or whatever else.

And I derive power or strength from what I would call work – broadly; anything I feel I ought to be doing at the time, and anything that would add value to the world around me. This could be my engineering studies, other miscellaneous studies, my music, voluntary work or anything. This isn't isolated from the source of strength in nature, in that I feel that via my work I am an agent or a servant in the same glory. Work is healing to me – though I do rest and relax as well, of course!

Aufgaben

1. Erläutere in welcher Weise das Alleinsein, die Naturerfahrung und die Arbeit Quellen der Kraft für Arion sind. Wie würdest du Arions Charakter beschreiben? Zieh auch das Bild heran.
2. Arbeite die Bedeutung des Glaubens für Arion heraus.
3. Benenne, welche Anregungen dieser Text für dein Leben enthält.

Gottes Handeln

Josef und seine Brüder

Und er sprach: Ich bin Josef, euer Bruder, den ihr nach Ägypten verkauft habt. Und nun bekümmert euch nicht und lasst es euch nicht leid sein, dass ihr mich hierher verkauft habt; denn um eures Lebens willen hat mich Gott vor euch hergesandt. Denn es sind nun zwei Jahre, dass Hungersnot im Lande ist, und sind noch fünf Jahre, dass weder Pflügen noch Ernten sein wird. Aber Gott hat mich vor euch hergesandt, dass er euch übrig lasse auf Erden und euer Leben erhalte zu einer großen Errettung.
1. Mose 45,4-7

Josef aber sprach zu ihnen: Fürchtet euch nicht! Stehe ich denn an Gottes statt? Ihr gedachtet es böse mit mir zu machen, aber Gott gedachte es gut zu machen, um zu tun, was jetzt am Tage ist, nämlich am Leben zu erhalten ein großes Volk.
1. Mose 50,19f.

Wie handelt Gott?

Johann Friedrich Overbeck (1789-1869): Josef wird von seinen Brüdern verkauft, 1816

Der Gott der Josefsgeschichte

Der Gott der Josefsgeschichte tritt nicht unmittelbar anredend auf. Er wirkt verborgen im menschlichen Leben. In den verschlungenen Wegen Josefs und in der Beziehungsgeschichte zu seinen Brüdern und seinem Vater ist Gott verborgen am Werk. Gott verwirklicht durch die Wege und Abwege der Menschen seine Pläne. Gottes Führung bewahrt den Menschen nicht vor Schuld und Not, wie das Beispiel Josefs zeigt, aber sie bewahrt in Schicksalsschlägen und führt zu einem guten Ende.

Die verborgene Führung Gottes bezieht sich freilich nicht allein auf den Einzelnen in seiner Biografie, sondern sie hat eine auf den Erhalt des Lebens aller gerichtete Absicht. Nicht nur Josef soll am Leben bleiben, sondern auch die Brüder und die Ägypter. Der Sinn der Führung und Erhaltung Josefs ist nicht die Bewahrung und der Aufstieg Josefs, sondern die Errettung der durch Hungersnot bedrohten Gemeinschaft „in allen Landen". Die Führung Gottes hat keinen individuellen und privaten, sondern einen sozialen Sinn.

Michael Nüchtern

Aufgaben

1. Betrachte das Bild. Was geht der Szene voraus, was folgt ihr?
2. Untersuche an den Bibeltexten, wie das Handeln der Brüder und das Handeln Gottes zusammenhängen.
3. Arbeite heraus, wie der Autor Gottes Handeln beschreibt.
4. Prüfe, ob das Handeln Gottes auch auf Arions (>> S. 64) und dein Leben zutrifft.

Der Tod eines Kindes: Was wir nicht begreifen können …

Albert Camus schildert in seinem Roman „Die Pest" den Verlauf einer Epidemie in einer nordafrikanischen Stadt. Zwei Hauptfiguren sind der Arzt Dr. Rieux und Paneloux, ein Jesuitenpater.

[…] und plötzlich bog das Kind die Beine, zog die Schenkel an den Bauch und verharrte unbeweglich. Dann öffnete es zum ersten Mal die Augen und schaute Rieux an, der vor ihm stand. In seinem nun aus grauem Lehm geformten Gesicht öffnete sich der Mund, und fast gleichzeitig entrang sich ihm ein einziger, von der Atmung kaum veränderter, ununterbrochener Schrei, der mit einem Schlag den Saal mit einem eintönigen, schrillen Protest erfüllte, der so wenig menschlich war, dass er von allen Menschen zugleich zu kommen schien. Rieux biss die Zähne zusammen […]. Paneloux schaute diesen von der Krankheit beschmutzten, vom Schrei aller Zeiten erfüllten Kindermund an. Und er ließ sich auf die Knie gleiten, und alle fanden es natürlich, als sie ihn mit etwas erstickter, aber trotz der namenlosen unaufhörlichen Klage deutlicher Stimme sagen hörten: „Mein Gott, rette dieses Kind!" […]

„Ich muss fort", sagte Rieux. „Ich kann es nicht mehr ertragen."

Aber plötzlich verstummten die übrigen Kranken. Da merkte der Arzt, dass der Schrei des Kindes schwächer geworden war, dass er immer weiter abnahm und nun aufhörte. […]

Paneloux näherte sich dem Bett und machte die Gebärde des Segnens. Dann raffte er seine Soutane zusammen und verließ den Saal durch den Mittelgang. […]

Rieux stürmte […] hinaus. Sein Schritt war so überstürzt, sein Ausdruck so grimmig, dass Paneloux den Arm ausstreckte, um ihn zurückzuhalten, als er an ihm vorübereilte.

„Aber Herr Doktor", sagte er zu ihm.

Mit derselben ungestümen Bewegung drehte Rieux sich um und warf heftig hin: „Ah! Der wenigstens war unschuldig, das wissen Sie wohl!" […]

„Warum haben Sie so zornig mit mir gesprochen?", fragte eine Stimme hinter ihm. „Auch ich fand diesen Anblick unerträglich."

Rieux wandte sich Paneloux zu.

„Sie haben recht", sagte er. „Verzeihen Sie mir. Aber die Übermüdung ist eine Art Wahnsinn. Und es gibt Zeiten in dieser Stadt, da ich nur mehr meine Empörung spüre."

„Ich verstehe", murmelte Paneloux. „Es ist empörend, weil es unser Maß übersteigt. Aber vielleicht sollen wir lieben, was wir nicht begreifen können."

Rieux richtete sich mit einem Schlag auf. Mit der ganzen Kraft und Leidenschaft, deren er fähig war, schaute er Paneloux an und schüttelte den Kopf.

„Nein", sagte er. „Ich habe eine andere Vorstellung von der Liebe. Und ich werde mich bis in den Tod hinein weigern, die Schöpfung zu lieben, in der Kinder gemartert werden."

Albert Camus: Die Pest

Theodizee

Das Wort Theodizee ist aus den beiden griechischen Wörtern theos (= Gott) und dike (= Recht) zusammengesetzt. Unter diesem Kunstwort ist die Rechtfertigung Gottes zu verstehen, die mit dem Problem klarzukommen versucht, wie die Güte, Weisheit und Allmacht Gottes mit dem Bösen und dem Leid in der Welt gedanklich zu vereinbaren sind.

Aufgaben

1. Beschreibe das Verhalten von Paneloux (dem Priester) und von Rieux (dem Arzt).
2. Vergleiche, wie Paneloux und Rieux Leid und Liebe deuten.
3. Erkläre, was die beiden verbindet.

Wozu, nicht warum

Gott verursacht nicht unser Unglück. Manches Unglück ist einfach Missgeschick, anderes wird von schlechten Menschen verursacht oder ist nur die unvermeidliche Folge unseres menschlichen, sterblichen Daseins in einer Welt unabänderlicher Naturgesetze. Die schmerzlichen Dinge, die uns widerfahren, sind nicht etwa Strafen für schlechtes Betragen und schon gar nicht in irgendeiner Weise Teil eines Gottesplans. Weil das Unglück nicht von Gott kommt, brauchen wir uns nicht von Gott verlassen oder verletzt zu fühlen, wenn uns ein Schicksalsschlag trifft. Wir können uns an Ihn wenden, damit Er uns, hilft, ihn zu ertragen, gerade weil wir wissen, dass Gott genauso von ihm getroffen wird wie wir.

„Soll das bedeuten, dass mein Leiden keinen Sinn hat?" Diese Frage wird die deutlichste Herausforderung, die man meinem Standpunkt, den ich in diesem Buch vertrete, entgegensetzen kann. Wir ertragen fast jeden Schmerz und jede Enttäuschung, wenn wir der Überzeugung sind, sie haben einen Sinn und Zweck. Aber selbst eine geringere Last wird zu schwer für uns, wenn wir ihre Sinnlosigkeit spüren. [...]

Ich meine, dass das Böse, das uns im Leben widerfährt, keinen Sinn hat in dem Augenblick, in dem es uns widerfährt. Aber wir können ihm einen Sinn verleihen. Wir können es von seiner Sinnlosigkeit befreien, indem wir ihm eine Bedeutung geben. Die Frage, die wir stellen sollten, lautet aber nicht: „Warum geschah mir das? Was habe ich getan, um so etwas zu verdienen?" (Auf diese Frage gibt es wirklich keine Antwort.) Besser wäre es, zu fragen: „Was kann ich, da mir solches widerfahren ist, jetzt tun?"

Aber welche Rolle spielt Gott dabei? Wenn Gott nicht die Ursache des Bösen ist, das guten Menschen widerfährt – und wenn Er es nicht verhindern kann –, was soll uns Gott dann überhaupt? [...]

Gott gibt es den Menschen ein, anderen, die von Leid betroffen sind, zu helfen, und durch diese Hilfe werden sie der Gefahr entrissen, sich allein, verlassen oder verurteilt zu fühlen.

Harold Kushner: Wenn guten Menschen Böses widerfährt

> ### Warum lässt Gott es zu, dass Kinder so schwer krank werden?

Eric Clapton:
Tears in Heaven
Would you know my name
If I saw you in heaven?
Would it be the same
If I saw you in heaven?
I must be strong
And carry on
'Cause I know I don't belong
Here in heaven

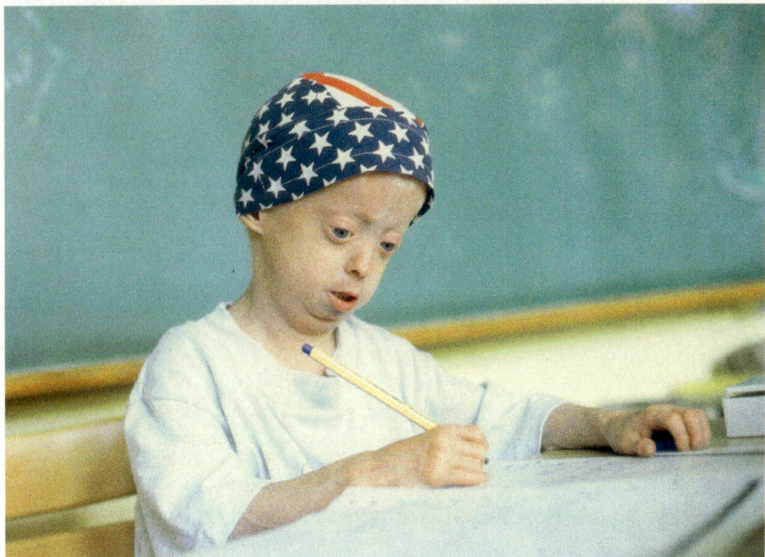

Aaron Kushner

Aufgaben

1. Der jüdische Rabbi Harold Kushner musste erleben wie sein Sohn Aaron noch als Kind an Progerie starb, einer Krankheit, die einen Menschen schnell altern lässt. Erkläre, wie er den Tod seines Kindes deutet.
2. Formuliere deine Gedanken zum Bild.
3. Vergleiche diese Deutung des Leids mit dem Lied von Eric Clapton. Clapton schrieb dieses Lied anlässlich des Todes seines fünfjährigen Sohnes. Er stürzte aus dem fünften Stock eines Hochhauses.
4. Beurteile, ob die beiden Deutungen des Leids Menschen trösten können.

Hiob

Gerard Seghers (1591-1651):
Hiobs Geduld

Hiob erfährt großes Leid: Der ganze Besitz, die Tiere und die Knechte werden durch Mördertruppen erschlagen. Die eigenen Söhne und Töchter werden durch einen Tsunami getötet. Hiob selbst wird schließlich sterbenskrank. Seine Nachbarn wenden sich von ihm ab. Es kommt zu einer dramatischen Geschichte, in deren Verlauf verschiedene Antworten auf die Frage nach dem Ursprung des Leids entwickelt werden.

Die Pfeile des Allmächtigen stecken in mir, mein Geist muss ihr Gift trinken und die Schrecknisse Gottes sind auf mich gerichtet.
Hiob 6,4

Der Herr hat's gegeben, der Herr hat's genommen, der Name des Herrn sei gelobt!
Hiob 1,21

Meinst du, dass Gott unrecht richtet oder der Allmächtige das Recht verkehrt? Haben deine Söhne vor ihm gesündigt, so hat er sie ihrer Missetat preisgegeben. Wenn du aber dich zu Gott wendest und zu dem Allmächtigen um Gnade flehst, wenn du rein und fromm bist, so wird er deinetwegen aufwachen und wird wieder herstellen deine Wohnung, wie es dir zusteht. Ist dein Anfang auch gering, wird doch dein Ende herrlich sein.
Hiob 8,3-7

Denn auf eine Weise redet Gott und auf eine zweite; nur beachtet man's nicht. Im Traum, im Nachtgesicht, wenn der Schlaf auf die Menschen fällt, wenn sie schlafen auf dem Bett, da öffnet er das Ohr der Menschen und schreckt sie auf und warnt sie, damit er den Menschen von seinem Vorhaben abwende und von ihm die Hoffart* tilge und bewahre seine Seele vor dem Verderben und sein Leben vor des Todes Geschoss. Auch warnt er ihn durch Schmerzen auf seinem Bett und durch heftigen Kampf in seinen Gliedern, dieses Leben verleidet ihm das Brot, seiner Kehle die Lieblingsspeise.
Hiob 33,14-20

Fluche Gott und stirb!
Hiob 2,9

Ach dass meine Reden aufgeschrieben würden! Ach dass sie aufgezeichnet würden als Inschrift, mit einem eisernen Griffel und mit Blei für immer in einen Felsen gehauen! Aber ich weiß, dass mein Erlöser lebt, und als der Letzte wird er über dem Staub sich erheben. Nachdem meine Haut noch so zerschlagen ist, werde ich doch ohne mein Fleisch Gott sehen. Ich selbst werde ihn sehen, meine Augen werden ihn schauen und kein Fremder. Danach sehnt sich mein Herz in meiner Brust.
Hiob 19,23-27

Hoffart: Hochmut, falscher Stolz

Hiobsbotschaften
Als Hiobsbotschaft wird eine überraschende Unglücksbotschaft oder Schreckensnachricht bezeichnet. Dieser Begriff wurde von Johann Wolfgang Goethe in Anlehnung an die biblische Erzählung von Hiob geprägt.

Aufgaben

1. Betrachte das Bild und gib die Hiobgeschichte in groben Zügen wieder.
2. Ordne die Zitate den Personen auf dem Bild zu.
3. Arbeite an den Zitaten verschiedene Antworten auf die Frage nach dem Leid aus dem Hiobbuch heraus.
4. Bewerte die verschiedenen Antworten. Was kann am meisten trösten?

Gott redet mit Hiob

Hiob drängt darauf, dass Gott sich für sein Handeln an ihm rechtfertigt. Schließlich meldet sich Gott in zwei langen Reden. Es scheint, als ginge Gott gar nicht auf Hiob ein. Ein genauerer Blick zeigt, dass Gott eine weitere Antwort auf die Frage nach dem Leid gibt.

Die erste Gottesrede ist ein Streitgespräch Gottes mit Hiob. Gott kritisiert den Vorwurf Hiobs, es gebe keinen Plan Gottes für die Welt. Nein, Hiob ist für diesen Plan Gottes einfach nicht klug genug. Gott kritisiert dann den zweiten Vorwurf Hiobs, die Welt sei ein Chaos, in dem Willkür herrscht. Nein, in Wirklichkeit kämpft Gott täglich gegen das Chaos, das die Welt bedroht. Gott hat die Welt fest gegründet in den Fluten des Chaosmeeres, er begrenzt das Meer durch die Küsten, sodass es die Welt nicht zerstören kann. Er hebt jeden Morgen durch die aufgehende Sonne das Dunkel auf, in dem die Kriminellen unterwegs sind. Er verwandelt wüstes in fruchtbares Land. Er garantiert die lebenserhaltenden Aufgaben von Regen, Eis, Hagel, Schnee und Wind. Er verhindert durch Regen und Tau, dass das Kulturland wieder zur Wüste wird. Und er ordnet die Bahn der Gestirne am Himmel. Die Welt ist keine statische Ordnung, sondern ein lebendiger Prozess mit ständigen Veränderungen.

Der von Gott geschaffene Kosmos muss ständig neu beschützt werden. Immer wieder muss durch den Regen die Wüste zurückgedrängt werden, immer wieder durch das Morgenlicht dem nächtlichen Treiben der Verbrecher ein Ende bereitet werden. Vor allem aber sorgt er dafür, dass immer neues Leben entsteht. Er sorgt dafür, dass Tiere ihre Jungen zur Welt bringen und ernähren können, sodass Leben weitergeht.

In der zweiten Gottesrede geht es um den Kampf mit Behemot und Leviatan. Behemot meint das Flusspferd und zugleich eine Macht, die dem Menschen gefährlich werden kann. Leviatan meint das Krokodil und zugleich eine Macht, die Leben zerstören kann. Sie verkörpern das Böse und Bedrohliche. Es ist die Aufgabe Gottes, das chaotische Böse zurückzudrängen. Darum werden beide, Behemot und Leviatan, von Gott bekämpft. Die Gottesrede zielt darauf ab, Hiob aufzufordern, ebenso wie Gott aktiv gegen das Böse zu kämpfen. Statt über das Böse und die Leiden der Gerechten zu klagen, soll er aktiv werden. Hiob muss erfahren, dass Gott aktiv ist, aber dass Gottes Aktivität eine Entsprechung in menschlicher Aktivität haben muss. Ein Verharren im Leid ändert nichts. Nur zu klagen, verändert nichts. Andere schuldig zu sprechen für das eigene Leid, führt dazu, dass man im Leid stecken bleibt. Das innere Chaos, das mit jedem Leid verbunden ist, bleibt dann weiter da. Die Gottesrede will Hiob ermutigen, aktiv den Kampf an Gottes Seite gegen alles Chaotische aufzunehmen. Und nicht eine starre statische Weltordnung zu erhoffen, sondern zu erkennen, dass der Kampf gegen Chaotisches und Böses ein ständiger Prozess ist. Auch wenn das Leid – wie bei Hiob – sinnlos ist, kann er aktiv mit dem Leid umgehen und dabei neue Möglichkeiten für sich entwickeln. Das hat Hiob am Ende verstanden.

Jürgen Kegler

Das Buch Hiob

Das biblische Buch besteht aus zwei Schichten. Den Rahmen (Hi 1-2; 42,7-17) bildet ein Ineinander von irdischen und himmlischen Szenen. Er erzählt von Hiobs Reichtum, der Erlaubnis Satans durch den himmlischen Thronrat, Hiob prüfen zu dürfen, von seinen Schicksalsschlägen bis hin zu seiner Genesung und neuem Segen. In diesen Rahmen eingefügt sind Dialoge mit Klagen Hiobs (Hi 3;28-31), Reden der Freunde (Hi 4-27;32-37) und zwei abschließende große Gottesreden (Hi 38-41). Im Kern geht es um die Infragestellung des sog. Tun-Ergehen-Zusammenhangs als Erklärung von Leid.

Aufgaben

1. Arbeite die Argumente Gottes heraus.
2. Entwirf ein Textplakat zu der Antwort, die die Gottesreden enthalten.
3. Setze dich mit dieser Antwort auseinander und beziehe sie auf verschiedene „Hiobsbotschaften".

Der leidende Gott

George Grosz (1893-1956): Christus am Kreuz, von Soldaten umgeben, um 1920

Elie Wiesel (1928-2016), ehemaliger KZ-Häftling

Die drei Verurteilten stiegen zusammen auf ihre Stühle. Drei Hälse werden zur gleichen Zeit in die Schlinge eingeführt. „Es lebe die Freiheit!", riefen die beiden Erwachsenen. Das Kind schwieg. „Wo ist Gott, wo ist er?", fragte jemand hinter mir. Absolutes Schweigen herrschte im ganzen Lager. [...] Dann begann der Vorbeimarsch. [...] Aber der dritte Strick hing nicht reglos: Der leichte Knabe lebte noch. Mehr als eine halbe Stunde hing er so und kämpfte vor unseren Augen zwischen Leben und Sterben seinen Todeskampf. [...] Hinter mir hörte ich denselben Mann fragen: „Wo ist Gott?" Und ich hörte eine Stimme in mir antworten: „Wo er ist? Dort – hängt er, am Galgen ..."

Elie Wiesel: Die Nacht

Dorothee Sölle (1929-2003), evangelische Theologin, nimmt Bezug auf die Erzählung Wiesels

Innerhalb der christlichen Tradition gedeutet ist es Christus, der hier leidet und stirbt. [...] In der Passionsgeschichte wird eine entscheidende Wendung vollzogen: die Wendung von der Bitte, verschont zu bleiben, zu dem verzweifelt klaren Bewusstsein, es nicht zu werden. Der Weg von Gethsemane nach Golgatha ist der Abschied von der Hoffnung. [...] Die Substanz der Passionsgeschichte Jesu ist die Aussage, dass dieser, den Gott verlassen hat, selber Gott wird. [...] Der entscheidende Satz, dass Gott „dort am Galgen" hängt, hat zwei Bedeutungen. Erstens ist es eine Aussage über Gott. Gott ist kein Henker – und kein allmächtiger Zuschauer (was auf dasselbe hinausliefe), Gott ist nicht der mächtige Tyrann. Zwischen den Leidenden und den Leidmachern, zwischen Opfern und Henkern ist „Gott" [...] auf der Seite der Leidenden. Gott ist auf der Seite der Opfer, er wird gehängt. Zweitens ist es eine Aussage über den Jungen. [...] Wir müssen lernen, in dem Satz „Hier ist er, er hängt dort am Galgen" das Bekenntnis des römischen Hauptmanns zu hören: „Wahrlich, dieser ist Gottes Sohn gewesen." Alle, jeder Einzelne von den sechs Millionen ist Gottes geliebter Sohn gewesen. Anders als so hat sich auch damals Auferstehung nicht vollzogen.

Dorothee Sölle: Leiden

Hans Jonas (1903-1993), jüdischer Philosoph

[...] durch die Jahre des Auschwitz-Wütens schwieg Gott. Die Wunder, die geschahen, kamen von Menschen allein: die Taten jener einzelnen, oft unbekannten Gerechten unter den Völkern, die selbst das letzte Opfer nicht scheuten, um zu retten, zu lindern, ja, wenn es nicht anders ging, hierbei das Los Israels zu teilen. [...] Aber Gott schwieg. Und da sage ich nun: Nicht weil er nicht wollte, sondern weil er nicht konnte, griff er nicht ein.

Hans Jonas: Der Gottesbegriff nach Auschwitz

Aufgaben

1. Erläutere, wie Eli Wiesel den Tod des Kindes versteht.
2. Vergleiche, wie die evangelische Theologin und der jüdische Philosoph den Tod des Kindes deuten, und bewerte die beiden Deutungen Gottes.
3. Formuliere die Botschaft des Bildes, das nach dem Ersten Weltkrieg entstanden ist.

Viktor Frankl: Trotzdem Ja zum Leben sagen

Viktor E. Frankl (1905-1997) war Arzt und Professor für Neurologie und Psychiatrie an der Universität Wien. Schon vor dem Zweiten Weltkrieg hat er eine besondere Form der Psychotherapie entwickelt, die er Logotherapie nannte (Heilung durch Sinnfindung, von griech. logos = Sinn).

Viktor E. Frankl

Frankl geht davon aus, dass jeder Mensch auf Sinn ausgerichtet ist und es eine Lebensaufgabe darstellt, diesen Sinn zu entdecken und zu verwirklichen – auch und gerade dann, wenn das Leben sinnlos scheint. Diese Haltung wurde in Frankls Leben auf eine harte Bewährungsprobe gestellt. Da seine Familie jüdischer Herkunft war, konnten sie dem Konzentrationslager nicht entkommen. Frankl hätte zwar in die USA auswandern können, er wollte aber seine Eltern nicht im Stich lassen. Frankl überlebte diese schreckliche Zeit, verlor im Konzentrationslager jedoch seine gesamte Familie bis auf seine Schwester, die rechtzeitig nach Australien ausgewandert war. Wie konnte er nach diesen Erlebnissen einen Sinn in seinem eigenen Leben sehen? In einem Interview erzählt er, wie er sich fühlte, als er nach dem Krieg nach Wien zurückkam und sich ganz alleine vorgefunden hat. „Ich habe ein Gefühl gehabt: Entweder [...] geht man hin und nimmt einen Strick und hängt sich auf. Oder aber es gibt irgendwelche Ressourcen in einem, die einen davon abhalten. Und das war mein bedingungsloser Glaube an einen letzten Sinn, der uns zwar verborgen sein mag, aber er ist da." Frankl unterscheidet verschiedene Sinnebenen, Sinnmöglichkeiten und Sinnhorizonte, die von Einzelsinnen bis zum Gesamtsinn des Lebens reichen, der offen ist für die religiöse Sinndimension.

Ein Grundsatz der Logotherapie ist, dass Sinn nie von außen (also dem Therapeuten oder Gesprächspartner) festgelegt werden kann, sondern jeder Mensch die Aufgabe hat und die Verantwortung trägt, den in ihn gelegten Sinn zu entdecken und ein sinnerfülltes Leben zu gestalten. Die Logotherapie begleitet Menschen bei ihrer Suche.

Ziel erreicht!

> Benenne jene Position, die dich am meisten beeindruckt hat. Begründe deine Meinung.

> Formuliere den persönlichen Lerngewinn in diesem Teilkapitel.

> Sammle Fragen, die noch offen geblieben sind. Gestaltet daraus eine Mindmap in der Klasse.

> Nimm Stellung zu der These: „Wer so großes Leid erlebt, wie etwa den Tod des eigenen Kindes, ist von Gott verlassen worden und kann nicht mehr glücklich werden."

Aufgaben

1. Arbeite heraus, wie Frankl Menschen helfen will, mit Leid umzugehen.
2. Interpretiere das Bild vor dem Hintergund der Aussagen des Textes.
3. Stelle Beziehungen zwischen der Untersuchung von Mirjam Schambeck (>> S. 50) und den Einsichten Frankls her.
4. Erörtere Konsequenzen der Einsichten Frankls für das eigene Leben. Recherchiere dazu auch im Internet.

Jesus Christus begegnen

Ein Jugendlicher:

„Ein Hauptproblem, denke ich, ist, dass jemand für uns gegeißelt und ans Kreuz genagelt worden ist, dass er für uns durch Erstickungstod durch das viele Blut in der Lunge gestorben – kurzum: auf grausame Weise umgekommen ist – für mich? Mir hätte es doch auch gereicht, wenn er Blinde und Aussätzige geheilt und den Rest seines Lebens Play-Station II gespielt und daneben ein bisschen gepredigt hätte. Mir ist es eigentlich sehr unangenehm, dass sich Jesus (mein Gott) für mich so geopfert hat; ich hätte auch so an Jesus festgehalten – ohne den Foltertod."

Und er fährt fort: „Wie kann man jemandem, der mit dem Kreuzestod Schwierigkeiten hat, weiterhelfen?"

Aus: Michaela Albrecht-Zenk: Playstation statt Foltertod

Die Passion Christi,
USA 2003
(Regie: Mel Gibson)

? Wer ist Jesus Christus für mich heute?

? Warum müssen immer wieder Menschen wie Jesus grausam sterben?

? Wie sollen wir leben?

? Warum gibt es so viele Bilder von Jesus?

? Was kommt nach dem Tod?

? Wie kann man sich Auferstehung vorstellen?

? …

So ist das Kapitel aufgebaut:

Spuren von Jesus in der Kunst interpretieren >>

Sich mit Tod und Auferstehung Jesu auseinandersetzen >>

Die Botschaft der Bergpredigt beurteilen >>

Die größte Geschichte aller Zeiten, USA 1965 (Regie: George Stevens)

Ich kann am Ende des Kapitels ...

✔ Bilder von Jesus benennen, deuten und mich kreativ damit auseinandersetzen.

✔ die christliche Deutung von Tod und Auferstehung Jesu als erlösendes Handeln Gottes erläutern und mit anderen Deutungen vergleichen.

✔ begründet zu den Herausforderungen der Bergpredigt Stellung nehmen.

Spuren von Jesus in der Kunst interpretieren

Jesus-Darstellungen finden sich in allen Richtungen der Kunst: in der Malerei, in der Plastik, in der Musik bis hin zur Popmusik, im Film und in der Literatur. Benenne zu jeder Richtung ein Beispiel.

Jesus in der Bildenden Kunst

Das frühe Christentum hat Jesus vor allem durch Zeichen dargestellt. Figürliche Darstellungen des Gekreuzigten treten erst im 4. Jahrhundert auf. Das Mittelalter betont zunächst die Göttlichkeit Jesu und die Ferne von allem Leiden (Romanik). Das späte Mittelalter betont das Leiden (Gotik). Die Figur Jesu wirkt menschlich-realistisch. In der beginnenden Neuzeit tritt wieder die Göttlichkeit hervor (Barock) und zielt auf das Handeln Jesu ab. Spätestens im 20. Jahrhundert löst sich die Kunst von theologischen Vorgaben. Christus wird unsichtbar oder begegnet im Bild des scheiternden Menschen.

Benenne zu jedem Bildausschnitt die fehlenden Teile. Ordne dann die Bilder der Geschichte des Christusbildes (Text links) zu. Mit welchem Bild sollte man sich als Erstes auseinandersetzen?

Projektaufgaben zu den Seiten 74–79

➤ Erläutert vier Bilder, die besonders ansprechend sind.
➤ Bewertet die Lieder nach den Kategorien Musikalität, Aktualität, Glaubwürdigkeit und Lebensbedeutung mit Noten von 1 bis 6. Bezieht die Lieder auf S. 81 und 92 ein.
➤ Gestaltet eine Collage mit Motiven aus den Bildern.
➤ Entwerft zu einem der Bilder eine Meditation und bezieht wenn möglich ein Lied ein.
➤ Formuliert Gründe, warum das Christentum immer wieder Jesus dargestellt hat.

Bilder vom Sieg

Christliches Grabmal

Das Fries auf einem vollplastischen römischen Sarkophag* enthält das sog. Christusmonogramm inmitten eines Lorbeerkranzes mit den griechischen Buchstaben Chi und Rho von ChRistos. Dieses von Christen schon länger gebrauchte Monogramm soll im Jahr 312 von Kaiser Konstantin dem Großen bei der Schlacht an der Milvischen Brücke als Feldzeichen* verwendet worden sein. In dieser Schlacht besiegte er seinen Mitkaiser Maxentius. In einer Vision wurde Konstantin verheißen: In hoc signo vinces = In diesem Zeichen wirst du siegen. Das Monogramm blieb im Christentum bestimmend und findet sich heute in fast jedem Kirchenraum.

Ein Sarkophag (wörtlich „Fleischverzehrer") ist ein Steinsarg, der in einer Gruft aufbewahrt wird.

Ein römisches Feldzeichen (lat. labarum) besteht aus einem Speer und einem Querbalken, an dem eine Fahne angebracht ist. Auf dieser finden sich Bilder, darüber Zeichen wie Adler oder eben auch Chi und Rho in einem Lorbeerkranz.

Romanisches Kruzifix

Die Christusfigur mit offenen Augen, einer Krone auf dem Haupt, mit waagerecht ausgebreiteten Armen, parallel gestellten Füßen und mit vier Nägeln gehört zu einer Kreuzigungsgruppe in der katholischen romanischen Kirche von Innichen (Südtirol). Unter dem Kreuz stehen zur Linken Maria und zur Rechten Johannes, der Lieblingsjünger. Die Kreuzigungsdarstellung wurde in der Mitte des 13. Jahrhunderts von einheimischen Künstlern geschaffen.

Aufgaben

1. Beschreibe das Bild mit dem Christusmonogramm. Warum hat man wohl auf eine Figur verzichtet?
2. Entwirf eine Deutung, die die Motive des Frieses auf dem Sarkophag aufnimmt.
3. Beschreibe das romanische Kruzifix aus Innichen und vergleiche es mit den Kreuzesdarstellungen auf >> S. 76 und 84.
4. Entwirf ein Gedicht zu dieser Kreuzesdarstellung und verwende dazu die Vorlage des Elfchens.

Bilder vom Gekreuzigten

Matthias Grünewald: Kreuzigung

Matthias Grünewald (1475/80–1528): Kreuzigung,
Tauberbischofsheimer Altar, 1523/24

O Haupt voll Blut und Wunden

1. O Haupt voll Blut und Wunden,
   voll Schmerz und voller Hohn,
   o Haupt, zum Spott gebunden
   mit einer Dornenkron,
   o Haupt, sonst schön gezieret
   mit höchster Ehr und Zier,
   jetzt aber höchst schimpfieret:
   Gegrüßet seist du mir!

2. Du edles Angesichte,
   davor sonst schrickt und scheut
   das große Weltgewichte,
   wie bist du so bespeit,
   wie bist du so erbleichet!
   Wer hat dein Augenlicht,
   dem sonst kein Licht nicht
   gleichet,
   so schändlich zugericht'?

9. Wenn ich einmal soll scheiden,
   so scheide nicht von mir;
   wenn ich den Tod soll leiden,
   so tritt du dann herfür;
   wenn mir am allerbängsten
   wird um das Herze sein,
   so reiß mich aus den Ängsten
   kraft deiner Angst und Pein.

10. Erscheine mir zum Schilde,
    zum Trost in meinem Tod,
    und lass mich sehn dein Bilde
    in deiner Kreuzesnot.
    Da will ich nach dir blicken,
    da will ich glaubensvoll
    dich fest an mein Herz drücken.
    Wer so stirbt, der stirbt wohl.

Paul Gerhardt, 1656 (EG 85)
nach dem „Salve caput
cruentatum" des Arnulf von
Löwen, in dem die einzelnen
Körperteile des Gekreuzigten
in den Blick genommen und
meditiert werden

Altarretabel (wörtl.: Tafel hinter dem Altar) bezeichnet eine Schauwand, die auf dem Altartisch aufgesetzt ist und aus einem Unterbau (Predella), einer mittigen Bildtafel (Altarblatt) sowie zwei oder vier Flügeln mit Szenen aus der Bibel oder dem Leben von Heiligen und Maria besteht.

Aufgaben

1. Beschreibe das Bild. Worin unterscheidet es sich von der romanischen Kreuzesdarstellung (>>S. 75)?
2. Gestalte zeichnerisch ein Altarretabel*, in dem das Bild von Grünewald als Mitte enthalten ist.
3. Beurteile, ob und inwieweit Lied und Bild zusammenpassen.
4. Untersuche, wie Johann Sebastian Bach den Text von Paul Gerhardt in der Matthäuspassion interpretiert.

Georg Baselitz: Der Tanz ums Kreuz

Der heute weltberühmte Künstler schenkte das großformatige
Bild 1991 einer evangelischen Gemeinde für ihre Kapelle aus
dem 17. Jahrhundert. Auflage war, dass das Bild an der Wand
hinter dem Altar angebracht und dafür die bisherige Ausgestaltung mit einer Kanzel über dem Altar entfernt werde. Der Ge-
meindevorstand stimmte zu, doch viele Gemeindeglieder lehnten das Bild ab und forderten den Erhalt des vertrauten Raumes.
Sie sahen in dem Bild eine stürzende Figur, die als Luzifer* gedeutet wurde. Befürworter sahen in dem auf dem Kopf stehen-
den Christus eine Herausforderung, gewohnte Sichtweisen „auf
den Kopf zu stellen" und noch einmal neu über die Bedeutung
von Christus nachzudenken.
Baselitz selbst sah in dem Bild nur ein Bild. Es sei kein Christus.
1992 nahm der Künstler das Bild wieder zurück.

Monty Python: Always look on the bright side of life

In dem Film *Das Leben des Brian* (1979) erzählt die britische
Komikergruppe das Leben des zur gleichen Zeit wie Jesus lebenden und recht naiven Brian, der durch etliche Missverständnisse als Messias angesehen und schließlich bei einer Massenhin-
richtung gekreuzigt wird. Am Kreuz hängend stimmt er ein in
das Lied „Schau immer auf die fröhliche Seite des Lebens". Der
Film erzeugte in religiösen Kreisen großen Widerstand.

Georg Baselitz (1938):
Der Tanz ums Kreuz, 1983*

*Luzifer: wörtlich Lichtträger,
Name für den Teufel*

Some things in life are bad, they can really make you mad
Other things just make you swear and curse
When you're chewin' on life's gristle, don't grumble, give a whistle
And this'll help things turn out for the best
And always look on the bright side of life
Always look on the light side of life
If life seems jolly rotten there's something you've forgotten
And that's to laugh and smile and dance and sing
When you're feeling in the dumps don't be silly chumps
Just purse your lips and whistle, that's the thing
And always look on the bright side of life
Come on, always look on the bright side of life
For life is quite absurd and death's the final word
You must always face the curtain with a bow
Forget about your sin, give the audience a grin
Enjoy it it's your last chance anyhow [...]

Text: Eric Idle

Aufgaben

1. Beschreibe das Bild von Baselitz.
2. Entwirf für ein Museum einen knappen Text, der das Bild erläutert.
3. Arbeite heraus, wie das Lied Leben und Tod deutet. Wie lässt sich
   der Widerstand gegen das Lied und den Film erklären?
4. Entwirf Ideen, wie Bild und Lied in einem Gottesdienst eingebracht
   werden können.

Bilder von der Auferstehung

Dieric Bouts: Auferstehung

Dieric Bouts (1410/1420-1475): Auferstehung, 1450/60 Bei dem Bild handelt es sich um ein Simultanbild, das verschiedene zeitlich und räumlich getrennte Ereignisse zeigt.

Aufgaben

1. Beschreibe das Bild mit seinen vielen Details.
2. Formuliere für eine der Figuren des Bildes Gedanken bzw. Worte oder recherchiere ein Lied, das dazu passen könnte. Ihr könnt dann das Bild inszenieren (>> S. 237).
3. Arbeite heraus, worauf Andreas Gabalier hofft. Wie lässt sich eine solche Hoffnung erklären?
4. Entwirf für die CD des Liedes ein Cover. Kann man dabei ein Motiv aus dem Bild von Dieric Bouts verwenden?

Andreas Gabalier (* 1984): Einmal sehn wir uns wieder

Uns oin is die Zeit zu gehn bestimmt,
wie a Blattl trogn vom Wind geht's zum Ursprung zruck als Kind.
Wenn des Bluat in deine Adern gfriert,
wie dei Herz aufhört zum Schlogn und du aufi zu die Engerl fliagst,
dann hob ka Angst und loss di anfoch trogn,
weil es gibt was nach dem Lebm, du wirst scho segn.

Amoi seg ma uns wieder,
amoi schau i a von obm zua.
Auf meine oitn Tag leg i mi dankend nieder
und moch für olle Zeitn meine Augen zua.

Ois, wos bleibt, ist die Erinnerung,
und schön langsam wird da kloar, dass nix mehr is, wias woar.
Dann soll die Hoffnung auf a Wiedesehn
mir die Kroft in mein Herzschlog legn, um weiter zu lebm.

Aus dem Album „Da komm ich her", 2009

Antoni Tàpies: Auferstehung der Füße

Kurt Marti
(Schweizer Dichter und Pfarrer, 1921–2017): Auferstehung

ihr fragt wie ist die auferstehung der toten?
ich weiss es nicht
ihr fragt wann ist die auferstehung der toten?
ich weiss es nicht
ihr fragt gibt's eine auferstehung der toten?
ich weiss es nicht
ihr fragt gibt's keine auferstehung der toten?
ich weiss es nicht
ich weiss nur wonach ihr nicht fragt:
die auferstehung derer die leben
ich weiss nur wozu Er uns ruft:
zur auferstehung heute und jetzt.

Antoni Tàpies (1923-2012): Auferstehung der Füße, 1988

Aufgaben

1. Beschreibe das Bild. Warum kann man nur die Füße sehen?
2. Gestalte zeichnerisch eine Erweiterung des Bildes oder formuliere eine Rede des Auffahrenden.
3. Entwirf zu dem Gedicht durch Absetzen, Einrücken, Schriftgestaltung eine Textgrafik. Wogegen und wofür spricht der Dichter?
4. Entwirf eine Geschichte, in der es um „Auferstehung heute und jetzt" geht.

Ziel erreicht!

> Bewerte die einzelnen Seiten oder einzelne Elemente, inwieweit sie dich ansprechen.

> Fasse mit eigenen Worten die Geschichte der Jesus-Darstellung in der christlichen Kunst (>> S. 74) zusammen.

> Ordne weitere Jesus-Bilder in diesem Buch der Geschichte der Jesus-Darstellung (>> S. 74) zu.

> Beurteile, welche Lieder dieses Teilkapitels in einem christlichen Gottesdienst gespielt werden können.

> Bewerte deinen Lernzuwachs.

> Gestalte ein eigenes Bild von Tod und Auferstehung Jesu und formuliere dazu einen Text.

Sich mit Tod und Auferstehung Jesu auseinandersetzen

Auf vielen Altären christlicher Kirchen findet sich ein Kreuz, mal mit Christusfigur, mal ohne. Formuliere Gründe für diesen Sachverhalt.

Ich glaube an Gott, den Vater,
den Allmächtigen,
den Schöpfer des Himmels und der Erde.
Und an Jesus Christus,
seinen eingeborenen Sohn, unsern Herrn,
empfangen durch den Heiligen Geist,
geboren von der Jungfrau Maria,
gelitten unter Pontius Pilatus,
gekreuzigt, gestorben und begraben,
hinabgestiegen in das Reich des Todes,
am dritten Tage auferstanden von den Toten,
aufgefahren in den Himmel;
er sitzt zur Rechten Gottes,
des allmächtigen Vaters;
von dort wird er kommen,
zu richten die Lebenden und die Toten.
Ich glaube an den Heiligen Geist,
die heilige christliche Kirche,
Gemeinschaft der Heiligen,
Vergebung der Sünden,
Auferstehung der Toten
und das **ewige Leben**.
Amen.

Entwirf zu den herausgehobenen Begriffen Vorstellungen, Bilder, Geschichten und Fragen. Wie passt das alles zusammen?

Kreuz

Das Kreuz ist das zentrale Symbol des Christentums. Es findet sich in allen christlichen Kirchen, auf Kirchturmspitzen, manchmal auch im Grundriss. Es findet sich aber auch auf Gräbern und Todesanzeigen, auf Tattoos und an Halsketten oder als Anstecker an Kleidern. Es wird auch als Segenszeichen gebraucht. Kreuz, Tod und Auferstehung Jesu sind Zeichen der Vergebung Gottes, sind die Zusage, dass Gott dabei ist, wenn Menschen leiden, und die Botschaft, dass das Leben über den Tod siegt.

Projektaufgaben zu den Seiten 80-94

➤ Benennt fünf Bilder, die besonders ansprechend sind. Erläutert sie und begründet die Wahl.

➤ Formuliert zu den roten Hotspots Antworten aus christlicher Perspektive und bewertet diese.

➤ Entwerft eine Erzählung im Twitter-Stil, die die Passions- und Ostergeschichte des Lukas wiedergibt.

➤ Beurteilt die einzelnen Seiten im Hinblick auf ihre Lebensbedeutung.

➤ Gestaltet ein Plakat, das die besondere Bedeutung des Kreuzes für den christlichen Glauben zum Ausdruck bringt.

➤ Entwerft religionskritische Aussagen, die dem christlichen Glauben an die Heilsbedeutung des Kreuzes widersprechen.

Ich glaube an Jesus Christus

Wer ist Jesus für mich heute?

Lukas erzählt

Einmal hatte Jesus sich zurückgezogen, um allein zu beten.

Nur die Jünger waren bei ihm. Da fragte er sie: „Für wen halten mich eigentlich die Leute?"

Sie antworteten: „Manche halten dich für Johannes den Täufer, andere für Elija. Wieder andere meinen, einer der alten Propheten ist auferstanden."

Da fragte er sie: „Und für wen haltet ihr mich?"

Petrus antwortete: „Für den Christus, den Gott gesandt hat."

Aber er schärfte ihnen mit aller Strenge ein: „Sagt das niemandem weiter!"

Dann sagte Jesus: „Der Menschensohn wird viel leiden müssen. Die Ratsältesten, führenden Priester und Schriftgelehrten werden ihn als Verbrecher behandeln. Sie werden ihn hinrichten lassen, aber am dritten Tag wird er vom Tod auferweckt."

Lk 9,18-22 (BasisBibel)

Depeche Mode: Personal Jesus

Feeling unknown
And you're all alone
Flesh and bone
By the telephone
Lift up the receiver
I'll make you a believer

Take second best
Put me to the test
Things on your chest
You need to confess
I will deliver
You know I'm a forgiver

Reach out and touch faith
Reach out and touch faith

Your own personal Jesus
Someone to hear your prayers
Someone who cares
Your own personal Jesus
Someone to hear your prayers
Someone who's there
Aus dem Album Violator, 1989

Christus
Von hebr. Messias, Gesalbter, griech. christos. Der später zum Eigennamen gewordene Titel bezeichnet einen königlichen Retter aus dem Haus Davids, der das Volk Israel von Feinden befreien und ein Reich errichten wird, in dem Frieden und Gerechtigkeit herrschen.

Menschensohn
Menschensohn bezeichnet einmal schlicht den Sohn eines Menschen, dann aber auch eine menschenähnliche Gestalt, die im Himmel noch verborgen ist, aber am Ende der Zeit mit großer Kraft und Herrlichkeit kommt, von Gott die Weltherrschaft empfängt und die Könige der Erde entmachtet.

Aufgaben

1. Beschreibe das Jesus-Freaks-Plakat. Wie wird Jesus gesehen?
2. Fasse das Jesusbild im Lied von Depeche Mode zusammen und bewerte das Lied (Methode: Text und Melodie in Beziehung setzen >> S. 238).
3. Gestalte zu Lk 9,18-22 ein Texttheater oder entwirf ein Textplakat.
4. Arbeite heraus, worin sich die Antworten des Volkes, von Petrus und von Jesus unterscheiden, und setze dich dazu in Beziehung.

>> S. 61: Bekenntnis

Jesus wird verurteilt

Woran erkennt man einen guten Richter?

Honoré Daumier (1809-1879): Ecce homo, 1851

Pilatus war von 26 bis 37 n. Chr. römischer Statthalter über Judäa. Er regierte in Caesarea, verlegte aber während der großen jüdischen Feste seinen Sitz häufig nach Jerusalem. Seine Amtsführung war gekennzeichnet durch Bestechlichkeit, Gewalttätigkeit, Misshandlungen, Beleidigungen, Hinrichtungen ohne Gerichtsverfahren und bewusste Kränkung der Untertanen. 37 n. Chr. wurde er wegen einer seiner Grausamkeiten abgesetzt und nach Rom zurückberufen.

Pilatus* ließ die führenden Priester zusammenrufen, dazu die anderen Mitglieder des jüdischen Rates und das Volk. Er sagte zu ihnen: „Ihr habt diesen Menschen zu mir gebracht, weil er angeblich das Volk aufhetzt. Seht doch: Ich habe ihn in eurem Beisein verhört. Keiner der Anklagepunkte, die ihr gegen ihn vorbringt, hat sich bestätigt. Ja sogar Herodes hat ihn wieder zu uns zurückgeschickt. Seht doch: Er hat nichts getan, wofür er den Tod verdient. Ich lasse ihn auspeitschen, dann gebe ich ihn frei." Doch sie schrien alle wie aus einem Mund: „Weg mit ihm! Gib uns Barrabas frei!" Barrabas hatte sich an einem Aufruhr in der Stadt beteiligt und einen Mord begangen – deshalb saß er im Gefängnis.

Noch einmal redete Pilatus den Leuten zu, denn er wollte Jesus freigeben. Aber die schrien: „Kreuzige, kreuzige ihn!"

Da wandte er sich zum dritten Mal an sie: „Was hat er denn verbrochen? Ich kann nichts an ihm finden, wofür er den Tod verdient. Ich lasse ihn auspeitschen, dann gebe ich ihn frei." Aber sie bedrängten ihn weiter und schrien immer lauter: „Ans Kreuz mit ihm!"

Zuletzt hatte ihr Geschrei Erfolg: Pilatus entschied, ihre Forderung zu erfüllen. Er gab den Mann frei, um den sie gebeten hatten – der wegen Aufruhr und Mord im Gefängnis saß. Aber Jesus lieferte er aus, so wie sie es gewollt hatten.

Lk 23,13-25 (BasisBibel)

Aufgaben

1. Gestaltet verschiedene Lesungen des Textes. Passt dazu das Bild von Daumier?
2. Arbeite den Ablauf der Verurteilung von Jesus heraus, wie ihn Lukas erzählt. Bezieh auch Lk 22,63-23,12 ein.
3. Erkläre das Verhalten von Pilatus und von Jesus.
4. Überprüfe die These, dass sich in dieser Erzählung antijüdische Züge zeigen.

Der Tod am Kreuz

Kreuzigung rekonstruiert anhand eines 1968 an dem Hügel Giv'at ha-Mivtar (bei Jerusalem) entdeckten Skelettes

Spottbild aus Rom (3. Jh.): Alexamenos betet seinen Gott an

Wie muss eine moderne Religion aussehen?

Die Kreuzigung

König Herodes hatte dem Sanhedrin* die Zuständigkeit für Kapitalverbrechen entzogen. Die römischen Statthalter sind bei dieser Politik geblieben. Der Sanhedrin konnte gegen einen Juden wegen einer religiösen Verfehlung verhandeln und zu maximal 39 Geißelhieben verurteilen, aber die Todesstrafe nur mit der Zustimmung der Römer verhängen.

Cicero bezeichnete die Kreuzigung als die grausamste und scheußlichste Strafe. Sie wurde über Mörder, Wegelagerer und Seeräuber verhängt, am häufigsten aber über Aufrührer. In Judäa in den Kriegen gegen die römische Herrschaft endeten viele Tausende am Kreuz. Kaiser Hadrian hat nach einem Aufstand täglich fünfhundert Aufständische ans Kreuz schlagen lassen.

In der Regel wurde der Verurteilte gegeißelt und musste den Querbalken selbst zur Richtstätte tragen. Dort befestigte man das Querholz an einem eingerammten Pfahl, entkleidete den Verurteilten und nagelte ihn an. Am Kreuz war gewöhnlich ein schmales Brett angebracht, auf das sich der Gekreuzigte setzen konnte, wenn er sich hochzog. Das verlängerte die Todesqualen. Der Tod erfolgte durch Ersticken.

Den Juden wurde gestattet, die Körper vor Einbruch der Dunkelheit abzunehmen und zu begraben. Auf einer Tafel am Kreuz waren die Missetaten des Hingerichteten aufgezählt.

Nach Peter Connolly: Das Leben zur Zeit des Jesus von Nazareth (leicht verändert)

Sanhedrin
Auch Synhedrion (griech.): Bezeichnung für den Hohen Rat, der in der Zeit Jesu das oberste jüdische Entscheidungsgremium in Fragen des Gesetzes und der religiösen Praxis war. An seiner Spitze stand der Hohepriester, der das jüdische Volk vor Gott, aber auch den Römern vertrat und die jüdische Verwaltung leitete.

Aufgaben

1. Arbeite heraus, wie eine Kreuzigung erfolgt und wie Menschen bei einer Kreuzigung sterben.
2. Erkläre, warum der christliche Glaube als Eselei angesehen werden konnte. Bezieh die Aussage von Paulus ein: Wir aber predigen den gekreuzigten Christus, den Juden ein Ärgernis und den Heiden eine Torheit (1. Kor 1,23).

Was gibt Hoffnung, wenn man leidet?

Jesus wird gekreuzigt

Aus der Passionsgeschichte des Lukas

„Vater, vergib ihnen; denn sie wissen nicht, was sie tun!"

„Er hat andern geholfen; er helfe sich selber, ist er der Christus, der Auserwählte Gottes."

„Bist du der Juden König, so hilf dir selber!"

„Bist du nicht der Christus? Hilf dir selbst und uns!"

„Jesus, gedenke an mich, wenn du in dein Reich kommst!"

„Wahrlich, ich sage dir: Heute wirst du mit mir im Paradies sein."

„Vater, ich befehle meinen Geist in deine Hände!"

„Fürwahr, dieser Mensch ist ein Gerechter gewesen!"

Aus Lk 23,32-49

Lukas:

Es geht um die Stiftung von Gemeinschaft

Das Neue Testament enthält vier Mal die Erzählung des Lebens Jesu. Sie wollen kein historisches Protokoll sein. Ein Blick in die jeweiligen Passionsgeschichten zeigt: Die Evangelien verfolgen mit der erzählerischen Ausgestaltung der Passion Jesu ein bestimmtes theologisches Interesse. [...]

Das Handeln Jesu zielt im Lukasevangelium [...] auf den Aufbau und die Festigung von sozialen Beziehungen ab, wozu auch der Zuspruch der Sündenvergebung gehört. In Lk 22,32 sagt Jesus auch denen die Vergebung zu, die ihn in seinen schwersten Stunden verlassen und

Hans Baldung Grien (1485-1545): Kreuzigung Christi, Hochaltar im Münster Freiburg, 1512-1515

verleugnen werden. Petrus und sein Verhalten stehen hier stellvertretend für die gesamte Nachfolgegemeinschaft. [...]

Zweiter wichtiger Punkt, an dem Jesu gemeinschaftstiftendes Handeln in der Passionsgeschichte deutlich wird, ist die Bitte um Vergebung für die Mörder am Kreuz: „Vater vergib ihnen, denn sie wissen nicht, was sie tun." (Lk 23,34). Auf die erlittene Gewalt reagiert der Messias nicht mit Gegengewalt. Der Wundertäter, der die Dämonen ausgetrieben und den gottfeindlichen Mächten widerstanden hat, vergibt seinen Mördern und denen, die seine Hinrichtung als Schauspiel mit ansehen. Kein Verfluchen der Gewalttäter, stattdessen ein fürbittendes Gebet um Vergebung.

Carsten Jochum-Bortfeld

Aufgaben

1. Entwirf mithilfe der Zitate eine dramatische Erzählung. Wer sagt was?
2. Vergleiche die eigene Erzählung mit Lk 23,32-49.
3. Beurteile, ob und wie das Bild von Hans Baldung Grien zur Erzählung von Lukas passt. Passen andere Bilder besser?
4. Arbeite an Lk 23,32-49 heraus, wie Lukas das Sterben Jesu versteht. Vergleiche dazu die Ausführungen des Theologen Jochum-Bortfeld.
5. Vergleiche die Darstellung in Lk 23,32-49 mit Mk 15,22-41.

Der Herr ist auferstanden!

Lukas erzählt von der Begegnung mit dem auferstandenen Christus

So kamen sie zu dem Dorf, zu dem sie unterwegs waren. Jesus tat so, als wollte er weiterziehen. Da drängten sie ihn: „Bleibe doch bei uns! Es ist fast Abend und der Tag geht zu Ende!" Er ging mit ihnen und blieb dort.

Dann, nachdem er sich mit ihnen zum Essen niedergelassen hatte, nahm er das Brot und sprach das Dankgebet. Er brach das Brot in Stücke und gab es ihnen. Da fiel es ihnen wie Schuppen von den Augen und sie erkannten ihn. Im selben Augenblick verschwand er vor ihnen. Sie sagten zueinander: „War unser Herz nicht Feuer und Flamme, als er unterwegs mit uns redete und uns die Heiligen Schriften erklärte?" Und sofort sprangen sie auf und liefen nach Jerusalem zurück.

Dort fanden sie die elf Jünger beieinander, zusammen mit allen anderen, die zu ihnen gehörten. Die Jünger riefen ihnen zu: „Der Herr* ist wirklich auferstanden! Er hat sich Simon gezeigt!" Da erzählten die beiden, was sie unterwegs erlebt hatten und wie sie den Herrn erkannten, als er das Brot in Stücke brach.

Lk 24,28-35 (BasisBibel)

*Janet Brooks-Gerloff
(1947-2008): Emmaus,
1992*

Wie die Auferstehung erfahren werden kann

Entscheidend für das Erkennen des Auferweckten ist das gemeinsame Mahl. [...] Die Abendmahlzeit ist die Fortsetzung der Praxis des irdischen Jesus, die deutlich macht, dass die Mächtigen mit ihrer Gewalt den Messias, der Beziehungen zwischen den Menschen heilen will, nicht aus dem Wege räumen konnten. Das Wirken Jesu schien beendet. Beim gemeinsamen Mahl erfahren die beiden Jünger jedoch das Gegenteil, eine Erfahrung, die auf dem Weg nach Emmaus in der Begegnung mit Jesus ihren Anfang nimmt. Jesus redet mit den beiden über ihre Trauer und Enttäuschung, er legt ihnen die Tora und die Propheten aus und – quasi als Höhepunkt und Abschluss – isst er mit ihnen zu Abend, wobei er wie beim letzten Mahl das Brot bricht. Auferweckung ist im Lukasevangelium nicht einfach das Sehen des Auferweckten. Dass Jesus auferweckt worden ist, bedeutet im Lukasevangelium die Stiftung und Stärkung von menschlichen Beziehungen im Angesicht menschlicher Gewalt.

Carsten Jochum-Bortfeld

„Herr" bringt im Alten Testament die überragende Hoheit Gottes zum Ausdruck. Vor allem im Gebet wird Gott als adonai (hebr.) bezeichnet. Im Neuen Testament wird vor allem der auferstandene Christus als kyrios (griech.) angesprochen. Damit wird ihm göttliche Verehrung zuteil.

Was hilft in der Trauer?

Aufgaben

1. Beschreibe das Bild und formuliere mögliche Anliegen der Künstlerin.
2. Skizziere zu Lk 24,13-27 ein Drehbuch und beurteile, ob man in dieser Wegegeschichte von einer Trauerbegleitung sprechen kann.
3. Gestaltet in Gruppen Filmszenen zu Lk 24,28-35 und stellt sie einander vor.
4. Erkläre, wodurch die beiden Jünger am Ende der Geschichte so überzeugt sind, dass Jesus auferstanden ist. Hilft dazu der Text von Jochum-Bortfeld?

#EvangeliumvonJesusChristus

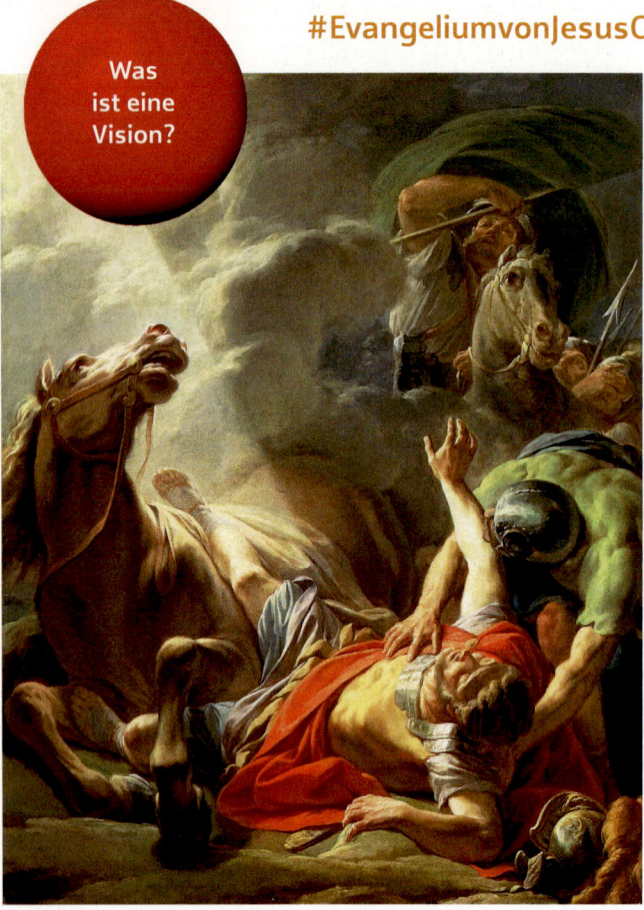

Was ist eine Vision?

Nicolas-Bernard Lepicie (1735-1784): Bekehrung des Paulus, 1767

Kephas: Petrus

Paulus erzählt

Was ich euch weitergegeben habe, habe ich selbst als Überlieferung empfangen.
Grundlegend ist: Dass Christus für unsere Schuld gestorben ist – wie es in den Heiligen Schriften steht. Dass er begraben wurde und dass er am dritten Tag auferweckt wurde – wie es in den Heiligen Schriften steht. Und dass er sich Kephas* gezeigt hat, danach auch den Zwölf.
Später sahen ihn über fünfhundert Brüder und Schwestern gleichzeitig. Die meisten von ihnen sind noch am Leben, einige sind allerdings auch schon gestorben. Danach hat er sich Jakobus gezeigt, schließlich allen Aposteln. Ganz zuletzt ist er auch mir erschienen – also gleichsam einem Missratenen.
1. Kor 15,3-8 (BasisBibel)

Vision und Wirklichkeit

Wenn es sich um eine Vision handelt, so spricht dies wohl für die Außergewöhnlichkeit dieses Ereignisses, aber es spricht nichts dafür, dass das Ereignis notwendig imaginär ist. [...] Weil es sich bei dem Leben des Auferstandenen um die Wirklichkeit einer neuen Schöpfung handelt, darum ist der Auferstandene tatsächlich nicht als ein Gegenstand unter anderen in dieser Welt wahrnehmbar. Darum war er nur durch die außerordentliche Erfahrungsweise der Vision und nur in einer symbolischen Sprache zu erfahren und zu bezeichnen. Aber in dieser Weise hat er sich nun doch in dieser unserer Wirklichkeit kundgetan, zu einer ganz bestimmten Zeit, in einer begrenzten Zahl von Ereignissen gegenüber näher bezeichneten Menschen. Mithin sind diese Ereignisse auch als historische Ereignisse [...] zu behaupten oder zu bestreiten.

Wolfhart Pannenberg

Vision
Vision (lat. visio = Erscheinung) bezeichnet das subjektive Erlebnis von etwas, was man direkt nicht sehen kann, aber dennoch als real empfindet. Biblische Visionen sind meist Gottesoffenbarungen und mit einem Hörerlebnis (Audition) verbunden.

Evangelium
Evangelium (griech. euangelion) meint eine gute frohmachende Botschaft, die ursprünglich zur Kaiserverehrung gehörte und z.B. von der Geburt oder den Wohltaten des Kaisers handelte.

Aufgaben

1. Fasse den Text in einem Tweet zusammen (max. 140 Zeichen). Worin besteht das Evangelium?
2. Erkläre, was Petrus (Kephas), Paulus und die anderen gesehen haben.
3. Arbeite heraus wie Lukas in Apg 9,1-9 das „Sehen" von Paulus deutet. Helfen dazu das Bild von Lepicie und die Ausführungen des Theologen Pannenberg?
4. Zeige auf, was sich im Leben ändert, wenn jemand den auferstandenen Christus „gesehen" hat. Beziehe die Aussagen von Paulus in 1. Kor 15,12-19 ein.

Die Auferstehung der Toten

Was nach dem Tod kommt

Jetzt könnte man natürlich fragen: „Wie werden die Toten auferweckt? Mit was für einem Körper werden sie wiederkommen?"

Was für eine dumme Frage! Das, was du säst, kann nur lebendig werden, wenn es zuvor gestorben ist. Und was du säst, ist ja nicht die ausgewachsene Pflanze. Du säst nur ein nacktes Samenkorn, zum Beispiel vom Weizen oder von irgendeiner anderen Pflanze. Aber Gott gibt ihm die Gestalt, die er vorgesehen hat. Und zwar jeder Samenart ihre eigene. Lebewesen ist nicht gleich Lebewesen, sondern jedes gehört zu einer anderen Art: die Menschen zu einer anderen als die Rinder oder das Geflügel oder die Fische. Es gibt ja auch Himmelskörper und irdische Körper. Die Himmelskörper haben einen anderen Glanz als die irdischen. Die Sonne leuchtet anders als der Mond, der Mond wieder anders als die Sterne. Und kein Stern leuchtet wie der andere.

So ist es auch mit der Auferstehung der Toten: Das Leben, das hier auf der Erde gesät wird, ist vergänglich. Aber das Leben, zu dem wir auferweckt werden, ist unvergänglich! Das Leben, das hier gesät wird, ist armselig. Aber das Leben, zu dem wir auferweckt werden, ist erfüllt von Gottes Herrlichkeit. Das Leben, das hier gesät wird, ist schwach. Aber das Leben, zu dem wir auferweckt werden, ist voller Kraft. Gesät wird ein natürlicher Leib. Auferweckt wird ein vom Geist Gottes neu geschaffener Leib. Wie es einen natürlichen Leib gibt, so gibt es auch einen vom Geist Gottes neu erschaffenen Leib.

1. Kor 15,35-44 (BasisBibel)

Christusfigur nach Bertel Thorvaldsen (1770–1844) auf dem Bergfriedhof Heidelberg

Ein Gleichnis für Auferstehung?

Vor allem auf Gräbern von Kindern begegnet mir oft der Schmetterling. Er ist bunt, er ist leicht. Es scheint, als würde er wegfliegen. Ich denke dann immer an die Raupe Nimmersatt: Sie schlüpft aus einem Ei und frisst sich dann Tag für Tag durch alles Mögliche, wird immer größer und wird doch nicht satt. Nach einer Woche ist sie dick und unbeweglich. Dann verpuppt sie sich. Fast möchte man meinen, jetzt sei alles zu Ende. Ich denke an einen Sarg und an den Tod. Aber dann geschieht das Wunder: Ein wunderschöner Schmetterling verlässt die leere Hülle. Ich überlege: Paulus spricht von Verwandlung. Er denkt an eine Neuschöpfung. Hätte er auch von einem Schmetterling sprechen können?

Aufgaben

1. Gestalte den Briefabschnitt von Paulus als lebendige Rede.
2. Arbeite heraus, wie Paulus argumentiert.
3. Benenne mögliche Gründe, warum immer wieder Eltern die Gräber ihrer verstorbenen oder nicht lebend geborenen Kinder mit dem Bild eines Schmetterlings schmücken.
4. Entwirf ein Grabmal, das heute die Hoffnung auf ein Leben über den Tod hinaus zum Ausdruck bringt. Vergleiche das Ergebnis mit der Christusfigur von Thorvaldsen.

Was hat der Tod Jesu am Kreuz mit unserem Leben zu tun?

Siehe das Lamm Gottes!

Christen und Christinnen haben von Anfang an versucht zu verstehen, warum Jesus so grausam sterben musste. Es gibt dazu ganz verschiedene Antworten.

Francisco de Zurbarán (1598-1664): Agnus Dei, ca. 1640. Das Bild spielt auf Joh 1,29 an: Siehe das Lamm Gottes, das der Welt Sünde trägt.

1 Der Tod Jesu ist das unübersehbare Zeichen, dass Jesus und die Hoffnung auf das Reich Gottes gescheitert sind.

2 Das Kreuz ist ein Spiegelbild für die Gewaltbereitschaft, Gemeinheit und Grausamkeit der Menschen, wie es sie zu allen Zeiten gegeben hat und heute noch gibt. Immer wieder werden Menschen zu Opfern egoistischer Interessen, sadistischer Neigungen und staatlicher Willkür. Menschen erkennen darin ihre dunklen Seiten.

3 Jesus ist der leidende Gerechte, der für seinen Glauben stirbt. Er steht zu seinen Überzeugungen – auch dann noch, als es ihm ans Leben geht. Das kann für uns heute ein Vorbild sein.

4 Kreuz und Auferstehung gehören zusammen. Opfer, Unrecht und Gewalt haben nicht das letzte Wort. Das Kreuz ist nur eine Durchgangsstation. Nach dem Leid kommt wieder Heil.

5 Jesus erinnert an den leidenden Gottesknecht in dem Buch Jesaja. Dieser hat unschuldig gelitten, wurde getötet und begraben, aber letztlich von Gott errettet. Alle meinten, sein Leid und Tod seien eine Strafe Gottes. Doch er starb wegen der Bosheit der Menschen. Er hat das alles geduldig wie ein Opferlamm ertragen und damit die Schuld der Menschen weggetragen.

6 Der Tod Jesu ist wie der Tod des Passalamms beim Auszug aus Ägypten ein Zeichen der Bewahrung vor dem Verderben. Gott will Menschen vor Unglück beschützen und einen Weg in die Freiheit eröffnen.

7 Gott lässt sich auch durch die Hinrichtung seines Sohnes und durch die Bosheit der Menschen nicht von seiner Barmherzigkeit und Liebe abbringen. Er betrachtet den toten Jesus als eine Art Sündenbock, der zwar unschuldig ist, aber dennoch Schuld aufgeladen bekommt und in die Wüste geschickt wird. Auf Jesus kann man deshalb alles abladen, was einen belastet und womit man nicht mehr weiterkommt.

Sühne: Wiedergutmachungsleistung

8 Das Leiden und der Tod Jesu zeigen, dass Menschen sich von Gott abgewendet haben. Im Grunde verdient das eine Strafe durch Gott. Mit solchen Geschöpfen kann Gott nichts zu tun haben wollen. Doch Gott betrachtet den Tod Jesu als Sühne* für die Verfehlung der Menschen. Das Kreuz ist Zeichen für den Versöhnungswillen Gottes.

9 Jesus hat sein ganzes Leben dafür eingesetzt, Menschen von der Liebe und der Barmherzigkeit Gottes zu erzählen und diese spüren zu lassen. Das hat er auch dann noch getan, als man ihn wegen dieser Liebe ans Kreuz schlug. Das Kreuz ist Zeichen für die Hingabe Jesu und zugleich für die Feindesliebe Gottes.

Erlösung
Erlösung meint Befreiung und Errettung von dem, was Menschen an einem erfüllten Leben hindert. Verhindernd können ungerechte Verhältnisse, Hunger und Krieg, aber auch innere Zwänge und große Ängste sein.

Aufgaben

1. Vergleiche die verschiedenen Deutungen des Todes Jesu. Bei welchen geht es um Erlösung?
2. Beschreibe das Bild und ordne es den Aussagen zu.
3. Bewerte die unterschiedlichen Deutungen des Todes Jesu.
4. Entwirf eine eigene Sicht des Todes Jesu.

Für uns gestorben

Da kann mir ein Gott mit Playstationspielen gestohlen bleiben!

Aber könnte ein Gott, der nur ein bisschen predigt, Playstation II spielt und sich sonst ein schönes Leben macht, glaubwürdig sein? Solange es einem selbst gut geht, sicher: JA! Wie ist es aber, wenn es einem selber mal dreckig geht? Wie sieht es aus, wenn man wichtige Prüfungen – mit Angstschweiß auf der Stirn – zu bestehen hat, wenn man mit Verdacht auf Krebs im Krankenhaus liegt und sich der Verdacht bestätigt, wenn einem sein Lebenspartner in den Armen wegstirbt, wenn, ja wenn alles zu spät ist? Dann kann mir ein Gott mit schönen Worten und Playstationspielen gestohlen bleiben, denn der weiß ja gar nicht, wie dreckig es mir geht! Daher ist mir ein Gott – also Jesus – schon lieber, der schon dort war, wo ich nie hin möchte: in einen äußerst grausamen Tod. Und ‚Gott sei Dank‘ – hier treffender denn je – bleibt es ja nicht bei diesem elendigen Tod, sondern er boxt sich zum ewigen Leben durch bzw. wird von Gott auferweckt. Problematisch? – Nein! – Sehr zuversichtlich und Vertrauen erweckend! Glaubhaft! Wie man jemandem, der mit dem Kreuzestod Schwierigkeiten hat, weiterhelfen kann? Ihm sagen, dass es so schon ganz gut ist! Alles andere wäre schlechter.   *Aus: Michaela Albrecht-Zenk: Playstation statt Foltertod*

Wo wird Leben hingegeben, damit andere leben können?

Feuerwehrmann im Einsatz bei der Zerstörung der Twin Towers in New York am 11.9.2001

Christus, der leidende Gott

Die Weise, in der Jesus sein Leben lebte, seine Botschaft und die Folge seiner Entscheidung für die Armen seiner Zeit offenbaren seine Identifikation mit den unterdrückten und kastenlosen Menschen. [...] Der Gott, der sich durch das Kreuz geoffenbart hat, ist ein Gott, der immer leidet, wenn die Menschen leiden, weil er absolute Liebe und Barmherzigkeit ist. Das Kreuz offenbart, dass das Leid der Menschen und der Welt Gott berührt. [...]

Das Leid Gottes und der Menschen sind nicht ein und dasselbe, aber sie sind auch nicht zwei verschiedene Dinge. [...] Das Leid Gottes ist damit verknüpft, dass der Mensch seine Menschlichkeit entfaltet und der Mensch das wird, wozu er von Gott berufen ist. [...] Jeder authentische Kampf um das Reich Gottes – mit dem daraus folgenden Leid – wird immer befreiend für die Menschen sein und ist eine Partizipation in der Sache Gottes für die Menschen. Deshalb ist es auch ein Weg, womit man das Ebenbild Gottes bejahen und das Leiden Gottes vermindern kann. [...] In dieser neuen und radikalen Offenbarung, dass Gott in Christus mit den Menschen leidet, erfahren sie [die Armen] Ermächtigung in jedem Kampf für eine erfüllenden Menschlichkeit, und damit erkennen sie ihn als den letztgültigen Beginn ihres Lebens. [...]

Der Christus, der leidet, steht in diesen Menschen und Bewegungen auf, die zu einem besseren menschlichen Leben streben.   *Jacob Parappally*

Gott und das Leid: >> *S. 70*

Aufgaben

1. Erläutere wie der Jugendliche und Jacob Parappally (ein Christ aus Bangladesch) den Tod Jesu sehen. Was haben sie gemeinsam und worin unterscheiden sie sich?
2. Erläutere, wie in den beiden Texten das „Für uns gestorben" verstanden wird.
3. Setze die beiden Deutungen des Todes Jesu in Beziehung zu S. 88.
4. Entwirf zu einem der beiden Texte ein Plakat.

Wie geht Vergeben und Versöhnen?

Vergebung und Versöhnung

Der Fall Vera Lengsfeld

Vera Lengsfeld ist 16 Jahre Bundestagsabgeordnete der CDU. Geboren wird sie 1952 in Thüringen als Tochter eines Stasi-Offiziers. Sie wird SED-Mitglied und Philosophin. Dann schließt sie sich der Friedensbewegung an, engagiert sich in Umwelt und Menschenrechtsgruppen sowie in der „Kirche von unten". 1980 heiratet sie Knud Wollenberger. Er ist der Vater ihrer beiden Söhne. Nach der Wende erfährt sie, dass er sie als „IM Donald"* in der Zeit der Ehe bespitzelt hat. Sie lässt sich scheiden und nimmt wieder ihren Mädchennamen an. Knud Wollenberger wird schwer krank. Im Jahre 2000 zeigt er in einem Brief Reue und bittet um Verzeihung. Für Vera Lengsfeld stellt sich die Frage: Kann und soll sie vergeben?

Versöhnung
(eigentlich Ver-Sühn-ung) Prozess der Wiederherstellung einer durch Betrug, Verrat, Gewalt und Unrecht zerbrochenen Beziehung.

IM: Inoffizieller Mitarbeiter

Ein Ritual der Versöhnung

Bei der Aufarbeitung von Verfehlung kann Kirche helfen. Sie glaubt an eine Instanz, von der sie sich und die Menschen gütig gesehen weiß. Sie kann selber nicht vergeben, sie kann aber einen Raum eröffnen, in dem Gott seine Vergebung zusagt. Am Ende eines Prozesses, in dem Erinnerungen erzählt worden sind, kann Kirche in einem Gottesdienst folgendes Ritual anbieten:

Gebet: ...

An Täter: Sie haben sich entschlossen, Ihre Schuld zu bekennen und um Vergebung zu bitten. So frage ich Sie: Bereuen Sie, was Sie an Schmerz verursacht haben, und bitten Sie um Vergebung – so sprechen Sie: Ja, es tut mir leid, was ich an Schmerz verursacht habe, und ich bitte um Vergebung.

Antwort: Ja, es tut mir leid, was ich an Schmerz verursacht habe, und ich bitte um Vergebung.

An Opfer: Sie haben sich entschlossen, ihren Schmerz zu zeigen und dem/r in die Augen zu sehen, der/die ihn mit verursacht hat. Sie sind bereit, A. zu vergeben, B. Vergebung zuzulassen.

A. Eigene Vergebung aussprechen: Ich bitte Sie, das hier auszusprechen, damit ein neuer Friede zwischen Ihnen entstehen kann.

Antwort: Ich sehe und höre, dass Sie anerkennen, dass Sie mich in der Vergangenheit verletzt haben und es Ihnen leidtut. Ich nehme das an und bin bereit zur Vergebung / den Schmerz loszulassen. Ich werde in Zukunft bei Auseinandersetzungen nicht mehr darauf zurückgreifen.

B. Vergebung zusprechen lassen: Sie haben eingewilligt, dass dem Verursacher Ihres Leids durch die Kirche, und damit von Gott Vergebung zugesprochen wird. Ist das in Ihrem Sinn?

Antwort: Ja.

Segen für Opfer: So lassen Sie sich segnen.

Segen mit Auflegen der Hände: Gott hört unser Herz und sieht die Großzügigkeit wie den Schmerz. Das Leid der Vergangenheit soll keine Macht mehr über dich haben. Gott segne deinen Weg bis hier und behüte deine Schritte in Zukunft.

Zuspruch der Vergebung an Täter mit Auflegen der Hände: Im Namen Gottes, des Vaters, des Sohnes und des Heiligen Geistes. Die Schuld und die Last der Vergangenheit sind bei Gott aufgehoben. Gott setzt heute in deinem Leben einen neuen Anfang. Geh hin im Frieden. Amen   *Aus einer kirchlichen Handreichung*

Aufgaben

1. Beschreibe das Bild und bezieh es auf menschliche Beziehungen.
2. Beurteile, ob Vera Lengsfeld vergeben sollte.
3. Setzt euch mit dem Ritual auseinander, indem ihr dieses probeweise sprecht, mit weiteren Texten und Ideen ergänzt und dann bewertet.
4. Benennt Gründe, warum sich gerade Kirche als Ort der Aufarbeitung von Verfehlung anbieten sollte.

Kreuzwege

In allen katholischen Kirchen findet sich ein Kreuzweg*. Dabei handelt es sich um sieben, oft aber auch vierzehn Orte im Kirchenraum, an denen in einem künstlerischen Bild eine Station der Leidensgeschichte Jesu dargestellt wird. In der Passionszeit werden die Stationen nacheinander begangen. Die Bilder stellen biblische Erzählungen wie die Geißelung oder die Kreuzigung Jesu dar, nehmen aber auch weitere Erzählungen wie den Zusammenbruch Jesu oder die Begegnung mit Veronika auf. In den einzelnen Meditationen sucht man sich in das Leiden Jesu zu vertiefen, Mitleid zu gewinnen und dabei auch das Leiden der Menschen zu allen Zeiten in den Blick und ins Gebet zu nehmen. Da Jesus wahrer Mensch ist, zeigt sich in seinem Leiden das Leiden aller Menschen, auch in dem Leid und dem Schmerz Jugendlicher. Da er zugleich wahrer Gott ist, darf und kann man sich an ihn wenden und um Beistand bitten. Den sog. Jugendkreuzweg gibt es seit 1958, seit 1972 wird er ökumenisch gestaltet.

„Pablo" Holger Hirndorf (1963): Jesus bricht auf seinem Kreuzweg zusammen*

„Im Fokus Niedergedrückt"

Meditation der 5. Station des Ökumenischen Jugendkreuzweges 2015

Sprecher/-in 1 Aus dem Buch Jesaja: „Er wurde misshandelt und niedergedrückt."

Sprecher/-in 2 Jesus bricht auf seinem Kreuzweg zusammen. Die Last ist zu schwer, die ihm aufgetragen ist. Er ist am Boden. Schutzlos. Die Kamera macht es für alle sichtbar.

MEDITATIONSMUSIK ODER STILLE

Sprecher/-in 3 Dem Leiden ausgesetzt. Quälen unter Beobachtung! Nicht allein. Aber völlig einsam! Entblößt. Kleinsein in Großaufnahme.

Sprecher/-in 4 Das könnte jeder sein. Auch ich. Die anderen gaffen nur. Aber keiner ist bei mir.

gemeinsam Wir beten gemeinsam: Gott, manchmal brauchen wir jemanden, der uns versteht und zu uns hält. Jemanden, der unseren Schmerz teilt.

Die 14 Stationen eines Kreuzweges

1. Jesus bekommt die Dornenkrone
2. Jesus trägt sein Kreuz
3. Jesus bricht zum ersten Mal zusammen
4. Jesus begegnet seiner Mutter Maria
5. Ein Mann hilft Jesus das Kreuz zu tragen
6. Veronika reicht Jesus das Schweißtuch
7. Jesus bricht zum zweiten Mal zusammen
8. Jesus begegnet weinenden Frauen
9. Jesus fällt zum dritten Mal auf die Knie
10. Jesus wird seiner Kleider beraubt
11. Jesus wird ans Kreuz genagelt
12. Jesus stirbt
13. Jesus wird vom Kreuz genommen
14. Jesu Leichnam wird ins Grab gelegt

Aufgaben

1. Beschreibe das Bild. Was könnte es mit Jesus und mit dem Leben von Jugendlichen zu tun haben?
2. Erkläre, was ein Kreuzweg ist, und erläutere, welche grundlegenden Lebenserfahrungen sich in den einzelnen Situationen spiegeln.
3. Untersuche anhand des Beispiels, wie eine Station in einem Jugendkreuzweg aufgebaut sein kann.
4. Gestalte zu sieben Stationen der Leidensgeschichte Jesu jeweils ein Plakat und eine Meditation.

Auferstehung der Toten und ewiges Leben

Was darf ich hoffen?

Hieronymus Bosch (1450-1516):
Der Aufstieg ins himmlische
Paradies, um 1500

Jürgen Werth: Nun bist du fort (Lied)

Nun bist du fort, und nichts auf dieser Welt bringt dich zurück.
Nun bist du fort. Hätt ich dich nicht gekannt,
wär dieser Tag ein Tag wie Tausende zuvor.
Doch nun wisch ich mir ganz verschämt die erste Träne vom Gesicht.
Nun bist du fort ... Schon gut – ich weine nicht!

Du hast geglaubt an den, der selbst die Auferstehung war.
Du hast geglaubt, und du hast oft gesagt, wenn du mal gehen musst,
gehst du zu ihm.
Doch sag, was bleibt mir nun von dir, was ist davon schon von Gewicht?
Nun bist du fort ... Schon gut – ich weine nicht!

Ich weiß, du lebst, du bist nun frei und froh wie nie zuvor.
Ich weiß, du lebst, doch schreibst du nie mehr einen Brief,
rufst nie mehr an. Du lebst, als wärst du tot.
Ich weiß, ich weine nur um mich. Wie ich ihn hasse, den Verzicht!
Nun bist du fort ... Schon gut – ich weine nicht!

Ich weiß nicht wie, doch hinter Wolken sehe ich ein schwaches Licht.
Ich weiß nicht wie, doch du, ich freu mich auf einmal ganz leis für dich.
Du weißt nun mehr als ich. Ach, du, ich tu dir sicher leid,
wie ich hier steh im Kerzenlicht.
Nun bist du fort ... Doch schau – ich weine nicht!

Du bist zu Haus, du gingst mir nur ein kleines Stück voraus. Du bist zu Haus!
Die Uhr an deinem Arm steht nun für immer still, die Zeit hat ausgedient.
Der Tod, die Schmerzen sind vorbei. Ich glaub, zurück willst du wohl nicht.
Nun bist du fort ... denn du lebst in Gottes Licht.

Die christliche Hoffnung auf Auferstehung und ewiges Leben
Weil Christinnen und Christen daran glauben, dass Christus auferstanden und bei Gott ist, hoffen sie über den Tod hinaus. Bestärkt werden sie von Aussagen, die von Jesus und von den ersten Christen überliefert sind. Jesus ist davon überzeugt, dass die Beziehung Gottes zu den Menschen deren irdisches Sterben überdauert. Die Menschen werden wie Engel sein (Mk 12,18-27). Paulus sieht in der Auferstehung einen Akt der Neuschöpfung und er schreibt über das Leben danach: Danach werden wir allzeit bei Gott sein (1. Thess 4,17) und Gott wird alles in allem sein. (1. Kor 15,27f.). Christinnen und Christen setzen deshalb darauf, dass ihre Zeit in Gottes Händen steht (Ps 31,16) und Gott einen bei der rechten Hand hält (Ps 73,23). Gott wird einen nicht dem Tod überlassen (Ps 16,10), ja noch mehr: Gott wird alle Tränen abwischen und der Tod wird nicht mehr sein (Offb 21,4).

Aufgaben

1. Beschreibe das Bild. Wohin führen die Engel?
2. Arbeite heraus, an wen das Lied von Jürgen Werth gerichtet ist und wo er diese Person jetzt sieht.
3. Beurteile, ob das Lied heute Menschen ansprechen kann.
4. Vergleiche den Infotext mit dem Lied.
5. Formuliere eigene Vorstellungen zum ewigen Leben.

Todes-Bilder

Der griechische Philosoph Plato (427-347 v.Chr)

Nein, nein, ihr Freunde: Ich sage, so die Seele, die reine Seele sich des Leibes entledigt und nichts vom Leibe mit sich schleppt, weil sie im Leben schon freiwillig nichts mit ihm gemein hatte und vor ihm geflohen und in sich selber gesammelt und nur um diese Sammlung besorgt war [...], dann, sage ich, scheidet die Seele von hinnen in das ihr angestammte, unsichtbare, göttliche, ewige Reich der Vernunft, dort darf sie sich ihres Heiles freuen, erlöst vom Irrtum, von der Sinnlosigkeit, der Angst, der wilden Liebe und allen Übeln, und dort lebt sie wahrhaftig, wie es unter den Eingeweihten heißt, mit den Göttern.

Aus: Phaidon

Die Vogelseele Ba erhebt sich über die Mumie, Szene aus dem Ägyptischen Totenbuch

Allan Kardec (1804-1869): Die Lehre des Spiritismus

Die materiellen Wesen bilden die sichtbare Körperwelt, die immateriellen Wesen die unsichtbare Geisterwelt. Die geistige Welt ist die ursprüngliche, ewige Welt, die alles Materielle überdauern wird. Die Körperwelt ist nur sekundär.

Die Geister legen auf Zeit eine vergängliche, materielle Hülle an, deren Zerstörung – das, was man gewöhnlich Tod nennt – sie wieder in Freiheit setzt. [...] Die Geister erheben sich nach und nach und steigen auf der geistigen Leiter immer mehr empor. Diese Besserung findet durch die Einverleibung statt, die auch als Sühne sowie als Mission auferlegt sein kann. Das materielle Leben ist eine Prüfung, welche die Geister zu wiederholten Malen zu bestehen haben, bis sie zu einem gewissen Grade der Vollkommenheit gelangt sind. Beim Verlassen des Körpers kehrt die Seele in die geistige Welt zurück, um nach Ablauf längerer oder kürzerer Zeit, während welcher sie sich im Zustande eines „Wandelgeistes" befindet, eine neue materielle Hülle anzunehmen.

Die Einverleibung der Geister findet stets in der Ordnung Mensch statt. Die verschiedenen materiellen Existenzen des Geistes sind immer vorwärtsschreitende, nie rückwärtsschreitende. [...] Bei ihrer Rückkehr in die geistige Welt findet die Seele alle die wieder, welche sie auf Erden gekannt hat. Die „Wandelgeister" bewohnen keine bestimmte Gegend im unendlichen Raume; sie finden sich überall im Raume, an unserer Seite uns betrachtend und unaufhörlich umdrängend. Es ist dies eine ganze, unsichtbare Bevölkerung, die um uns herum lebt und webt.

Allan Kardec: Das Buch der Geister, 1857

Der Dichter Bertolt Brecht (1898-1956)

Ich gestehe es:
Ich habe keine Hoffnung.
Die Blinden reden von einem Ausweg.
Ich sehe.
Wenn die Irrtümer verbraucht sind
Sitzt als letzter Gesellschafter
Uns das Nichts gegenüber.

Aufgaben

1. Entwirf zu den verschiedenen Sichtweisen des Todes je eine Todesanzeige.
2. Vergleiche die verschiedenen Vorstellungen vom Tod und bezieh dazu auch >> S. 92 ein.
3. Zeige auf, zu welchen Konsequenzen die verschiedenen Vorstellungen von Tod für das Leben führen.
4. Recherchiere die Sicht des Todes im alten Ägypten und ordne das Bild zu. Welchem Todesbild entspricht diese Sicht?

Auferstehung im Leben

Was befreit von Zwang und Angst?

Mauerfall 1989 in Berlin

Georg Friedrich Händels Auferstehung

Die zweitschönste Auferstehungsgeschichte (nach der Ostergeschichte) stammt von Stefan Zweig, dem jüdischen Schriftsteller. Seine Erzählung *Georg Friedrich Händels Auferstehung* schildert die dramatische Lage des Komponisten, der im Jahre 1737 mit 52 Jahren einen Schlaganfall erlitt und sofort einseitig gelähmt war. Von Geldnot und Krankheit geplagt, fällt er in tiefe Verzweiflung. Unter Qualen lässt er sich körperlich kurieren, sodass er wieder komponieren kann. Doch ihm fehlt jeder Lebensmut. Da schickt ihm unerwartet sein Librettist die Texte für den Messias. Händel liest, und schon die ersten Worte, „Comfort ye, comfort ye my people – tröstet, tröstet mein Volk", lösen in ihm eine unbeschreibliche Verwandlung aus. Seine Seele befreit sich im selben Moment von allen Todesängsten. Wie in einem Rausch schreibt er drei Wochen lang, Tag und Nacht. Die im Messias beschriebene Passion und Auferstehung Jesu ist seine eigene Auferstehung aus der Umklammerung des Todes.   *Eduard Kopp*

We shall overcome

We shall overcome / We shall overcome some day / Oh, deep in my heart I do believe / We shall overcome some day
We'll walk hand in hand / We'll walk hand in hand some day / Oh, deep in my heart ...
We shall live in peace / We shall live in peace some day / Oh, deep in my heart ...
We shall all be free / We shall all be free some day / Oh, deep in my heart ...
We are not afraid / We are not afraid today / Oh, deep in my heart ...
We shall overcome / We shall overcome, some day / Oh, deep in my heart ...
Text: Zilphia Horton, Frank Hamilton, Guy Carawan, Pete Seeger nach einem Spiritual von Charles Albert Tindley aus dem Jahr 1903

Aufgaben

1. Erläutere anhand der Texte, ob und inwiefern es eine Auferstehung im Leben geben kann. Gibt es weitere Beispiele? Beziehe auch >> S. 79 und S. 89 ein.
2. Beurteile, ob Lieder wie *We shall overcome* Hoffnung wecken und stärken können. Gibt es weitere solche Lieder?

Ziel erreicht!

> Stelle Unterschiede zwischen der Passions- und Ostergeschichte bei Lukas und Markus dar.

> Ordne den Begriffen aus dem apostolischen Glaubensbekenntnis (>> S. 80) die einzelnen Seiten dieses Kapitels zu.

> Interpretiere das Kreuz auf einer Todesanzeige vor dem Hintergrund dieses Teilkapitels.

> Vergleiche deine Sichtweise vor Beginn der Auseinandersetzung mit Tod und Auferstehung Jesu mit derjenigen am Ende.

> Bewerte die Auseinandersetzung mit Kreuz, Tod und Auferstehung Jesu mithilfe von Zeugnisnoten.

Die Botschaft der Bergpredigt beurteilen

Christinnen und Christen sehen sich in der Nachfolge Jesu. Sie wollen den Spuren Jesu folgen. Doch woran kann man diese Nachfolge erkennen?

Selig seid ihr, wenn ihr Frieden macht.

Rechte Backe, linke Backe

Und er tat seinen Mund auf und lehrte sie.

Ihr seid das Licht der Welt.

Die Ethik Jesu

Ihr könnt nicht Gott und dem Mammon dienen!

Der hat sein Haus auf Sand gebaut.

Liebt eure Feinde!

Dein Reich komme!

Grundlegend für Jesus ist die Botschaft von dem „nahe herbeigekommenen" Reich Gottes. Jesus setzt auf eine Zukunft, die von Frieden, Gerechtigkeit und Barmherzigkeit geprägt ist. Diese Zukunft ist im Kleinen „jetzt schon" da und bricht immer wieder auf. Das ganze Reich Gottes ist aber „noch nicht" da und auch nicht einfach durch menschliches Handeln herstellbar. Die ethischen Forderungen Jesu nehmen Menschen in Anspruch, in ihrem praktischen Handeln dem Reich Gottes zu entsprechen und so ihren Glauben zu bezeugen.

Erläutere die einzelnen Aussagen und setze sie zueinander in Beziehung.

Projektaufgaben zu den Seiten 95–103

➤ Beurteilt die einzelnen Forderungen der Bergpredigt anhand der Kriterien Aktualität, Wünschbarkeit und Realisierbarkeit.

➤ Gestaltet einen Rap zur Bergpredigt.

➤ Beschreibt Personen oder Gruppen, die ihr Leben an der Bergpredigt orientiert haben.

➤ Formuliert das Gegenteil dessen, was die einzelnen Forderungen der Bergpredigt aussagen.

➤ Beschreibt eine Welt, in der gemäß der Bergpredigt Jesu gelebt wird.

Welche Werte und Normen leiten mich?

Die Bergpredigt als Rede

Inhalt und Aufbau der Bergpredigt

Die Gerechtigkeit ist das Leitwort der Bergpredigt. An fünf Stellen wird der Hunger nach „Gerechtigkeit" in den Mittelpunkt gerückt. Ohne eine „bessere Gerechtigkeit" bricht das Reich Gottes nicht an. Dabei versteht Jesus unter Gerechtigkeit weniger die genaue Einhaltung von Gesetzen als vielmehr die verlässliche Solidarität zwischen Gott und den Menschen und den Menschen untereinander. Entscheidend ist die Abfolge, in der Jesus die bessere Gerechtigkeit zwischen Gott, Mensch und Mitmensch beleuchtet.

Zuerst beschreibt Jesus in den Seligpreisungen, Salz- und Lichtworten die höhere Gerechtigkeit, die von Gott her auf uns zukommt. Es ist der vertikale Blick von oben nach unten. Gott beschenkt uns, bevor er etwas von uns fordert. Er gibt uns zuerst ein neues Selbstbewusstsein und neue Kraft, bevor er nach unserem Glauben und unseren Taten fragt.

In den so genannten Antithesen geht Jesus auf das Verhältnis der Menschen zueinander ein und ruft uns zu einem anderen Umgehen miteinander auf. Wir dürfen gerechter zueinander sein und solidarischer miteinander verkehren. Es ist der horizontale Blick nach links und rechts, die Frage, wie wir zu unseren Mitmenschen stehen.

In seinen Anweisungen zum Almosengeben, Beten und Fasten prüft Jesus in einem dritten Blickwinkel von unten nach oben, wie wir mit Gott verfahren: Ob wir uns ihm darstellen, wie wir in Wahrheit sind, oder ob wir ihm nur etwas vorspielen. Wir dürfen Gott gerechter werden und müssen ihn nicht mit falscher Frömmigkeit betrügen.

Schließlich sieht Jesus gleichsam in unser Herz und beschreibt in den Sprüchen vom Schätzesammeln und Sorgen, wie wir uns zu uns selbst verhalten und uns selber mehr gerecht werden können.

Diese verschiedenen Perspektiven sind am anschaulichsten in dem berühmten „Doppelgebot der Liebe", das eigentlich ein Dreifachgebot ist, zusammengefasst: „Du sollst den Herrn, deinen Gott, lieben von ganzem Herzen, von ganzer Seele und von ganzem Gemüt … und deinen Nächsten wie dich selbst." (Mt 22,40) Das Reich Gottes rückt näher, wenn wir in der Gottesliebe, Nächstenliebe und Selbstliebe anders verfahren und fortschreiten bis hin zur Feindesliebe.

Manfred Köhnlein (leicht gekürzt)

Die Bergpredigt als Rede
Matthäus hat die Bergpredigt als große Rede gestaltet. Die Bergpredigt (Mt 5-7) gehört zu den berühmtesten Texten des Neuen Testaments und hat auf vielfache Weise die christliche Lebenshaltung und Lebenspraxis geprägt. Sie bezeichnet eine große Rede, die Jesus nach dem Evangelisten Matthäus auf einem Berg in Galiläa gehalten hat (Mt 5,1). Eine Parallele dazu findet sich bei Lukas in der sog. Feldrede (Lk 6,20-49). Anzunehmen ist, dass ein Grundbestand von Aussagen auf den historischen Jesus zurückgeht. Wie auch sonst verkündigt Jesus hier die nahe herbei gekommene Gottesherrschaft (vgl. Grundinformation >> S. 95). Entscheidend ist der Zusammenhang von Zuspruch und Anspruch, von Ermutigung und Forderung. Nur wer den Zuspruch hört, muss sich von den Forderungen nicht überfordert fühlen. Matthäus hat die Bergpredigt in Form einer antiken Volksrede gestaltet. Rhetorisch gesehen hat eine solche Rede vier Teile:
1. Vorbereitung des Hörers. Ziel ist, Aufmerksamkeit und Wohlwollen zu gewinnen (Mt 5,3-16).
2. Kurze Darstellung des Sachverhalts (Mt 5,17-20).
3. Argumentation mit Widerlegung des Gegners (Mt 5,21-7,12).
4. Zusammenfassung des Gesagten mit Mobilisierung der Gefühle (Mt 7,13-27).

Aufgaben

1. Gebt die Bergpredigt als Ganze wieder, indem ihr sie als Rede vortragt. Beachtet dabei die Hinweise im Kasten. Wie verändert sich der Ton?
2. Entwirf eine grafische Darstellung des Textes.
3. Formuliere Fragen, auf die der Text von Köhnlein antwortet.

Das Zentrum der Bergpredigt

Die Bergpredigt ist eine inhaltlich zusammenhängende Rede, die sorgfältig komponiert ist. Ihr Zentrum ist das Vaterunser. Dieses Gebet ist das Gelenk zwischen Glauben und Handeln.

Was
bringt
Beten?

Unser Vater im Himmel!
Dein Name werde geheiligt.
Dein Reich komme.
Dein Wille geschehe wie im Himmel so auf Erden.
Unser tägliches Brot gib uns heute.
Und vergib uns unsere Schuld,
wie auch wir vergeben unsern Schuldigern.
Und führe uns nicht in Versuchung,
sondern erlöse uns von dem Bösen.
Denn dein ist das Reich und die Kraft und die Herrlichkeit in Ewigkeit. Amen.
Mt 6,9-13

Beten und Handeln – Handeln und Beten

„Gebete ändern nicht die Welt. Aber Gebete ändern Menschen, und Menschen verändern die Welt." So soll einmal der bekannte Theologe, Musiker und Arzt Albert Schweitzer (1875-1965) gesagt oder geschrieben haben. Das Beten distanziert uns nicht vom Handeln, und einzig die Glaubenspraxis, die das begriffen hat, läuft nicht ins Messer der Religionskritik. Ganz im Gegenteil! Denn gemäß der Logik, deren Gesetze Albert Schweitzer gekonnt aufzeigt, wird ja nicht gebetet, obgleich eigentlich gehandelt werden müsste, es wird gebetet, damit recht gehandelt werden kann.

Wenn unser Gebet ein reifes Gebet ist, dann ist es stets auch ein Gebet, das uns zur Tat drängt, das uns tätig sehen will. In seinem Buch *Verabschiede die Nacht*, das 1999 in Düsseldorf erschien, hat Pfarrer Wilhelm Bruners auch einige seiner Gedichte aufgenommen. Eines dieser Gedichte trägt den bezeichnenden Titel *Warnung* und lautet: „Erwarte nicht zuerst, / dass deine Gebete / erhört werden. Höre vielmehr, / was sie von dir / erwarten."

Wenn wir damit beginnen, diese Warnung ernst zu nehmen und zu beherzigen, dann wird sich unser Beten bald tatsächlich lohnen. In unserem Beten bleiben wir dann nicht bei der Frage stehen, was Gott für uns tun kann. Unser Beten stellt uns jetzt auch die Frage, was wir für Gott tun können.   *Bernhard Sill*

Das Vaterunser
Das Vaterunser geht auf Jesus zurück. Es findet sich im Herzen der Bergpredigt (Mt 6,9-13). Der Evangelist Matthäus zeigt mit dem Vaterunser auf die Innenseite einer sich an der Bergpredigt orientierenden Existenz. Das schlichte Gebet erinnert an das Kaddisch (wörtl. Heiligung), eines der wichtigsten Gebete des Judentums. Die einzelnen Bitten haben mit der Botschaft Jesu zu tun und können als deren Zusammenfassung verstanden werden.

Aufgaben

1. Entwirf zum Vaterunser ein Bild, Bewegungen zu den einzelnen Versen, eine moderne Übersetzung, eine Geschichte oder formuliere Fragen dazu. Bezieh auch das Bild mit ein.
2. Untersuche den Aufbau des Vaterunsers und entfalte die einzelnen Verse durch Geschichten von Jesus.
3. Erörtere, welche Bedeutung dieses Gebet für ein Handeln im Sinne der Bergpredigt haben könnte.
4. Vergleiche die eigenen Überlegungen zur Bedeutung des Vaterunsers mit den Gedanken von Bernhard Sill.

Salz- und Licht-Menschen

Wie komme ich nach oben??

Die Prinzen: Du musst ein Schwein sein

du musst ein schwein sein in dieser welt –
schwein sein
du musst gemein sein in dieser welt –
gemein sein
denn willst du ehrlich durchs leben gehn –
ehrlich
kriegst 'n arschtritt als dankeschön –
gefährlich

weil ich weiß, dass ich's mir leisten kann
stell' ich mich überall vorne an
und ist einer sanft und schwach
hör' mal wie ich drüber lach

bei den freudlichen kollegen
halt ich voll dagegen
obwohl mich keiner mag
sitz ich bald im bundestag

Text: Annette Humpe, Udo Lindenberg und andere, 1995

Ihr seid das Salz der Erde und das Licht der Welt

Ihr seid das Salz der Erde. Wenn nun das Salz nicht mehr salzt, womit soll man salzen? Es ist zu nichts mehr nütze, als dass man es wegschüttet und lässt es von den Leuten zertreten.
Ihr seid das Licht der Welt. Es kann die Stadt, die auf einem Berge liegt, nicht verborgen sein.
Man zündet auch nicht ein Licht an und setzt es unter einen Scheffel, sondern auf einen Leuchter; so leuchtet es allen, die im Hause sind.
So lasst euer Licht leuchten vor den Leuten, damit sie eure guten Werke sehen und euren Vater im Himmel preisen.
Mt 5,13-16

Salz und Licht
„Salz" und „Licht" sind mehrdeutige Symbole. Sie können kritisch oder aktivierend oder beruhigend verstanden werden. Salz kann den Speisen Geschmack geben, aber auch das Verderben der Lebensmittel lange Zeit verhindern.
Licht kann die Konturen der Dinge scharf hervortreten lassen, aber auch eine gemütliche Atmosphäre verbreiten, in der man sich wohlfühlt.

Aufgaben

1. Fasse das Lied der Prinzen zusammen und nimm Stellung dazu.
2. Arbeite an Mt 5,13-16 heraus, wie in der Bergpredigt die Menschen gesehen werden und wie sie leben sollen.
3. Interpretiere die „guten Werke" mithilfe der Seligpreisungen in Mt 5,3-10. Woran erkennt man Salz- und Licht-Menschen?
4. Beurteile die beiden Lebensmodelle und entwirf ein eigenes Lied.

Gewaltfrei gegen Gewalt?

Wie zeigt sich Gewalt und was kann man dagegen tun?

Die 5. Antithese

Ihr habt gehört, dass gesagt ist: „Auge um Auge, Zahn um Zahn."
Ich aber sage euch, dass ihr nicht widerstreben sollt dem Bösen, sondern: Wenn dich jemand auf deine rechte Backe schlägt, dem biete die andere auch dar. Und wenn jemand mit dir rechten will und dir deinen Rock nehmen, dem lass auch den Mantel. Und wenn dich jemand eine Meile nötigt, so geh mit ihm zwei. Mt 5,38-41

Ausdruck der Hoffnung

In diesen Worten steckt ein Stück bewusster Provokation. Es geht um Schockierung, um einen symbolischen Protest gegen den Regelkreis der Gewalt. Sie sind Ausdruck des Protestes gegen jegliche Art der den Menschen entmenschlichenden Spirale der Gewalt und Ausdruck der Hoffnung auf ein anderes Verhalten des Menschen, als es im Alltag erfahren werden kann. Aber sie bleiben nicht dabei stehen, denn sie fordern zu einem aktiven Verhalten auf. In ihm soll ein Stück Protest und ein Stück provokativer Kontrast gegen die weltbeherrschende Gewalt stecken.

Deutlich ist auch, dass die Forderungen mehr sein wollen, als sie konkret verlangen. Die drei Beispiele verdeutlichen brennpunktartig, was Jesus für einen viel weiteren Bereich des Lebens meint. Sie sind gleichsam verdichtete Bilder für ein Verhalten, das es in allen Bereichen des Lebens zu entdecken und zu verwirklichen gilt. Insofern sollen diese Gebote zwar befolgt werden, aber nicht einfach wörtlich, sondern so, dass in neuen Situationen das, was sie fordern, in Freiheit, aber in ähnlicher Radikalität immer wieder neu zu „erfinden" ist. *Ulrich Luz*

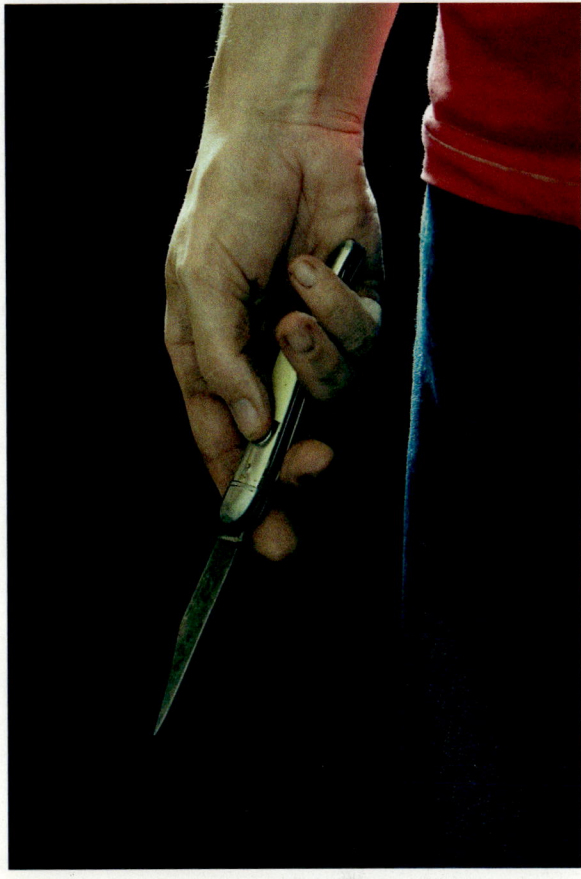

Die Antithesen
Die sechs „Antithesen" der Bergpredigt haben eine klare Struktur: „Ihr habt gehört, dass zu den Alten gesagt ist ... Ich aber sage euch." Jesus setzt den Geboten aus Tradition eine eigene Auslegung gegenüber. Er erscheint dabei in messianischer Vollmacht und kann wie ein neuer Mose wirken. Jesus will aber diese Gebote keineswegs auflösen (Mt 5,17), er verkündigt vielmehr ihren eigentlichen, von Gott gewollten Sinn. Ihm geht es um die „bessere Gerechtigkeit".

Aufgaben

1. Gib den Bibeltext auf verschiedene Weise wieder. Wie spricht Jesus?
2. Arbeite heraus, wogegen und wofür die 5. Antithese eintritt, und nimm dazu Stellung.
3. Erläutere mithilfe des Textes von Ulrich Luz die Begriffe Provokation, Schockierung, symbolischer Protest. Treffen diese die 5. Antithese?
4. Recherchiere Formen gewaltlosen Widerstands.

Wie zeigt sich Liebe?

Liebt eure Feinde!

Die 6. Antithese

Ihr habt gehört, dass gesagt ist: „Du sollst deinen Nächsten lieben" und deinen Feind hassen.

Ich aber sage euch: Liebt eure Feinde und bittet für die, die euch verfolgen, damit ihr Kinder seid eures Vaters im Himmel. Denn er lässt seine Sonne aufgehen über Böse und Gute und lässt regnen über Gerechte und Ungerechte.

Denn wenn ihr liebt, die euch lieben, was werdet ihr für Lohn haben? Tun nicht dasselbe auch die Zöllner? Und wenn ihr nur zu euren Brüdern freundlich seid, was tut ihr Besonderes? Tun nicht dasselbe auch die Heiden? Darum sollt ihr vollkommen sein, wie euer Vater im Himmel vollkommen ist. Mt 5,43-48

Carl Friedrich von Weizsäcker, Physiker, Philosoph und Friedensforscher

Praktische Feindesliebe beginnt damit, dass wir unseren Feind verstehen lernen. Er wird voraussichtlich auch dann unser Feind bleiben, er wird fortfahren, uns zu fürchten und uns deshalb zu hassen. Aber wenigstens werden wir dann beginnen, nicht mehr alle die Bewegungen zu machen, die ihm ständig den Eindruck vermitteln, er fürchte und hasse uns zu Recht. Erst dann werden wir in der Lage sein, ihm verständlich zu machen, inwiefern er selbst sich bisher so verhalten hat, dass wir ihn fürchten mussten, und ihn darum zu hassen verführt waren. [...] Christen sollten zur intelligenten Feindesliebe fähig sein, zum Verständnis der Motive des Gegners, und damit zur Vorbereitung der Kompromissbereitschaft. Sie können in den Völkern Angst und Hass abzubauen und Verständnis aufzubauen helfen.

Pinchas Lapide, jüdischer Religionswissenschaftler

Hier wird weder Sympathie für Feinde noch Sentimentalismus gefordert, und schon gar nicht eine Selbstverleugnung, denn weder Gefühle noch das Martyrium können befohlen werden, wohl aber das Tun. [...] Gefordert werden nicht eine Herzensregung noch Empfindungen, was unmöglich ist, sondern praktische Liebeserweise wie Krankenbesuche, das heimliche Geben von Almosen, das Trösten der Trauernden, Brot für die Hungernden, mit einem Wort: all die tausend wirksamen Liebeserweise, die in Taten münden, Feindseligkeit abbauen und die Liebe fördern. Jesus fordert auf zum versöhnlichen Umgang mit dem Gegner, der einzig und allein seine Entfeindung bezweckt.

Ulrich Luz, evangelischer Professor für Neues Testament

Jesus sprach vom Feind in seiner ganzen Härte und Brutalität. Er verband die Liebe nicht mit einem Zweck. Feindesliebe war keine Chance oder Bewährungsprobe für den Feind, etwas Besseres zu werden. Dieses Gebot ist nicht Taktik eines Kämpfers, nicht Großmut eines Siegers, nicht Resignation eines Besiegten und auch nicht Abgeklärtheit eines Weisen. Taten der Feindesliebe sind von Jesus Ausdruck des bedingungslosen Ja Gottes zu den Menschen um seiner selbst willen.

Aufgaben

1. Gib den Bibeltext mit verschiedenen Betonungen wieder. Welche Körperhaltung passt dazu?
2. Arbeite heraus, was die Adressaten bewegt und wie Jesus argumentiert.
4. Beurteile die Forderung zur Feindesliebe.
4. Formuliere zu den drei Auslegungen des Feindesliebegebots jeweils eine Überschrift und prüfe ihre Plausibilität.

Beispiele zur Feindesliebe:
>> S. 180f.

Auslegungen der Bergpredigt

In der Geschichte des Christentums wurde immer wieder darüber diskutiert, ob die Forderungen der Bergpredigt wortwörtlich oder mit Einschränkungen zu verstehen seien. Meist wurde die strikte Auslegung als nicht möglich bezeichnet, obwohl die Forderungen von religiösen Gemeinschaften wie den Waldensern, den Hutterern, den Amish People, den Mennoniten oder den Quäkern wortwörtlich verstanden und unter großen Opfern gelebt wurden.

Im Mittelalter meinte man, die Bergpredigt gelte nur für solche Menschen, die in einem besonders engen Verhältnis zu Gott stehen, wie z.B. Mönche und Nonnen, Pfarrer und Bischöfe. „Normale" Menschen könnten und brauchten sich nicht daran zu halten. Für sie gelten die Zehn Gebote.

Andere sagten, die Forderungen der Bergpredigt seien eine Art Beichtspiegel. Dieser lasse erkennen, worin das eigene Handeln hinter den an sich sinnvollen Geboten Jesu zurückbleibt.

Im 19. Jahrhundert vertrat man die Ansicht, die Bergpredigt ziele nicht auf die Befolgung einzelner Gebote, vielmehr auf die wünschenswerte christliche Gesinnung.

Die Einsicht, dass die Jünger mit einem baldigen Weltende rechneten, führte zu der Annahme, die Gebote der Bergpredigt wollten nur für diese kurze Zeit gelten. Mit der Verzögerung der Wiederkunft Christi verlieren die Gebote ihre Grundlage.

Heute wird u.a. die These vertreten, dass die Bergpredigt nur für eine soziale Minderheit gelten kann. Eine Gesellschaft kann sich insgesamt nicht danach richten. Aber diese kann dafür sorgen, dass ein solches Leben Raum hat und als ein wichtiger Hinweis auf eine Welt gesehen wird, in der eine „bessere Gerechtigkeit" herrscht.

Martin Luther unterschied in seiner Auslegung zwischen dem Menschen als Privatperson und dem Menschen als Amtsperson, die dazu aufgerufen ist, für andere Verantwortung zu übernehmen. Die Bildgeschichte verdeutlicht diese Auslegung.

e.o.plauen: Vater und Sohn

Aufgaben

1. Beschreibe das Bild und erkläre das Verhalten des Vaters.
2. Arbeite die unterschiedlichen Auslegungen der Bergpredigt heraus und formuliere jeweils eine Überschrift.
3. Wende die verschiedenen Auslegungen auf die 5. oder 6. Antithese an.
4. Recherchiere, wie eine der genannten Gemeinschaften (Abschnitt 1) die Bergpredigt konsequent lebte.

Was bedeuten Geld und Besitz?

Mammon bezeichnet ursprünglich wertneutral Geld, Vermögen und Besitz. Durch die Bergpredigt bekommt der Begriff die Bedeutung von Abgott.

Gott oder Mammon

Schätze sammeln

Ihr sollt euch nicht Schätze sammeln auf Erden, wo Motten und Rost sie fressen und wo Diebe einbrechen und stehlen. Sammelt euch aber Schätze im Himmel, wo weder Motten noch Rost sie fressen und wo Diebe nicht einbrechen und stehlen. Denn wo dein Schatz ist, da ist auch dein Herz. [...]

Niemand kann zwei Herren dienen: Entweder er wird den einen hassen und den andern lieben, oder er wird an dem einen hängen und den andern verachten. Ihr könnt nicht Gott dienen und dem Mammon*. Mt 6,19-21.24

Interview mit einem Aussteiger

März 2007. Rudolf Wötzel, Deutschlandchef der Sektion Mergers & Acquisitions bei der globalen Investmentbank Lehman Brothers, nimmt aus freien Stücken seinen Hut. Sein Grund: Sinnkrise, Burnout, Zweifel am System. Er fasst einen abenteuerlichen Plan: eine Durchquerung der Alpen, von Salzburg nach Nizza, zu Fuß. Allein mit der Natur und sich selbst. [...]

Herr Wötzel, können Sie sich vorstellen, heute wieder als Banker zu arbeiten?

Ein klares Nein! [...] Meine Befürchtungen von damals – die ganze Fragwürdigkeit des Finanzsystems, alles wurde durch die Realität seither noch übertroffen. Ich blicke aber nicht im Groll zurück, es war eine spannende und lehrreiche Zeit. [...]

Haben Sie für sich endgültig den Sinn des Lebens gefunden?

Ich hoffe, noch nicht, denn dann könnte ich ja schon einpacken! Aber ich habe erkannt, dass es wichtig ist, sich überhaupt auf die Suche danach zu machen! [...] Eine spannende Reise! Eintauchen in den Lebensfluss, innere Gelassenheit erlangen. Meine wichtigste Erfahrung: Je weniger ich erzwingen will, desto mehr bekomme ich, [...] desto reichhaltiger, überraschender und intensiver sind die Geschenke des Universums [...].

Wo fand die innere Umkehr vom Leistungsjunkie zum befreiten Menschen statt?

Es war ein langsamer Prozess, bei dem sich der Pilger immer mehr in den Vordergrund schob und den Leistungsjunkie ablöste. Zum ersten Mal erlebte ich das bewusst, als ich im Brennertal ein Stück auf dem Jakobsweg lief. An jenem Tag war ein richtiges Sauwetter, und ich war ganz allein unterwegs. Dennoch hatte ich das deutliche Gefühl, dass ich mich in eine lange Reihe von Menschen einreihte, die sich dort auch schon auf den Weg zu sich selbst gemacht hatten.

Wie sehen Ihre Zukunftspläne aus?

Ganz einfach: Ich sehe mich als Unternehmer meines eigenen Lebens. Meine Vision ist, Menschen zu ermuntern, sich aus der Fremdbestimmung zu befreien und auch ihr eigenes Leben aktiv zu gestalten. Ich möchte Menschen dafür begeistern, die Natur als Quelle der inneren Kraft und Inspiration zu nutzen und zu erhalten. Als Gastronom in den Bergen, als Wanderführer. Doch das Wichtigste: sich immer wieder vom Leben überraschen lassen, nicht zu viele Pläne machen!

Aus: Körper, Geist, Seele. Magazin für Gesundheit, Lebenshilfe und Inspiration

Aufgaben

1. Gib den Bibeltext gelangweilt, warnend, werbend, belustigt, ironisch o.a. wieder. Was passt am besten?
2. Interpretiere, worin die „Schätze im Himmel" bestehen und was mit dem „Mammon" gemeint ist.
3. Überprüfe, ob das neue Leben von Rudolf Wötzel den Worten Jesu entspricht.
4. Entwirf einen Kommentar zu dem Redeausschnitt von Jesus.

Der Abschluss der Bergpredigt

Worin besteht ein tragfähiges Fundament im Leben?

Haus auf Fels und Haus auf Sand

Darum, wer diese meine Rede hört und tut sie, der gleicht einem klugen Mann, der sein Haus auf Fels baute. Als nun ein Platzregen fiel und die Wasser kamen und die Winde wehten und stießen an das Haus, fiel es doch nicht ein; denn es war auf Fels gegründet.

Und wer diese meine Rede hört und tut sie nicht, der gleicht einem törichten Mann, der sein Haus auf Sand baute. Als nun ein Platzregen fiel und die Wasser kamen und die Winde wehten und stießen an das Haus, da fiel es ein und sein Fall war groß.

Mt 7,24-27

Selig seid ihr

Selig seid ihr, wenn ihr einfach lebt.
Selig seid ihr, wenn ihr Lasten tragt.

Selig seid ihr, wenn ihr lieben lernt.
Selig seid ihr, wenn ihr Güte wagt.

Selig seid ihr, wenn ihr Leiden merkt.
Selig seid ihr, wenn ihr einfach bleibt.

Selig seid ihr, wenn ihr Frieden macht.
Selig seid ihr, wenn ihr Unrecht spürt.
Text: Friedrich Karl Barth, Peter Horst

Aufgaben

1. Gestalte zu Mt 7,24-27 ein Plakat oder übersetze den Text in eine zeitgemäße Sprache.
2. Prüfe, ob das Lied zu den Schlussworten Jesu passt. Welche Verse sollte man ergänzen?
3. Erläutere das Leben eines „klugen" und eines „törichten" Menschen.

Ziel erreicht!

> Bewerte die Auseinandersetzung mit der Bergpredigt mithilfe einer Skala von ungemein wichtig (1) bis vollkommen überflüssig (6).
> Manche sagen, der Jesus der Bergpredigt sei ein Idealist, andere ein Realist, wieder andere ein Visionär. Formuliere eine eigene Sicht.
> Fasse die Ethik der Bergpredigt in fünf Sätzen zusammen.
> Entwirf eine Neuformulierung der Seligpreisungen, die unserer Zeit und deinen eigenen Einsichten an der Bergpredigt entsprechen.
> Benenne neue Einsichten, die in der Auseinandersetzung mit der Bergpredigt auftraten.
> Entwirf Regeln für eine Schule, die der Bergpredigt entspricht. Was verdient als „Goldene Regel"* weitergegeben zu werden?

Goldene Regel: Alles nun, was ihr wollt, dass euch die Leute tun sollen, das tut ihnen auch! Mt 7,12

Der Bibel begegnen

In einer Bahnhofsbuchhandlung siehst du viele Zeitschriften. In einer Reihe liegen die, die sich mit der Geschichte auseinandersetzen.
Neben Zeitschriften über den Nationalsozialismus und über Napoleon liegt ein Heft der Reihe „DER SPIEGEL: GESCHICHTE". Aus seinem Cover steht:
„Die Bibel, das mächtigste Buch der Welt".

Du fragst dich:
Warum wird hier
die Weihnachtsszene abgebildet?
Und wie kommt man zu einer
solchen Aussage?

? Wieso verwenden so viele Menschen die Bibel?

? Warum gibt es heilige Schriften?

? Ist die Bibel ein Männerbuch?

? Wann ist etwas vertrauenswürdig?

? Wie kann man alte Texte auslegen?

? …

So ist das Kapitel aufgebaut:

Die Bibel im Alltag entdecken >>

Mit der Bibel umgehen >>

Philippus und der Kämmerer, aus der Ottheinrich-Bibel, ca. 1430

Ich kann am Ende des Kapitels …

✔ aufzeigen, wie die Bibel in verschiedenen Medien vorkommt.

✔ einordnen, was Menschen über die Bibel sagen.

✔ heilige Schriften der Weltreligionen vergleichen.

✔ Wege der Bibelauslegung erläutern und anwenden.

✔ die Bedeutung der Bibel für mich selbst erschließen.

Die Bibel im Alltag entdecken

Im Alltag kann dir die Bibel auf vielfache Weise begegnen: in der Kunst, im Film, in der Literatur, in einem Gottesdienst oder im Unterricht. Nenne eine Begegnung mit der Bibel oder einer Bibelgeschichte, die dich am meisten angesprochen hat.

in der Werbung

im Recht

im Film

im Gottesdienst

in der Literatur

als Übersetzung

Markus Grolik

Bibel und Kultur

Wer Deutsch, Kunst, oder Musik studiert, kommt an der Bibel nicht vorbei. In der Kunst findet man unzählige Bilder zu Motiven und Themen aus der Bibel. Schriftsteller berichten über den Einfluss der Bibel auf ihr Schreiben. Für Filmemacher sind Bibelfilme meist ein gutes Geschäft. Sogar die Werbung kommt ohne Bilder aus der Bibel nicht aus. Der Einfluss der Bibel reicht in Rechtsgrundsätze hinein. Da wundert es nicht, dass der Name „Bibel" nicht nur für das Buch der Bücher selbst verwendet wird.

Der Überblick über das Teilkapitel zeigt verschiedene Möglichkeiten, wie dir die Bibel begegnen kann. Benenne, was dir neu ist, oder skizziere Beispiele, die du kennst. Interpretiere auch die Karikatur.

Projektaufgaben zu den Seiten 106–117

➤ Gestaltet mithilfe der folgenden Seiten eine Präsentation oder eine Ausstellung zum Thema Bibel in der Kultur.

➤ Analysiert einen der folgenden Schwerpunkte (z.B. Werbung, Film …) genauer und sucht dazu nach zusätzlichen Informationen.

➤ Recherchiert in Zeitungen und online nach weiteren Hinweisen zur Bibel in der Kultur (Film, Literatur etc.).

➤ Zeigt mithilfe der Karikaturen im ganzen Kapitel auf, welche unterschiedlichen Zugänge zur Bibel es geben kann, und entwickelt Ideen für weitere.

Was alles Bibel heißt

Manche Bibelausgaben sprechen besondere Zielgruppen an: Die *Metal-Bibel*, die *Biker's-Bibel*, die *Fußball-* oder *Schalke-Bibel*, die *Frauen-Bibel* oder die *Seufzer-Bibel* enthalten zumindest Auszüge von Bibeltexten mit einer Einführung.

In vielen Büchern, die sich heutzutage „Bibel" nennen, sucht man jedoch vergeblich einen Bibeltext. Darunter gibt es richtige Bestseller auf dem Buchmarkt. Seit Jahren führt *Weber's Grill-Bibel* die Hitlisten der Ratsuchenden für ein gelungenes Barbecue an. Die *Laufbibel* ist das Standardwerk für alle, die mehr wollen als unkontrolliert durch den Wald zu joggen. Die *Bio-Bibel* zeigt, wie man sich ökologisch richtig verhält, die *Vitamin-* und die *Kräuterbibel* geben einen Überblick über alles, was man zum Thema wissen sollte. Eine *Burger-Bibel* zeigt, wo es die besten Burger im Land gibt und was man über Fastfood wissen muss. Insiderwissen für Computer- und Spielekonsolenfans vermitteln die *Mac-Bibel*, die *Windows-Bibel*, die *Hacker-Bibel* sowie die *PlayStation-Bible*. Ratschläge für das persönliche Leben geben die *Single-Bibeln* in jeweils eigenen Ausgaben für sie oder für ihn wie auch die *Büro-Alltags-Bibel* mit dem Untertitel *Alle Regeln und Gesetze für Ihren Job*.

Manche dieser „Bibel"-Konzepte widersprechen sich allerdings. Während eine *Benimm-Bibel* zu höflichem Verhalten innerhalb einer Gemeinschaft des guten Tons motivieren will, vermittelt die *Egoisten-Bibel* genau das Gegenteil – getreu nach dem Motto: Zuerst ich, dann die anderen.

Was ist eine Bibel?

Egoismus, Altruismus: >> S. 23

Aufgaben

1. Nenne das Buch auf dem Bild, das du als Erstes in die Hand nehmen würdest, und erläutere warum.
2. Begründe, warum diese Bücher „Bibel" genannt werden.
3. Untersuche eines der oben genannten Beispiele und recherchiere nach weiteren Büchern, die sich „Bibel" nennen, aber keine sind.
4. Erörtere, ob es Grenzen dafür geben soll, das Wort „Bibel" zu verwenden.

Was will Werbung?

Bibel und Werbung

„Liebe Deine Haut wie Dich selbst.“ Den Spruch kennen Sie irgendwoher? Richtig: aus der Bibel. Aus dieser bedient sich die Werbung öfter, als man denkt. Moment mal, heißt das nicht *„Liebe Deinen Nächsten wie Dich selbst“*? Nein, denn es handelt sich um einen Werbespruch für ein Hautöl, garniert mit einer sehr gepflegt aussehenden Frau. Die

Werbeleute, die diesen Spruch erdachten, haben sich allerdings in der Bibel bedient. Der Griff in die Heilige Schrift der Christen findet häufiger statt, als man denkt, wie der Theologe Thomas Klie beobachtet hat. Nicht nur das: Werbung werde auch zunehmend selbst zu einer Art Religion, behauptet er. Dabei geht es um Verheißung. „Religion verheißt etwas, zum Beispiel ein gelingendes Leben. Werbung macht etwas Ähnliches, sie verheißt weit mehr als den reinen Nutzen des Produkts, das sie anpreist“, erklärt Klie. „Das Parfüm, das man kaufen soll, hat demnach nicht nur einen guten Duft, sondern bringt Anerkennung. Das Auto transportiert nicht nur, sondern bringt Status.“ Werbung, die Religion wird, setze auf die magische Gestalt von Marken. Sie stiften Identität. Mythen* funktionieren Klie zufolge besonders gut in der Werbung, die ihre Botschaften kurz und einprägsam herüberbringen muss. Mythen seien aber vom Aussterben bedroht. „Da muss die Werbung zu den letzten Tabus greifen, zu den letzten Mythen, die noch regelmäßig und flächendeckend aufgeführt werden. Und da stehen die Bibel und die Christentumspraxis ganz oben an.“ Alles klar? „Was Ostern Ihnen wert ist, bestimmen Sie!“, verspricht eine Cognac-Marke.

Die Werbesprüche müssen allerdings verstanden werden. [...] Vielen Menschen fehle christlich-kulturelles Basiswissen [...]. Von den Zehn Geboten hat jeder gehört. Und so kann eine Zigarettenmarke erfolgreich mit folgendem Spruch werben: „Das erste Gebot: Du sollst Deine Freunde nicht langweilen.“

Theologe Klie meint, dass es durchaus ein großes Interesse an Religion in der Gesellschaft gibt. Warum verlieren die Kirchen dann immer noch Mitglieder? Selbstkritisch stellte der evangelische Theologe die Frage: „Vielleicht ist die evangelische Kirche ja nicht mehr religiös genug? Vielleicht haben wir – aufklärerisch und sozialkritisch* aufs Beste ausgebildet – die Religion einfach sang- und klanglos aus der Kirche auswandern lassen?“ Die Ewigkeit verheißt inzwischen (auch) ein Parfüm: „Eternity“.

Iris Leithold

Mythen: Mehr dazu
>> S. 19 und >> 124

aufklärerisch und sozialkritisch: Siehe dazu die Formen der Bibelauslegung
>> S. 120-127

„Am Anfang waren Himmel und Erde. Den ganzen Rest haben wir gemacht.“ Mit diesen Worten hob vor wenigen Jahren eine regionale Handwerkskammer auf großformatigen Werbeplakaten die Verdienste ihres Handwerks hervor.

Aufgaben

1. Nimm Stellung zu den dargestellten Beispielen von Werbung.
2. Erörtere den Religionsbegriff, der im Artikel aufgebaut wird.
3. Formuliere Antworten auf die Fragen von Thomas Klie am Ende des Textes, die er zum derzeitigen Zustand der evangelischen Kirche stellt.

Bibel im Film

Die Bibel ist eine der wichtigsten Quellen für Filme – und das seit der Erfindung des Films im Jahre 1895. Allein 150 Filme über Jesus entstanden seither. Dabei gibt es viele Formen des Bibelfilms. **Dokumentarfilme** informieren über das Leben in biblischer Zeit – inzwischen meist mit Spielszenen (Beispiel: Reihe *Terra X*). Es gibt dramatische **Historienfilme**, meist aus den 1950er und 1960er Jahren, oft geprägt durch unhistorische Überzeichnungen und Klischees (Beispiele: *Die Zehn Gebote; Die größte Geschichte aller Zeiten*). Die **Filmreihe** *Die Bibel* mit vielen Einzelfilmen (Genesis, Abraham ...) aus den 1990er Jahren stellt mit archäologischer Detailtreue die Bibelgeschichte dar. Die Kurzfilmreihe *Begegnung mit der Bibel* vermittelt Bibelgeschichten indirekt durch Begegnungen mit Menschen von damals (Beispiel: Zwei Spaziergänger berichten über den verrückten Noah). **Aktualisierende Übertragungen** wie beispielsweise der Film *Jesus von Montreal* spielen heute und interpretieren das biblische Geschehen in der Jetzt-Zeit.

Schließlich gibt es die Aufnahme **biblischer Motive in Filmen**, die entschlüsselt werden müssen. In den *Matrix*-Filmen tauchen biblische Begriffe wie Zion (Jerusalem) und Nebukadnezar auf. Ein anderes Beispiel ist der *Narnia*-Zyklus. Darin wird das biblische Motiv der Überwindung des Bösen durch einen sich opfernden Retter (Löwe*) entfaltet. Man sucht eine Verbindung zum Opfertod Jesu am Kreuz herzustellen.

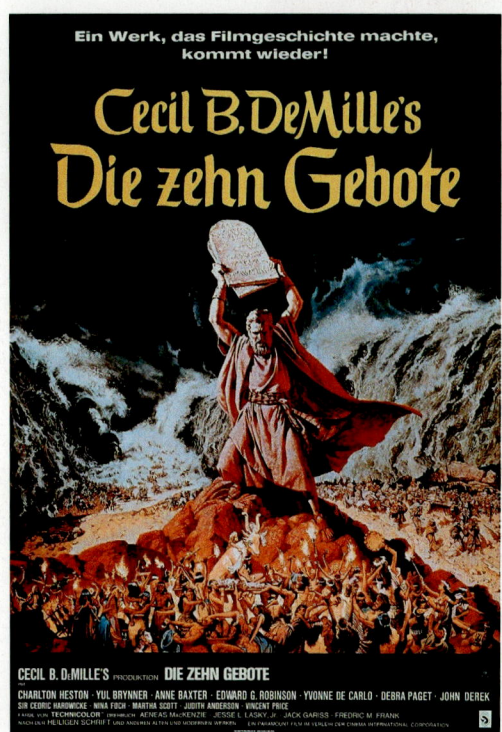

Löwe: Der Löwe ist bereits im Urchristentum ein Symbol für Christus.

Streit um Bibelfilme

Seit den 1970er Jahren gibt es Streit um Bibelfilme. Widerstand fundamentalistischer* Gruppen regte sich gegen das Musical *Jesus Christ Superstar*, eine sozialgeschichtliche Pop-Interpretation des Wirkens Jesu. Auch der Film *Die letzte Versuchung Christi* (1988) wurde stark angegriffen. Es hieß, er betone zu sehr die menschliche Seite Jesu. Der Monty-Python-Film *Das Leben des Brian** (1979) greift biblische Motive auf. Ihm wurde vorgeworfen, er mache sich über die Lebens- und Leidensgeschichte Jesu unangemessen lustig. *Die Passion Christi** (2004) von Mel Gibson gibt vor, nahe am historischen Geschehen zu sein. Doch das Historiendrama polarisiert aufgrund seiner Darstellung von Gewalt, die auch antijüdische Einstellungen zeigt. Gemeinsam nahmen Protestanten (EKD), Katholiken (Deutsche Bischofskonferenz) und Juden (Zentralrat der Juden) gegen diesen Film Stellung: „Mit dieser drastischen Darstellung verkürzt der Film die Botschaft der Bibel auf problematische Weise."

Fundamentalismus:
>> *S. 208f.*

Das Leben des Brian:
>> *S. 77*
Die Passion Christi:
>> *S. 72*

Aufgaben

1. Ordne das Filmplakat oben den Aussagen im Text zu und prüfe, ob du dir diesen Film ansehen würdest.
2. Zeige auf, welche Form des Bibelfilms dir besser, welche weniger geeignet erscheint, um Bibeltexte darzustellen.
3. Beurteile die Kritik an den genannten Bibelfilmen. Recherchiere hierzu.
4. Entwirf Ideen für einen eigenen Bibelfilm. Welcher Filmstoff würde dich reizen?

Was bewirkt gute Literatur?

Wie Literaten die Bibel sehen

Viele große Literaten nahmen die Bibel als Inspiration für ihre Werke. So kommt es, dass sich bei ihnen auch Aussagen zur Bibel finden.

„Das gefährlichste aller Bücher in weltgeschichtlicher Hinsicht, wenn durchaus einmal von Gefährlichkeit die Rede sein sollte, ist dies wohl unstreitig die Bibel, weil wohl leicht kein anderes Buch so viel Gutes und Böses im Menschengeschlecht zur Entwicklung gebracht hat."

Johann Wolfgang von Goethe

„Ich bin überzeugt, dass die Bibel immer schöner wird, je mehr man sie versteht, das heißt, je mehr man einsieht und anschaut, dass jedes Wort, das wir allgemein auffassen und im Besondern auf uns anwenden, nach gewissen Umständen, nach Zeit- und Ortsverhältnissen einen eigenen, besonderen, unmittelbar individuellen Bezug gehabt hat."

Johann Wolfgang von Goethe

„Da gestern Sonntag war und eine kleine bleierne Langeweile über der ganzen Insel lag und mir fast das Haupt eindrückte, griff ich aus Verzweiflung zur Bibel und ich gestehe es dir, trotzdem, dass ich ein heimlicher Hellene* bin, hat mich das Buch nicht bloß gut unterhalten, sondern auch weidlich erbaut. Welch ein Buch! Groß und weit wie die Welt, wurzelnd in die Abgründe der Schöpfung und hinaufragend in die blauen Geheimnisse des Himmels ... Sonnenaufgang und Sonnenuntergang, Verheißung und Erfüllung, Geburt und Tod, das ganze Drama der Menschheit, alles ist in diesem Buche. Es ist das Buch der Bücher, Biblia." *Heinrich Heine, Tagebucheintrag*

„... ich verdanke meine Erleuchtung ganz einfach der Lektüre eines Buches – eines Buches? Ja, und es ist ein altes, schlichtes Buch, bescheiden wie die Natur, auch natürlich wie diese; ein Buch, das werkeltätig und anspruchslos aussieht wie die Sonne, die uns wärmt, wie das Brot, das uns nährt. Und dieses Buch: die Bibel. Mit Fug nennt man diese auch Heilige Schrift: wer seinen Gott verloren hat, der kann ihn in diesem Buch wiederfinden, und wer ihn nie gekannt, dem weht hier entgegen der Odem des göttlichen Wortes. Bei dieser Lektüre sollte man die Schuhe ausziehen wie in der Nähe von Heiligtümern."

Heinrich Heine

Hellene: wörtlich: Grieche, meint hier einen Kenner und Verehrer der altgriechischen Literatur

Aufgaben

1. Interpretiere die beiden Karikaturen auf der Doppelseite.
2. Nenne Aussagen der Literaten (Doppelseite!), die dich am meisten zum Nachdenken bringen.
3. Vergleiche, wie die Literaten die Bibel sehen.
4. Zwei der Literaten schätzen die Bibel als „gefährlich" ein. Untersuche, was damit gemeint ist, und bewerte diese Sichtweise.

Die Bibel ist für den Leser
ein entsetzliches,
ein gefährliches Buch,
er ist gezwungen
zu sehen, wie es
in der Tiefe,
mit ihm steht,
dem Sterblichen ...
Du, der du heutigen Tages
die Bibel liest:
Achtung, Todesgefahr!
Oder Lebensgefahr?
Beseelende Gefahr?
Begeisternde Gefahr,
seit jener Nacht der Zeiten?
Heilsame Gefahr?
Heilsgefahr?

Peter Handke

Thomas Plaßmann

Das gesellige Buch

1 Ein Buch?
Mehr noch: Eine Bücherei!
66 verschiedene Bücher
von nicht nur 66 verschiedenen Autoren,
denn manch eines enthält
(nach Art der hölzernen Babuschkas)
in sich wiederum drei,
vier kleinere Bücher
verschiedener Autoren.

2 Nicht zu vergessen
die namenlosen Scharen
späterer Bearbeiter,
Ergänzer, Verknüpfer,
der fromme Fleiß ihrer minutiösen
                    Text-Finissage
während rund eines Jahrtausends
jüdisch-urchristlicher Geschichte.

3 Allmählich entstand so:
ein Bücherbuch vieler Stimmen,
die nacheinander, nebeneinander,
durcheinander, gegeneinander,
miteinander reden, singen,
murmeln, beten. Dissonanzen?

Jede Menge. Widersprüche?
Noch und noch.
Kein ausgeklügelt Buch.
Hundert-Stimmen-Strom
(selbst Schriftgelehrte ermessen ihn nicht)
– wohin will er tragen?
Über Schwellen, Klippen,
Katarakte* heimzu, heilzu (hoff ich).

4 Merklich oder unmerklich nämlich
strömen die verschiedenartigen,
die verschiedenzeitlichen Stimmen
denn doch und stets
wieder zu EINER Stimme zusammen:
„Das Wunder dieses Zusammenfließens
ist größer als das Wunder
eines einzigen Autors." (EMMANUEL LEVINAS)

5 Viel-Stimmen-Buch also, geselliges Buch
(geselligstes der Weltliteratur!):
in ihm wird die EINE, die verlässliche
                                Stimme
der geselligen Gottheit laut.

Kurt Marti

Katarakt: Wasserfall;
Stromschnellen

Bibel im Recht

Thomas Plaßmann

Aus dem Grundgesetz (GG)

Artikel 1 (1): Die Würde des Menschen ist unantastbar. Sie zu achten und zu schützen ist Verpflichtung aller staatlichen Gewalt. (2) Das Deutsche Volk bekennt sich darum zu unverletzlichen und unveräußerlichen Menschenrechten als Grundlage jeder menschlichen Gemeinschaft, des Friedens und der Gerechtigkeit in der Welt.

Artikel 3 (1): Alle Menschen sind vor dem Gesetz gleich.

Aus dem deutschen Strafgesetzbuch (StGB)

§ 153-154: Wer vor Gericht oder vor einer anderen zur eidlichen Vernehmung von Zeugen oder Sachverständigen zuständigen Stelle als Zeuge oder Sachverständiger uneidlich falsch aussagt, wird mit Freiheitsstrafe von drei Monaten bis zu fünf Jahren bestraft. Wer vor Gericht oder vor einer anderen zur Abnahme von Eiden zuständigen Stelle falsch schwört, wird mit Freiheitsstrafe nicht unter einem Jahr bestraft.

§ 211-212: Der Mörder wird mit lebenslanger Freiheitsstrafe bestraft. Mörder ist, wer aus Mordlust, zur Befriedigung des Geschlechtstriebs, aus Habgier oder sonst aus niedrigen Beweggründen, heimtückisch oder grausam oder mit gemeingefährlichen Mitteln oder um eine andere Straftat zu ermöglichen oder zu verdecken, einen Menschen tötet. Wer einen Menschen tötet, ohne Mörder zu sein, wird als Totschläger mit Freiheitsstrafe nicht unter fünf Jahren bestraft.

§ 323c: Wer bei Unglücksfällen oder gemeiner Gefahr oder Not nicht Hilfe leistet, obwohl dies erforderlich und ihm den Umständen nach zuzumuten, insbesondere ohne erhebliche eigene Gefahr und ohne Verletzung anderer wichtiger Pflichten möglich ist, wird mit Freiheitsstrafe bis zu einem Jahr oder mit Geldstrafe bestraft.

Siehe zu diesem Paragraphen auch
>> S. 205: Blasphemie

§ 166: (1) Wer öffentlich oder durch Verbreiten von Schriften (§ 11 Abs. 3) den Inhalt des religiösen oder weltanschaulichen Bekenntnisses anderer in einer Weise beschimpft, die geeignet ist, den öffentlichen Frieden zu stören, wird mit Freiheitsstrafe bis zu drei Jahren oder mit Geldstrafe bestraft. Ebenso wird bestraft, wer öffentlich oder durch Verbreiten von Schriften eine im Inland bestehende Kirche oder andere Religionsgesellschaft oder Weltanschauungsvereinigung, ihre Einrichtungen oder Gebräuche in einer Weise beschimpft, die geeignet ist, den öffentlichen Frieden zu stören.

Aufgaben

1. Benenne den Gesetzestext, der dich am meisten überrascht hat.
2. Setze die Bibelstellen 1. Mose 4,1-16; 2. Mose 20,1-17; Ps 85,11; Lk 10,25-37; 2. Mose 12,49 in Beziehung zu den Gesetzestexten.
3. Interpretiere die Karikatur und bewerte, ob sich die Bibel eignet, ein „Navi fürs Leben" zu sein.
4. Erörtere die Konsequenz aus § 166. Er bezieht sich auch auf den Umgang mit heiligen Schriften.

Bibel im Gottesdienst

Im Gottesdienst der christlichen Kirchen ist die Bibel von zentraler Bedeutung.

Bei einer katholischen Messe wird das Evangelium zu Beginn feierlich in den Gottesdienstraum getragen. Doch während die Eucharistie* der Höhepunkt der katholischen Messe ist, steht im evangelischen Gottesdienst die Predigt über einen Bibeltext im Zentrum. In evangelischen Kirchen liegt deshalb immer als sichtbares Zeichen eine offene Bibel auf dem Altar oder Tisch.

Viele Lieder im Gesangbuch nehmen direkt Bezug auf einen Bibeltext und legen ihn aus.

Zu Beginn des Gottesdienstes steht meist ein biblisches Eingangswort. Einen Psalm, der im Gesangbuch abgedruckt ist, spricht die Gemeinde oft im Wechsel (Pfarrer/-in – Gemeinde, Männer – Frauen etc.).

Eine Schriftlesung gibt einen Impuls über den Predigttext hinaus, der kurz vor der Predigt gelesen wird. Predigttext und Schriftlesung stammen in der Regel aus dem Alten und dem Neuen Testament, um die Vielstimmigkeit der Bibel deutlich zu machen. Die Predigt kann mit einem Bibelwort wie „Selig sind, die das Wort Gottes hören und bewahren" (Lk 11,28) eingeleitet werden. In der Predigt wird dann ein Bibeltext ausgelegt, also erklärt, was der Bibeltext meint und was er für uns heute zu sagen hat. Die Bibeltexte für die Predigt werden jeden Sonntag vorgeschlagen – jährlich 52 Texte in sechs Perikopenreihen*.

Findet im Gottesdienst eine Taufe statt, so wird eine kurze Ansprache zum Taufspruch aus der Bibel gehalten. Und beim Abendmahl werden die Einsetzungsworte (1. Kor 11,23-25) vorgetragen.

Das Fürbittgebet nach der Predigt nimmt auch Bezug auf den Bibeltext und endet mit dem gemeinsam gesprochenen Vaterunser (Mt 6,9-13).

Am Ende des Gottesdienstes steht oft das biblische Segenswort 4. Mose 6,24-26: „Der HERR segne dich und behüte dich; der HERR lasse sein Angesicht leuchten über dir und sei dir gnädig; der HERR hebe sein Angesicht über dich und gebe dir Frieden."

Eucharistie: griech. „Danksagung". Damit ist das römisch-katholische Abendmahl gemeint, bei dem Brot und Wein in Leib und Blut Jesu gewandelt werden.

Perikope: Wochenabschnitte aus der Bibel, durch die alle sieben Jahre Predigttexte wiederholt werden

Bibel auslegen: >> S. 118ff.

Aufgaben

1. Setze Text und Bild miteinander in Beziehung.
2. Fasse tabellarisch den Einsatz der Bibel im evangelischen Gottesdienst zusammen.
3. Formuliere, was für dich eine gute Predigt ausmacht.
4. Stelle dar, wie man die Bibel im Gottesdienst in der Hand halten und vorlesen kann. Welche Haltung sollte eine Predigerin/ein Prediger einnehmen?

Bibelübersetzung ...

Bibelübersetzungen:
Neue Genfer Übersetzung,
Hoffnung für alle, Volxbibel,
Einheitsübersetzung, Bibel
in gerechter Sprache,
Gute Nachricht Bibel,
Lutherbibel, Zürcher Bibel,
BasisBibel, Schlachterbibel.
Es fehlen beispielsweise die
Elberfelder und Menge-
Bibel.

Rund 40 Bibelübersetzungen ins Deutsche gibt es. Einen **Mittelweg** gehen Standardbibeln wie die Lutherbibel, die katholische Einheitsübersetzung und die *Zürcher Bibel*. Mittelweg bedeutet, dass man zwischen den Möglichkeiten steht, den Wortlaut der fremden Sprache so genau wie möglich oder den Sinn des Textes so verständlich wie möglich mit eigenen Worten wiederzugeben.

Philologische (wortgenaue) **Übersetzungen** wie die *Elberfelder Bibel* orientieren sich am Wortlaut. Man muss darauf gefasst sein, dass das Wort der eigenen Sprache in der Übersetzung eine andere Bedeutung hat. Begriffe müssen wie Fremdwörter behandelt und deren Sinn im jeweiligen Zusammenhang erst erlernt werden. Es besteht hier die Gefahr, dass man die Übersetzung missversteht. Der wörtliche Übersetzer schiebt das Risiko des Verstehens auf die Leser/Hörer bzw. Ausleger/Prediger ab.

Kommunikative (verständnisorientierte) **Übersetzungen** wie die *Gute Nachricht Bibel*, die *Hoffnung für alle* oder die *BasisBibel* bewegen den Text so weit wie möglich zum Leser hin. Um der leichteren Verständlichkeit willen verzichten sie darauf, die sprachliche Form des Originaltextes nachzuahmen. Unter formalen Gesichtspunkten ist diese Übersetzung „frei", aber unter inhaltlichen Aspekten kann sie zuverlässig sein. Nachteil dieser Übersetzung ist, dass die Leser/-innen den Prozess der Vermittlung nicht kontrollieren können. Man muss dem Übersetzer stärker vertrauen. Mögliche Nuancen oder Assoziationen werden so weniger erkennbar.

Von **Bibelübersetzungen** kennt man das Phänomen, dass es bestimmte Begriffe in einer Sprache nicht gibt. So berichtet ein Übersetzer aus Nigeria (Sprache der Ebira) von folgendem Problem:

Der Übersetzer hatte gelernt, dass Bett „Ode" heißt. Dieses Wort verwendete er beim Satz in der Geschichte der Heilung des Gelähmten (Mk 2,9), wo es heißt: „Nimm dein Bett und geh hin".

Ein Afrikaner sprach ihn daraufhin an: „Wie willst du ein Bett wegtragen können? Hast du noch nie bei uns ein Bett gesehen?" Er führte den Übersetzer in eine Hütte. Das Bett war ein erhöhter Boden aus getrocknetem Lehm. Ein solches Bett konnte man nicht wegtragen.

Der Übersetzer verwendete nun das Wort Uvene = Schlafmatte, denn eine Schlafmatte lag auf diesem erhöhten Lehmboden. Doch in der Geschichte wurde der Gelähmte auf einem Bett zu Jesus gebracht. Mit der Schlafmatte ging das nicht.

Am Ende fand er dann das passende Wort: Odooro = eine Trage.

... und Bibelübertragung

Inzwischen werden Bibeltexte in die Sprache moderner Kommunikation übertragen. Das Buchprojekt *Und Gott chillte* ist die erste Bibel in Kurznachrichten (Twitter, SMS ...). In der Sprache der Emoticons gibt es eine Version der Zehn Gebote in Emoticons. Ein anderes Projekt ist die Übertragung der Bibel in die Sprache eines kurzen Zeitungsberichts.

> **Was ist eine gute Übersetzung?**

Bibel in Kurznachrichten (SMS, Twitter)

2. Mose

20,1-10 Gott gab Mose auf dem Berg zehn Gebote, von denen das erste lautet: Ich bin der Herr, dein Gott, keine anderen Götter sollen neben mir sein. 11-21 Tue nichts, was dir und deinen Nächsten schadet. Ehre die Menschen und nimm dir Zeit für sie und für dich selbst. [Zehn Gebote]

Matthäus

5,1-12 Selig sind die Armen, die Sanftmütigen, die Barmherzigen, die Friedfertigen, die Verfolgten. Seid froh, euer Lohn ist im Himmel.

5,21-26 Gebotsverschärfung Jesu: Nicht erst wer tötet, sondern schon wer zürnt, ist des Gerichts schuldig. Übt Versöhnung!

5,27-32 Gebotsverschärfung Jesu: Nicht erst wer ehebricht, sondern schon wer begehrt, ist des Gerichts schuldig. Keine Scheidung.

5,38-48: Gebotsverschärfung Jesu: Feindesliebe. Darum sollt ihr vollkommen sein, wie euer Vater im Himmel vollkommen ist. [Bergpredigt]

Und Gott chillte – Die Bibel in Kurznachnichten

Aufgaben

1. Zeige auf, worauf man bei einer Übersetzung achten sollte.
2. Die Texte oben stellen eine Übertragung, keine Übersetzung dar. Erläutere den Unterschied und nimm Stellung zu den Beispielen.
3. Vergleiche die Seligpreisungen (Bergpredigt, Mt 5,3-12) in der Lutherbibel, in der Gute Nachricht Bibel und in der Volxbibel. Du findest diese im Internet.
4. Gestalte einen Bibeltext deiner Wahl mit einer der Methoden (Kurznachricht – Emoticons – Zeitungsartikel).

Jesus: Unglaubliche Forderungen!

In einer Grundsatzrede hat Jesus aus Nazareth auf einem Berg nahe Kapernaum Forderungen aufgestellt, die viele Zuhörer erschreckten. Zunächst betonte er: Arme, Notleidende, Hungernde, Verfolgte, Barmherzige und Friedfertige würden von Gott besonders beachtet. Da regte sich Widerstand von denen, die es zu etwas gebracht haben. Dann behauptete er, dass es schon Ehebruch sei, wenn man einer Frau nur nachschaut.

Viele der anwesenden Männer schüttelten nur verständnislos den Kopf. Schließlich verkündete er: „Wenn dich einer auf die rechte Backe schlägt, halte ihm auch die linke hin". Und als ob diese unrealistische Aussage nicht genug wäre, brachte er die Menge gegen sich auf, als er sagte: „Liebet eure Feinde und bittet für die, die euch verfolgen." Ganze Berufsstände stehen wegen solch gefährlicher Reden in Gefahr.

Zur Bergpredigt ausführlich:
>> *S. 95ff.*

Heiligen Schriften anderer begegnen

Seite aus dem Talmud

In unserem Umfeld begegnen wir vielen Religionen und ihren heiligen Schriften. Als Buch- oder Schriftreligionen bezeichnet man die Religionen Christentum, Judentum und Islam.

Judentum

Das Judentum nennt die Hebräische Bibel TeNaCh*. Sie ist in etwa identisch mit dem Alten oder Ersten Testament. Die **Tora*** hat dabei eine besondere Bedeutung. Sie wird in 52 Wochenabschnitte unterteilt und an jedem Schabbat im Gottesdienst behandelt. So wird die Tora jedes Jahr einmal komplett auf Hebräisch vorgetragen und besprochen.

Darüber hinaus studieren Juden den **Talmud***. Darin finden sich Auslegungen der Heiligen Schrift und erklärende Geschichten, die helfen, den Text der Tora besser zu verstehen. Dabei werden auch Lebensfragen und Rechtsprobleme behandelt. Heute noch diskutiert werden die Auslegungen der Rabbiner* Hillel und Schammai, die kurz vor der Zeit Jesu lebten. Deren teils sich widersprechende Kommentare finden sich in der **Mischna*** und regen zum Gespräch an. Jeder kann sich an der Diskussion über die richtige Auslegung der Tora beteiligen. So wird am Schabbat in vielen Synagogen gemeinsam der Talmud studiert und die Bibel ausgelegt. Gut auskennen müssen sich Rabbiner, da sie zu allen aktuellen Fragen, beispielsweise zur Ehe, zu Speisegeboten oder was am Schabbat erlaubt ist, Auskunft geben sollen.

Islam

Die Mehrheit der Muslime sind Sunniten. Diese haben zwei Grundlagen für ihre Religion, den **Koran** mit der Gesetzgebung, der Scharia, und die Überlieferungen des Propheten Mohammed, die sogenannte **Sunna**, daher der Name Sunniten.

Die 114 Suren (Kapitel) des Korans, die in Verse unterteilt und in Hocharabisch verfasst sind, gelten als direkte Offenbarung Gottes – als Eingabe des Engels Gabriel an Mohammed. Daher ist es vor allem Aufgabe der Muslime, den Text des Korans auf richtige Weise auf Arabisch vorzutragen. Aufgabe islamischer Gelehrter ist es, die arabischen Worte zu verstehen und den Koran vor dem Hintergrund heutiger Fragen auszulegen. Eine besondere Rolle kommt dabei den Sunniten der Al-Azhar-Universität in Kairo zu. Dort sind muslimische Gelehrte tätig, die auf die konkrete Frage eines Gläubigen eine Rechtsauskunft geben. Beispielsweise wurde muslimischen Sportlern bei der Fußballweltmeisterschaft 2014, die während des Fastenmonats Ramadan stattfand, die Einnahme von Nahrungsmitteln erlaubt.

Die muslimische Richtung der Schiiten, die vor allem im Iran vertreten ist, sieht allein den Koran als Grundlage des Lebens und der Rechtsprechung.

TeNaCh: Tora – Nebiim (Propheten) – Chetubim (Schriften)

Tora: hebr. = „Unterweisung", werden für die fünf Bücher Mose genannt.

Talmud: „Lehre", Sammlung jüdischer Kommentare

Mischna: hebr.: „Wiederholung", erste Sammlung von Regeln und Kommentaren; Basis des Talmud

Rabbiner: jüdischer Lehrer

Aufgaben

1. Beschreibe, wie die Bilder der heiligen Schriften auf dich wirken.
2. Erarbeite tabellarisch einen Überblick über die heiligen Schriften.
3. Erörtere die Rolle, die die heiligen Schriften in der Rechtsprechung einnehmen, und vergleiche dies mit dem Einfluss der Bibel auf das Recht (>> S. 112).
4. Beurteile den Umgang mit den heiligen Schriften und deren Auslegung im Judentum, im Islam und in den fernöstlichen Religionen.

Hinduismus

Der Hinduismus kennt viele heilige Schriften, die in Sanskrit* verfasst wurden. Brahmanen lernen sie auswendig und üben, sie richtig zu rezitieren. Sie sind es auch, die diese Schriften auslegen dürfen. Die wichtigste Textsammlung für Rituale sind die **Veden***. Die **Upanishaden*** enthalten die wichtigsten Lehren der Hindus und beschreiben den Weg der Befreiung aus dem Kreislauf des Lebens. Die **Puranas*** enthalten vor allem die Geschichten der Gottheiten und Legenden. Besonders die Veden halten manche Hindus für so heilig, dass sie ihre Verbreitung als Buch, das auch Kastenlose und Nichthindus lesen können, ablehnen. Auch eine historisch orientierte Auslegung der heiligen Schriften wird meist abgelehnt.

Ramayana* und Bhagavadgita* sind zwei Epen, die die meisten Inder gut kennen und die mehrfach von Bollywood verfilmt wurden. Das Ramayana erzählt die Abenteuer des Prinzen Rama, der als Avatar* des Gottes Vishnu gilt. Seine Frau Sita wurde vom Dämonenkönig Rawana entführt. Unterstützt vom Affengott Hanuman befreite Rama seine Frau.

Die Bhagavadgita handelt vom Schicksal des Fürsten Arjuna, dem die Gottheit Krishna* seine Bestimmung zeigte.

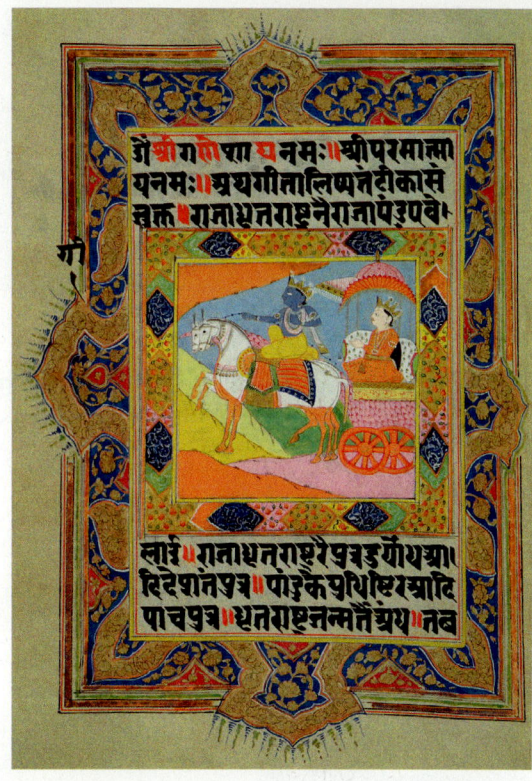

Aus der Bhagavadgita: Krishna und Arjuna bereiten sich auf eine Schlacht vor

Buddhismus

Im Buddhismus spiegeln die heiligen Schriften die Lehren und das Leben Buddhas. Seine Reden wurden auswendig gelernt und mündlich weitergegeben. Der **Pali***-**Kanon** gilt als wichtigste Sammlung der Reden Buddhas und ist in drei Teile („Körbe") unterteilt. Der Korb der Ordensregeln umfasst Regeln für Mönche und Nonnen sowie Ursprungsgeschichten dieser Regeln. Der Korb der Lehrreden Buddhas enthält Erzählungen über das Leben Siddharthas und auch Sprüche, die dem einfachen Volk als Verhaltensratschläge dienen. Im Korb der Lehre wird Buddhas Lehre zusammengefasst und durch Lebensweisheiten ergänzt. Für den Mahayana* gelten auch spätere Sutras* als heilig wie das „Herz-Sutra", das „Diamant-Sutra" oder das „Lotos-Sutra". Eine Auslegung der heiligen Schriften geschieht in der Regel durch hohe Mönche oder Lamas.*

Ziel erreicht!

> Benenne, was für dich im Teilkapitel am spannendsten war.

> Entwirf mithilfe der Informationen im Buch einen kurzen Artikel: Die Bibel in der Kultur.

> Führe eine Recherche zur Bibel in der Kunst durch und beginne mit dem, was du im Buch findest. Achte besonders auf die Seiten >> 72-79.

> Die Stiftung Bibel und Kultur führt jährlich einen Jugendwettbewerb „Bibel heute" durch. Recherchiere hierzu und entwirf ein Plakat für diese Aktion. Nimm das Teilkapitel zu Hilfe.

Sanskrit: >> S. 218

Veden: von Veda = „Wissen" (2000 bis 900 vor Chr.)

Upanishad: „um einen Lehrer setzen" (zwischen 800 bis 200 vor Christus).

Puranas: „alte Geschichten" (bis 1000 n. Chr.)

Ramayana: „Weg Ramas" (bis 200 n.Chr.)

Bhagadvadgita: „Lied des Erhabenen", vollendet 200 vor Chr.

Avatar: >> S. 224

Krishna: >> S. 225

Pali: Sprache in Sri Lanka

Mahayana: >> S. 228

Sutra: kurzer Lehrtext

Lama: buddhistischer Gelehrter

Mit der Bibel umgehen

Im jüdischen Talmud heißt es: „Wer die Schrift wortwörtlich auslegt, ist ein Lügner. Wer sich zu viel Freiheit nimmt, ist ein Lästerer."
Erläutere, was mit der Aussage gemeint ist.
Was der Talmud ist, wird auf >> S. 116 erläutert.

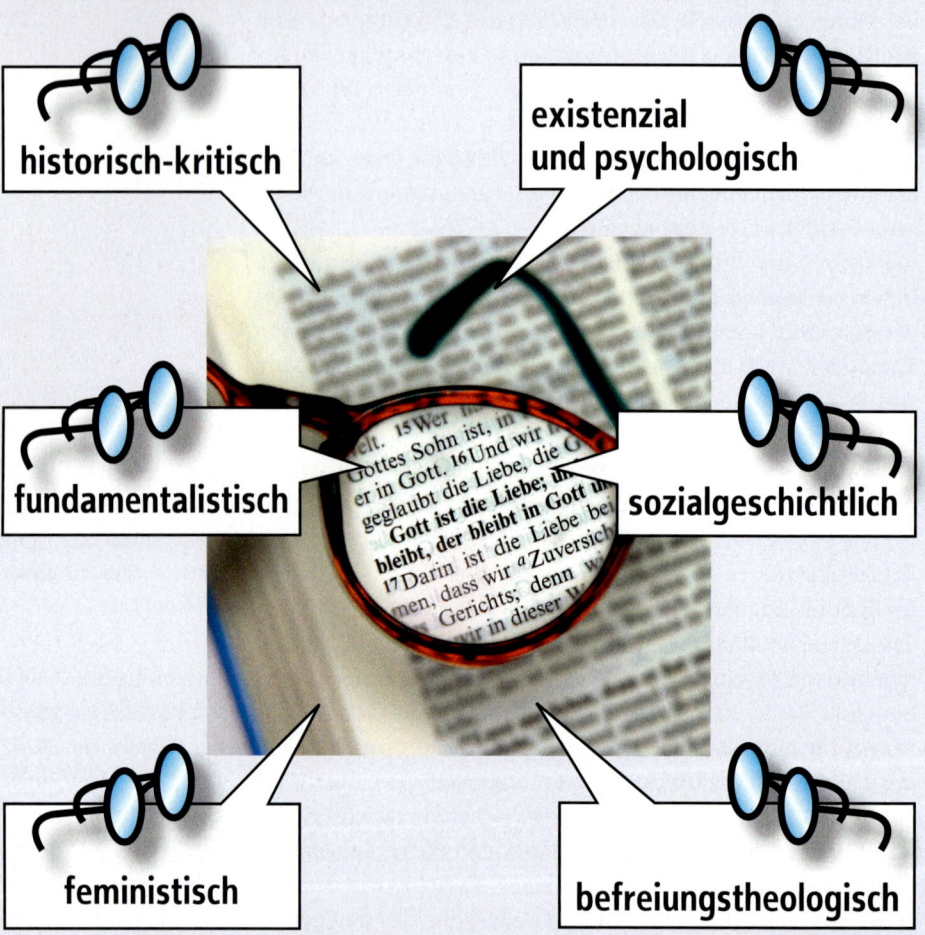

historisch-kritisch

existenzial und psychologisch

fundamentalistisch

sozialgeschichtlich

feministisch

befreiungstheologisch

Bibel-auslegung

Bibelauslegung wird Exegese (griech.: Auslegung, Erläuterung) genannt. Darunter versteht man einen Analyseweg, bei dem man sprachwissen-schaftliche (philologi-sche) und historische Methoden anwendet. Ein anderer Begriff ist Hermeneutik (grie-chisch: erklären, deuten). Er verweist auf den Götterboten Hermes, den Überbrin-ger und Übersetzer göttlicher Botschaften in der griechischen Mythologie. Hermeneu-tik untersucht die Möglichkeiten und Bedingungen des Verstehens. Die Auslegung der Bibel kann jedoch sehr unterschiedlich sein – je nach Blickwinkel.

Die Auslegung von Bibeltexten kann sehr unterschiedlich sein – je nach Blickwin-kel oder „Brille", mit denen man den Bibeltext untersucht. Beschreibe, was du dir unter diesen genannten Blickwinkeln vorstellst.

Projektaufgaben zu den Seiten 118–135

➤ Zeigt auf, welche der dargestellten Wege der Bibelauslegung euch besonders interessieren.

➤ Entwerft Interviewfragen für Repräsentanten der folgenden Bibelauslegungen.

➤ Gestaltet ein Plakat, auf dem die Positionen der Bibelausleger deutlich werden.

➤ Wählt einen euch bekannten Bibeltext – beispielsweise die Schöpfungserzählung (1. Mose 1,1-2,4a) oder das Gleichnis vom „Verlorenen Sohn" (Lukas 15,11ff.). Versucht ihn durch die „Brillen" der Bibelauslegung zu deuten.

„Verstehst du auch, was du liest?"

„Verstehst du auch, was du liest?" (Apg 8,30). Ein Apostel namens Philippus fragte dies einen Äthiopier, dargestellt auf dem Bild >> S. 105. Der liest einen Text des Propheten Jesaja und hat damit Probleme. Der Apostel legt ihm dann die Bibelstelle aus.

Was heißt aber **Bibel auslegen**? Heute meint das, einen Text verstehen und deuten zu lernen. Das Verstehen eines Textes ist jedoch ein Prozess, bei dem es um verschiedene Faktoren geht:

- Ein **Autor**, der etwas mitteilen will.
- Ein **Text** als Medium, in dem etwas festgehalten wird.
- Eine **Sache**, die der Autor mitteilt.
- Ein **Leser**, eine **Leserin**, der/die sich mit diesem Text beschäftigt.

Lange Zeit jedoch vermutete man hinter einem Bibeltext jedoch mehr.

> **Was meint Verstehen?**

Aus einer Biblia Pauperum (Armenbibel)

Der mehrfache Schriftsinn

Origenes von Alexandria (185-254) stellte die Theorie auf, dass ein Bibeltext mehr aussagt, als was man oberflächlich liest. Im Mittelalter wurde diese Theorie zum vierfachen Schriftsinn weiterentwickelt. Bibeltexte hätten demnach folgende Bedeutung:

Literarisch: Was steht da? Was ist geschehen? Es wird nach der wörtlichen Bedeutung der verwendeten Begriffe gesucht.

Allegorisch*: Was soll man glauben? Was sagt der Text über Gott oder Christus? Jeder Text wird danach befragt, welche Glaubensaussagen er enthalten könnte.

Tropologisch*: Was soll man tun? Es wird nach einer „Moral von der Geschichte" gesucht und der Text ethisch ausgelegt.

Anagogisch*: Was kann man hoffen und wozu ermutigt der Text? Es wird nach der Zukunft gefragt, die der Bibeltext andeutet.

Als Beispiel diente schon im Mittelalter die Stadt Jerusalem: Literarisch meint Jerusalem eine Stadt in Palästina, allegorisch die Kirche Christi, tropologisch die menschliche Seele auf ihrem Weg von der Sünde zum Heil und anagogisch das zukünftige himmlische Jerusalem.

Allegorisch: griech. = etwas anders ausdrücken
Tropologisch: auf eine ethische Entscheidung abzielend
Anagogisch: griech. = höher führend

In der Kunst wurde der mehrfache Schriftsinn angewandt. Das Bild stammt aus einer **Armenbibel** (14. Jahrhundert). In der Mitte erkennt man die Auferstehung Jesu. Die Bilder rechts und links davon aus dem Alten Testament deuten diese Szene. Simson reißt die Tore einer Stadt ein (Richter 16,3) – als Symbol dafür, dass die Tür des Todes aufgestoßen wird. Jona wird vom Fisch ins Leben ausgespien (Jona 2) – als Symbol dafür, dass Gott aus dem Schlund des Todes erlösen kann.

Zum Alten und Neuen Testament auch >> S. 56f.

Aufgaben

1. Nenne Gründe für die Suche nach dem tieferen Sinn von Bibeltexten.
2. Ordne das Bild den vier Deutungen des Schriftsinnes zu. Wozu passt es?
3. Deute die Geschichte von Philippus in Apg 8,26-40 mithilfe der Lehre vom mehrfachen Schriftsinn.
4. Die Reformatoren lehnten den vierfachen Schriftsinn ab und fragten nur nach dem literarischen Schriftsinn. Erörtere diese Entscheidung.

Historisch-kritische Bibelauslegung

Jürgen Janson

Wer heute Theologie studiert, lernt die wissenschaftlichen Methoden der Exegese*. Da uns kein Urtext vorliegt, sucht man nach der möglichst ursprünglichen Form der Bibeltexte. Außerdem wird nach dem damaligen Aussagesinn gesucht, da sich die Sprache und mit ihr der Sinn von Begriffen geändert hat. Diesen wissenschaftlichen Zugang nennt man „historisch-kritisch". „Historisch" meint, dass man den zeitlichen Abstand zur Welt von damals ernst nimmt. „Kritik" meint „etwas untersuchen". Dieser Weg der „Bibelkritik" sichtet Handschriften aus den ersten Jahrhunderten. Man ermittelt den ursprünglichen Text und dessen Aussageabsicht.

Hellmuth Karasek (1934-2015) war ein Journalist, der in Zeitungen und im Fernsehen literarische Werke beurteilte.

Exegese: Auslegung
>> S. 118

Formkritik und religionsgeschichtlicher Vergleich: >> S. 122-125

Redaktionskritik >> S. 126

In der Bibelwissenschaft unterscheidet man folgende Methoden:

Textkritik vergleicht Abschriften von Bibeltexten und untersucht, ob Abschreib- oder Diktierfehler vorliegen, um den möglichst genauen Urtext zu rekonstruieren. Bevorzugt werden Textvarianten, die am besten bezeugt sind, solche, die kürzer sind, da man eher den Text erweiterte als verkürzte, und solche, die schwieriger sind, da man eher vereinfachte.

Quellen- und Literarkritik suchen nach Brüchen, Wiederholungen oder Widersprüchen im Text. Damit will man herausfinden, ob es Hinweise gibt, dass der Text aus mehreren Quellen zusammengesetzt ist. Diese können mündlicher oder schriftlicher Art sein.

Formkritik fragt, welche Textgattung vorliegt und was der „Sitz im Leben" der Texte damals war, also wie und wo sie ursprünglich verwendet wurden.

Redaktionskritik geht davon aus, dass biblische Bücher durch einen oder mehrere Redakteure geordnet und überarbeitet wurden. Sie sucht nach der Absicht, die hinter der Zusammenstellung der Texte lag.

Religionsgeschichtlicher Vergleich meint, dass man nach Quellen außerhalb der Bibel sucht. Beim Alten Testament spielen Texte aus dem Zweistromland, der Kanaanäer und der Ägypter eine Rolle, für das Neue Testament religiöse Zeugnisse der Juden, Griechen und Römer.

Auslegungsgeschichte betrachtet, welche Wirkung der Text hatte – beispielsweise in der Kunst, in der Literatur oder in Filmen.

 **Neue Bibeln als Folge historisch-kritischer Forschung**
Neue Erkenntnisse führten dazu, dass 2013 eine überarbeitete Fassung des Griechischen Neuen Testaments (Novum Testamentum Graece, 28. Aufl.) erschien. Selbst die Lutherbibel musste wegen neuer Erkenntnisse verändert werden. In der Lutherbibel 2017 wurden gegenüber ihrer Vorgängerin von 1984 rund 44 % der Verse verändert – viele aufgrund von Funden alter Handschriften, die eine Überarbeitung notwendig machten.

Beispiele aus dem Alten und Neuen Testament

Lange galt der Bibeltext als unantastbar. Dann entdeckte man in der Bibel Brüche, die auf eine spätere Zusammenstellung und Redaktion der Texte hinwiesen. Später fand man bei Ausgrabungen viele neue Textquellen – alte Schriften auf Papyrus und Pergament. Auch sie zeigten, dass es unterschiedliche Lesarten gibt und dass Texte wohl später eingefügt oder ergänzt wurden.

Ein Beispiel aus dem Alten Testament ist, dass es zwei Schöpfungsgeschichten gibt:

- 1. Mose 1,1-2,4a: Schöpfung in sechs Zeitabschnitten und mit einem Ruhetag; Erschaffung von Mann und Frau;
- 1. Mose 2,4b-3: Erschaffung von Adam (Mensch) und Eva (Leben); Paradies und Vertreibung.

Ebenso entdeckte man in der Erzählung vom Durchzug der Israeliten durchs Schilfmeer (2. Mose 14), dass manches doppelt erzählt wird. Die Erzählung von David und Goliath (1. Samuel 17) wird in der Septuaginta* ohne die Verse 12-31 überliefert. Viele sehen im kürzeren Text den ursprünglichen, weil nun Doppelungen und Widersprüche zu finden seien.

---

15   ΚΑΤΑ ΜΑΘΘΑΙΟΝ   6,11–20

11 τὸν ἄρτον ἡμῶν τὸν ἐπιούσιον δὸς ἡμῖν σήμερον·
12 καὶ ἄφες ἡμῖν ⸀τὰ ὀφειλήματα⸀ ἡμῶν,
ὡς καὶ ἡμεῖς ⸂ἀφήκαμεν τοῖς ὀφειλέταις ἡμῶν·
13 καὶ μὴ εἰσενέγκῃς ἡμᾶς εἰς πειρασμόν,
ἀλλὰ ῥῦσαι ἡμᾶς ἀπὸ τοῦ πονηροῦ. ⸆
14 Ἐὰν °γὰρ ἀφῆτε τοῖς ἀνθρώποις τὰ παραπτώματα
αὐτῶν, ἀφήσει καὶ ὑμῖν ὁ πατὴρ ὑμῶν ὁ ⸀οὐράνιος·
15 ἐὰν δὲ μὴ ἀφῆτε τοῖς ἀνθρώποις ⸆, οὐδὲ ὁ πατὴρ ⸀ὑμῶν
ἀφήσει⸀ τὰ παραπτώματα ὑμῶν.
16 Ὅταν δὲ νηστεύητε, μὴ γίνεσθε ⸀ὡς οἱ ὑποκριταὶ
σκυθρωποί, ἀφανίζουσιν γὰρ τὰ πρόσωπα ⸀αὐτῶν ὅπως
φανῶσιν τοῖς ἀνθρώποις νηστεύοντες· ἀμὴν λέγω ὑμῖν, ⸆
ἀπέχουσιν τὸν μισθὸν αὐτῶν. 17 σὺ δὲ νηστεύων ἄλειψαί
σου τὴν κεφαλὴν καὶ τὸ πρόσωπόν σου νίψαι, 18 ὅπως μὴ
φανῇς ⸂τοῖς ἀνθρώποις νηστεύων⸃ ἀλλὰ τῷ πατρί σου τῷ
ἐν ⸀τῷ κρυφαίῳ· καὶ ὁ πατήρ σου ὁ βλέπων ἐν ⸀τῷ κρυ-
φαίῳ⸃ ἀποδώσει σοι ⸆.
19 Μὴ θησαυρίζετε ὑμῖν θησαυροὺς ἐπὶ τῆς γῆς, ὅπου
σὴς καὶ βρῶσις ἀφανίζει καὶ ὅπου κλέπται διορύσσουσιν
καὶ κλέπτουσιν· 20 θησαυρίζετε δὲ ὑμῖν θησαυροὺς ἐν
οὐρανῷ, ὅπου οὔτε σὴς οὔτε βρῶσις ἀφανίζει καὶ ὅπου

(Randverweise rechts:)
Prv 30,8 · Prv 3,28; 27,1
Act 7,26 |
14s; 18,21-35 Sir 28,2

26,41p Ps 17,30 ⑨; 26,2
Sir 33,1 1K 10,13 J1,13s
2P 2,9 · 5,37; 13,19.38
J 17,15 2Th 3,3 2T 4,18
14s: Mc 11,25s · 12! Kol
3,13!

4,2; 9,15 Act 13,2s
2K 11,27 Is 58,5
L 24,17

1!

2! |

4!

19-21: L 12,33s
Is 51,8 · Job 24,16

19,21p 1T 6,19 Sir
29,10s 4Esr 7,77

12 ⸀τὴν ὀφειλὴν Didache ┊ τα παραπτωματα Or ⸂ αφιομεν D L W Δ Θ 565 co? ┊ αφεμεν ℵ² K f¹³ 579. 700. 1241. 1424. l 844. l 2211 𝔐 co?; Didache ┊ txt ℵ* B Z f¹ vgˢᵗ syᵖ·ʰ • 13 ⸆ ἀμην 17. 30. 288* vgᶜˡ | (1Chr 29,11-13) οτι σου εστιν η βασιλεια και η δυναμις και η δοξα εις τους αιωνας αμην K L W Δ Θ f¹³ 33. 288ᶜ. 565. 579. 700. 892. 1241. 1424. l 844 𝔐 f q syʰ boᵖᵗ (g¹ k syᶜ·ᵖ sa) ┊ οτι σου εστιν η δυναμις και η δοξα εις τους αιωνας Didache ┊ οτι σου εστιν η βασιλεια του πατρος και του υιου και του αγιου πνευματος εις τους αιωνας αμην 1253 ┊ txt ℵ B D 0170 f¹ l 2211 lat mae boᵖᵗ; Or • 14 °D* L sams ┊ ⸀ p) εν τοις ουρανοις Θ it ┊ p) ουρανιος τα παραπτωματα υμων L f¹³ l 844 lat saᵐˢˢ bo mae; Did • 15 ⸆ τα παραπτωματα αυτων B K L W Δ Θ f¹³ 33. 565. 579. 700. 892ᶜ. 1241. 1424. l 844. l 2211 𝔐 (b) f q syᶜ·ʰ sa boᵖᵗ ┊ txt ℵ D f¹ 892* lat syᵖ mae boᵖᵗ ┊ ⸀ υμιν αφησει ℵ (ᶜ c syᶜ) ┊ υμων αφησει υμιν D 1241 it vgᶜˡ syᵖ·ʰ • 16 ⸀ ωσπερ K L W Γ Θ f¹³ 33. 565. 579. 700. 1241. 1424. l 844 𝔐 ┊ txt ℵ B D Δ f¹ 892. l 2211 ┊ ⸀ εαυτων B ┊ ⸆ οτι K L W Γ Δ Θ 33. 579. 892. 1241. 1424 𝔐 lat ┊ txt ℵ B D f¹·¹³ 565. 700. l 844. l 2211 it • 18 ⸂ νηστευων τοις ανθρωποις B (k) ┊ ⸂ bis τω κρυπτω K L W Γ Δ Θ f¹³ 33. 565. 700. 892. 1241. 1424. l 844. l 2211 𝔐 ┊ κρυφια et κρυφαιω D* ┊ bis κρυφαιω D¹ ┊ txt ℵ B f¹ ┊ ⸆ (4. 6 v.l.) εν τω φανερω Δ 579. 1241. l 2211 pm it

---

Bildunterschrift rechts:
Beispiel für eine „kritische" Bibelausgabe: textkritische Hinweise unten in einem griechischen Neuen Testament. Die Buchstaben und Zahlen zeigen, welche Handschriften den Text belegen oder von ihm abweichen.

Im Neuen Testament gab es ein prominentes „Opfer" der Textkritik: das Ende des Vaterunsers „denn dein ist das Reich ..." (Mt 6,13: Abbildung oben). Die meisten Textquellen bezeugten dies nicht – also verschwand das Ende aus der griechischen Bibel. In der Lutherbibel steht es in Klammern, in anderen Bibeln nur als Anmerkung.

Anhand der synoptischen Evangelien (Matthäus, Markus, Lukas) ist es leicht, die Arbeit der Quellen- und Literarkritiker zu überprüfen. Sie geben Texte aus verschiedenen Perspektiven wieder. Ein besonderes Beispiel ist die Weihnachtsgeschichte, die nur von Lukas und Matthäus erzählt wird. Während bei Lukas der Verkündigungsengel einer Frau (Maria) erscheint, kommt er bei Matthäus zu einem Mann (Josef).

Septuaginta: griechisches Altes Testament. Es soll um 250 v.Chr. von 70 Gelehrten übersetzt worden sein.

Zum Vaterunser: >> S. 97

Zur Theologie des Lukas: >> S. 84f.*

Aufgaben

1. Nenne die Disziplin der Bibelwissenschaft, die dich am meisten interessiert, und begründe, warum Studierende der Theologie heutzutage Hebräisch und Griechisch lernen müssen.
2. Erläutere, wie die Karikatur (>> S. 120) den Begriff „Kritik" interpretiert. Vergleiche ihn mit der Definition, die hinter der historisch-kritischen Methode steht.
3. Überprüfe die oben genannten Texte des Alten Testaments und zeige Brüche, Wiederholungen oder Widersprüche auf.
4. Führe selbst einen synoptischen Vergleich durch – beispielsweise anhand von Mk 2,23-28; Mt 12,1-8; Lk 6,1-5.

Warum drückt man sich unterschiedlich aus?

Mythen: >> S. 124

Naturwissenschaftlicher Bericht – siehe dazu die Position der Kreationisten >> S. 128f.

Textformen der Bibel

Bei der **Formkritik** oder formgeschichtlichen Methode ist es eine Aufgabe, zu ergründen, welche Gattung ein Text hat. Mit dem Begriff Gattung ordnet man lange schon literarische Werke in Gruppen und Formen ein. Indem man die Gattung erkennt, wird deutlich, welchen „Sitz im Leben" der Text hat. Die Entdeckung, dass die Schöpfungserzählungen (1. Mose 1-11) eine Verbindung zu Mythen* anderer Völker haben, führte dazu, dass sie nicht wie ein naturwissenschaftlicher Bericht* gelesen werden können. Häufig finden sich in der Bibel **Geschichtserzählungen** (Beispiel: 2. Samuel 11-12). Diese stellen Geschichte meist aus einer bestimmten Perspektive dar. Eine besondere Form der Geschichtserzählung sind die **Evangelien**. Sie berichten über Jesus aus der Sicht des Glaubens an den auferstandenen Christus. Damit sind sie auch in erster Linie Glaubenszeugnisse.

Sagen stehen in Verbindung zur Geschichtsschreibung. Ein Beispiel ist die Eroberung von Jericho (Josua 6). Aus der archäologischen Forschung weiß man, dass Jericho bereits zerstört war, als die Israeliten um 1200 vor Christus einmarschiert sind. Die Erinnerung an die Eroberung von Städten und die Trümmer der Stadt Jericho verbanden sich zu einer ätiologischen* Sage.

Ausgrabung in Jericho, wo einer der ältesten Türme der Welt gefunden wurde (9800 Jahre alt)

ätiologisch: erklärend

Streitgespräche Jesu werden weitererzählt, um damals bedeutsame Probleme zu klären. Eine wichtige Frage ist beispielsweise die, wie man mit dem Schabbatgebot im frühen Christentum umgehen soll (Mk 2,23-3,6).

Lieder der Bibel sind beispielsweise die Psalmen oder Christushymnen, die in bestimmten Zusammenhängen gesungen wurden. So war Psalm 24 ein Wallfahrtslied und der Christushymnus Philipper 2,5-11 wurde in urchristlichen Gottesdiensten verwendet.

Es gibt in der Bibel **Bekenntnisse** (5. Mose 6,4f), **Sprichwörter** (Spr 26,27) oder **Rechtssätze** (2. Mose 21,33-34), **Rätsel** (Richter 14,12ff.) und **Fabeln** (Richter 9,7-15). **Briefe** sind durch Anschrift und Grußformeln als solche erkennbar (beispielsweise Römerbrief, Philemonbrief).

Wundererzählungen wie die Sturmstillung (Mk 4,35-41) oder die Heilung des Besessenen aus Gerasa (>> S. 125) dürfen nicht historisch gelesen, sondern müssen gedeutet werden. Sie zeigen, dass Gott das Leben des Einzelnen und der Welt verändern will.

Auch **Gleichnisse** (Mt 20,1ff.) müssen von einer Tiefendimension her verstanden werden. Sie erzählen vom Alltag und setzen diesen in Bezug zu Gottes neuer Welt, dem „Reich Gottes." Eine solche bildhafte Rede nennt man auch **metaphorische Rede**.

Aufgaben

1. Fasse zusammen, wofür man die Formkritik braucht.
2. Definiere die Gattung folgender Texte: 2. Mose 22,15; Ps 121; Mk 8,29; Lk 15,11ff.; Phm.
3. Erörtere, welche Bedeutung die Archäologie für die Bibelauslegung leisten kann.

Die Metapher vom Leib 1. Kor 12,12-28

12 Es ist wie beim menschlichen Körper: Er bildet eine Einheit und besteht doch aus vielen Körperteilen. Aber obwohl es viele Teile sind, ist es doch ein einziger Leib. So ist es auch mit Christus. 13 Denn als wir getauft wurden, sind wir durch den einen Geist alle Teil eines einzigen Leibes geworden – egal ob wir Juden oder Griechen, Sklaven oder freie Menschen waren. Und wir sind alle von dem einen Heiligen Geist durchtränkt worden. 14 Der menschliche Körper besteht ja auch nicht nur aus einem einzigen Teil, sondern aus vielen. 15 Selbst wenn der Fuß sagt: „Ich bin keine Hand, ich gehöre nicht zum Körper." Er gehört trotzdem zum Körper. 16 Und wenn das Ohr sagt: „Ich bin kein Auge, ich gehöre nicht zum Körper." Es gehört trotzdem zum Körper. 17 Wenn der ganze Körper ein Auge wäre, wo bliebe dann das Gehör? Wenn er ganz Gehör wäre, wo bliebe der Geruchssinn? 18 Nun hat Gott aber jedem einzelnen Körperteil seinen Platz am Körper zugewiesen, ganz wie er wollte. 19 Wenn aber das Ganze nur ein Körperteil wäre, wie käme dann der Leib zustande? 20 Nun sind es zwar viele Teile, aber sie bilden einen Leib. 21 Deshalb kann das Auge nicht zur Hand sagen: „Ich brauche dich nicht." Oder der Kopf zu den Füßen: „Ich brauche euch nicht." 22 Vielmehr sind gerade die Teile des Körpers, die schwächer zu sein scheinen, umso notwendiger. BasisBibel

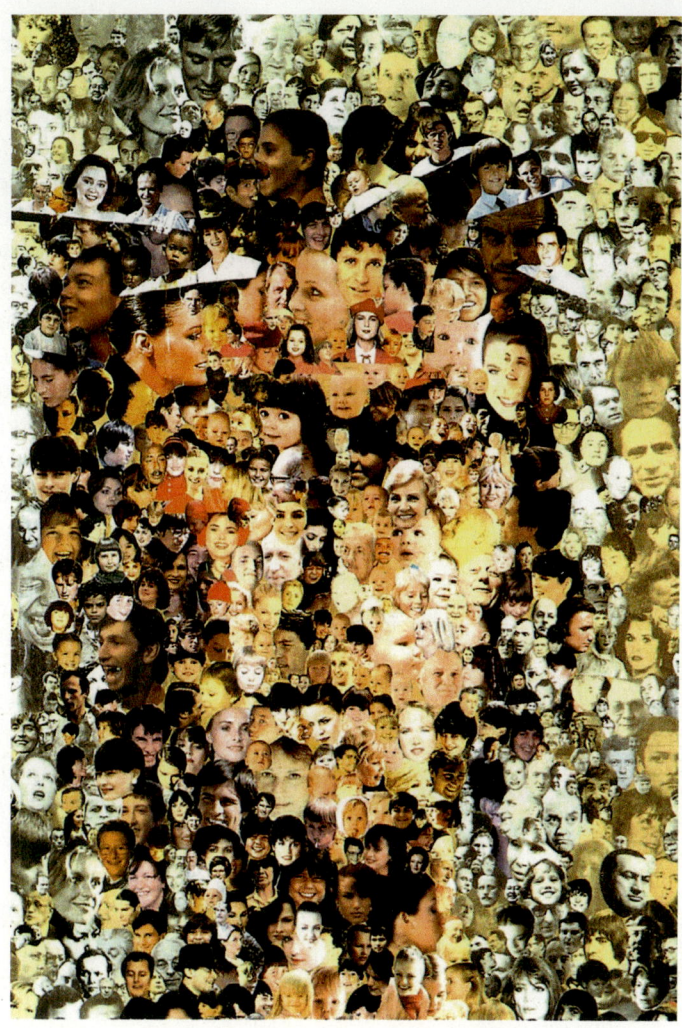

Jugendprojekt mit Abbé Jouy; Paris: Christus-Gesichter

Paulus verwendete diese Metapher, weil auch sein griechisch-römisches Umfeld das Bild kannte. Bekannt war eine Fabel des Römers Menenius Agrippa, der den Aufstand der römischen Plebejer (Unterschicht) gegen die Patrizier (Oberschicht) als Aufstand der Glieder gegen den Magen beschrieb. Ein Bürgerkrieg würde die Einheit des Staates entzweien. Die Stoa* sagte sogar: Alles Wirkliche existiert nur als Einheit. Wichtigere und unwichtigere Glieder am Leib sollen ausgewogen zusammenarbeiten. Der Römer Cicero (106 – 43 v.Chr.) nahm das Bild, um einen Tyrannenmord zu rechtfertigen. Wenn ein Glied des Körpers sich aufführt wie ein Tyrann, muss es entfernt werden. Seneca (4 v.Chr. – 63 n.Chr.), ein Anhänger der Stoa und Zeitgenosse des Paulus, stellt den Kaiser als Haupt und als göttliche Vernunft (Logos) eines „Leibs des Imperiums" dar.

Stoa: wichtigste philosophische Richtung in Griechenland und Rom in der Zeit von etwa 300 v.Chr. bis 300 n.Chr.

Aufgaben

1. Interpretiere das Bild.
2. Erläutere mithilfe des Textauszugs und der restlichen Verse (1. Kor 12,23-31), warum Paulus hier die bildhafte Rede (Metapher) verwendet.
3. Vergleiche den Bibeltext mit den Hinweisen zur Umwelt der Bibel.
4. Gestalte eine Rede, in der du selbst diese Metapher verwendest.

Mythos – die biblische Urgeschichte

Mythen zu erkennen ist ein Ertrag der Formkritik* und des religionsgeschichtlichen Vergleichs. Man verglich Mythen*aus Ägypten und aus dem Zweistromland mit der Bibel und fand Übereinstimmungen besonders zur biblischen Urgeschichte in 1. Mose 1-11. Ein paralleler Mythos war der von Gilgamesch, der Geschichte eines Königs der Sumerer (3. Jahrtausend v.Chr.). Götter schicken, weil sich die Menschen schlecht verhalten hatten, eine große Flut. Eine Parallele zur Sintflut-Geschichte (1. Mose 6-8) ist erkennbar.

Die erste Schöpfungserzählung der Bibel (1. Mose 1,1-2,4a) hat eine Nähe zum dem babylonischen Schöpfungsmythos *Enuma Elisch*. In beiden Erzählungen entstand die Welt, indem schrittweise Ordnung in ein Chaos gebracht wurde. Allerdings wird dort das Handeln von Urgöttern beschrieben; die Bibel legt dagegen Wert auf das Schöpferhandeln des einen Gottes. So schafft Gott Sonne, Mond und Sterne als Lichter am Himmel, während der babylonische Mythos in ihnen Götter sieht, die am Schöpfungsprozess beteiligt sind. Am Beispiel Schöpfung wird deutlich, dass ein Mythos dazu dient, elementare Fragen zu klären: Wie kam es dazu, dass es die Welt und die Menschen gibt? War es ein Zufall oder Planung? War die Welt am Anfang gut? Warum ist es dann heute nicht mehr so wie am Anfang? Welchen Sinn hat die Schöpfung? Wo endet sie? Der Mythos deutet also mit den Mitteln der damaligen Zeit die Welt.

Der Bibelwissenschaftler Erich Zenger ordnet den Mythos in seiner Auslegung der biblischen Urgeschichte folgendermaßen ein:

„Der Mythos gibt Kunde von einem Urgeschehen [...]. Für den Mythos ist das gegenwärtige Leben die notwendige Wiederholung seines Ursprungs. [...]. Im Mythos kehren die Menschen an den als ideal vorgestellten Anfang zurück – in eine paradiesische Gegen-Welt zu der als vielfach gestört und bedroht erfahrenen realen Welt. Die biblische Schöpfungstheologie ist deshalb eine Antwort auf Angst und Resignation angesichts katastrophischer Welt- und Lebenserfahrungen. Vorzüglicher Sitz im Leben von Schöpfungsmythen waren der Beginn eines neuen Jahres und die Geburt eines Menschen. [...] Sie werden rezitiert* mit dem Ziel, den neuen Menschen und das neue Jahr heilvoll in die am guten Anfang götter- bzw. gottgestiftete Welt- und Lebensordnung zu integrieren."

Formkritik:
>> *S. 120 und 122*

Mythos (griech.: Wort, Rede, Erzählung) >> *S. 19*

Altorientalische Mythen sind in einer Urzeit handelnde Gottes-geschichte, in der ein Konflikt zwischen der Welt Gottes/der Götter und der Menschen beschrieben wird.

rezitieren: vortragen

Als oben der Himmel noch nicht existierte und unten die Erde noch nicht entstanden war – gab es Apsu, den ersten, ihren Erzeuger, und Schöpferin Tiamat, die sie alle gebar. (Beginn des Enuma Elisch)

Auch in der zweiten Schöpfungserzählung ist ein Mythos zu erkennen:
>> *S. 19*

Aufgaben

1. Fasse zusammen, in welchem Verhältnis die biblische Urgeschichte zum Mythos steht.
2. Vergleiche den ersten Vers von Enuma Elisch (Randspalte) mit dem Anfang der Bibel.
3. Erörtere das Verhältnis Mythos und moderne Naturwissenschaft.
4. Eine Ausgabe des Philosophie-Magazins 2015 trug den Titel *Star Wars – Der Mythos unserer Zeit*. Prüfe, ob der Begriff des Mythos hier angewendet werden kann.

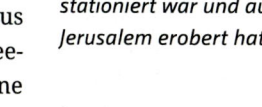
Begegnung mit einem Exegeten

Interview mit Professor Dr. Ruben Zimmermann, Inhaber des Lehrstuhls für Neues Testament an der Universität Mainz.

Kursbuch: Sie sind Bibelausleger, ein Exeget. Was heißt das?

Zimmermann: Das heißt, ein Anwalt des Bibeltextes zu sein. Dazu helfen mir wissenschaftliche Methoden.

Kursbuch: Können Sie uns dies an einem Beispiel erläutern?

Zimmermann: Im Neuen Testament steht, dass Jesus einen Menschen geheilt hat, der „von Dämonen besessen" war. Die Dämonen werden dabei in eine riesige Menge von Schweinen geschickt, die ins Meer rennen und sich selbst ersäufen. Das Ganze spielt in der Stadt Gerasa. Ein sonderbarer und schwieriger Text. Manche Leute sagen, der macht keinen Sinn: Dämonen gibt es nicht, Gerasa liegt nicht am Meer und überhaupt hat Jesus offenbar kein Herz für die armen Schweine gehabt.

Kursbuch: Und was sagen Sie als Exeget zu solch einem Text?

Zimmermann: Ich bin überzeugt, dass Menschen das nicht weitererzählt und aufgeschrieben hätten, wenn es nicht einen Sinn hätte. Nur sind wir heute nicht mehr in der Lage, diese Bedeutung zu verstehen. Wir müssen den Text daher „historisch"* lesen und untersuchen – und zwar so, dass man jede Angabe auch mit anderen Informationen aus dieser Epoche und Region vergleicht.

historisch-kritisch:
>> S. 120–124

Kursbuch: Und was findet man dann heraus?

Zimmermann: Man hat eine historische Stadt namens Gerasa ausgegraben, die von den Römern gebaut wurde. Sie liegt in der Nähe des Sees Genezareth, der auch Galiläisches Meer genannt wird.

Kursbuch: Was aber hat es mit den Schweinen auf sich?

Zimmermann: Manchmal sind es versteckte Hinweise im Text, die uns weiterführen. So fragt Jesus den besessenen Mann, wie er heißt. Die Dämonen antworten für ihn: „Legion, denn wir sind viele". Eine Legion ist eine römische Militäreinheit, mit mehreren tausend Mann. Die Römer hatten zur Zeit Jesu Palästina/Israel besetzt und am Ende sogar Jerusalem erobert. Die Legion hieß „Legio X Fretensis" und das Aufregende ist: Diese Legion trug ein Schwein oder einen Eber im Wappen, das man auf Stempelabdrucken z.B. auf Ziegelsteinen heute noch finden kann. Die Legion hatte ihren Beinamen „Fretensis" aufgrund einer erfolgreichen Seeschlacht an der Meerenge bei Fretum Siculum erworben. Als Bibelwissenschaftler finde ich spannend, wie sich durch solche historische Recherchen plötzlich Informationen wie ein Mosaik zu einem Gesamtbild zusammensetzen. Und jetzt macht der Text plötzlich ganz neu Sinn. Da ist nicht nur ein Mensch, sondern ein ganzes Land besetzt von Soldaten, die ein Schwein im Wappen haben – und sich vermutlich oft genug wie „Schweine" benehmen. Jesus treibt sie aus und versenkt sie im See, ausgerechnet wo doch der Ruhm der Legion aus einer Seeschlacht stammte. So erkennen wir plötzlich hinter einer abstrusen Geschichte eine Befreiungserzählung!

Stempelsiegel der römischen Legion „Decimani Fretensis", die in Israel im 1. Jahrhundert stationiert war und auch Jerusalem erobert hat

Aufgaben

1. Erläutere, warum sich Ruben Zimmermann „Anwalt des Bibeltextes" nennt.
2. Fasse Mk 5,1-20 zusammen.
3. Vergleiche den beschriebenen Analyseweg mit denen auf den Seiten 120-124. Welche Methoden wählt Professor Zimmermann aus?
4. Beurteile, ob Exeget ein spannender Beruf ist.

Auslegungswege

Existenziale und tiefenpsychologische Bibelauslegung

Viele Bibelausleger setzen voraus, dass Menschen in ihrem Leben (Existenz) damals und heute die gleichen Grunderfahrungen machen. In den Bibeltexten werden diese Erfahrungen ausgedrückt. Der Theologe Rudolf Bultmann (1884-1976) forderte daher, dass man das Kerygma* biblischer Texte auf Basis dieser Grunderfahrungen herausarbeiten muss.

Kerygma: Botschaft

Eine Weiterentwicklung ist die tiefenpsychologische Bibelauslegung. Sie fragt: Welche seelischen Entwicklungen und Selbsterfahrung spiegeln sich im Text? Welche Ängste greifen sie auf und wie drückt sich Hoffnung aus?

Der Theologe Eugen Drewermann legt Markus 2,1-12 (die Heilung des Gelähmten) wie folgt aus:

„Im Grunde wird in diesem Evangelium die Heilung von einer Krankheit berichtet, die wir alle kennen, weil wir alle mehr oder minder darunter leiden [...] Erlebt wird sie als Gelähmtheit des Körpers, aber ihr Grund liegt eher in einer Unbeweglichkeit der Seele. Empfunden wird sie als Starre des Leibes,

Stepan Zavrel (1932-1999): Jesus und die Frau mit dem krummen Rücken (Lk 13,10-17)

aber ihr Ursprung liegt in einer tiefen Angst der Seele vor möglicher Schuld in der Zukunft bzw. in einer tiefen Resignation infolge bereits begangener Fehler der Vergangenheit.“

Eugen Drewermann

Sozialgeschichtliche und feministische Bibelauslegung

Streit um Junia(s) In Röm 16,7 wird als Apostel eine Person namens Junia(s) genannt. In älteren Bibelausgaben steht der männliche Name Junias, da man es sich nicht vorstellen konnte, dass es eine weibliche Apostelin gab. Neuere Bibelübersetzungen nennen aufgrund der feministischen Bibelforschung die weibliche Form Junia.

Historische Texte entstanden in gesellschaftlichen Zusammenhängen. So lebte Jesus als Jude in Israel, das von den Römern unterdrückt wurde. Oft ist es daher eine besondere Perspektive, die in den Texten deutlich wird. Das Lukas-Evangelium spricht beispielsweise besonders Menschen am Rand der Gesellschaft und Frauen an. Einen Schritt weiter gehen sozialgeschichtliche Bibelauslegerinnen, die die Rolle und das Leben von Frauen in biblischer Zeit untersuchen und Bibeltexte für Frauen von heute nachvollziehbar machen wollen. Feministisch-theologische Forscherinnen wie Luise Schottroff entdeckten durch die Redaktionskritik, dass es bei der Sammlung und Redaktion von Bibeltexten wohl zu Veränderungen kam. Sie sagen, dass dadurch ein männerzentriertes Weltbild in die Bibel gekommen sei, das der ursprünglichen Erzählabsicht widerspreche. Bereits 1895 entstand eine *Woman's Bible* mit Bibelstellen, die für Frauen wichtig waren.

Die Bibel in gerechter Sprache nimmt die Anliegen der sozialgeschichtlichen und feministisch-theologischen Bibelauslegung auf. Es werden antijüdische Aussagen im Neuen Testament entschärft sowie die weibliche Perspektive ergänzt. Ein Beispiel: Bei Jesus werden immer Jüngerinnen und Jünger benannt, weil man davon ausgeht, dass Frauen im Gefolge Jesu waren.

Das Hungertuch des Künstlers Jacques Chéry (Haiti) aus dem Jahre 1982 verbindet Bibel-geschichten miteinander und mit der Erfahrungswelt der Menschen. In Haiti herrschte damals eine Militärdiktatur. Die biblischen Gestalten werden wie Menschen in Haiti dargestellt.

Kontextuelle und befreiungstheologische Bibelauslegung

Die Bibeltexte werden immer in eine Situation und Erfahrungswelt, das heißt in einen Kontext hineingesprochen. Die kontextuelle Bibelauslegung sagt daher, dass es keine wertfreie Sicht auf die Bibel gibt. Sie legt immer auch den Kontext offen, vor dessen Hintergrund eine Auslegung geschieht.

Eine besondere Form der kontextuellen Exegese ist die Befreiungstheologie in Afrika, Südamerika und Asien. Wie liest jemand, der politisch unterdrückt wird, die Geschichte der Befreiung der Israeliten aus Ägypten? Wie verstehen Menschen, die in Armut leben, die Gleichnisse Jesu vom Reich Gottes? So begannen Theologinnen und Theologen, in Basisgemeinden die Bibel mit unterdrückten Bauern und Arbeitern zu lesen und deren Erfahrungen zu dokumentieren.

Befreiungstheologische Bibelausleger wie Leonardo Boff (* 1939) oder Ernesto Cardenal (* 1925) legten mithilfe von Bibeltexten Unrecht offen und nahmen in ihren Bibelarbeiten Partei für die Unterdrückten. Oft wurden Forderungen kämpferisch formuliert. Ihr Ziel war es, nicht aufs Jenseits zu vertrösten. „Erlösung im Hier und Jetzt!" heißt ihr Motto – bereits im Diesseits solle die Lage der Unterdrückten verändert werden. Dass dies gefährlich sein kann, zeigt das Beispiel des Befreiungstheologen und Bischofs Oskar Romero in El Salvador, der 1980 ermordet wurde.

Aufgaben

1. Formuliere die Anliegen der jeweiligen Bibelauslegung.
2. Interpretiere das Bild >> S. 126 zu Lk 13,10-17 mit der „Brille" der dargestellten Bibelauslegungen.
3. Stelle eine Verbindung zwischen dem Hungertuch und den beschriebenen Wegen der Bibelauslegungen her.
4. Beurteile, welche Bibelauslegung dir hilfreich erscheint.

Fundamentalistische Bibelauslegung …

Fundamentalisten* glauben bedingungslos: Was in der Bibel steht, ist wörtlich wahr. Die Bibel sei von Gott wortwörtlich eingegeben und zuverlässig. Daher müsse man jedes ihrer Worte buchstäblich ernst nehmen.

Eine solche Haltung nennt man auch Biblizismus. Merkmale hierfür sind:

- Biblische Erzählungen werden weitgehend als Tatsachenberichte gelesen. Bibelgeschichten und historische Begebenheiten werden gleichgesetzt. So sind die Schöpfungsgeschichten und Wunder genauso passiert und dürfen nicht als Mythos* oder symbolisch gedeutet werden.
- Jede Form einer historisch-kritischen Rückfrage an die biblischen Texte wird abgelehnt. Es wird verneint, dass biblische Texte zeitgebundene Zeugnisse von Gottes Wort sind und dass Methoden der Geschichtswissenschaft für das Verständnis der Bibel gewinnbringend sein können.
- Biblische Texte haben primär eine göttliche Seite. Die menschliche Seite wird den Texten abgesprochen. Die Bibel ist ohne Abstriche „Gottes Wort".
- Der vorliegende biblische Text hat höchste Autorität, der sich alle anderen Autoritäten unterwerfen müssen. Er repräsentiert eine zeitlose Wahrheit.
- Ergebnisse der Naturwissenschaft werden verworfen, wenn sie biblischen Aussagen zu widersprechen scheinen. So werden zum Beispiel Urknall- und Evolutionstheorie abgelehnt.
- Die Bibel enthält keine Irrtümer oder inneren Widersprüche. Dies würde bedeuten, dass Gott sich irrt oder sich selbst widerspricht. Alle Aussagen der Bibel haben gleiches Gewicht.
- Persönliche Überzeugungen und Wünsche der Lesenden sind der Autorität der Bibel unterzuordnen.

Bibelauslegung auf wissenschaftlicher Grundlage

Die Evangelische Kirche in Deutschland betonte bereits 1972, dass Lehrerinnen und Lehrer keiner fundamentalistischen Bibelauslegung folgen sollen. Dies bekräftigte sie 2014 in der Denkschrift *Religiöse Orientierung gewinnen* (2.5.).

„Die Bindung an das biblische Zeugnis von Jesus Christus schließt nach evangelischem Verständnis ein, dass der Lehrer die Auslegung und Vermittlung der Glaubensinhalte auf wissenschaftlicher Grundlage und in Freiheit des Gewissens vornimmt."

Unter „wissenschaftlicher Grundlage" versteht die EKD die historisch-kritischen Methoden.

Fundamentalismus:
Der Begriff tauchte erstmals in einer Schriftenreihe „The Fundamentals" („Grundlagen" USA 1910) auf, die die Bibel als irrtumsfreie Tatsachenreportage verteidigte. Heute wird auch der Begriff „evangelikal" verwendet.

Mythos: >> S. 124

Aufgaben

1. Benenne das Anliegen des Biblizismus.
2. Erläutere den Umgang mit der Bibel und die Sicht der Welt im Kreationismus.
3. Nenne Gründe, warum das Zitat der Evangelischen Kirche in Deutschland vor allem Lehrerinnen und Lehrer im Blick hat.
4. Nimm Stellung zur fundamentalistischen Sichtweise und Bibelauslegung.

... und der Kreationismus*

Aus Sicht der Kreationisten ist eines völlig eindeutig: Die Bibel liefert die Grundlage jeder Wissenschaft. Sie vertreten also nicht einfach eine unbelegbare religiöse Überzeugung, an die man glaubt oder nicht, sondern sie argumentieren wissenschaftlich. Und dabei beansprucht der Kreationismus, nicht nur eine alternative, sondern die bessere Wissenschaft zu sein.

Heute dominiert die Theorie des Kurzzeit-Kreationismus (young earth creationism), der die Schöpfungstage als Kalendertage auffasst. Danach kommt man auf ein Weltalter von 6000 bis maximal 12.000 Jahren. Diese Annahmen sind mit nahezu allen Feldern der Naturwissenschaft unvereinbar, also ist der Kreationismus gezwungen, beispielsweise Physik und Geologie neu zu konstruieren.

Entstanden ist die Kreationisten-Bewegung als Teil des protestantischen Fundamentalismus Anfang des 20. Jahrhunderts in den USA – als Gegenbewegung zur neuzeitlichen Naturforscherbewegung zum Erdalter und zur Evolution. Sie lehnt insbesondere die Theorie Charles Darwins ab, dass Arten durch natürliche Selektion entstehen und nicht durch Gott erschaffen wurden. [...] Höhepunkt des gerichtlichen Streits war der „Affenprozess" von Dayton in Tennessee im Jahr 1925, bei dem ein Lehrer stellvertretend für aufklärerische Gruppen einen Musterprozess gegen den US-Bundesstaat führte, der kurz zuvor verboten hatte, Darwins Evolutionstheorie zu lehren. [...]

Gemessen an der „entschiedenen Ablehnung" der Evolutionstheorie vertreten im Jahr 2006 in den USA 32 Prozent den Standpunkt der Kreationisten. [...] Evangelikale Gruppen betreiben seit langem politische Lobbyarbeit, um zu erreichen, dass der Kreationismus an den Schulen als gleichberechtigte Alternative zur Evolutionstheorie unterrichtet wird. Sie konnten sogar den damaligen US-Präsidenten George W. Bush für diese Forderung gewinnen: Er sprach sich im August 2005 dafür aus, dass die Lehre vom „Intelligent Design" als gleichwertig mit der Evolutionstheorie in den Schulen im Fach Biologie gelehrt werden sollte. Unter „Intelligent Design" versteht man die kreationistisch geprägte These, dass die Entstehung des Universums und des Lebens am besten durch eine Intelligenz – einen Schöpfer – erklärt werden kann und nicht durch einen von Steuerung freien Vorgang wie Mutation und Selektion. Im US-Bundesstaat Kansas wird inzwischen tatsächlich „Intelligent Design" gleichberechtigt neben der Evolutionslehre in den Schulen unterrichtet.

Auch wenn der Kreationismus in Deutschland kaum in der Öffentlichkeit präsent ist und seine Ideen belächelt werden: In einem Teil der evangelikalen Bewegung und in den meisten Freikirchen in Deutschland gehört der Kreationismus inzwischen zur Weltdeutung. Hier hält man es für selbstverständlich, dass die Bibel Recht und die Naturwissenschaft Unrecht hat. [...]

Alexandra Stober

Schautafel im Creation Museum, Petersburg (Kentucky)

Kreationismus: Auffassung, dass die Welt durch einen unmittelbaren Eingriff Gottes entstand und dass die Beschreibung der Schöpfung in 1. Mose 1–3 wortwörtlich zu nehmen sind

Fundamentalismus und Kreationismus, siehe auch:
>> S. 12f.
>> S. 48f.
>> S. 208f.

Biblische Grundgedanken

Gibt es Grundgedanken, wichtige Begriffe, Themen oder „rote Fäden", die sich durch die gesamte Bibel ziehen? Einige Bibelwissenschaftler bestätigen dies. Folgende Schlüsselbegriffe tauchen in der Diskussion immer wieder auf:

Der **eine Gott** war immer da und wird immer da sein. Er erschafft das Leben, schließt mehrmals einen Bund mit den Menschen und will die Welt zu einem guten Ende führen. Er lässt Menschen frei und will sie „erlösen" (retten).

Leben ist als Gottes **Schöpfung** ein Geschenk. Kein Zufall, sondern ein Wille hat alles gemacht. Gott ist weiterhin für die Welt da, als Erhalter des Lebens. Dem Menschen wird die Schöpfung anvertraut. Er soll sie bewahren.

Nichts ist festgefahren. **Verwandlung** meint das Aufbrechen auswegloser Situationen oder von Vorurteilen. Das bedeutet, auch das Leben von Leidenden, Ausgestoßenen und Unterdrückten kann sich ändern.

Sünde meint, dass sich Menschen von Gottes Weg des Friedens und der Gerechtigkeit entfernen. Sie können jedoch Gut und Böse unterscheiden und den richtigen Weg wählen.

Mk 10,46-52

2. Mose 3,1-15

Glauben heißt Vertrauen. Man ist überzeugt, dass sich jemand kümmert und man Halt findet. Gottvertrauen kann Mut machen und soll auch Berge versetzen können.

Lk 15,11-32

Liebe umfasst Gott, den Nächsten und sich selbst. Indem Gott den Menschen als Paar schafft, stiftet er Liebe. Dies bedeutet auch, dass man keine Fremden und Feinde mehr kennt – ein alles umfassender Friede (Schalom).

Mt 8, 5-13

Jes 11,1-10

Wenn von **Gerechtigkeit** die Rede ist, wird oft Unrecht angeprangert. Gott mahnt, friedlich und fair miteinander umzugehen. Gottes Gerechtigkeit steht unter dem Vorzeichen der Liebe und der Vergebung.

1. Kor 12,1-31

Wer in eine Sackgasse oder in eine falsche Richtung läuft, hat die Möglichkeit zur **Umkehr**. Um den richtigen Weg zu finden, dafür gibt es Gebote und Regeln, die als Wegweiser gelten.

Liebe
Hoffnung Gerechtigkeit
Sünde Schöpfung Freiheit Ein Gott
Miteinander
Umkehr
Verwandlung
Begeisterung Wunder
Vergebung Glaube

Lk 19,1-10

Menschen wundern sich. Geschichten über **Wunder** zeigen, dass Gott Zeichen setzt gegen Leid und Unrecht. Sie offenbaren, dass Gott Menschen entgegenkommt und für jeden eine gute Zukunft will.

Freiheit heißt, befreit von etwas zu sein. Ohne Sklaverei und Unterdrückung soll sich der Mensch entfalten können. Neben dieser „Freiheit von" gibt es die „Freiheit zu" etwas – die Verantwortung für den Nächsten und die Welt.

Gott stiftet von Anbeginn ein **Miteinander** unter den Menschen. Er ermahnt zu Gerechtigkeit und zum Frieden im Umgang miteinander. Wie viele Glieder an einem Körper, so sollen Menschen zusammenwirken.

2. Mose 14-15

1. Mose 1-2

Es gibt die **Hoffnung** auf eine gute Zukunft. In ihr wird sich Gottes Friede und Gerechtigkeit durchsetzen sowie der Tod keine Macht haben. Durch die Hoffnung ist die Zukunft bereits angebrochen.

Joh 8,1-11

Apg 2,1-13

Ps 103,1-8

Vergeben, wie es ein guter Vater oder eine Mutter tut – dafür steht Gott. Er will auch, dass sich Menschen gegenseitig vergeben und Reue annehmen. Erst durch Vergeben wird Versöhnung und Frieden möglich.

Mt 5,1-12

Begeisterung meint, dass es einen gibt, der uns einen Geist gibt. Gottes Geist schafft Verbindung zwischen den Menschen und zu ihm. Durch Begeisterung wird Gemeinschaft möglich.

Lk 10,25-37

Aufgaben

1. Ordne die Bibelstellen den entsprechenden Textfeldern zu. Überschneidungen sind möglich.
2. Erstelle zu den vierzehn Begriffen eine Reihenfolge: Welche wären dir mehr, welche weniger wichtig?
3. Gestalte mithilfe der Begriffe einen Artikel zum Thema „Biblische Grundgedanken". Erörtere dabei, welche der Gedanken dir am ehesten zusagen.
4. Das Bild auf dieser Seite zeigt eine sogenannte Bibelcloud. Solche Clouds ermitteln Wörter nach ihrer Häufigkeit und stellen sie dementsprechend größer dar. Diese Wortbilder gibt es zur gesamten Bibel und zu einzelnen Bibelbüchern. Recherchiere danach und vergleiche Bibelbücher deiner Wahl miteinander.

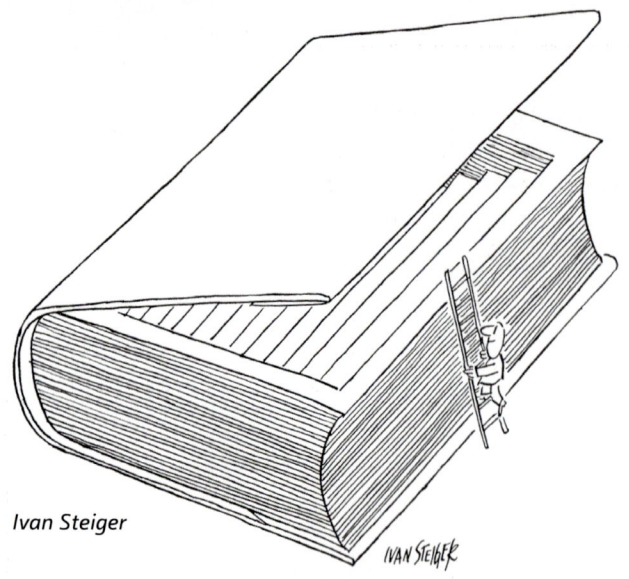

Ivan Steiger

Bibel auslegen – persönlich

Zur Bibel selbst einen Zugang zu finden und sie auslegen zu können ist ein Ziel des Religionsunterrichts. Dahinter steckt ein Grundgedanke der Reformation – das „Priestertum aller Getauften". Jeder soll in der Lage sein, selbst die Bibel zu lesen und auszulegen. Auslegen meint, herauszufinden, was der Text aussagt. Es meint darüber hinaus aber auch, einen persönlichen Zugang zu finden.

Folgende drei Modelle sollen zum genaueren Lesen, zum besseren Verstehen und zum Nachdenken anregen. Dabei stellt sich die Frage, wie der eigene Glaube mit der Bibel in Beziehung steht.

METHODE 1

Textraum erkunden

Persönlicher Textzugang und Textbeziehung
- Ist der Text für mich einfach oder schwierig zu verstehen?
- Wie wirkt der Text auf mich? (Spannend, spröde ...)?
- Welche Gefühle löst er bei mir aus?
- Welche Fragen habe ich an den Text?

Analyse des Textinhalts, der Textform und der Textintention
- Wer teilt hier etwas mit? Ist ein Verfasser erkennbar?
- Worum und um wen geht es im Text?
- Welche Textform liegt vor? (Erzählung, Gedicht, Regel, Streitgespräch ...)
- Was will der Text? (berichten, belehren, erklären ...)
- Ist der Text geschlossen oder hat er ein offenes Ende?
- Gibt es eine Grundfrage, die der Text beantwortet?
- Wie kann man den Text kurz zusammenfassen?
- Wie wird berichtet? (Sachlich, bildhaft, erklärend, belehrend ...)
- Warum wird berichtet? Ist ein Anlass erkennbar?
- Wozu leitet der Text an? Will er zu einem Verhalten führen?

Aufgaben

1. Interpretiere die beiden Grafiken auf der Doppelseite.
2. Fasse zusammen, was es heißt, selbst die Bibel auszulegen.
3. Vergleiche die drei Methoden mit den Wegen der Bibelauslegung, die du im Kapitel kennengelernt hast.
4. Beurteile die Impulse zur Bibelauslegung auf der Doppelseite. Welche Schritte empfindest du als hilfreich, welche hältst du für schwierig?
5. Wende anhand eines selbst gewählten Bibeltextes eine der Auslegungsmethoden an.

METHODE 2

Die Drei-Schritte-Methode

Diese Methode versteht die Auseinandersetzung mit dem Bibeltext als einen Weg. Wie auf einem Weg muss man auf den Text zugehen. Hat man ihn erreicht, verweilt man dabei. Mit den Erlebnissen im Gedächtnis geht man weiter auf seinem Weg und nimmt den Bibeltext mit. Die Methode nimmt auch Ideen der mehrfachen Textauslegung auf (>> S. 119).

Lesen = auf den Text zugehen
- Lies den Text mehrmals – einmal für einen ersten Eindruck und dann mit Notizen.
- Lies ihn so, dass du ihn anderen erzählen kannst.

Nachdenken = im Text bleiben
- Kläre für dich: Was ist dir fremd, was vertraut?
- Was sagt der Text inhaltlich über Gott und die Welt?

Orientieren = über den Text hinausgehen
- Welche Hoffnung drückt sich im Text aus?
- Welche Impulse für dein Handeln hält der Text bereit?

Thomas Plaßmann

METHODE 3

Die Sieben-Schritte-Methode

Die Methode bietet einen meditativ-betenden Zugang, der für Jugend- und Erwachsenenkreise im kirchlichen Umfeld gedacht ist, und setzt keine Bibelkenntnis voraus. Sie wird auch „Lumko-Methode" genannt, nach einem Institut in Südafrika, wo sie entwickelt wurde.

1. **Schritt:** Wir laden den Herrn ein. Jemand aus der Gruppe spricht ein Gebet – frei oder vorformuliert.
2. **Schritt:** Wir lesen den Text. Der Leiter/die Leiterin gibt die Textstelle bekannt und bittet jemanden aus der Gruppe, den Text vorzulesen. Danach folgt eine kurze Zeit der Stille und Besinnung.
3. **Schritt:** Wir verweilen beim Text. Die Teilnehmer lesen laut vor, was ihnen bedeutsam erscheint. Nach jeder Äußerung gibt es eine Stillephase. Jeder soll für sich das Gehörte „einsickern" lassen. Dann wird der ganze Text noch einmal gelesen.
4. **Schritt:** Wir schweigen. Nach dem Vorlesen lädt der Leiter zum Schweigen ein. Die Stille soll das Meditieren des Gehörten ermöglichen.
5. **Schritt:** Wir teilen einander mit, was uns berührt hat. Hierbei kann man Beziehungen zwischen dem Bibelwort und den eigenen Erfahrungen oder dem Alltagsleben herstellen.
6. **Schritt:** Wir besprechen, was der Herr von uns will. Nun werden praktische Konsequenzen aus dem Erkannten gezogen und konkrete Aktionsvorschläge für den Alltag gemacht. Beim nächsten Treffen können sich die Teilnehmer austauschen, wie es ihnen mit der Umsetzung erging.
7. **Schritt:** Wir beten. Der Leiter lädt zum Gebet und zu einem Lied ein.

Diskussion über die Bibel

Ist die Bibel Gotteswort oder Menschenwort?

Hinter dieser Diskussion stehen drei Positionen:

Menschenwort: Die Bibeltexte stammen von Menschen, die vor langer Zeit und in einer anderen Kultur lebten. Sie berichten auf vielfältige Weise über deren Begegnung mit Gott.

Gotteswort: In den Bibeltexten begegnet uns heute Gottes Wort. Die Autoren der Bibel wurden von Gottes Geist inspiriert, sodass eigentlich Gott selbst der Autor ist.

Gotteswort und Menschenwort: Die Bibeltexte sind Zeugnisse von Menschen, die in ihrer geschichtlichen Situation Gottes Botschaft an die Welt vernommen haben. Für Menschen, die aus den Worten der Bibel Gottes Botschaft der Liebe, des Friedens und der Gerechtigkeit für sich erfahren, wird die Bibel zum Wort Gottes.

Ist das Alte Testament weniger wichtig?

Die Heilige Schrift von Jesus und der ersten Christen war die Septuaginta*. Petrus und Paulus legten in den Urgemeinden zwar fest, dass Regeln wie die Speisegebote (3. Mose 11) nicht für alle Christen gelten sollten. Aber immer, wenn es Versuche gab, das Alte Testament abzuwerten, bekannten sich die Kirchen dazu, dass dieser Teil ebenso Heilige Schrift ist und zur vollständigen Bibel gehört wie das Neue Testament.

Septuaginta: griechisches Altes Testament, übersetzt im 3. Jh. v.Chr.

Zum Alten und Neuen Testament auch >> S. 56f.

Was hat es mit der Wahrheit biblischer Texte auf sich?

„Hat sich das alles wirklich so abgespielt, wie es in der Bibel steht?" Diese Frage beschäftigt immer wieder eine große Öffentlichkeit. Für viele Menschen hängt die Frage nach der „Wahrheit" der Bibel vor allem an ihrer Zuverlässigkeit als historische Quelle. Aber muss man als gute Christin oder als guter Christ wirklich Wort für Wort glauben, was in der Bibel steht?

In der Bibelwissenschaft ist es heute keine Frage mehr, dass die Texte der biblischen Überlieferungen nicht exakt „real" abbilden, was historisch passiert ist. Bibeltexte enthalten eine Mischung von historisch Erlebtem und fiktional Erzähltem und Gedeutetem. […] Dem entspricht es, dass in Bibelgruppen und bei biblischen Kursen Fragen im Zentrum stehen wie: „Was will mir der biblische Text sagen? Was will Gott mir/uns durch diesen Text sagen?". Daher lautet die Frage eher: „Wie ist die Bibel wahr?" „Wahrheit" und die Bedeutung der biblischen Texte entstehen in der Interaktion zwischen Text, Autor(en) und Leser(in). Die Fiktionalität eines literarischen Textes zu beachten heißt, nach seiner Bedeutung fragen: nach der Bedeutung der Vergangenheit für das Leben und Glaubensfragen in der Gegenwart.

Bettina Eltrop

Gibt die Bibel Antwort auf unsere Lebensfragen?

Dietrich Bonhoeffer, einer der bekanntesten Theologen des 20. Jahrhunderts und Opfer der Nationalsozialisten schrieb in einem Brief Folgendes über die Bibel:

Ich glaube, dass die Bibel allein die Antwort auf alle unsere Fragen ist, und dass wir nur anhaltend und etwas demütig zu fragen brauchen, um die Antwort von ihr zu bekommen. Die Bibel kann man nicht einfach lesen wie andere Bücher. Man muss bereit sein, sie wirklich zu fragen. Nur so erschließt sie sich. Nur wenn wir letzte Antwort von ihr erwarten, gibt sie sie uns. Das liegt eben daran, dass in der Bibel Gott zu uns redet. Und über Gott kann man eben nicht so einfach von sich aus nachdenken, sondern man muss ihn fragen.

Natürlich kann man die Bibel auch lesen wie jedes andere Buch, also unter dem Gesichtspunkt der Textkritik etc. Nur dass das nicht der Gebrauch ist, der das Wesen der Bibel erschließt, sondern nur ihre Oberfläche. Wie wir das Wort eines Menschen, den wir lieb haben, nicht erfassen, indem wir es zuerst zergliedern, sondern wie ein solches Wort einfach von uns hingenommen wird und wie es dann Tage lang in uns nachklingt, [...] so sollen wir mit dem Wort der Bibel umgehen. Nur wenn wir es einmal wagen, uns so auf die Bibel einzulassen, als redete hier wirklich der Gott zu uns, der uns liebt und uns mit unseren Fragen nicht allein lassen will, werden wir an der Bibel froh.

> **Wann ist etwas wahr?**

Mehr zu Bonhoeffer:
>> *S. 184,* **>>** *S. 198*

Aufgaben

1. Interpretiere die Karikatur auf **>>** S. 134.
2. Formuliere eigene Antworten auf die vier Leitfragen (Überschriften).
3. Recherchiere zu Dietrich Bonhoeffer und kläre dabei, welche Rolle die Bibel für ihn im Kampf gegen den Nationalsozialismus spielte.
4. Ein Theologe namens Emil Brunner sagte, dass sich Wahrheit nur „als Begegnung" ereignet. Erläutere diesen Satz und beziehe die Aussagen Bettina Eltrops und Dietrich Bonhoeffers mit ein.

Ziel erreicht!

> Formuliere Fragen, die offen geblieben sind.

> Setze die Karikatur von **>>** S. 134 in Beziehung zu den Bibelauslegungen in dem Teilkapitel.

> Gestalte eine Grafik, ein Plakat oder eine Präsentation zu den Wegen der Bibelauslegung.

> Im Teilkapitel ging es immer wieder um die Frage nach der Wahrheit der Bibel. Erläutere, wie verschiedene Bibelausleger auf diese Frage antworten würden.

Kirche in der Welt entdecken

Im Jugendzentrum deiner Kirchengemeinde liegen Flyer aus für den Wettbewerb Jugend predigt, der vom Zentrum für evangelische Predigtkultur der EKD ausgeschrieben wird. Diesmal lautet das Motto: „Darum legt die Lüge ab und redet die Wahrheit." (Epheser 4,25) Ein Mitschüler aus deiner Klasse überfliegt den Flyer und legt ihn wieder weg mit den Worten: „Dass Kirchenleute sich so was trauen. Dabei weiß doch jeder, dass die Kirche sich in ihrer Geschichte immer mit den Mächtigen verbündet hat, um sich selbst Vorteile zu verschaffen. Als wenn Kirche sich immer an die Wahrheit gehalten hätte!"
Du denkst über diese Vorwürfe nach ...

? Wie verhält sich Kirche in der Welt?

? Darf Kirche politisch sein?

? Wo zeigen sich Wirkungen kirchlichen Handelns in der Gesellschaft?

? Was ist Widerstand?

? Wie kann man seinen Glauben bezeugen?

? ...

So ist das Kapitel aufgebaut:

Modelle des Verhältnisses von Kirche und Staat unterscheiden >>

Herausforderungen im Dritten Reich verstehen >>

Kirchliche Handlungsfelder im 21. Jahrhundert aufzeigen >>

Julie Ann Benison: Cloud of Witnesses (Hebräer 12,1)

Ich kann am Ende des Kapitels ...

✔ Modelle der Unterordnung, Überordnung und Kooperation von Kirche und Staat beschreiben und beurteilen.

✔ zur Rolle der christlichen Kirchen in Deutschland Stellung nehmen.

✔ die Situation der christlichen Kirchen im Dritten Reich beschreiben und im historischen Kontext beurteilen.

✔ Beispiele kirchlichen Handelns in der Gegenwart aufzeigen.

✔ die gesellschaftsgestaltenden Impulse, die aus christlichem Glauben erwachsen, beurteilen.

Modelle des Verhältnisses von Kirche und Staat unterscheiden

Eine Partei wirbt in Deutschland mit dem Slogan „Religion privatisieren – jetzt!" Erläutere, wogegen sich diese Forderung richtet und wofür sie wirbt.

Kooperation

Trennung

Überordnung des Staates

Kirche und Staat

Die gesellschaftsprägende Bedeutung religiöser Ideen und Institutionen zeigt sich besonders dort, wo Religion auf staatliche Strukturen trifft. Einerseits gestaltet Religion – hier bei uns als Institution Kirche – Staat und Politik mit. Andererseits wirken politische Interessen auf die Ausgestaltung von Religion bzw. Kirche(n) ein. Die Geschichte des Christentums ist gekennzeichnet von wechselnden Verhältnisbestimmungen und Einflussmöglichkeiten. Die Rolle der Kirchen in unserem weltanschaulich neutralen Staat ist unter anderem ein Ergebnis dieser Geschichte.

Ordne die Grafiken den drei Modellen bzw. Begriffen des Verhältnisses von Kirche und Staat zu.

Projektaufgaben zu den Seiten 137–147

➤ Bearbeitet jeweils ein Modell nach Wahl auf den folgenden Seiten und bereitet eine kurze Präsentation dazu vor.

➤ Entwerft Gespräche zwischen verschiedenen Personen der folgenden Seiten, z.B. zwischen Konstantin d.Gr. und Martin Luther, Jesus und Heinrich VIII. usw.

➤ Recherchiert im Verlauf der Unterrichtseinheit in Tageszeitungen, Wochenzeitungen und Magazinen Artikel zum Thema „Religion/Kirche und Staat". Beurteilt die Haltung der Verfasser/-innen mithilfe der Modelle, die auf den folgenden Seiten behandelt werden.

Staatstreues Urchristentum?

Zwei neutestamentliche Texte haben die Haltung der Kirche gegenüber dem Staat maßgeblich geprägt: Jesu Streitgespräch über die Steuer (Mk 12,13-17) und der Appell des Paulus an die Christen in Rom (Röm 13,1-7).

> **Wie weit muss man dem Staat gehorchen?**

> *Gebt dem Kaiser, was des Kaisers ist, und Gott, was Gottes ist! Und sie wunderten sich über ihn. Mk 12,17*

> *Jedermann sei untertan der Obrigkeit, die Gewalt über ihn hat. Denn es ist keine Obrigkeit außer von Gott; wo aber Obrigkeit ist, die ist von Gott angeordnet. Darum: Wer sich nun der Obrigkeit widersetzt, der widerstrebt Gottes Anordnung [...]. Denn sie ist Gottes Dienerin, dir zugut. Tust du aber Böses, so fürchte dich; denn sie trägt das Schwert nicht umsonst: Sie ist Gottes Dienerin und vollzieht die Strafe an dem, der Böses tut.*
> *Röm 13,1-2.4*

Exegese: wissenschaftliche Auslegung von biblischen Texten >> S. 125

Jesu Antwort in der Steuerfrage und die Position des Paulus lassen sich zunächst als positive Haltung gegenüber dem Staat lesen. Sie sind Zeichen dafür, dass Gott in der gefallenen Schöpfung, also in der Welt, in der sich Menschen immer wieder von Gott abwenden, weiterhin für seine Geschöpfe sorgt.

Allerdings erhält der Staat dadurch keine göttliche Aura oder religiöse Weihe. Jesus wie Paulus fordern eher dazu auf, die staatliche Ordnung im konkreten Alltag besonnen und realitätsbezogen zu akzeptieren. Gleichzeitig relativieren sie die Bedeutung des Staates. Denn angesichts der Erwartung des Reiches Gottes sind sie als vorläufig und damit endlich anzusehen.

Carsten Gille (* 1959): Der Zinsgroschen

Aufgaben

1. Lies die vollständigen Bibeltexte Mk 12,13-17 und Röm 13,1-7. Erkläre, was sie über das Verhältnis der Christen zur Staatsmacht aussagen. Nenne Gründe für diese Haltung.
2. Arbeite am Text die Hauptbegriffe heraus, z.B. mithilfe der Methode des Textlöschens (>> S. 234). Vergleiche sie mit deiner Interpretation der Bibeltexte. Passt das Bild dazu?
3. Beurteile, ob die Bibelstellen Christinnen und Christen heute noch Orientierung für ihre Haltung zu Staat und Politik geben können.

Konstantin: Glücksfall für die Kirche oder Sündenfall?

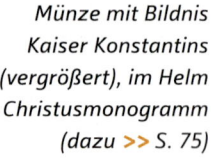

Kaiser Konstantin I. (der Große), römischer Kaiser von 307–337, hat das Christentum als ideologisches Einigungsband im Imperium Romanum eingesetzt und konsequent gefördert, z.B. durch Finanzierung von Kirchenbauten, Steuerbefreiung des Klerus und weitere Begünstigungen. Gleichzeitig hat er sich um die innere Einheit des Christentums bemüht, indem er Synoden zur Beilegung innerchristlicher Streitigkeiten einberief, beispielsweise das Konzil von Nicaea. Hier wurde entschieden, dass Jesus Christus ein göttliches Wesen sei wie Gott Vater selbst. Konstantin war offensichtlich davon überzeugt, ein Werkzeug Gottes zu sein. So schrieb er 335 an das Konzil von Tyros: „Auf Grund meiner gläubigen Verehrung Gottes ist der Erdkreis befriedet, auch die Barbaren selbst, die bisher die Wahrheit nicht kannten, lobpreisen aufrichtig den Namen Gottes. [...] Die Barbaren haben jetzt durch mich, den wahren Verehrer Gottes, Gott erkannt und haben gelernt, furchtsam den zu ehren, von dem sie durch die Tatsachen selbst wahrgenommen haben, dass er mein Schutzschild ist und für mich sorgt. Insbesondere auch deshalb kennen sie Gott, den sie wegen der Furcht, die sie vor uns haben, furchtsam verehren."

Münze mit Bildnis Kaiser Konstantins (vergrößert), im Helm Christusmonogramm (dazu >> S. 75)

Klaus Martin Girardet

Konstantin und Helena, Fresko aus Arbore (Rumänien), 1541

Konstantins Bedeutung für die byzantinische Kirche im Osten lässt sich an der so genannten Kreuzauffindungslegende aufzeigen. Der Mailänder Bischof Ambrosius berichtet, dass Konstantins Mutter, die Kaiserin Helena, in Palästina das Kreuz Jesu Christi ausgraben ließ und einen der Kreuzesnägel in das Diadem Konstantins einarbeiten ließ. Ambrosius schreibt:

Weise handelte Helena, da sie das Kreuz auf dem Haupte der Könige aufpflanzte. Es sollte das Kreuz Christi an den Königen verehrt werden. Nicht Ungehörigkeit, sondern Frömmigkeit ist es, wenn der heiligen Erlösung Verehrung gezollt wird. Ein Gut ist dieser Nagel im Zügel der römischen Herrschaft. Er beherrscht den ganzen Erdkreis und schmückt die Stirne der Kaiser, sodass sie jetzt Prediger sind [...]. Auf dem Haupte die Krone, in den Händen der Zügel. Die Krone vom Kreuze, dass der Glaube leuchte; desgleichen der Zügel vom Kreuze, dass die Macht herrsche. Und ein gerechtes Herrschen soll es sein, nicht ein ungerechtes Gebieten.

Ambrosius, Trauerrede auf Theodosius

Aufgaben

1. Entwirf Thesen zum Herrschaftsverständnis Konstantins. Nimm dazu auch die Abbildungen sowie >> S. 75 zu Hilfe.
2. Gestalte zu Konstantin eine Visualisierung nach dem Schema Krone und Kreuz (>> S. 138).
3. Stelle mögliche Probleme dar, die sich aus dieser Verhältnisbestimmung ergeben können. Setzt sie spielerisch um, indem ihr Kaiser und Kirche aufeinander treffen lasst.

Zwei Schwerter oder zwei Reiche?

In der Westkirche entwickelte sich durch das starke Papsttum eine andere Vorstellung der Kräfteverteilung als im Osten: die so genannte Zwei-Schwerter-Lehre. In ihrer ursprünglichen Form besagt sie, dass Christus zwei Mächte zur Beherrschung der Welt eingesetzt habe: die geistliche Macht (= Papst) und die weltliche Macht (= Kaiser). Diese bildet die Basis für das von Luther entworfene Modell der zwei Reiche bzw. Regierweisen Gottes.

Kann man mit der Bergpredigt Politik machen?

Bergpredigt: >> *S. 95ff.*

Zwei-Reiche-Lehre

Viele Christen erleben, dass es oft unmöglich ist, voll nach ihrem Glauben zu leben: Ein Minister, Lehrer, Soldat oder Personalleiter kann sein Amt nicht im buchstäblichen Sinne nach den Forderungen der Bergpredigt ausüben. Der Reformator Martin Luther erklärte das damit, dass es seit dem Kommen Jesu zwei „Reiche" gibt: In dem einen (geistlichen) herrscht schon das Evangelium, in dem anderen (weltlichen) aber noch die Sünde. Um die Welt vor der Zerstörung durch das Böse zu bewahren, hat Gott die „Obrigkeit" und

Aus dem Sachsenspiegel (12. Jahrhundert): Die Zweischwerterlehre. Links sieht man den Papst, rechts den Kaiser.

Ordnungen wie z.B. Ehe und Familie eingesetzt. [...] Christen und Kirchen sollen also die Verantwortung und Macht „weltlicher" Ämter achten; diese wiederum sollen nicht in das Amt der Kirche eingreifen.

Diese Lehre ist zeitweise missverstanden worden. Sie musste als Entschuldigung dafür dienen, dass auch Christen in dieser Welt ohne Gesetz und Zwang nicht auskommen, also auch einer ungerechten Obrigkeit gehorchen sollen und nur als Einzelne und in der Kirchengemeinde nach ihrem Glauben leben. Politiker und manche Kirchenführer nahmen sie als Begründung für ihre Meinung, dass sich die Kirche nicht in die Politik einmischen solle.

Demgegenüber haben andere Theologen (z.B. Karl Barth*) gelehrt, dass das in Jesus gekommene Reich Gottes unteilbar ist. Es kann als Angebot und Anspruch geglaubt und vertreten werden, auch wenn es in dieser Welt noch nicht zu verwirklichen ist. [...]

Aus: relilex.de

Karl Barth (1886-1968): Schweizer evangelisch-reformierter Theologe. Er war Mitbegründer der Bekennenden Kirche und maßgeblich an der Ausarbeitung der Barmer Theologischen Erklärung beteiligt.

Aufgaben

1. **Interpretiere das Bild und erläutere das Verhältnis von Kirche und Staat, das darin zur Anschauung kommt.**
2. **Erläutere die so genannte Zwei-Reiche-Lehre Luthers.**
3. **Entwickle auf der Basis der Zwei-Reiche-Lehre Argumentationen bzw. Handlungsmöglichkeiten für die Frage, ob Kirche sich zu politischen Fragen und Problemen äußern darf. Wie würden Theologen wie Karl Barth darauf antworten?**

Ein König schafft sich eine eigene Kirche: das Beispiel England

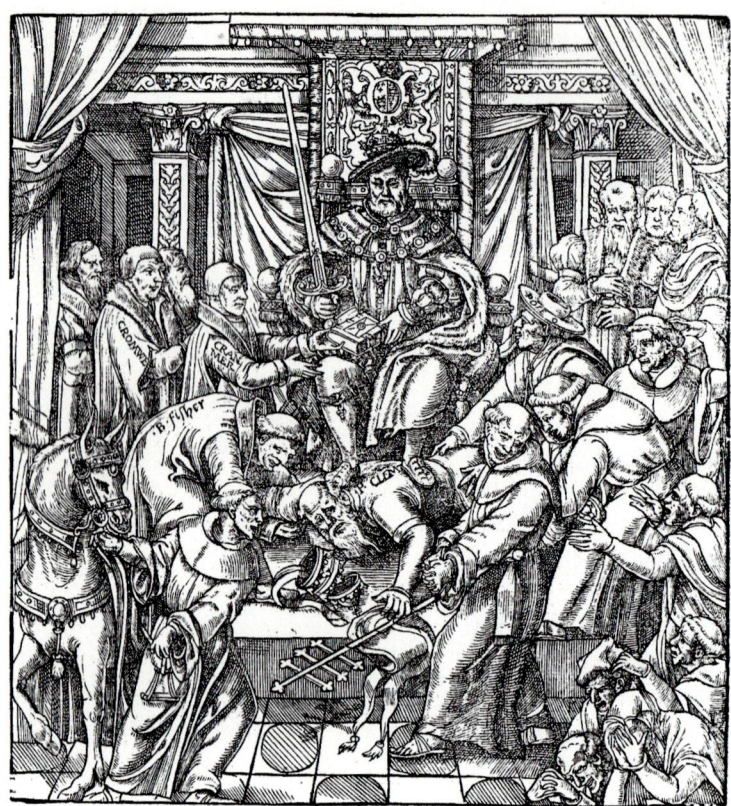

Allegorie* aus dem 16. Jahrhundert. Folgende Personen sind zu sehen: Papst Clemens VII., König Heinrich VIII., Bischof John Fisher, Priester Thomas Cranmer, Politiker Thomas Cromwell

Allegorie: *sinnbildliche Darstellung*

Aufgaben

1. Rekonstruiere aus Bild und Text die Entstehung der anglikanischen Kirche. Welche Kennzeichen ordnest du dem Protestantismus zu, welche dem Katholizismus?
2. Fasse Merkmale der anglikanischen Kirche zusammen.
3. Stelle mit den Symbolen Krone und Kreuz (>> S. 138) das Verhältnis von Kirche und Staat in England dar.
4. Benenne die Chancen und Gefahren einer Staatskirche, wie sie die anglikanische Kirche darstellt.

In England nahm die Reformation eine eigene Form an. Dabei spielten die politischen Umstände eine wichtige Rolle: Der Papst lehnte es ab, Heinrich VIII. von seiner Frau zu scheiden, und der König wollte daraufhin eine nationale Kirche gründen, die ihm zu Willen war. Es gab aber auch religiöse Motive: Der Einfluss Luthers und Calvins machte sich in England ebenso bemerkbar wie im übrigen Europa. Die neue Kirche von England, die Church of England, positionierte sich schließlich zwischen Protestantismus und Katholizismus. Sie hat bis heute offizielle Verbindungen zum Staat und expandierte zusammen mit dem britischen Kolonialreich in die ganze Welt. Heute ist die anglikanische Kirche mit 80 Millionen Mitgliedern die drittgrößte christliche Gruppierung der Erde. [...]

Die Kirche von England ist bis heute eine Staatskirche, es gibt jedoch laute, hartnäckige Forderungen nach einer Loslösung vom Staat. Ihr Oberhaupt ist der britische Monarch, die Bischöfe werden vom Staat ernannt, und manche von ihnen sitzen im Oberhaus des Parlaments. Die anglikanische Lehre reagiert schneller auf weltliche Veränderungen als der römische Katholizismus. Die anglikanische Kirche wendet sich beispielsweise nicht gegen die Empfängnisverhütung, und die Abtreibung wird zwar bedauert, man widersetzt sich aber nicht ihrer gesetzlichen Zulassung. Die Kirche von England betrachtet nicht nur die Anglikaner, sondern die gesamte englische Bevölkerung als ihre Gemeinde. Sie ist also für Nichtmitglieder ebenso da wie für ihre Mitglieder.

Peter Stanford

Vereinnahmung der Kirche(n) im Dritten Reich?

Aus der Regierungserklärung Hitlers vom 23.03.1933

Indem die Regierung entschlossen ist, die politische und moralische Entgiftung unseres öffentlichen Lebens durchzuführen, schafft und sichert sie die Voraussetzungen für eine wirklich tiefe, innere Religiosität. [...] Die nationale Regierung sieht in den beiden christlichen Konfessionen wichtigste Faktoren der Erhaltung unseres Volkstums. Sie wird die zwischen ihnen und den Ländern abgeschlossenen Verträge respektieren; ihre Rechte sollen nicht angetastet werden. Sie erwartet aber und hofft, dass die Arbeit an der nationalen und sittlichen Erhebung unseres Volkes, die sich die Regierung zur Aufgabe gestellt hat, umgekehrt die gleiche Würdigung erfährt. Sie wird allen anderen Konfessionen in objektiver Gerechtigkeit gegenübertreten. [...]

Die nationale Regierung wird in Schule und Erziehung den christlichen Konfessionen den ihnen zukommenden Einfluss einräumen und sicherstellen. Ihre Sorge gilt dem aufrichtigen Zusammenleben zwischen Kirche und Staat. [...] Der Bestand der Länder wird nicht beseitigt, die Rechte der Kirchen werden nicht geschmälert, ihre Stellung zum Staate nicht geändert.

Hitler verlässt die Marinekirche Wilhelmshaven, 1931 (aus einem zeitgenössischen Buch mit Fotografien von Heinrich Hoffmann, nachträglich koloriert)

Auszug aus dem Nachwort des Reichsbischofs Müller aus seiner Verdeutschung der Bergpredigt

Die Verkündigung Christi von Gott und seinem Reich ist von Anfang an „Evangelium" genannt, d.h. „frohe Botschaft". Das Frohe und Befreiende dieser Botschaft ist die Verkündigung, dass wir Menschen uns zu Gott stellen sollen, wie sich ein Kind zu seinem Vater stellt. Daraus ergibt sich:

Wir sollen unser Leben nicht führen in sklavischer Angst vor einer rächenden Vergeltung, sondern in kindlichem Vertrauen zu Gott und in ehrlichem Verantwortungsbewusstsein.

Das verpflichtet zur Arbeit an uns selbst und zum Kampf.

Zum Kampf für das Gute, indem wir das Nicht-Gute, das Eigennützige in uns immer wieder niederzwingen.

Zum Dienst an unserm Volk, indem wir uns mühen, echte und treue Kameradschaft zu üben.

Zur langfristigen Strategie der Nationalsozialisten und zum Widerstand: >> S. 150

Bergpredigt: >> S. 95ff.

Aufgaben

1. Skizziere das Verhältnis von Kirche und Staat, das Hitler in seiner Regierungserklärung präsentiert. Bezieh auch das Foto mit ein. Fertige dazu eine Skizze mit Krone und Kreuz an (>> S. 138).
2. Die NSDAP selbst nannte ihre Haltung „positives Christentum". Erläutere diesen Begriff anhand beider Texte.
3. Entwerft Dialoge, in denen Skeptiker/-innen und Befürworter/-innen der neuen politischen Linie über das Programm der NSDAP diskutieren.

Kirche und Staat im Konflikt: das Beispiel DDR

Ost-Berliner Plakat zu Konfirmation und Jugendweihe

Konfirmation und Jugendweihe

Die Verfassung der DDR von 1949 sicherte dem Einzelnen zwar Glaubens- und Gewissensfreiheit zu, allerdings schränkte das SED-Regime den Handlungsspielraum der Kirchen nach und nach ein, um sie aus dem öffentlichen Leben zu verdrängen. Manche sprechen für diese Zeit sogar von einem neuen Kirchenkampf.

Die Jugendweihe entwickelte sich in ihrer Etablierungsphase 1954 bis 1959 zu einer Art Ersatzkonfirmation. Darauf mussten die Kirchenleitungen reagieren. Sie lehnten die Jugendweihe kategorisch als glaubensfeindlich ab. Für die evangelische Kirchenleitung waren Glaube und Jugendweihe unvereinbar. Daher schloss sie eine Konfirmation für Jugendliche mit Jugendweihe zunächst aus. [...] Einschüchterungs- und Repressionsmaßnahmen trugen ihr Übriges zum nachhaltigen Erfolg der Jugendweihe bei. Im Durchschnitt nahmen bereits 1959 etwa 80 Prozent aller infrage kommenden Jugendlichen an der Jugendweihe teil, was die evangelische Kirche dazu veranlasste, ihre Haltung zu überdenken: Aus einer kategorischen Ablehnung wurde eine teilweise Tolerierung der Jugendweihe.

Kornelius Ens

Zum biblischen Hintergrund des Buttons bzw. Motivs: **>>** *S. 37*

Symbol der Friedensbewegung

In New York steht im Garten des UNO-Hauptgebäudes eine Bronze-Skulptur des russischen Bildhauers Evgeniy Vuchetich (1908-1974), die die Sowjetunion 1959 der UNO geschenkt hat. Sie zeigt einen Mann, der ein Schwert zu einem Pflug schmiedet, und trägt den Titel „WE SHALL BEAT OUR SWORDS INTO PLOWSHARES". [...] Eine Zeichnung der Skulptur Vuchetichs mit dem Schriftzug „Schwerter-zu-Pflugscharen" hat die Friedensbewegung der DDR 1980 zu ihrem Symbol gemacht. Jugendliche trugen das Bild als Aufnäher. Als dies verboten wurde, haben manche es aus ihren Jacken geschnitten, doch stellte auch das kreisrunde Loch ein Bekenntnis dar.

Klaus Koenen

Montagsdemos in der DDR:
>> *S. 163*

Aufgaben

1. Beschreibe anhand der Bilder und Texte das Verhältnis von Kirche(n) und Staat in der DDR. Wie sah der Staat die Kirche? Wie haben sich Kirche und Christen verhalten? Entwirf eine Skizze mit den Elementen Krone und Kreuz (**>>** S. 138).
2. Die evangelische Kirche beschrieb ihr Verhältnis zum Staat als „Kirche im Sozialismus". Die katholische Kirche entwarf das Bild vom Leben „im fremden Haus". Erläutere diese Bilder.
3. Beurteile die Haltung der Kirchen. Versetze dich dazu in die Lage verschiedener Betroffener: Kirchenvertreter, Eltern, Schüler und Schülerinnen.

Konfliktfreies Miteinander? Kirche und Staat seit 1945 in Westdeutschland

Militärpfarrer beim Auslandseinsatz in Mali

Haben Christen eine besondere Verantwortung im demokratischen Staat?

Nach evangelischem Verständnis gehört die politische Existenz des Christen zu seinem weltlichen Beruf. Christliche Bürger sind deswegen hier nach ihrer Berufserfüllung gefragt. Im Beruf kommen nach evangelischem Verständnis seit Luther eine weltliche Aufgabe und die Verantwortung vor Gott zusammen. Der weltliche Beruf kann dem Christen nicht gleichgültig sein, weil er etwa mit seinem Glauben nichts zu tun hätte. Auch im weltlichen Beruf sind wir von Gott beansprucht. Denn er ist ein Ort, an dem die Nächstenliebe geübt werden soll, die danach fragt, was dem Nächsten und der Gemeinschaft dient und nützt. Der Ruf zur Nächstenliebe fordert also sehr nüchtern auch die Bereitschaft zur Übernahme politischer Verantwortung. Im Gehorsam gegen Gottes Gebot und in der Freiheit des Glaubens soll der Christ im Beruf nicht nach dem besonderen Ansehen der Christen suchen, sondern sich bereitfinden, Verantwortung zu übernehmen, wo dies von ihm erwartet wird.

Aus der Denkschrift „Evangelische Kirche und freiheitliche Demokratie", 1985

Sind Christen bessere Staatsbürger?

Religionsunterricht an öffentlichen Schulen

Der Verfassungsrechtler Ernst-Wolfgang Böckenförde hat das Verhältnis zwischen modernem Staat und Religion 1964 so beschrieben: „Der freiheitliche säkularisierte Staat lebt von Voraussetzungen, die er selbst nicht garantieren kann." 2010 erläuterte er dieses Diktum* in einem Interview so:

Der Staat ist darauf angewiesen, dass die Bürger gewisse Grundeinstellungen, ein staatstragendes Ethos haben, sonst hat er es schwer, eine am Gemeinwohl orientierte Politik zu verwirklichen. [...] Auch weltanschauliche, politische oder soziale Bewegungen können den Gemeinsinn der Bevölkerung und die Bereitschaft fördern, nicht stets rücksichtslos nur auf den eigenen Vorteil zu schauen, vielmehr gemeinschaftsorientiert und solidarisch zu handeln. [...] Allerdings sind solche Bewegungen ihrerseits oft nachhaltig von religiösen Vorstellungen geprägt. So hat der christliche Glaube, dass jeder Mensch von Gott nach seinem Ebenbild erschaffen wurde, den Einsatz für die Anerkennung der Gleichheit der Menschen sicher befördert. Überhaupt hat das Christentum großen Einfluss auf die Entwicklung unserer gesamten Kultur gehabt.

Aus einem taz-Interview

Diktum: pointierter Ausspruch

Vgl. zu diesem Text auch Religion in der Gesellschaft: >> S. 204

Aufgaben

1. Fasse die beiden Statements in je ein bis zwei Sätzen zusammen. Welche Modelle des Verhältnisses von Kirche und Staat liegen zugrunde?
2. Die Fotos verweisen auf Bereiche, in denen das Verhältnis von Kirche und Staat in Deutschland sichtbar wird. Erläutere die Bereiche mithilfe der Statements von EKD und Böckenförde.
3. Beurteile die Zusammenarbeit. Wo funktioniert sie gut, wo können Konflikte aufbrechen?

Kirche – Institution oder Business?

The Chrystal Cathedral, Los Angeles

Megachurches

In den USA gibt es Gemeinden, die mehrere Tausend Mitglieder bzw. Gottesdienstbesucher haben. Man bezeichnet solche Gemeinden als „Megachurches". Ihre Struktur und Organisation gleicht eher einem Dienstleistungsunternehmen, denn neben Gottesdiensten werden beispielsweise auch Sportaktivitäten, Lebensberatung und Finanzdienstleistungen angeboten. Megachurches werden im Allgemeinen hierarchisch gesteuert, sie sind wachstumsorientiert und sehen sich im Wettbewerb mit anderen Kirchen. Der Erfolg ist abhängig von der Organisationsstruktur, dem verantwortlichen Personal und den Marketing- und Evangelisierungstechniken.   *Nach Insa Pruisken/Janina Coronel*

Ein Beispiel: die Lakewood Church

Ein prominentes Beispiel ist die Lakewood Church in Houston (Texas). Sie ist eigentlich ein Familienunternehmen der Osmeens mit ca. 300 Angestellten und etwa 60 Millionen Dollar Einnahmen im Jahr. Neue Mitglieder stoßen im Allgemeinen durch „church shopping" zur Gemeinde, d.h. sie suchen sich auf dem Markt religiöser Angebote das für sie Passende aus. Die Gottesdienstbesucher schätzen die leicht verständlichen Predigten, die die harten Seiten des Christentums (z.B. Sünde) ausblenden. Die Kirche bietet Menschen unterschiedlichster Herkunft und mit eigenen Glaubensvorstellungen viel Raum, d.h. eröffnet Glaubensfreiheit. Der Prediger Joel Osmeen ist charismatisch und hat Vorbildfunktion.   *Nach Rahel Gersch*

Yoido Full Gospel Church in Südkorea, „the largest megachurch in the world"

Aufgaben

1. Beschreibe Organisation und Funktion einer Megachurch mithilfe der Texte und Bilder.
2. Megakirchen sind ein typisch nordamerikanisches Phänomen, boomen aber auch in anderen Ländern. Entfalte, welches Verhältnis von Kirche und Staat sie voraussetzen.
3. Megachurches werden gelegentlich als McChurches bezeichnet. Beurteile, ob diese Kennzeichnung zutrifft.

Die EKD – ein staatsähnliches Gebilde?

Die evangelischen Kirchen in Deutschland haben sich nach 1945 zur Evangelischen Kirche in Deutschland (EKD) zusammengeschlossen. 1948 hat sich die EKD eine Grundordnung gegeben. Darin heißt es zu Beginn der insgesamt 35 Artikel:

Artikel 1

(1) Die Evangelische Kirche in Deutschland ist die Gemeinschaft ihrer lutherischen, reformierten und unierten Gliedkirchen. Sie versteht sich als Teil der einen Kirche Jesu Christi. Sie achtet die Bekenntnisgrundlage der Gliedkirchen und Gemeinden und setzt voraus, dass sie ihr Bekenntnis in Lehre, Leben und Ordnung der Kirche wirksam werden lassen.

(2) Zwischen den Gliedkirchen besteht Kirchengemeinschaft im Sinne der Konkordie reformatorischer Kirchen in Europa (Leuenberger Konkordie*). Die Evangelische Kirche in Deutschland fördert darum das Zusammenwachsen ihrer Gliedkirchen in der Gemeinsamkeit des christlichen Zeugnisses und Dienstes gemäß dem Auftrag des Herrn Jesus Christus.

(3) Mit ihren Gliedkirchen bejaht die Evangelische Kirche in Deutschland die von der ersten Bekenntnissynode in Barmen* getroffenen Entscheidungen. Sie weiß sich verpflichtet, als bekennende Kirche die Erkenntnisse des Kirchenkampfes über Wesen, Auftrag und Ordnung der Kirche zur Auswirkung zu bringen. Sie ruft die Gliedkirchen zum Hören auf das Zeugnis der Brüder und Schwestern. Sie hilft ihnen, wo es gefordert wird, zur gemeinsamen Abwehr kirchenzerstörender Irrlehre.   *Aus: www.ekd.de*

Mit der Leuenberger Konkordie wurde 1973 die Kirchengemeinschaft zwischen lutherischen, reformierten und unierten Kirchen begründet.

Bekenntnissynode in Barmen: >> *S. 150*

UEK: Union Evangelischer Kirchen

VELKD: Vereinigte Evangelisch-Lutherische Kirche Deutschlands

Ratsvorsitzender

Kirchenkonferenz — Rat — Synode

Bevollmächtigte, Beauftragte, Kommissionen und Kammern

Kirchenamt
Amt der UEK* und Amt der VELKD*

Die 20 lutherischen, unierten und reformierten Gliedkirchen der EKD

Ziel erreicht!

> Nenne drei Aspekte des Teilkapitels, die für dich völlig neu waren. Was hat dir gefehlt? Was wüsstest du gern genauer?

> Beschreibe, inwiefern sich die Beschäftigung mit den Inhalten des Teilkapitels auf deine Vorstellung des Verhältnisses von Kirche und Staat ausgewirkt hat.

> Formuliere fünf Grundsätze für das Verhalten von Christen in Staat und Politik.

Aufgaben

1. Erläutere die Organisation der EKD. Nimm dazu auch die Homepage www.ekd.de zu Hilfe.
3. Vergleiche den Aufbau der EKD mit dem politischen System Deutschlands.
3. Vergleiche die Position der/des Ratsvorsitzenden der EKD mit der Rolle des Papstes für die römisch-katholische Kirche.

Herausforderungen im Dritten Reich verstehen

Eine Schlagzeile der Bild-Zeitung vor einiger Zeit lautete: „Urteil gegen notorische Holocaust-Leugnerin: 10 Monate Knast für Nazi-Oma (87)".

In der Verhandlung soll die Angeklagte Ursula H.-W. unter anderem gesagt haben: „Auschwitz war ein Arbeitslager [...] Wir haben doch alle keine persönlichen Erfahrungen. Wer sagt uns, dass das wirklich stimmt?"

Die Aussagen der Angeklagten fallen nach Auffassung des Gerichts unter das Straftatgesetz der Volksverhetzung, die Angeklagte selbst beruft sich auf ihre Meinungsfreiheit.

Formuliere deine Entgegnung.

Kirche in der NS-Zeit

Die NS-Gewaltherrschaft bedrohte die beiden Konfessionen infolge ihres ideologischen Anspruchs und ihrer aggressiven Religionspolitik in ihrer Existenz. Während sich beide Kirchen um „Schadensbegrenzung" bezüglich ihrer Handlungsfähigkeit bemühten, ist ihnen der Vorwurf nicht zu ersparen, dass sie angesichts der Repressalien und Verfolgung von Christinnen und Christen in ihren eigenen Reihen, von Angehörigen des Judentums und politischen wie sozialen Außenseitern überwiegend schwiegen. Protest und Widerstand waren vornehmlich Aktionen Einzelner und kleiner Gruppen Gleichgesinnter.

Nationalsozialismus als Religion?

Was plante Hitler für die Kirchen?

Christen und Juden – eine Konfliktgeschichte?

(Keine) Solidarität mit Judenchristen und Glaubensjuden?

Christen und Juden im Glauben verbunden?

(Keine) Solidarität mit den Kranken und Schwachen?

Projektaufgaben zu den Seiten 148–157

➤ Bereitet zu jedem Teilthema eine digitale Präsentation vor, in die ihr auch den jeweiligen zeitgeschichtlichen Rahmen mithilfe von Geschichtsbüchern und Internet einbindet.

➤ Sucht eine in diesem Teilkapitel dargestellte Person aus und entwerft einen Nachruf, in dem ihr die christliche Motivation ihres Handelns ins Zentrum stellt. Nehmt dazu auch andere Kapitel zu Hilfe, z.B. *Mensch und Welt*, *Jesus Christus* und *Verantwortlich handeln*.

➤ Menschen, die aus christlicher Überzeugung Widerstand gegen den Nationalsozialismus geleistet haben, können zur „Wolke der Zeugen" (Hebr 12,1) gerechnet werden. Gestaltet eine Collage aus Bildern und Texten dieses Teilkapitels mit solchen Zeugen.

➤ Erstellt ein Lexikon mit wichtigen Begriffen zu diesem Teilkapitel, z.B. Bekennende Kirche, Deutsche Christen etc.

Nationalsozialismus – eine neue Religion?

In einer wissenschaftlichen Publikation zum religiösen Anspruch des Nationalsozialismus findet man folgende Erläuterungen:

Was nun den Glauben der Nationalsozialisten anlangt, so sind die Glaubensinhalte bekannt: Blut und Boden, Volk und Reich, natürlich der Führer, auch die Fahne, die all diese Glaubensinhalte symbolisierte, so wie das Kreuz Zeichen des christlichen Glaubens ist. Sogar der Nationalsozialismus selbst und dessen politische Organisation, also gleichsam die politische Religion und deren „Kirche", konnten zum Gegenstand des Glaubens erhoben werden, z.B. in der Ansprache eines politischen Leiters bei einer Erntedankfeier: „Ich glaube an den Nationalsozialismus und an die Partei als Trägerin dieser Gedanken!"

Die nationalsozialistischen Glaubensinhalte hatten durchaus den Charakter religiöser Dogmen. [...] Den Glauben zu bekennen ist eine viel stärkere, „sakrale" Verpflichtung als etwa die Bereitschaft zu erklären, einem Parteiprogramm zu folgen. Das wichtigste Instrument des nationalsozialistischen Regimes, Glauben zu propagieren und Glaubensbekenntnisse einzufordern, waren Feiern, von den Appellen bei den Reichsparteitagen mit ihren Fahnenweihen über die Vereidigungen von neuen Parteimitgliedern oder SS-Männern bis hin zu den Morgenappellen der HJ im Ferienlager. [...] Als Inkarnation der sakralisierten Volksgemeinschaft zieht der Führer ebenfalls Glaubensbekenntnisse auf sich; vorzugsweise wurde das Deutsche Gebet von Herbert Böhme dafür eingesetzt:

Lasst unter der Standarte uns bekennen:
Wir sind Deutsche.
Wir folgen unserm Führer
Als dem leibhaftig gewordenen Befehl
eines höheren Gesetzes,
das über uns und in uns schwingt,
das wir erahnen,
und daran wir glauben.
Wir glauben an unsern Führer
als an eine Offenbarung
dieses Gesetzes
für uns,
sein Volk.

Klaus Vondung

Plakat von Karl Stauber aus den 1930er Jahren

Politische Theologie
Politische Theologie im ursprünglichen Sinn bezeichnet eine Theologie, die die Bürger zur richtigen Gottesverehrung anleitet, um den Staat zu stabilisieren. Ein Beispiel dafür ist der Staatskult im antiken Rom. Davon zu unterscheiden ist die „moderne", gesellschaftskritisch ausgerichtete politische Theologie in Anschluss an den katholischen Theologen Johann Baptist Metz (* 1928), der sich auf die prophetische Tradition der Bibel beruft.

Aufgaben

1. Beschreibe das Bild. Welche Symbole bzw. Geschichten greift es auf? Formuliere Vermutungen, wie das Bild auf die Zeitgenossen und -genossinnen gewirkt haben mag.
2. Analysiere die Sprache des Sachtextes, indem du alle Begriffe, die mit Religion und Glaube zu tun haben, notierst. Fasse die Argumentation des Autors zusammen.
3. Arbeite die Aussagen des „Glaubensbekenntnisses" heraus und erkläre seine Zielsetzungen.
4. Formuliere eine Stellungnahme aus christlicher Sicht. Nimm dazu die Positionen auf >> S. 139 und 141 zu Hilfe.

Was wird aus den Kirchen nach der Machtübernahme?

V.l.n.r.: Hitler, Abt Schachleiter und Reichsbischof Müller

Konkordat: Vertrag zwischen katholischer Kirche und einer weltlichen Regierung, in dem die Kirche betreffende Angelegenheiten geregelt werden

Aus verschiedenen (damals geheimen) Dokumenten wissen wir, welche Ziele die Nationalsozialisten mit den Kirchen verfolgten. Sie sollten (nach dem „Endsieg") allenfalls als Vereine weiterexistieren, in denen ausschließlich Volljährige Kirchenmitglieder werden konnten, und zwar durch eine förmliche Beitrittserklärung.

Für die Zeit bis dahin versuchten die Nationalsozialisten, die Kirchen für ihre Zwecke zu nutzen. Mit dem Vatikan schloss Hitler im Sommer 1933 das Reichskonkordat*, durch das die katholische Kirche in Deutschland auf ihre liturgisch-seelsorgerlichen Aktivitäten beschränkt wurde. Die protestantischen Landeskirchen versuchte er dem Führerprinzip zu unterwerfen. Unterstützt wurde er durch die Deutschen Christen (DC), eine Art NS-Kirchenpartei. Auf deren Betreiben wurde eine neue Kirchenverfassung in Deutschland geschaffen: eine deutsche Reichskirche mit einem Reichsbischof an der Spitze. Dieser Posten wurde nach den Kirchenwahlen im Sommer 1933 mit Ludwig Müller, einem eher unbekannten Marinepfarrer, besetzt. Die Landeskirchen sollten sich dieser Reichskirche anschließen, aber vielerorts regte sich Protest, der sich in der Bekennenden Kirche als Oppositionsbewegung formierte. Diese kirchliche Opposition trat erstmals im September 1933 deutlich in Erscheinung, als sie gegen die Einführung des „Arierparagraphen"* in der evangelischen Kirche protestierte. Die Protestierenden fanden sich in dem von Pfarrer Martin Niemöller aus Berlin gegründeten Pfarrernotbund zusammen, dem sich bis Anfang 1934 ein Drittel aller Pfarrer anschloss. Im Mai 1934 beschloss die Bekenntnissynode der Bekennenden Kirche in Wuppertal-Barmen die „Barmer Theologische Erklärung".

Kirchengesetz betreffend die Rechtsverhältnisse der Geistlichen und Kirchenbeamten vom 6. September 1933, der sog. „Arierparagraph" in der Kirche (Auszug):

---

1. These der Barmer Theologischen Erklärung

Jesus Christus, wie er uns in der Heiligen Schrift bezeugt wird, ist das eine Wort Gottes, das wir zu hören, dem wir im Leben und im Sterben zu vertrauen und zu gehorchen haben. Wir verwerfen die falsche Lehre, als könne und müsse die Kirche als Quelle ihrer Verkündigung außer und neben diesem einen Worte Gottes auch noch andere Ereignisse und Mächte, Gestalten und Wahrheiten als Gottes Offenbarung anerkennen.

Wer nichtarischer Abstammung oder mit einer Person nichtarischer Abstammung verheiratet ist, darf nicht als Geistlicher und Beamter der allgemeinen kirchlichen Verwaltung berufen werden.

Aufgaben

1. Stelle mithilfe der Texte und des Bildes die beiden Strategien der Nationalsozialisten im Umgang mit den Kirchen dar. Nimm dazu auch >> S. 143 zu Hilfe.
2. Erläutere den Protest der Bekennenden Kirche. Beziehe auch die Quellentexte in den Kästen mit ein.
3. Recherchiere auf der Seite de.evangelischer-widerstand.de die Geschichte der Bekennenden Kirche, ihre Konflikte und Probleme. Beurteile ihre Haltung gegenüber dem NS-Regime.

Christen und Juden – eine Konfliktgeschichte?

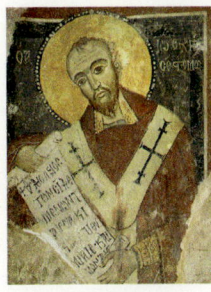

Alte Kirche

Johannes Chrysostomus verfasste *Acht Reden gegen die Juden*, in denen sich unter anderem folgende Sätze finden: „Weil ihr Christus getötet habt, [...] deswegen gibt es fürderhin keinen Erlass, keine Vergebung und Entschuldigung (für euch)." – „Den Juden nämlich gilt der Hass der Märtyrer am meisten, da dem von ihnen Gekreuzigten ihre größte Liebe gilt."
Vor dem Besuch der Synagoge warnte er als der größten Sünde.

Mehr zu Judenfeindschaft/ Antisemitismus: >> *S. 206*

Mittelalter

Im Mittelalter wurde die Polemik der Alten Kirche in gesellschaftliche Ordnung umgesetzt. Juden wurden diskriminiert und buchstäblich markiert: mit einer Kleiderordnung, z.B. gelben Binden oder Punkten. Kreuzfahrer zerstörten planmäßig zahlreiche jüdische Gemeinden entlang ihrer Reiseroute (z.B. in Metz, Speyer, Worms, Prag). Neben theologischen Motiven spielte dabei auch Habgier eine Rolle. Seit dem 12./13. Jahrhundert gab es zudem eine räumliche Trennung der Juden von der übrigen Bevölkerung in Ghettos, die mit weiteren Einschränkungen verbunden waren. Der Erwerb von Grund und Boden war ihnen verboten, ebenso der Besuch höherer Schulen und die Berufsausübung als Rechtsanwalt, Apotheker, u.a. Kein Jude durfte ein öffentliches Amt bekleiden. Dazu kamen zahlreiche ihnen auferlegte Sonderabgaben, insbesondere Schutzgelder an die jeweilige Obrigkeit.

Wiederherstellung des jüdischen Glaubens durch Napoleon

Judenemanzipation im 18./19. Jahrhundert

Seit Anfang des 19. Jahrhunderts wurden in Deutschland und Frankreich Gesetze zur „Emanzipation der Juden", d.h. zu ihrer rechtlichen bürgerlichen Gleichstellung, allmählich durchgesetzt. Dies bewirkte zwar keine automatische gesellschaftliche Anerkennung, erlaubte jedoch durch den Auszug aus dem Ghetto Bildungschancen, sodass Juden sich neue Berufsfelder erschließen konnten. Viele nutzten ihre Aufstiegschancen und wurden vor allem durch ihre Tätigkeiten in Bankwesen und Handel zu Stützen des kapitalistischen Wirtschaftssystems. Der bürgerliche Mittelstand empfand dies als Bedrohung, vermutlich auch aus Sozialneid.

Antisemitismus in Kaiserreich und Weimarer Republik

Bis zum Ende des 19. Jahrhunderts vollzog sich eine Wandlung vom traditionell religiös motivierten Antijudaismus zur völkisch-nationalen Judenfeindschaft. Der „moderne rassische Antisemitismus" bezeichnet eine neue Form von Judenhass, die auch mit Erkenntnissen der Naturwissenschaft (Darwin) argumentierte. Dieser sich rasch ausbreitende Antisemitismus stigmatisierte – nicht nur in Deutschland – Juden, nur weil sie Juden waren, und war auf Ausgrenzung, Vertreibung und in letzter Konsequenz auf die Vernichtung der jüdischen Minderheit fixiert.

Aufgaben

1. Arbeite die religiösen und nicht-religiösen Motive heraus, mit denen Judenfeindschaft begründet wurde.
2. Vergleiche die historische Judenfeindschaft mit den Formen des aktuellen Antisemitismus. Siehe dir dazu auch >> S. 206 an.
3. Entwirf eine begründete Gegenposition zur Judenfeindschaft.

(Keine) Solidarität mit Judenchristen* und Glaubensjuden*?

Die so genannte „Judenfrage" war für die Kirchen im Dritten Reich nur ein Randthema in der Auseinandersetzung mit dem nationalsozialistischen Regime. Sogar die Idee eigener judenchristlicher Gemeinden wurde kurzzeitig diskutiert. Vereinzelt organisierte man „Nichtarierhilfe", erst 1938 wurde sie als „Büro Pfarrer Grüber" institutionalisiert (bis 1941).

Judenchristen: Christen, die als Juden geboren wurden. Mit diesem Wort wird der NS-Begriff „nichtarische Christen" vermieden

Glaubensjuden: Angehörige der Synagogengemeinde

Bekennende Kirche: >> S. 150

Eine Theologin, die sich für das Engagement für Judenchristen* und darüber hinaus für Glaubensjuden* einsetzte, war Elisabeth Schmitz. Sie wurde 1893 in Hanau geboren, war promovierte Historikerin und Theologin. Von 1929 bis 1939 arbeitete sie als Lehrerin, danach war sie in der Bekennenden Kirche* aktiv und warb für die Solidarität der Christen mit den verfolgten Juden. Nach dem Krieg arbeitete sie wieder als Lehrerin. Als sie 1977 starb, wusste niemand von ihrem Einsatz für die Juden. Die Dokumente darüber fand man 2004 zufällig in ihrem bis dahin vergessenen Nachlass.

Elisabeth Schmitz, die Pädagogin

Veranlasst durch die „Pogrome und Synagogenbrände des 9. November 1938" [...] beantragte Elisabeth Schmitz Ende 1938 ihre Entlassung aus dem Schuldienst, da sie nicht bereit war, die Schüler zu „nationalsozialistischen Menschen zu erziehen." [...] In ihrem Gesuch um Versetzung in den Ruhestand schrieb sie: „Es ist mir in steigendem Maße zweifelhaft geworden, ob ich Unterricht bei meinen rein weltanschaulichen Fächern – Religion, Geschichte, Deutsch – so geben kann, wie ihn der nationalsozialistische Staat von mir erwartet und fordert." Da dieser dauernde Gewissenskonflikt untragbar geworden sei, sehe sie sich „genötigt", aus dem Schuldienst auszuscheiden. Dem Gesuch wurde stattgegeben, und Elisabeth Schmitz wurde zum 1. April 1939 in den Ruhestand versetzt. Nach ihrem Ausscheiden aus dem Schuldienst stellte sich Elisabeth Schmitz der Bekennenden Kirche* für ehrenamtliche Aufgaben zur Verfügung.

Andreas Pangritz

Evangelische „Heilige": >> S. 195

Aufgaben

1. **Entwirf mithilfe der Texte auf der Doppelseite einen Steckbrief von Elisabeth Schmitz. Verwende dabei die drei leitenden Begriffe: Pädagogin, Theologin, Christin.**
2. **Arbeite die theologischen Grundgedanken der Denkschrift heraus (>> S. 153 oben).**
3. **Der Historiker Manfred Gailus spricht davon, dass Elisabeth Schmitz das Zeug hätte, eine protestantische Heilige zu werden. Beurteile diese These.**

Elisabeth Schmitz, die Theologin

Und die Hauptsache: Die Bek. Kirche leidet – und das darf man wissen – um ihres Glaubens willen, der Nichtarier wird verfolgt, weil Gott ihn in eine bestimmte Familie hat hineingeboren werden lassen. [...] Warum muss man sich sagen lassen aus den Reihen der nichtarischen Christen, dass sie sich von Kirche und Ökumene verlassen fühlen? Dass ihnen jüdische Menschen und jüdische Hilfsorganisationen helfen, nicht aber die Kirche? [...] Was soll man antworten auf all die verzweifelten Bitten, Fragen und Anklagen: Warum tut die Kirche nichts? Warum lässt sie das namenlose Unrecht geschehen? Wie kann sie immer wieder freudige Bekenntnisse zum nationalsozialistischen Staat ablegen, die doch politische Bekenntnisse sind und sich gegen das Leben eines Teiles ihrer eigenen Glieder richten? Warum schützt sie nicht wenigstens die Kinder? Sollte denn alles das, was mit der heute so verachteten Humanität schlechterdings unvereinbar ist, mit dem Christentum vereinbar sein? [...]

Aber die Kirche [...] hat dem Volk, in das sie gestellt ist, das Wort und den Willen Gottes zu verkünden, und sie hat ihm auch dadurch zu dienen, dass sie zugleich für sich und stellvertretend für das Volk Buße tut für das, was geschehen ist und fortdauernd geschieht.   *Auszug aus ihrer Denkschrift aus dem Jahr 1935*

Elisabeth Schmitz, die Christin

Die Verfolgung der Juden und der „evangelischen Nichtarier" erlebt Schmitz hautnah mit. Ihre langjährige Freundin, die Ärztin Martha Kassel, verliert infolge des „Arierparagraphen"* (Berufsbeamtengesetz vom 7. April 1933) ihr berufliches Einkommen. Im Brief an die Eltern vom 22. April 1933 berichtet Schmitz: „Gestern Abend war Fr. Dr. [Kassel] wieder ganz verzweifelt. [...] Sie fühlt sich ja gar nicht als Jüdin, hat es nie getan und ist fassungslos, dass man sie trennen will vom Deutschtum, [...]. Ich sage dann immer, dass es ganz allein auf sie selbst und auf uns ankomme, ob sie deutsch sei – aber das schlägt ja alles nicht durch."

Schmitz teilt mit der mittellosen evangelischen Christin jüdischer Herkunft seit Herbst 1933 ihre Dreizimmerwohnung in der Luisenstraße 67 (Berlin-Mitte). Spätere Versuche der NSDAP, nach Denunziation durch einen Blockwart die Studienrätin wegen angeblicher „Wohngemeinschaft mit einer Jüdin" aus dem Amt zu drängen, scheitern. Tägliches Mitverhaftetsein in die Ausgrenzungserfahrungen ihrer nichtarischen Freundin Martha Kassel sowie deren Bruders, Rechtsanwalt Heinrich Kassel, Zugehörigkeit zum jüdischen Intellektuellenkreis [...], die frühe Lektüre der Schriften Barths* [...] – alles dies sind wesentliche Koordinaten, die Denken und Handeln der Schmitz seit 1933 bestimmen. Im September 1934 unterschreibt sie die „Rote Karte", den Mitgliedsausweis der BK, und gehört damit zur Bekenntnisgruppe um Pfarrer Gerhard Jacobi an der Kaiser-Wilhelm-Gedächtniskirche. [...]

Schmitz ist 1934 und 1935 kritisch begleitend an der Herausbildung der Kirchenopposition beteiligt. Immer wieder ruft sie ihre Bekennende Kirche zu einem öffentlichen Wort gegen die rassistische Ausgrenzung und Verfolgung auf, vergeblich.

Manfred Gailus

Arierparagraph: **>>** *S. 150*

Karl Barth (1886-1968): Schweizer evangelisch-reformierter Theologe. Er war Mitbegründer der Bekennenden Kirche und maßgeblich an der Ausarbeitung der Barmer Theologischen Erklärung beteiligt.

Gedenktafel an der Beethovenschule, Berlin

BERLINER GEDENKTAFEL

»Mir aber zerriß es das Herz ...«
An dieser Schule unterrichtete
die bekennende protestantische Christin
ELISABETH SCHMITZ
23.8.1893 – 10.9.1977
Als Pädagogin verweigerte sie die Mitwirkung an der Formung
des nationalsozialistischen Menschen auf rassistischer
und totalitärer Grundlage
Als Theologin verwies sie auf die jüdischen Grundlagen
des Christentums
Als Christin engagierte sie sich im Widerstand gegen die Shoa

Christen und Juden im Glauben verbunden?

Yad Vashem: Gedenk- und Begegnungsstätte des Holocaust in Jerusalem, gegr. 1953

Hermann Maas, ca. 1940

Der 1877 geborene Pfarrerssohn Hermann Maas gilt als ein Wegbereiter der Ökumene in Deutschland. Von 1915 bis 1943 war er Pfarrer in Heidelberg. In diese Zeit fällt sein Einsatz für verfolgte Juden. Er war Mitglied der Bekennenden Kirche und der badische Kontaktmann für das Büro Pfarrer Grüber in Berlin. Sein Ansehen im Judentum war so groß, dass er 1950 als erster Deutscher vom Staat Israel eingeladen wurde. 1967 erhielt er die Yad-Vashem-Medaille* und gilt in Israel als Gerechter unter den Völkern. Bis zu seinem Tod 1970 hielt er engen Kontakt zu seinen jüdischen Freunden dort.

Anders als die meisten kirchentreuen Protestanten, die die sog. Machtergreifung begeistert begrüßten, war Maas eher erschrocken. „Ich sah in Hitler von der ersten Minute an das Unheil für das deutsche Volk." [...]

Während viele Deutsche, auch viele Christen, sich nach 1933 ihrer Bekanntschaft mit Juden zu schämen begannen, bezeugte Maas in aller Öffentlichkeit seine Solidarität mit den Juden. Ihn trieb nicht nur Nächstenliebe für die „unter die Räuber Gekommenen", sondern eine tiefe Verbindung zwischen Juden und Christen. Anlässlich der Reichspogromnacht 1938 schrieb er einem jüdischen Mitbürger in Baden-Baden: „Ich stehe bei Ihnen, nicht trotzdem Sie Jude sind, sondern weil Sie es sind und weil ich heute von einer Gottesgemeinde, einem Gottesvolk weiß, zu dem wir, Sie und ich, in gleicher Weise als Brüder und Schwestern gehören, in gleicher Weise angegriffen, verachtet und verstoßen von der Welt, in gleicher Weise auch geborgen in der Liebe des Ewigen, dessen Kinder wir sein dürfen." Demonstrativ nahm er an den hohen jüdischen Feiertagen an den jüdischen Gottesdiensten teil. [...]

Maas unterstützte und beriet nicht nur getaufte Juden, sondern stand überhaupt bedrängten Juden bei. [...] An der Tür seines Pfarrhauses befestigte er eine Mesusa (Türfostenkapsel) mit der Begründung: „Meine jüdischen Freunde sollen wissen, dass sie bei mir sicher sind." Maas sammelte um sich einen Kreis von – vielfach selber gefährdeten – Helfern [...].

Für Maas war der gegen die Juden entbrannte Kampf weniger eine politische, sondern eine theologische Frage: „Hinter dem Kampf gegen die

Israelische Botschaft in Köln, 25.3.1966: Hermann Maas und andere erhalten die Yad-Vashem-Medaille

Juden verbirgt sich der Widerspruch gegen den Anspruch Gottes, der mit dem jüdischen Volk, seiner Erwählung, seinem Schicksal und mit der Tatsache ‚Das Heil kommt von den Juden' (Joh 4,22), an uns gestellt ist." Letztlich wird im Angriff gegen das Judentum der Glaube der Kirche angegriffen. Für Maas ergibt sich daraus als Aufgabe der Kirche, „ein schützender Zaun um das ganze leibliche Israel zu sein". Die Heimkehr des jüdischen Volkes nach Israel ist auch für Christen von Relevanz. In der gemeinsamen Wurzel von Juden und Christen (vgl. Röm 9–11) sah er auch „eine eschatologische* Einheit" von Kirche und Israel.

eschatologisch: endzeitlich

Der Einsatz für verfolgte Juden brachte Maas Schwierigkeiten in Heidelberg. In einem unzensierten Brief nach Zürich berichtete er 1935 über den ganzen Wahnsinn der NS-Rassenpolitik: „Hier treibt man wieder hinter mir her, weil ich ein 25-prozentiges nichtarisches Kind getauft habe, [...] oder klatscht über mich an allen Biertischen, dass ich mit einem nichtarischen Arzt auf der Straße gesprochen, weil ich in einem sehr dringlichen Seelsorgefall, ihn, den Hausarzt, um Rat fragen musste." Es kam zu zermürbenden Gestapoverhören. Dass er nicht eingesperrt wurde, ist wie ein Wunder. Maas hatte dafür seine eigene Erklärung: „Viel Behütung und seltsame, mir oft unerklärliche Unentschlossenheiten der Gestapo bewahrten mich vor dem allerletzten, dem Lager und dem Strick. Aber ich glaube sagen zu dürfen, dass damals meine große Gemeinde in Heidelberg wie ein Schutzwall hinter mir stand und oft die Gestapo zögern ließ oder gehemmt hat."

Jörg Thierfelder

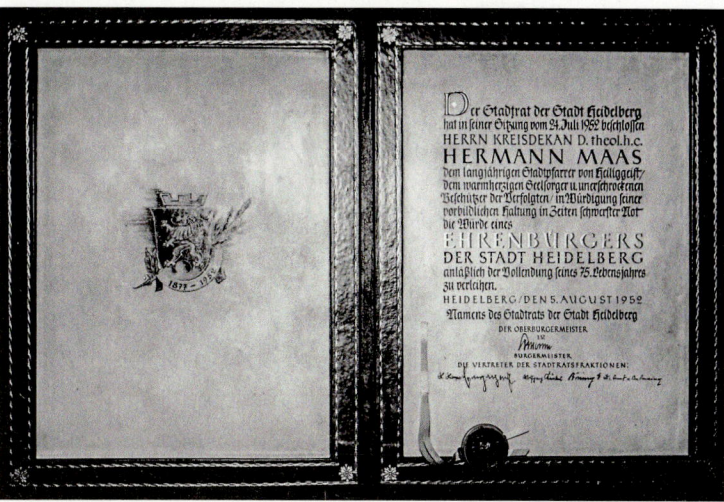

Ehrenbürgerurkunde
vom 5.8.1952

Juden und Christen

Viele Jahrhunderte lang haben christliche Theologen die Ansicht vertreten, dass das Christentum das Judentum als erwähltes Gottesvolk abgelöst bzw. enterbt habe. Dieser Gedanke widerspricht dem biblischen Befund, vor allem der Theologie des Paulus im Römerbrief (Röm 9-11), und ist eine der Wurzeln von Antijudaismus und Antisemitismus. Gegenwärtig wird in der christlichen Theologie betont, dass der christliche Glaube in der jüdischen Tradition gründet, dass aber das Christentum wie das gegenwärtige rabbinische Judentum als Schwesterreligionen mit gemeinsamer Mutter (= alttestamentliches Judentum) zu betrachten sind (Reinhold Bernhardt).

Aufgaben

1. Beschreibe das Verhältnis von Hermann Maas zum Judentum.
2. Benenne die theologischen Argumente, die Maas für seinen Einsatz für verfolgte Juden ins Feld führt.
3. Vergleiche sein Handeln mit dem von Elisabeth Schmitz und mit der Haltung der Bekennenden Kirche überhaupt.
4. 1952 wurde Maas zum Ehrenbürger der Stadt Heidelberg ernannt. Gestaltet die Diskussion im Gemeinderat der Stadt: Welche Argumente führen die Befürworter an? Was könnte dagegen sprechen?

(Keine) Solidarität mit den Kranken und Schwachen?

Eugenik: Lehre von der Verbesserung des Erbgutes

In den Kontext nationalsozialistischer Rasseideologie gehören auch Vorstellungen von eugenischen* Maßnahmen. So wurde seit 1934 die Zwangssterilisation behinderter Menschen gefordert. Von diesem Gesetz waren auch Einrichtungen der kirchlichen Diakonie und Caritas betroffen. Mit der „Aktion T4" ordnete Adolf Hitler 1939 die Vernichtung behinderten Lebens an. Dazu wurden alle pflegerischen Anstalten aufgefordert, entsprechende Meldebögen auszufüllen. Auf der Basis dieser Meldungen wurde der Abtransport in die für die Tötung vorgesehenen Anstalten vorgenommen. Zwar war die Aktion streng geheim, allerdings drangen Gerüchte über die Verbrechen doch zur Bevölkerung durch. Protest und Widerstand gegen diese Aktion gab es nur vereinzelt auf kirchlicher Seite.

Der bedeutendste Widerstand auf protestantischer Seite kam von Paul Gerhard Braune (1887-1954). Der Theologe und Pfarrer wurde 1922 von Friedrich von Bodelschwingh (1877-1946) zum Leiter der Hoffnungstaler Anstalten in Lobetal, einem Ableger der Betheler Anstalten, berufen. Als Anstaltsleiter verwendete er seine gesamte Energie darauf, den Abtransport seiner Schützlinge zu verhindern. Dies gelang ihm zu weiten Teilen. Ein Dokument seines Kenntnisstandes und seines Mutes ist die Denkschrift an Adolf Hitler, die er im Auftrag des Zentralausschusses der Inneren Mission verfasste. In der Folge wurde er von der Gestapo inhaftiert, allerdings nach wenigen Wochen wieder freigelassen. Im August 1941 wurde die Aktion gestoppt, allerdings vor allem kriegsbedingt.

Mit solchen Todesanzeigen protestierten die Angehörigen gegen die Ermordung kranker Familienmitglieder

Paul Gerhard Braune

Denkschrift für Adolf Hitler
vom 9. Juli 1940
von Paul Gerhard Braune

Betrifft: Planmäßige Verlegung der Insassen von Heil- und Pflegeanstalten

Es ist dringend notwendig, diese Maßnahmen so schnell wie möglich aufzuhalten, da die sittlichen Grundlagen des Volksganzen dadurch aufs schwerste erschüttert werden. Die Unverletzlichkeit des Menschenlebens ist einer der Grundpfeiler jeder staatlichen Ordnung. Wenn Tötung angeordnet werden soll, dann müssen geltende Gesetze die Grundlage solcher Maßnahmen sein. Es ist untragbar, dass kranke Menschen fortlaufend ohne sorgfältige ärztliche Prüfung und ohne jeden rechtlichen Schutz, auch ohne den Willen der Angehörigen und gesetzlichen Vertreter zu hören, aus reiner Zweckmäßigkeit beseitigt werden. [...] Hier steigen ernsteste Fragen und Sorgen auf. Es ist ein gefährliches Unterfangen, die Unverletzlichkeit der Person ohne jeden Rechtsgrundsatz preiszugeben. Jedem Rechtsbrecher wird der gesetzliche Schutz gewährt, soll man gerade die Hilflosen ohne Schutz lassen? Wird nicht die Ethik des ganzen Volkes gefährdet, wenn das Menschenleben so wenig gilt? Wie wird es die Kraft lähmen, Schweres zu ertragen, wenn man nicht einmal mehr seine Kranken ertragen kann? Das gehört zur echten Volksgemeinschaft und zur Verbundenheit im besten Sinne, wenn sich die Gesunden der Kranken und Schwachen annehmen. [...] Mögen die verantwortlichen Stellen dafür sorgen, dass diese unheilvollen Maßnahmen aufgehoben werden und dass die ganze Frage erst sorgfältig nach der rechtlichen und medizinischen, nach der sittlichen und staatspolitischen Seite geprüft wird, ehe das Schicksal von Tausenden und Zehntausenden entschieden wird. [...]
Lobetal, den 9. Juli 1940

gez. Pastor Braune

1947 hat Braune selbst die Entstehung der Denkschrift kommentiert und unter anderem die Euthanasie folgendermaßen gedeutet:

In der Frage der Euthanasie* führt nur das klare Gottesgebot zum festen Standpunkt. Nicht menschliche, medizinische oder juristische Erwägungen tun es. Gott hat geboten: „Du sollst nicht töten!" In diesem seinem Gebot hat Gott der Herr zum Schutz der Menschen, der Völker und Staaten seinen eindeutigen Willen für alle Zeiten und alle Verhältnisse ewig geltend ausgesprochen. Wer solch Gebot übertritt, wird schuldig und muss den Fluch solcher Schuld auf sich laden. Den Fluch dieser Krankentötung haben wir jetzt zu tragen. Die Vernichtung Deutschlands ist die Antwort Gottes darauf, dass etwa zweihunderttausend Kranke von deutschen Menschen in den Gaskammern umgebracht wurden. [...]

Euthanasie: im ursprünglichen Wortsinn „guter Tod" aus der Perspektive der/des Sterbenden. Die Nationalsozialisten verwendeten diesen Begriff für die systematische Ermordung behinderter und kranker Menschen.

In grauen Bussen ließen die Nationalsozialisten Menschen mit Behinderung in Tötungsanstalten bringen

Aufgaben

1. **Stelle die Argumentation der Denkschrift dar. Erkläre sie mithilfe von >> S. 141.**
2. **Die theologische Fundierung zeigt sich im zweiten Text (oben). Überprüfe, inwiefern sie den Hintergrund für die Denkschrift bildet.**
3. **Stelle dar, welche grundlegende Ethik hier entfaltet wird. Erörtere, wo sie heute Anwendung finden könnte. Zieh dazu >> S. 191 heran.**
4. **Paul Gerhard Braune und Friedrich von Bodelschwingh waren nicht die einzigen mutigen und tatkräftigen Kritiker der Aktion T4. Informiere dich über die Seite www.gedenkort-t4.eu über weitere Widerstandsaktionen, z.B. des Münsteraner Bischofs Clemens August von Galen und des Württemberger Bischofs Theophil Wurm.**

Ziel erreicht!

> Entwirf zu jeder Herausforderung der Kirche im Nationalsozialismus (Hitlers Pläne, Judenfrage, Euthanasie) einen Spickzettel mit den wichtigsten Sachinformationen und einer historischen Bewertung.

> Benenne offen gebliebene bzw. neu aufgeworfene Fragen.

> Verfasse einen Kurzvortrag zum Thema „Versagen der Kirche im Dritten Reich" oder zum Thema „Kirchlicher Widerstand im Dritten Reich".

Kirchliche Handlungsfelder im 21. Jahrhundert aufzeigen

Nenne alle kirchlichen Tätigkeitsfelder, die du aus den vergangenen Schuljahren kennst.

Der Auftrag der Kirche

Aufgabe der Kirche bzw. aller Christen und Christinnen ist es, das Evangelium in die Welt zu tragen. Dieser Auftrag kann in unterschiedlicher Weise entfaltet werden, z.B. liturgisch-gemein-schaftsstiftend (Gottes-dienste und andere Gemeinschaftsaktionen), prophetisch (Gegen-wartskritik) oder diakonisch (praktische Nächstenliebe). Diese Dimensionen prägen auch die kirchlichen Handlungsfelder, die den Binnenraum Kirche überschreiten. Sie lassen christlichen Glauben als Handeln in der Welt sichtbar werden, sind somit Zeugnis christli-chen Glaubens.

Stelle Vermutungen an, was die Begriffe mit dem Bild „Licht der Welt" zu tun haben könnten. Welches Thema erscheint dir besonders spannend? Begründe.

Projektaufgaben zu den Seiten 158–167

➤ Gestaltet Flyer für verschiedene kirchliche Aufgabenfelder, in denen ihr deren Zielsetzung, konkrete Aufgabengebiete und eure Beurteilung darstellt.

➤ Bereitet eine Podiumsdiskussion vor, in der die Frage „Welche Rolle kann Kirche aktuell noch spielen?" thematisiert wird.

➤ Verfasst einen Artikel für ein Schülerlexikon zum Thema: „Aktuelle kirchliche Handlungsfelder".

➤ Entwerft eine Collage zu den kirchlichen Handlungsfeldern, die auf den folgenden Seiten behandelt werden. Ergänzt weitere, die euch wichtig sind.

Welche Rolle spielt die Kirche in der Gegenwart?

Für die fünfte Kirchenmitgliedschaftsumfrage wurden in Deutschland 3000 Menschen ab 14 Jahren befragt, davon 2000 Kirchenmitglieder, 1000 Konfessionslose. Eine Frage unter anderen richtete sich darauf, was Menschen von der Kirche erwarten.

Kirche sollte ...

Inwiefern sollte sich die evangelische Kirche Ihrer Meinung nach in den folgenden Bereichen engagieren? Die evangelische Kirche sollte...*	
Aussage	Trifft zu (6+7) in %
Arme, Kranke und Bedürftige betreuen	57,4
sich um Probleme von Menschen in sozialen Notlagen kümmern	54,4
Gottesdienste feiern	51,6
für Werte eintreten, die für unser Zusammenleben wichtig sind	49,0
die christliche Botschaft verkündigen	46,0
Raum für Gebet, Stille und persönliche Besinnung geben	44,2
Gelegenheiten für gesellige Begegnung bieten	43,4
kulturelle Angebote machen	41,4
sich um Arbeitsalltag und Berufsleben kümmern	40,8
sich zu politischen Grundsatzfragen äußern	39,9

*   auf einer Skala von 1 = trifft überhaupt nicht zu bis 7 = trifft voll und ganz zu.

Kirche geöffnet Herzlich willkommen !

Aufgaben

1. Formuliere, was du von der Kirche erwartest. Begründe.
2. Erkläre, welche Menschen wohl die jeweiligen Antworten gegeben haben. Welche Antworten treffen vor allem auf Kirchenmitglieder zu, welche können auch von den Konfessionslosen stammen?
3. Ordne die Antworten nach folgenden Kategorien: liturgisch-gemein-schaftsstiftend, prophetisch, diakonisch. Finde ggf. weitere eigene Kategorien.
4. Beurteile, welche Rolle Kirche für die Mehrheit der Menschen in Deutschland spielt. Bezieh auch die beiden unteren Bilder ein.

Ist jede/-r für sein Handeln selbst verantwortlich?

Werbeplakat der Diakonie für die Schuldnerberatung

Was hat die Kirche mit den Problemen anderer Leute zu tun?

Max-Peter, 18 Jahre, ist noch in der Ausbildung. Nach der Führerscheinprüfung kauft er sich ein kleines Auto auf Raten. Als er mit seiner Freundin zusammenzieht, nimmt er für neue Möbel einen weiteren Kredit auf. Wenig später kommt es bei Glatteis zu einem Autounfall – Max-Peters Wagen hat einen Totalschaden. Zu alledem verlässt ihn seine Freundin, sodass er jetzt die Wohnungsmiete allein aufbringen muss. Seine laufenden Kosten kann er nur decken, indem er sein Konto überzieht.

Als eines Tages seine Bankkarte vom Geldautomaten eingezogen wird, sieht Max-Peter sich zum Handeln gezwungen. Er muss etwas gegen die Schulden tun, die sich inzwischen auf ca. 22.000 Euro belaufen. Er sucht die Schuldnerberatung der Diakonie in seinem Wohnort auf.

Was ihn dort erwartet, kann man am Beispiel folgender Homepage sehen:

Wie funktioniert die Schuldnerberatung des Diakonischen Werkes Pfalz?
Verschuldung oder Überschuldung ist das Ergebnis eines langen Prozesses, an dessen Anfang oft ein einschneidendes Ereignis steht: Arbeitslosigkeit, Krankheit, Scheidung oder der Tod eines Familienmitglieds können es schwer oder unmöglich machen, Kredite weiter zu bedienen oder laufende Rechnungen zu begleichen. Schuldnerberatung ist Lebensberatung: Der erste Schritt in unserer Beratung ist daher immer die „Bestandsaufnahme": Dazu betrachten wir die Lebenssituation der Ratsuchenden insgesamt. Das schließt neben den finanziellen auch mögliche soziale oder psychische Probleme ein.
Nur so kommen wir dem Ziel näher. Wir möchten gemeinsam mit Ihnen den Ursachen der Überschuldung auf die Spur kommen und eine Lösung finden, die Sie annehmen und leben können.
Unser Beratungsangebot ist offen für alle und kostenlos. Gespräche und deren Inhalte behandeln wir vertraulich. [...]

Wer berät Sie?
Mit unseren Beraterinnen und Beratern haben Sie Experten der Schuldnerberatung an Ihrer Seite. Alle verfügen über Hochschulabschlüsse als Sozialpädagogen oder Sozialarbeiter und haben zusätzlich ausführliche Kenntnisse im Bereich der Schuldner- und Insolvenzberatung.

Gratis – aber nicht umsonst
Die Schuldnerberatung der Diakonie Pfalz ist kostenlos, fordert jedoch einen gewissen Einsatz von Ihnen: Sie sollten bereit sein, offen und ehrlich über Ihre Schulden zu sprechen. Wir unterstützen Sie beim Führen von Verhandlungen, überprüfen Forderungen und informieren zum Schuldnerschutz. An der Lösung Ihrer Schuldenproblematik sollen Sie aktiv mitarbeiten.

Aus: www.diakonie-pfalz.de

Max-Peter beschreibt seine Erfahrungen so: „Meine Beraterin hat mir freundlich zuge-hört, aber auch knallhart alle Fakten mit mir besprochen. Das war schon unangenehm, alle Schulden offenzulegen. Schließlich hat sie mich überzeugt, in die Privatinsolvenz zu gehen. Das wird ein langer und schmerzhafter Weg, da ich fünf Jahre mit einem Minimum an Geld auskommen muss. Dann aber werde ich schuldenfrei sein und kann mir ein neues Leben aufbauen."

Vesperkirche in der Ulmer
Pauluskirche

Plakat der Diakonie

Diakonie
Unter Diakonie versteht man vor-nehmlich die so genannte Einrich-tungsdiakonie, die in das System des Sozialstaats eingebunden ist. Dazu zählen Krankenhäuser, Seni-orenwohnstätten, Pflegedienste, Einrichtungen der Jugendhilfe, Be-ratungsstellen u.v.m. Ihre Wurzeln hat die Diakonie im Evangelium vom Kreuz Jesu Christi: Gott ist bei denen, die leiden. Da nach christli-chem Verständnis alle Menschen auf Gottes Zuwendung angewie-sen sind, ist das Verhältnis von Helfendem zu Hilfsempfangenden nicht hierarchisch, sondern soli-darisch. Diakonie kann Menschen Hoffnungsperspektiven eröffnen und ist darin auch ein Zeichen für das Reich Gottes.

Aktion gegen häusliche Gewalt

Aufgaben

1. Beschreibe das Konzept der Schuldnerberatung. Nimm dazu auch das Werbeplakat (>> S. 160) zu Hilfe.
2. Ordne die Schuldnerberatung einer oder mehreren Dimensionen von Kirche zu.
3. Erkläre das zugrunde liegende Menschenbild. (>> S. 10)
4. Recherchiere weitere Handlungsfelder der Diakonie. Nimm dazu die Bilder oben zu Hilfe.

Darf die Kirche die Politik kritisieren?

Kirche und Politik

„Bischöfin Käßmann verärgert die Politik"

So lautete vor einigen Jahren die Überschrift auf der Titelseite einer großen überregionalen Zeitung. Was war geschehen?

Am Neujahrstag 2010 hielt die ehemalige Landesbischöfin der Hannoverschen Landeskirche und damalige EKD-Ratsvorsitzende Margot Käßmann im Berliner Dom die Predigt zum Thema „Euer Herz erschrecke nicht – glaubt an Gott und glaubt an mich." *(Joh 14,1). Sie sagte unter anderem:*

Nichts ist gut in Afghanistan. All diese Strategien, sie haben uns lange darüber hinweggetäuscht, dass Soldaten nun einmal Waffen benutzen und eben auch Zivilisten getötet werden. Das wissen die Menschen in Dresden besonders gut! Wir brauchen Menschen, die nicht erschrecken vor der Logik des Krieges, sondern ein klares Friedenszeugnis in der Welt abgeben, gegen Gewalt und Krieg aufbegehren und sagen: Die Hoffnung auf Gottes Zukunft gibt mir schon hier und jetzt den Mut, von Alternativen zu reden und mich dafür einzusetzen. [...] Wir brauchen mehr Fantasie für den Frieden, für ganz andere Formen, Konflikte zu bewältigen. Das kann manchmal mehr bewirken als alles abgeklärte Einstimmen in den vermeintlich so pragmatischen Ruf zu den Waffen. Vor gut zwanzig Jahren haben viele Menschen die Kerzen und Gebete auch hier in Dresden belächelt. [...].

Aus: www.ekd.de

Damit wurde in Deutschland eine breite Diskussion losgetreten.

> *Frau Käßmann darf eine eigene Meinung haben, keine Frage. Aber sie sollte diese nicht stellvertretend für die evangelischen Kirchenmitglieder in Deutschland zum Ausdruck bringen.*

> *Problematisch ist die Tatsache, dass Käßmann hier nicht als Privatperson gesprochen hat, sondern in ihrer Funktion als EKD-Ratsvorsitzende. Sie hat sich mit ihrer Äußerung in Gegensatz zur Mehrheit des Bundestages gesetzt.*

> *Käßmann spricht aus, was die Mehrheit in Deutschland denkt. So muss Kirche sein!*

> *Käßmann hat daran erinnert, dass die Kirche ein Wächteramt gegenüber dem Staat hat. Die Mahnung zum Frieden gehört zu den Aufgaben der Kirche.*

Aufgaben

1. **Beschreibe die Position und Zielsetzung Margot Käßmanns. Erläutere ihr Kirchenverständnis. Nimm dazu auch >> S. 141 zu Hilfe.**
2. **Erläutere das Kirchenverständnis, das hinter den verschiedenen Statements steht.**
3. **Beurteile den Konflikt um die Predigt von Käßmann.**
4. **Suche weitere Beispiele dafür, dass Einmischung bzw. Engagement der Kirche kontrovers diskutiert wird.**

Kirchenasyl: >> S. 199

Kirche im Sozialismus = Kirche für andere?

Der Theologe Wolf Krötke beschreibt die Rolle der evangelischen Kirche in der DDR unter anderem so:

[...] Auf der anderen Seite konnte sie [die evangelische Kirche] nicht schweigen, wenn Menschen innerhalb und außerhalb der Gemeinde Unrecht widerfuhr. Denn sie war mehr und mehr auch eine Anlaufstelle, bei der Menschen ihre Nöte klagten, in die sie in dieser Gesellschaft geraten waren. Dass eine Pfarrerin oder ein Pfarrer Menschen sind, denen man vertrauen konnte, war ein Bonus, der diesem schwierigen Beruf in der sozialistischen Gesellschaft einen Vorsprung an menschlicher Vertrauenswürdigkeit gab. [...]

Was aber [...] bleibt, ist die Erfahrung, dass sich die christlichen Gemeinden in der sozialistischen Gesellschaft je länger je mehr als Orte unverstellten Wahrnehmens der Wirklichkeit dargestellt haben. Nach der atheistisch-marxistischen Theorie besteht das Wesen der „Religion" darin, sich Illusionen über die Wirklichkeit zu machen und damit die Menschen über das gesellschaftliche Elend hinweg zu trösten. In der DDR war es genau umgekehrt. Die „Religion" in Gestalt der Gemeinden war Anwalt der unverstellten Wahrnehmung der gesellschaftlichen Realität. Die atheistische Weltanschauung, welche die beste aller möglichen Welten versprach, aber war eine Quelle von Illusionen, welche eine ganze Gesellschaft veranlasst hat, sich im Hinweglügen der Realität einzurichten. In den Gemeinden hatte dieses Hinweglügen keinen Nährboden. Hier wurde ausgesprochen, wie es um die real-sozialistische Gesellschaft in Wirklichkeit stand. Das macht es erklärlich, warum ganz kirchenferne Menschen den Raum dieser Gemeinden suchten, als es galt, dem Protest gegen ein Regime, das auf so viel Illusionen und Lügen angewiesen war, Ausdruck zu verleihen.　*Wolf Krötke*

Was ist ein Prophet?

Gott als Projektion:
>> S. 44-46

Mahnwache vor der Ost-Berliner Gethsemanekirche, Oktober 1989

Aufgaben

1. **Beschreibe die Rolle der (evangelischen) Kirche in der DDR. Nimm als Hintergrundinformation auch >> S. 144 hinzu.**
2. **Erläutere, inwiefern man die Rolle der evangelischen Kirche als prophetisch bezeichnet. Nimm dazu auch >> 44-46 zu Hilfe.**
3. **Eine weitere Formel zur Beschreibung der Kirche in der DDR ist die der „Zeugnis- und Dienstgemeinschaft". Nimm Stellung dazu.**

Protestantismus und Schule

Gehört
Bildung zum
Protestantismus?

Barbara Lambrecht-Schadeberg (* 1935) ist Unternehmerin und praktizierende evangelische Christin. Für ihre Stiftung erhielt sie 2010 die Luther-Medaille. Diese wird von der EKD verliehen, um herausragendes Engagement für den Protestantismus zu würdigen. In ihrer Laudatio auf die Preisträgerin sagte Marga Beckstein* unter anderem:

1994 haben Sie die Barbara-Schadeberg-Stiftung errichtet, deren Stiftungszweck es ist, eine im Evangelium begründete Bildung und Erziehung unserer Kinder und Jugendlichen zu fördern. Bildung wird hier nicht nur als eine Angelegenheit der Lehrerinnen und Lehrer begriffen, sondern als etwas, was alle Bürgerinnen und Bürger angeht, als das gesamtgesellschaftliche Megathema unserer Gegenwart überhaupt. Die Mittel, die diese Stiftung bundesweit ausschüttet, kommen evangelischen Schulen und Schulprojekten zugute, der Lehrerfortbildung und der wissenschaftlichen Forschung. Regelmäßig finden Barbara-Schadeberg-Vorlesungen statt, in denen es um Bildungsthemen und das protestantische Bildungsverständnis geht.

Dieses Bildungsverständnis berührt das Bild vom Fischernetz*: Im Netz des Fischers finden sich alle möglichen Fische – große, kleine, schimmernde, matte, schmale, runde. So wie das Netz die verschiedensten Meereskreaturen sammelt, so unterschiedlich sind auch die Kinder und Jugendlichen, die unser Bildungswesen durchlaufen. Jeder junge Mensch sieht anders aus, denkt und fühlt anders, kommt aus einer anderen Familie.

Barbara Lambrecht-Schadeberg

Bei jedem einzelnen jungen Menschen ist es die Aufgabe der Bildungsverantwortlichen, das Netz immer wieder neu auszuwerfen – auf der Suche nach den individuellen Begabungen, Talenten und Interessen. Wenn jeder Mensch Ebenbild Gottes* ist, dann sind wir es ihm alleine aus unserem Glauben heraus schuldig, ihn in seiner Individualität, mit seinen individuellen Stärken zu begreifen und zu würdigen. Diese individuellen Stärken dürfen wir aber nicht vereinzelt stehen lassen: So wie ein Netz voller Fische in der Sonne am Strand vor allem deswegen so schön blitzt und blinkt, weil der Fang als Ganzes ästhetisch ist, so muss individuelle Bildung immer auch Teil gesamtgesellschaftlicher Bildung sein.

Nicht nur die optimale Förderung des einzelnen Kindes und des einzelnen Jugendlichen steht im Vordergrund. Sondern auch seine Entwicklung zum wertvollen Glied in unserer Gesellschaft. Hirn und Herz gleichermaßen zu fördern – das ist Kernpunkt protestantischen Bildungsverständnisses. Für diesen Kern, sehr geehrte Frau Lambrecht-Schadeberg, setzen Sie sich mit Ihrer Stiftung ein.   *Aus: www.ekd.de*

Marga Beckstein:
Lehrerin und praktizierende Protestantin. Als Gattin des ehemaligen bayerischen Ministerpräsidenten Günther Beckstein ist sie eine bekannte Persönlichkeit.

Fischernetz: Lies dazu Mk 1,16–20 nach.

Ebenbild Gottes:
>> *S. 18,* >> *S. 178*

Aufgaben

1. Die Laudatio kann exemplarisch für das protestantische Bildungsverständnis stehen. Fasse die wesentlichen Aspekte zusammen.
2. Setze Elemente dieses Bildungsverständnisses in Beziehung zu grundlegenden Aspekten des Christentums evangelischer Prägung, die du schon kennst (Menschenbild, Bildung, Priestertum aller Gläubigen, Ethik, Kirche und Staat etc.).
3. Recherchiere Leitbilder evangelischer Schulen in Deutschland. Entwirf ein eigenes Konzept für eine Schule, die dem protestantischen Bildungsverständnis entspricht.

Bildung als Medium der Mission?

Donnerstagabend in der Johann-Ludwig-Schneller-Schule in Khirbet Kanafar (Bekaa-Ebene/Libanon): 130 Kinder und Jugendliche zwischen fünf und 22 Jahren sitzen in der Kirche auf dem Schulgelände und hören die Geschichte von Abraham. Es ist die tägliche Abendandacht, mit der fast jeder Schultag zu Ende geht. Dass hier Christen und Muslime nebeneinander sitzen, gemeinsam Lieder singen und zusammen beten, ist an der Johann-Ludwig-Schneller-Schule eine Selbstverständlichkeit. An der christlichen Schule soll Religion nicht trennen. Die Gebete im Gottesdienst, vor dem Essen oder beim Zubettgehen werden so formuliert, dass auch Muslime sie mitsprechen können. Weihnachten und Ostern werden genauso gefeiert wie Ramadan und das Opferfest. [...]

Seit 2002 nimmt die Johann-Ludwig-Schneller-Schule Mädchen auf. [...] Wie die meisten Jungen im Internat der Johann-Ludwig-Schneller-Schule haben auch die Mädchen einen schweren familiären Hintergrund. [...]

Vor 150 Jahren legte Johann Ludwig Schneller in Jerusalem den Grundstein für diese Arbeit. Der schwäbische Lehrer war zusammen mit seiner Frau nach Palästina gekommen, um dort Missionsarbeit zu leisten. Als 1860 im heutigen Libanon blutige Unruhen zwischen Christen und Drusen* ausbrachen, machte Schneller sich auf den Weg dorthin und holte neun Waisenkinder zu sich nach Jerusalem – der Beginn des Syrischen Waisenhauses. Bereits ein Jahr später lebten mehr als 40 Kinder in Schnellers Obhut. Die Einrichtung sollte in den kommenden Jahrzehnten zur größten diakonischen Einrichtung in der Region werden. Zeitweise betreute das Syrische Waisenhaus mehr als 400 Kinder. Sie kamen gleichermaßen aus muslimischen und christlichen Familien. Vom Missionsgedanken verabschiedete sich Schneller bald. Er spürte, dass die muslimischen Familien ihm die Waisenkinder aus der Verwandtschaft nicht anvertraut hätten, wenn sie Gefahr gelaufen wären, vom Glauben abzufallen. Doch Schneller ging es in erster Linie darum, Waisenkindern eine Zukunftsperspektive zu geben. Deswegen setzte er sich von Anfang an dafür ein, dass die Kinder nach einer guten Schulausbildung einen Beruf lernen konnten und somit dem Teufelskreis der Armut entrinnen konnten.

Christoph Dinkelacker

Drusen: Religionsgemeinschaft im Nahen Osten, die sich aus der Ismael-Tradition ableitet, aber gegenüber dem Islam selbstständig ist. Im Libanon sind die Drusen auch eine politisch bedeutsame Größe.

> **Was geschieht beim Missionieren?**

Aufgaben

1. Beschreibe das Konzept der Schneller-Schulen damals und heute.
2. Die Schneller-Schulen verstehen sich als „Schule für die Armen". Prüfe, inwiefern dieser Anspruch zum protestantischen Bildungsverständnis passt.
3. Beurteile, ob man die Arbeit der Schneller-Schulen im Nahen Osten als Friedensarbeit bezeichnen kann.

Geht Gottesdienst auch im Cyberspace?

Gottesdienst 2.0

Wir machen alles neu
In Frankfurt/Main wird am Gottesdienst der Zukunft gearbeitet

„Wir wollten einen Gottesdienst als Teil der LAN-Party machen, der aber die Leute nicht zwingt, daran teilzunehmen, und wir wollten die, die teilnehmen, miteinbeziehen und erfahren, was ihre Berührungspunkte mit dem Glauben sind", sagt Christopher Diekkamp. Der heute 32-jährige Informatiker war schon damals mit dabei. Er erinnert sich: „Wir haben dann eine Andacht per Videoübertragung angeboten und die Leute vorher Themen ‚voten' lassen, die sie interessieren." [...]
Aber die Andachten, die mehr und mehr zu richtigen Gottesdiensten ausgebaut wurden, erfreuten sich auch bei den folgenden LAN-Partys großer Beliebtheit, die Zahl der Teilnehmer „vor Ort" steigt auf etwa siebzig an, und es kommt der Wunsch auf, dass die Gottesdienste auch „von außen" verfolgt werden können und nicht nur die technisch vernetzten Teilnehmer der LAN-Partys unter sich feiern. So geschieht es, und bald können Leute von außerhalb über das Internet mitfeiern – zu Hause vom Computer oder von unterwegs mit dem Smartphone – die räumlichen Grenzen fallen. Das – so Christopher Diekkamp – war „das Aha-Erlebnis: alle dabei, alle bringen ihr's mit ein, völlig cool". Und für Pfarrer Rasmus Bertram war es eine Entdeckung, dass es in den Gottesdiensten „unheimlich zur Sache geht", wenn die Gemeinde im Netz konkret nachfragen kann zu dem, was sie eben von ihm gesagt bekommt. „Das hat mich sehr bewegt, und es war etwas absolut Neues!"
Aber es ist auch alles sehr viel Arbeit für Pfarrer Bertram, Diekkamp und das ganze ehrenamtliche Team. So treffen sie 2012 die Entscheidung, die LAN-Partys aufzugeben

und künftig alle Kraft in ihre Erfindung, das neue, interaktive Gottesdienstformat zu stecken. Fortan wird also St. Peter für jeden der so genannten sublan-Gottesdienste mit großem Aufwand in ein Studio umgebaut, und der Gottesdienst selbst technisch und optisch auf ein neues Niveau gehoben. Auch die Möglichkeiten der Interaktion für die wachsende Online-Gemeinde werden mit Verfeinerung der Software und mit einer komplexeren Programmierung verbessert. Es können nun während des Gottesdienstes Vorschläge für die Fürbitten geschickt werden, die Wortmeldungen der Gottesdienstbesucher werden für alle sichtbar eingeblendet, und es gibt Extra-Teams, die parallel zum Verlauf des Gottesdienstes seelsorgerliche Fragen beantworten und Gebetsanliegen sammeln. Rasmus Bertram war schon immer ein Pfarrer für die ungewöhnlichen Dinge, einer, der neue Sachen ausprobiert. [...] Heute, nach den Erfahrungen mit den ersten sublan-Gottesdiensten – ist er mehr denn je überzeugt: „Gott spricht durch alle hindurch, und er wird durch die Gemeinde sichtbar." Deshalb ist es ihm wichtig, dass es zu „Gesamterfahrungen" im Gottesdienst kommt, „denn das ist das Spannende."

Diese „Gesamterfahrungen" will Bertram erreichen, indem er in den sublan-Gottesdiensten anstelle einer ausformulierten Predigt nur zwei Thesen vorstellt, die er der versammelten Netzgemeinde zur Diskussion stellt. [...]

Wer sich auf der Internetseite www.sublan.tv die bisherigen interaktiven Gottesdienste anschaut, dem fällt es schwer, diese Begeisterung nachzuvollziehen. Ein bisschen wirken die Videos dort wie Fernsehgottesdienste für junge Leute, in denen es an manchen Stellen hakt [...].

Rasmus Bertram winkt ab. Er weiß, dass die bisherigen Netzgottesdienste von St. Peter als Konserve nicht überzeugen können. Das wundert ihn auch gar nicht, denn das Entscheidende, die Echtzeit eben, könne man ja da gar nicht sehen [...].

Reinhard Mawick

Aufgaben

1. Beschreibe das Besondere an einem Gottesdienst im sublan.tv.
2. Erkläre, weshalb dieses Gottesdienstmodell vor allem Jugendliche anspricht.
3. Beurteile, ob es sich um einen „echten" Gottesdienst handelt. Ist er ein Modell für die Zukunft?
4. Entwerft in Gruppen ein Modell für einen interaktiven oder „normalen" Gottesdienst. Was muss unbedingt vorkommen, worauf könnte man verzichten?

Ziel erreicht!

> Entwirf einen Kurzvortrag zum Thema: „Rolle der Kirche in der Gegenwart". Bezieh dich dabei auch auf das Bild von der „Wolke der Zeugen" (Hebr 12,1).

> Erstelle einen Merkzettel, auf dem die Dimensionen kirchlichen Handelns und konkrete Beispiele einander zugeordnet werden. Ergänze Aspekte, die dir außerdem wichtig erscheinen.

> Blicke auf die Unterrichtseinheit zurück: Was war neu? Was war interessant? Was war schwierig? Was sollte man anders machen?

> Gestalte Thesen für eine zukunftsfähige Kirche.

Verantwortlich handeln

Der Lehrer hatte seine Tasche in der Pause in der Klasse gelassen. Der ganze Jahrgang würde wieder dieselbe Arbeit schreiben. Fabienne hatte die Arbeit aus der Schultasche des Lehrers genommen und per WhatsApp an ihre Clique verschickt. Ja, die kannte wirklich keine Skrupel. Andere aus der Klasse schickten diese weiter, auch Marie bekam die Arbeit schließlich zu sehen. Bei einigen ging es um die Versetzung. Auch ein paar von der Parallelklasse waren in der Gruppe. Der Klassendurchschnitt war fast eine ganze Note besser gewesen als die letzten Male. Der Lehrer hatte die Klasse sehr gelobt. Nun saß Marie hier und hatte ein schlechtes Gewissen.

Beurteile die Situation von Marie und begründe, was sie nun tun soll.

Philipp Heinisch

? Woran erkenne ich moralisch gutes Handeln?

? Dürfen wir alles, was wir können?

? Gegenüber wem bin ich verantwortlich?

? Darf ich einen Menschen töten, um zwei zu retten?

? Ist Gewalt mit dem christlichen Glauben vereinbar?

? Welche Strategien helfen mir, ein gutes Urteil zu fällen?

? ...

So ist das Kapitel aufgebaut:

Ethische Fragen wahrnehmen und erörtern >>

Christliche Ethik in Beziehung setzen >>

Gute Gründe für ein ethisches Urteil prüfen >>

Von Vorbildern lernen >>

Neo Rauch (1960): Die Abwägung*

Ich kann am Ende des Kapitels …

✔ Situationen erörtern, in denen die Frage nach dem guten und richtigen Handeln gestellt wird.

✔ Ansätze christlicher Ethik erklären und mit anderen Positionen vergleichen.

✔ ethische Urteile differenziert begründen.

✔ von Menschen erzählen, die sich für Menschenwürde, Frieden und Gerechtigkeit einsetzen.

Ethische Fragen wahrnehmen und erörtern

Jeden Tag gibt es Nachrichten, in denen es auch um ethische Probleme geht. Nenne drei Beispiele aus den letzten Wochen, bei denen die Frage nach einem guten bzw. richtigen Handeln aufgeworfen wurde.

Moral und Ethik

Unter Moral versteht man zunächst Normen und Prinzipien, die ein Mensch oder eine Gruppe für sich als bindend erachtet und die das Handeln leiten, wie z.B. das Gebot „Du sollst nicht töten". Gegenstand der Ethik ist die kritische Sichtung, Reflexion und Begründung von bestehenden Moralvorstellungen.

Was weißt du über die angezeigten Themen und welches interessiert dich besonders?

Projektaufgaben zu den Seiten 170–176

➤ Benennt zu drei der folgenden Seiten das ethische Problem und die damit verbundenen ethischen Fragen.

➤ Entwerft eine grafische Gestaltung mit Beispielen zu der Grundinformation „Moral und Ethik".

➤ Formuliert mithilfe der folgenden Seiten ethische Fragestellungen, mit denen ihr das Gewissensspiel spielen könnt.

➤ Recherchiert zu den Fallbeispielen im Teilkapitel weitere Bilder und erläutert daran die ethischen Fragestellungen.

➤ Entwerft ein szenisches Spiel zu einem der folgenden ethischen Probleme.

Sich für Gerechtigkeit einsetzen

Was ist eine gerechte Note?

Nebenjob gesucht

Mia: Disco, Shoppen, Handy und nächstes Jahr der Führerschein. Ich glaub, ich muss mir einen Job suchen.

Louis: Ich trag schon seit ich 13 bin das Wochenblatt aus.

Sophie: Den Traum vom guten Verdienst kannst du da aber knicken. Meine Schwester hat mal bei uns die Sonntagszeitung ausgetragen. Die musste früh aufstehen, verdiente 40 € im Monat, bei einer Arbeitszeit von drei Stunden pro Sonntag. Nee, das ist nichts.

Louis: Also, ich verdien bis zu 120 € im Monat, bin aber auch den ganzen Mittwoch und den ganzen Freitag unterwegs. Aber das hält fit.

Emily: Naja, fürs Babysitten wird man ja auch unterschiedlich bezahlt. 5 € die Stunde hab ich das letzte Mal bekommen. Dafür dass ich mich mit zwei Gören abgemüht hab. Meli hat neulich für dieselbe Zeit 40 € bekommen und nur mit einem Kind irgendwelche Filme geschaut.

Mia: Ich glaub, da werd ich lieber Youtuber. Manche verdienen viel Geld damit.

Emily: Hey, habt ihr Victoria gesehen, mit ihrem neuen Handy? Ultradünn und megasexy!

Mia: Die hat ja das Geld zu Hause. Ihr Vater ist ja in der Geschäftsführung in irgend so einem großen Laden.

Emily: Meine Freundin macht eine Ausbildung als Zahnarzthelferin. Die verdient, wenn sie fertig ist, 1600 € brutto. Ihr Chef verdient fast das Vierfache. Das ist doch ungerecht.

Sophia: In Bangladesch verdient eine Näherin weniger als 35 € im Monat!

Emily: Meine Tante hat im Osten für 4,50 € Haare geschnitten. Seit es den Mindestlohn gibt, verdient sie fast mehr als das Doppelte. Aber sie hat auch ihren Job wechseln müssen, weil ihr alter Laden zugemacht hat.

Louis: Mein Cousin hat neulich einen Ferienjob bei einer Schweizer Chemiefirma gemacht. Der hat sage und schreibe 26 Franken pro Stunde bekommen und hat nur rumgesessen, Kaffee getrunken und Papier abgeheftet. Der war am Ende der Sommerferien ein reicher Mann. Aber den Job bekommen nur Angehörige. Das ist ungerecht.

WIESO KRIEGT ER ZWEI EURO MEHR ?!!

MEIN LIEBES.... JE EHER DU DICH DRAN GEWÖHNST...

Thomas Plaßmann

Prinzipien der Lohngerechtigkeit

Anforderungsgerechtigkeit: Der Lohn richtet sich nach den Anforderungen, die mit einer bestimmten Stelle verbunden sind, wie z.B. körperliches oder geistiges Können, Verantwortung ...

Leistungsgerechtigkeit: Die Entlohnung bezieht die individuelle Leistung mit ein. Höhere Leistung wird auch höher entlohnt.

Marktgerechtigkeit: Der Lohn ändert sich mit der Nachfrage nach bestimmten Arbeitsleistungen. Gerecht erscheint, denjenigen höhere Löhne zu zahlen, die eine gefragtere Arbeitsleistung erbringen.

Bedarfsgerechtigkeit: Der Lohn richtet sich nach dem persönlichen Bedarf des Arbeitnehmers. Eine Vollzeitstelle soll mindestens die Existenz sichern.

Nach Elisabeth Göbel

Aufgaben

1. Beschreibe, was die Jugendlichen als Ungerechtigkeit empfinden. Nimm dazu Stellung.
2. Untersuche die genannten Aussagen hinsichtlich ihrer Vorstellung von Gerechtigkeit. Nenne weitere Beispiele.
3. Entwirf eine Fortsetzung der Karikatur: Wie könnten die betroffenen Personen argumentieren?
4. Prüfe, ob das Gleichnis von den Arbeitern im Weinberg (Mt 20) ein Lösungsansatz für einen gerechten Lohn sein kann.

Sich für Menschenwürde einsetzen

Was sind gute Gründe für das Recht auf Asyl?

REFUGEES not WELCOME

So heftig hatte er sich das nicht vorgestellt, als er damals seinen Sohn mitnahm. [...] Damit er sieht, was Papa so macht als Leiter des Bezirksamtes [...]. Es war dann doch hoch hergegangen [...]: Über 300 Menschen waren gekommen, um über die neue Flüchtlingsunterkunft zu diskutieren. Stattdessen beschimpften sie einander und lieferten sich heftige Wortgefechte. Ein „Horrorhaus" werde das sein, hieß es. Hinterher wunderte sich der 15-Jährige. Warum es die ganze Zeit um die „Ausländer" ging – da brauchten Leute Wohnungen, und dort gab es schließlich welche. „Wo ist eigentlich das Problem?", fragte er seinen Vater. Der schimpfte über die „Bierzeltstimmung".

Kurz danach schrieben alle Zeitungen darüber. „Asyl trifft Luxus" oder „Flüchtlinge im Millionärs-Viertel" – das waren so die Schlagzeilen. Ein Thema, wie gemacht für die Medien: In Harvestehude, einem Hamburger Nobelstadtteil an der Alster, sollen 220 Flüchtlinge untergebracht werden. Auch wenn das gerade schwierig scheint.

Asyl
Asylsuchende sind Schutzsuchende. In vielen Ländern werden Menschen wegen ihrer religiösen oder politischen Überzeugungen verfolgt, verhaftet, gefoltert, mit dem Tode bedroht oder sogar umgebracht. Deswegen fliehen sie und bitten in anderen Ländern um Asyl. Das Recht auf Asyl ist in Artikel 14 der Allgemeinen Erklärung der Menschenrechte festgeschrieben.

Das Gebäude an der Sophienterrasse 1a gehörte früher der Bundeswehr [...]. 23 Wohnungen sollen hier entstehen, in einer von Hamburgs besten Lagen, wo die Quadratmeterpreise schon mal fünfstellig sein können und der Weg zur Außenalster kurz ist. Er führt vorbei an Gründerzeitvillen und neuen Apartments mit viel Glas, gepflegten Vorgärten und einem ehemaligen NS-Gebäudekomplex, der nun zu Luxuseigentumswohnungen und schönen Stadtvillen ausgebaut wird. „Flüchtlinge passen hier nicht hin", sagte der Inhaber einer Bar im Viertel und schüttelt den Kopf. Er wohnt seit 40 Jahren hier. Die Unterschiede seien zu groß, und überhaupt „mindestens 70 Prozent von denen klauen". Wenige argumentieren so direkt wie er. Meistens heißt es, es werde zu sozialen Spannungen kommen, Arm und Reich so dicht nebeneinander. Die Flüchtlinge würden sich hier nicht wohlfühlen. Ihre Kinder hätten in der Schule Probleme neben den wohlhabenden Klassenkameraden. Und ein Argument, das in der Presse oft wiederholt wurde: Die Einkaufsmöglichkeiten seien für Flüchtlinge viel zu teuer.

Aus: fluter. Jugendmagazin der Bundeszentrale für politische Bildung

Aufgaben

1. Formuliere, was die jugendlichen Flüchtlinge auf dem Bild erzählen könnten.
2. Bewerte die Äußerungen der Bewohner von Harvestehude.
3. Benenne die Forderungen der Bibel (z.B. 2. Mose 23,9; 3. Mose 19,33f.; Lk 10,25-27) zum Umgang mit Fremden und Flüchtlingen und beurteile diese.
4. Untersuche, wie unser tägliches Verhalten dazu beiträgt, dass Menschen aus ihren Heimatländern fliehen.

Sich für Frieden einsetzen

Krieg: Stell dir vor, er wäre hier

Erst begeistert von den Nationalsozialisten, schließt sich Sophie Scholl (1921-1943) der Widerstandsgruppe „Die Weiße Rose" an und verteilt Flugblätter gegen das NS-Regime. Ihre Lebensgeschichte gilt heute als ein Symbol für beispielhafte Zivilcourage und Widerstand.

Welche Gründe gibt es für einen Krieg?

Aufruf an alle Deutsche!
Der Krieg geht seinem sicheren Ende entgegen. Wie im Jahre 1918 versucht die deutsche Regierung alle Aufmerksamkeit auf die wachsende U-Boot-Gefahr zu lenken, während im Osten die Armeen unaufhörlich zurückströmen, im Westen die Invasion erwartet wird. Die Rüstung Amerikas hat ihren Höhepunkt noch nicht erreicht, aber heute schon übertrifft sie alles in der Geschichte seither Dagewesene. Mit mathematischer Sicherheit führt Hitler das deutsche Volk in den Abgrund. Hitler kann den Krieg nicht gewinnen, nur noch verlängern! Seine und seiner Helfer Schuld hat jedes Maß unendlich überschritten. Die gerechte Strafe rückt näher und näher!
Was aber tut das deutsche Volk? Es sieht nicht und es hört nicht. Blindlings folgt es seinen Verführern ins Verderben. Sieg um jeden Preis! haben sie auf ihre Fahne geschrieben. Ich kämpfe bis zum letzten Mann, sagt Hitler – indes ist der Krieg bereits verloren. [...]
Glaubt nicht, dass Deutschlands Heil mit dem Sieg des Nationalsozialismus auf Gedeih und Verderben verbunden sei! Ein Verbrechertum kann keinen deutschen Sieg erringen. Trennt Euch rechtzeitig von allem, was mit dem Nationalsozialismus zusammenhängt! Nachher wird ein schreckliches, aber gerechtes Gericht kommen über die, so sich feig und unentschlossen verborgen hielten. Was lehrt uns der Ausgang dieses Krieges, der nie ein nationaler war?
Der imperialistische* Machtgedanke muss, von welcher Seite er auch kommen möge, für alle Zeit unschädlich gemacht werden. [...] Nur in großzügiger Zusammenarbeit der europäischen Völker kann der Boden geschaffen werden, auf welchem ein neuer Aufbau möglich sein wird. [...]
Jedes Volk, jeder Einzelne hat ein Recht auf die Güter der Welt!
Freiheit der Rede, Freiheit des Bekenntnisses, Schutz des einzelnen Bürgers vor der Willkür verbrecherischer Gewaltstaaten, das sind die Grundlagen des neuen Europa.
Unterstützt die Widerstandsbewegung, verbreitet die Flugblätter!

Das Bild aus der Graphic Novel „Im Westen nichts Neues" von Peter Eickmeyer zeigt den Ersten Weltkrieg aus der Sicht eines 19-Jährigen Freiwilligen

Imperialismus:
zielstrebige Erweiterung des wirtschaftlichen, politischen und militärischenEinfluss–bereichs eines Staates

Der Text stammt aus einem Flugblatt der „Weißen Rose"

Mehr zu Gewalt, Frieden, Versöhnung: >> *S. 197f.*

Aufgaben

1. Beschreibe das Bild und formuliere, was die Beteiligten über den Krieg denken.
2. Arbeite die Argumentation der Weißen Rose gegen den Krieg heraus und bewerte sie.
3. Sophie Scholl gilt als Vorbild für beispielhafte Zivilcourage und Widerstand. Formuliere Gründe für diese Sicht.
4. Untersuche Entstehung und Verlauf aktueller Kriege und beurteile diese.
5. Entwirf Ideen für einen Friedensprozess.

Jedem Anfang wohnt ein Zauber inne

Wann beginnt das Recht auf Leben?

Dich habe ich mir anders vorgestellt

In der Graphic Novel *Dich hatte ich mir anders vorgestellt* erzählt der Autor Fabien Toulmé die autobiografische Geschichte der Geburt seiner zweiten Tochter Julia, die nicht nur sein Leben erheblich verändert.

Als Kind war er in den Ferien oft an einer Schule für Kinder mit Down-Syndrom (= Trisomie 21) vorbeigekommen. Diese Erinnerung brennt sich bei ihm tief ein. „Kinder mit solch einer Behinderung sollte es meiner Meinung nach heutzutage überhaupt nicht mehr geben", stellt er einmal im Gespräch mit seiner Frau Patricia klar. Große Angst begleitet ihn daher bei den Geburten seiner Kinder, dass diese krank sein könnten. Strikt achten er und seine Frau auf alle Vorsorgeuntersuchungen*. Er wollte unbedingt ein gesundes Kind. „Alles in Ordnung", versichern die Ärzte.

Als nach der Geburt seiner zweiten Tochter Julia der Gendefekt Trisomie 21 und ein damit verbundener Herzfehler festgestellt werden, bricht für den jungen Vater eine Welt zusammen: Wie soll man damit umgehen, dass das eigene Kind behindert ist? Kann man es lieben lernen? Und wenn nicht, was ist man dann für ein Mensch? Für ihn bedeutet die Behinderung das Ende aller seiner Lebensträume. Nach mehr als drei Monaten weigert er sich noch immer, seine Tochter auf den Arm zu nehmen. Wenig später muss Julia am Herzen operiert werden.

Pränatale Diagnostik: Untersuchungen vor der Geburt

Aufgaben

1. Ordne die Bilder der Lebensgeschichte von Fabien Toulmé zu. Beurteile seine Reaktion auf die Geburt seiner zweiten Tochter Julia.
2. Setze dich mit Toulmés Auffassung auseinander, dass es eigentlich keine Kinder mit Trisomie 21 mehr geben müsste.
3. Toulmés Buch endet mit den Worten: „… und danke, Julia, dass du da bist." Erkläre, was geschehen sein könnte.
4. Arbeite heraus, was in dieser Situation Nächstenliebe bedeuten könnte.

Keinen Ausweg wissen

Wer ist verantwortlich für den Suizid eines Menschen?

Hallo Jule, ich lebe noch

Die tragische Folge psychischer Erkrankungen, insbesondere von Depressionen, ist oft Suizid, der bei Jugendlichen mittlerweile zur zweithäufigsten Todesursache zählt. Der Film „Hallo Jule, ich lebe noch" dokumentiert den Mailkontakt zwischen Jule und Anna. Jule ist ehrenamtliche Beraterin in der Online-Suizidprävention U25 der Caritas Berlin, sie hat selbst mehrere Suizidversuche hinter sich. Im Film erzählt Jule von sich: „Bei meinen sieben Suizidversuchen hab ich nie harte Methoden gewählt, also ich bin nicht vom Hochhaus gesprungen oder hab mich vor den Zug geworfen, mein Grund war, dass ich letztlich wollte, dass Gott entscheidet, ob ich lebe oder sterbe, und bei den harten Methoden hat Gott ja keinerlei Einflussmöglichkeiten und bei den weichen Methoden war klar, wenn er möchte, dass ich lebe, dann wird er einschreiten und jemand vorbeischicken, der mich rettet."

Anna will sich töten …

am wochenende habe ich mich mal wieder geritzt, weil ich mich einsam und leer gefühlt habe. früher habe ich mich auch wegen meiner mama geritzt, wenn sie getrunken hat und sich meine Eltern gestritten haben. weil ich mich dafür verantwortlich gefühlt habe. meiner meinung nach wäre die welt besser dran ohne mich. *(aus E-Mail 11 von Anna)*

ich bin das nichts. keiner hört mich, weil ich das nichts bin. keiner sieht mich, weil ich das nichts bin. keiner versteht mich, weil ich das nichts bin. … keiner wird je meine geschichte erfahren, weil ich das nichts bin. deine verzweifelte anna *(aus E-Mail 17 von Anna)*

hey, jule, der gedanke über meinen suizid hat sich echt in meinem gehirn eingegraben. ich seh immer diese bilder vor augen, wie ich mich umbringe … ich frage mich sowieso, wozu ich leben soll, ich meine, wo liegt der sinn darin, was ist meine aufgabe in dieser welt????????? Anna *(aus E-Mail 81 von Anna)*

hallo, jule, du hast recht. ja, ich habe mich entschlossen, mein suizidplan steht … jule, ich werde heute in zwei monaten, am todestag meiner mama, in einen park fahren, zur nachtschlafenden zeit und dort schmerztabletten mit alkohol zu mir nehmen und mir dann die pulsader aufschneiden … also verbluten. es wird mich mit Sicherheit niemand finden. danke, dass du dir das erzählen darf. Anna
(aus E-Mail 82 von Anna)

*Wenn Dir ein Freund oder eine Freundin anvertraut, dass er/sie nicht mehr leben will, dann ist es wichtig, dieses „Geheimnis" nicht für sich zu behalten.
Das Forum
www.u25-deutschland.de
kann dir weiterhelfen.*

Suizid
Ein Suizid (Selbsttötung) geschieht entweder aktiv oder passiv: aktiv, indem man sich Schaden zufügt, wie z.B. durch eine tödliche Selbstverletzung oder die Einnahme von Giften, passiv, indem man nicht mehr für sich sorgt und beispielsweise lebensnotwendige Medikamente, Nahrungsmittel oder Flüssigkeiten nicht mehr zu sich nimmt.

Aufgaben

1. Beschreibe das Bild: Welche Geschichten fallen dir dazu ein?
2. Skizziere den Prozess von Anna, sich das Leben zu nehmen. Entwirf eine Antwort von Jule an Anna.
3. Bewerte Jules Vorstellungen von Gott.
4. Formuliere Gründe, weshalb es gut und richtig ist, sich um Menschen wie Anna zu kümmern.

Freundschaft gestalten

Muss man ein Versprechen halten?

Dein bester Freund hat dir gesagt, dass ihr euch am Wochenende zum Computerspielen treffen wollt. Du hast extra die neue Version heruntergeladen. Am Freitagabend schickt er dir eine Nachricht, dass er leider keine Zeit habe, er wolle mit jemand anderem an seinem Roller weiterschrauben.

Schon seit dem Kindergarten seid ihr allerbeste Freundinnen: Nun hat sie sich verliebt und plötzlich nur noch wenig Zeit für dich. Du fühlst dich vernachlässigt und bei einem Treffen zu dritt wie das fünfte Rad am Wagen.

Deine beste Freundin schenkt dir einen verschwörerischen Blick und eröffnet, dass sie sich total in einen Jungen verknallt hat. Anstatt dich zu freuen, rutscht dir das Herz in die Hose: Denn den findest du auch schon länger toll!

Aufgaben

1. Nenne Beispiele, bei denen es selbstverständlich sein sollte, sein Versprechen zu halten, und begründe weshalb.
2. Untersuche, was passiert, wenn man sich auf kein Versprechen mehr verlassen könnte.
3. Entwirf einen Ratgeber zum Thema „Freundschaft erhalten – Freundschaft gestalten". Bezieh dich dabei auf die oben genannten Situationen.
4. Du bist mit dem Mädchen deiner Träume zusammen. Auf einer Party siehst du, dass sie mit einem anderen eng umschlungen tanzt. Begründe, wie du dich verhalten würdest.

Deskriptive und normative Aussagen
Deskriptive Aussagen bestehen aus beschreibenden oder berichtenden Sätzen. Ziel ist es, möglichst ohne Wertung zu beschreiben, z.B.: Kain hat seinen Bruder erschlagen. Normative Aussagen enthalten Verhaltensvorschriften oder moralische Bewertungen. Die Prüffrage lautet: Ist das gut oder schlecht? Z.B.: Du sollst nicht töten.

Ziel erreicht!

> Ordne die Fälle des Teilkapitels hinsichtlich ihrer Aktualität.

> Formuliere zu jeder Seite des Teilkapitels eine deskriptive und eine normative Aussage.

> Gestalte einen Gesamtüberblick über das Teilkapitel z.B. als Mindmap, Cluster oder Grafik.

> Erläutere die Begriffe pränatale Diagnostik, Genozid, Asyl, Gerechtigkeit, Vertrauen, Suizid, Ethik und Moral für ein ethisches Schülerlexikon.

> Ethische Fragestellungen können leichter oder schwerer zu beantworten sein. Formuliere, was für dich leicht oder schwer war.

Christliche Ethik in Beziehung setzen

Thomas
Plaßmann

Nenne christliche Verhaltensweisen.

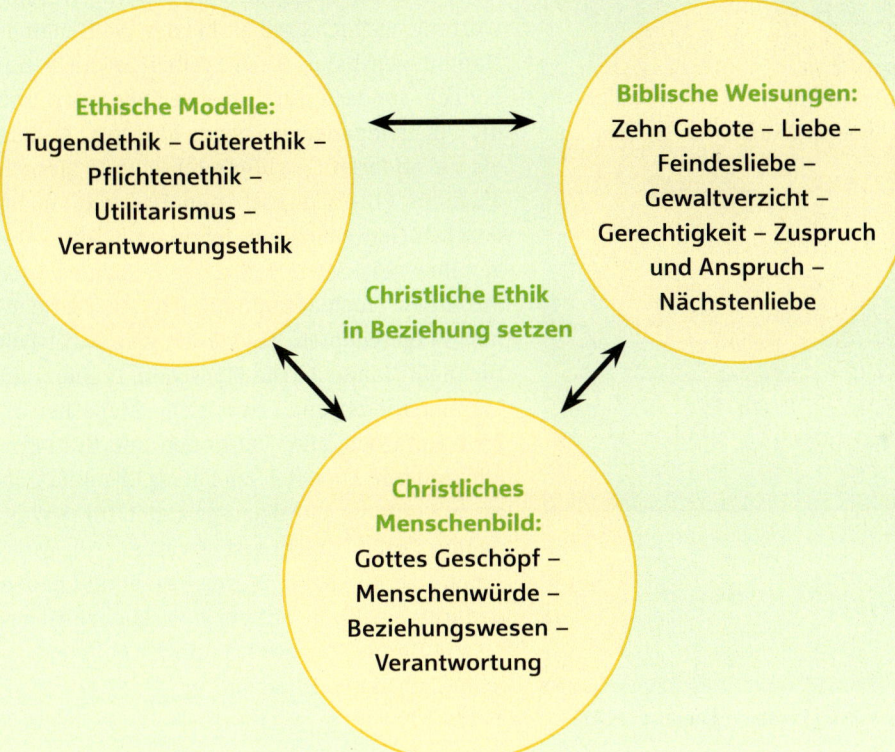

Ethische Modelle:
Tugendethik – Güterethik –
Pflichtenethik –
Utilitarismus –
Verantwortungsethik

Biblische Weisungen:
Zehn Gebote – Liebe –
Feindesliebe –
Gewaltverzicht –
Gerechtigkeit – Zuspruch
und Anspruch –
Nächstenliebe

**Christliche Ethik
in Beziehung setzen**

**Christliches
Menschenbild:**
Gottes Geschöpf –
Menschenwürde –
Beziehungswesen –
Verantwortung

Projektaufgaben zu den Seiten 177-186

➤ Gestaltet zu zwei der ethischen Ansätze eine Computer-Präsentation mit Texten
und Bildern.

➤ Entwerft für das Teilkapitel eine Lernlandkarte.

➤ Nehmt Stellung zur Todesstrafe vor dem Hintergrund der ethischen Positionen des
Teilkapitels.

Christliche und philosophische Ethik

Im Zentrum der christlichen Ethik steht die Liebe. Alles Nachdenken über das rechte Handeln von Christen gründet darin, dass wir von Gott geschaffen und geliebt sind. Die Texte der Bibel nehmen dabei eine zentrale Position ein. Philosophische Ethiken kommen ohne religiösen Bezug aus und wollen für alle Menschen vernünftig nachvollziehbar sein. Ethisches Nachdenken fragt nach den erstrebenswerten Gütern (z.B. Glück), nach den Tugenden (z.B. Gerechtigkeit) oder nach den Pflichten, die einzuhalten sind, damit ein gutes Zusammenleben ermöglicht wird (z.B. immer die Wahrheit sagen). Auch die Folgen, die Nützlichkeit des Handelns und die richtige Gesinnung kommen bei der christlichen und philosophischen Reflexion von Moral in den Blick.

Wer bin ich und wozu bin ich da?

Menschenbild und Ethik

Christliches Menschenbild

Ich bin ein Geschöpf Gottes und dadurch mit allen Geschöpfen Gottes verbunden. Ich bin verbunden mit dieser Erde, mit den Pflanzen, den Tieren und meinen Mitmenschen. Auch wenn ich mich als Mensch von den anderen Geschöpfen Gottes unterscheide, bin ich mit ihnen verbunden. Ich lebe nicht für mich allein. Ich bin zur Gemeinschaft mit anderen bestimmt. In ihr liegt mein Ursprung. Ich bin ein Beziehungswesen und auf Liebe und Zuwendung angewiesen. Ich lebe in vielfältigen Beziehungen: zu Gott, zu meinen Mitgeschöpfen und zu mir selbst. In diese Beziehungen bin ich als Mensch ohne mein Zutun hineingeboren. Diese Beziehungen gilt es auch zu gestalten.

Ich bin mir meiner selbst und der Anderen bewusst. Deshalb trage ich Verantwortung für mich und meine Mitgeschöpfe. Ich trage Verantwortung, weil ich Freiheit bei der Wahl meiner Handlungen habe. Diese Freiheit ist nicht unendlich, sondern durch meine Lebenszeit und die Umstände meines Lebens begrenzt. Anders als die anderen Geschöpfe bin ich als Mensch als Gottes Ebenbild geschaffen. Das meint nicht, dass ich Gott gleich bin. Ich bin als Gottes Gegenüber geschaffen und als sein Stellvertreter auf Erden. Auch deshalb bin ich Gott und meinen Mitgeschöpfen gegenüber verantwortlich für mein Handeln. Alle Menschen, Frauen und Männer, Kinder und Erwachsene, Menschen aller Hautfarben, aller Religionen und Kulturen, alle sind sein Ebenbild. Ich bin als Ebenbild Gottes von Gott mit Würde ausgestattet. Diese Würde muss ich mir nicht erst erwerben. Alle Menschen sind mit dieser Würde begabt und haben dadurch ein Recht auf ein menschenwürdiges Leben. Dies eröffnet den Raum für ein menschliches Leben und Handeln.

Duane Hanson (1925-1996): Skulptur Young Woman Shopper, 1973

Zu Ebenbild Gottes und Menschenwürde auch >> S. 18f.

Mehr zum Thema Shopping: >>S. 16f.

Aufgaben

1. Gestalte zum Text eine Wortwolke, in der die wesentlichen Begriffe des Textes abgebildet sind.
2. Beantworte die Frage des Hotspots aus Sicht von Hansons Young Woman Shopper.
3. Gestalte ausgehend vom Text ein Beziehungsbild deines Lebens.
4. Vergleiche das christliche Menschenbild mit dem Menschenbild von Peter Singer (>> S. 189).

Was soll ich tun? – Die Zehn Gebote

Was hilft uns gut zu sein?

Die Mitte der Zehn Gebote: Du sollst nicht töten (2. Mose 20,13)

Will man darum den einfachen Menschen so deutlich als möglich einprägen, was „Nicht-Töten" heißt, so ist der zusammenfassende Inhalt dieses Gebotes folgender: Erstens soll man niemand ein Leid antun, zunächst einmal nicht mit der Hand oder Tat, sodann soll man auch die Zunge nicht dazu gebrauchen lassen, um zu solchem Tun zu reden oder zu raten. Außerdem soll man keinerlei Mittel oder Weise gebrauchen oder bewilligen, wodurch jemand beleidigt werden könnte; und schließlich soll das Herz niemandem feind sein oder aus Zorn oder Hass jemand etwas Böses gönnen. […]

Zweitens verschuldet sich gleichfalls diesem Gebot gegenüber nicht bloß, wer Böses tut, sondern auch, wer seinem Nächsten Gutes tun, ihm zuvorkommen, Schädliches abwehren, ihn schützen und retten kann, dass ihm kein Leid noch Schaden am Leib widerfahre – und tut es nicht. Wenn du also einen Nackten gehen lässt und könntest ihn kleiden, so hast du ihn erfrieren lassen; siehst du ihn Hunger leiden und speisest ihn nicht, so lässt du ihn Hungers sterben.[…]

Er will uns immerfort daran erinnern, dass wir an das erste Gebot zurückdenken, dass er unser Gott sei, d.h. uns helfen, beistehen und schützen wolle, auf dass er die Lust, uns zu rächen, dämpfe.

Martin Luthers Auslegung des 5. Gebotes im Großen Katechismus*

Weniger ist leer.

Es gibt so viele, die hoffen auf mehr, um überleben zu können. Ihre Unterstützung hilft uns, den Hunger zu bekämpfen.

Spendenkonto 500 500 500
KD-Bank · BLZ 1006 1006
www.brot-fuer-die-welt.de

Mitglied der actalliance

Brot für die Welt

Zuspruch und Anspruch

Darin besteht die Liebe: nicht dass wir Gott geliebt haben, sondern dass er uns geliebt hat und gesandt seinen Sohn zur Versöhnung für unsre Sünden.
1. Johannes 4,10

Bevor in der Bibel Ansprüche an unser Verhalten laut werden, hören wir vom Zuspruch Gottes. Bevor Israel die Zehn Gebote erhält, um seine Freiheit zu sichern und zu gestalten, wird es aus der Sklaverei befreit. Bevor uns das Doppelliebesgebot zur Aufgabe wird, beschenkt uns Gott mit seiner Liebe. Indem uns Gott seine Liebe zuspricht, nimmt er uns auch in Anspruch für ein Leben in Liebe.

Der Katechismus ist eine Zusammenfassung der christlichen Lehre und beschreibt, was in der Kirche gilt.

Aufgaben

1. Gestalte zu Luthers Auslegung des 5. Gebotes eine Mindmap mit folgenden drei Hauptzweigen: negative Empfehlungen, positive Empfehlungen und Zusagen.
2. Interpretiere das Plakat von *Brot für die Welt* und setze es in Beziehung zu Luthers Auslegung des 5. Gebotes.
3. Nenne zu Luthers Auslegung aktuelle Beispiele.
4. Erkläre, warum Luther seine Auslegung mit einer Zusage beschließt.

Was soll ich tun? – Die Feindesliebe

Kristina Dittert, 2011

Von allen Texten der Bergpredigt haben die Worte Jesu vom Hinhalten der anderen Backe (Mt 6,39) und von der Feindesliebe (Mt 6,44) die entschiedenste Ablehnung und die leidenschaftlichste Zustimmung hervorgerufen. So begründete etwa der Philosoph Herbert Marcuse seinen Widerspruch so: „Der Hass gegen Ausbeutung und Unterdrückung ist ein humanes Element. […] Nichts ist entsetzlicher als die Liebespredigt: Liebe deine Feinde! In einer Welt, in der Hass durchaus institutionalisiert ist."

Der Bürgerrechtler Martin Luther King* wiederum brachte seine Begeisterung über die Worte Jesu mit den Worten zum Ausdruck: „Ich weiß kein intelligenteres Gebot als das der Feindesliebe, denn nur die Befolgung dieses Gebotes kann die unselige Spirale von Gewalt und Gegengewalt durchbrechen und Versöhnung zwischen Feinden bewirken." Immerhin hat Martin Luther King mit der auf dem Gebot der Feindesliebe gegründeten Strategie des gewaltlosen Widerstandes erfolgreich die Gleichberechtigung für die schwarzen Bürger in den USA erkämpft. Das Gebot der Feindesliebe darf darum nicht im Sinne einer „Duckmäuser-Ethik" missverstanden werden, nach der Menschen aus Feigheit und Ängstlichkeit dem Feind die Backe hinhalten, statt ihm trotzig die Stirn zu bieten. Im Gegenteil: Praktizierte Feindesliebe erfordert enorm viel Mut und Zivilcourage. Der unbedingte Wille, sich mit seinen Feinden zu versöhnen, schließt den Kampf um Freiheit und Gerechtigkeit nicht aus, sondern gerade ein. Die Frage ist allerdings, mit welchen Waffen bzw. Methoden dieser Kampf geführt wird. Die Antwort kann nur heißen: Strikter Gewaltverzicht – und ein dafür umso entschlosseneres Rechnen mit der lebens- und gesellschaftsverändernden Macht der Liebe. Nur bei beherzter Feindesliebe, die den Kampf gegen Unrecht und Unterdrückung einschließt, geraten Fronten in Bewegung, wird Böses schließlich überwunden und werden aus Feinden versöhnte Partner. Die Feindesliebe, die Jesus von seinen Anhängern erwartet, ist also keine kriecherische, unterwürfige, sondern eine kämpferisch und zielstrebig auf Gerechtigkeit und Versöhnung hin arbeitende Liebe. Während unsere menschliche Logik meint, wir müssten Feinde besiegen, ausschalten oder vernichten, rechnet Jesu Logik mit der Möglichkeit der Verständigung und Versöhnung. *Klaus Jürgen Diehl*

Zur Bergpredigt ausführlich: >> *S. 95ff., bes. S. 100*

Siehe zu *Martin Luther King* *auch* >> *S. 183*

Aufgaben

1. Arbeite heraus, wie Martin Luther King praktizierte Feindesliebe versteht.
2. Gestalte ein Gespräch zwischen Marcuse und King.
3. Beschreibe das Bild und beziehe es auf die Aussagen des Textes. Gib dem Bild einen Titel.
4. Beurteile, ob Martin Luther Kings Auslegung der Feindesliebe als Gesinnungsethik zu bezeichnen ist (>> S. 184).

Was soll ich tun? – Feindesliebe im Strafvollzug

Sensation der christlichen Feindesliebe

Norwegen hat den wohl weltweit liberalsten Strafvollzug der Welt entwickelt. Ein Beispiel dafür bildet eine völlig andere Insel im Oslofjord, eine, die nahezu utopisch wirkt: Bastøy. Von 1900 bis 1953 war das Eiland ein berüchtigtes Heim für „schwer erziehbare" Jungen, eher Arbeitslager als ein Ort, der Schutz bot. Im Norwegen der Gegenwart beherbergt Bastøy verurteilte Totschläger, Betrüger, Drogendealer. Die Atmosphäre hat sich umwälzend gewandelt. Es gibt auf der Insel weder Stacheldraht noch Mauern, Wachen tragen keine Waffen. Auf Bio-

Strafvollzugsanstalt Bastøy, Norwegen

bauernhöfen mit Kühen, Schafen und Arbeitspferden züchten die Langzeithäftlinge Gemüse und Blumen, sie pflügen Felder und schlagen Holz im Wald. In ihrer Freizeit können sie sich frei bewegen, Angeln gehen, am Strand baden, Fahrrad fahren, Fußball spielen, die Bibliothek besuchen, im Kinoraum Filme sehen. Wie in einer dörflichen Gemeinschaft leben sie in kleinen Häuschen, sie haben eigene Schlüssel, bei der Arbeit hantieren die Kriminellen mit Kettensägen, Schraubenziehern und Messern.

Flucht kommt so gut wie nie vor, die Rückfallquote ehemaliger Insassen der Insel ist mit 16 Prozent verblüffend niedrig – im übrigen Westeuropa liegt sie bei 60 bis 70 Prozent. Das Motto im Umgang mit Kriminellen lautet: „Behandelt man jemanden menschlich, dann wird er selber menschlich sein." Zu den Werten, die die „Inselgemeinschaft" vertritt, gehört das besondere Augenmerk aller auf soziale Kompetenz, auf respektvolle Beziehungen zwischen Menschen und deren gutes Verhältnis zur natürlichen Welt, die sie umgibt.

Im Grunde ist es nichts mehr und nichts weniger als die Sensation der christlichen Feindesliebe im modernen, säkularen* Gewand, die auf einer solchen Insel Wirklichkeit wird, einem Symbol für das ganze Land.   *Caroline Fetscher in: Der Tagesspiegel*

säkular: weltlich

Feindesliebe

Feindesliebe umschreibt nicht ein Gefühl von Zuneigung für den Feind. Sie ist besser zu verstehen als Zuwendung hin zum Feind. Wer seinen Feind liebt, versucht ihn als Mensch zu verstehen und dies mit dem Ziel, die Feindschaft zu überwinden. Jesus begründet die Feindesliebe mit Gottes Handeln selbst, der auch den Bösen und Ungerechten nicht ihre Lebensgrundlagen entzieht.

Aufgaben

1. Arbeite heraus, was das Foto über den Strafvollzug in Bastøy berichtet.
2. Gestaltet eine Pro-und-Kontra-Diskussion über den Umgang mit Straftätern auf Bastøy.
3. Begründe, warum der Artikel mit „Sensation der christlichen Feindesliebe" überschrieben ist.

Lässt sich Liebe lernen?

Glaube – Liebe – Hoffnung

Nun aber bleiben, Glaube, Hoffnung, Liebe, diese drei; aber die Liebe ist die größte unter ihnen. 1. Korinther 13,13

„Alle Gesetze können dir nur sagen, was du tun sollst, sie geben dir aber nicht die Kraft dazu", schrieb Martin Luther 1520 in seinem Traktat *Von der Freiheit eines Christenmenschen*. Ein Mensch kann nur so gut sein, wie er an Güte erfahren hat; wenn er zum Guten fähig ist, so einzig aus „Gnade". Nur ein Vertrauen (ein „Glauben") daran, im Absoluten mit seiner Existenz berechtigt und zugelassen zu sein, ermöglicht es ihm, mit sich selbst zusammenzuwachsen und jenseits von Ängsten und von Minderwertigkeitsgefühlen aller Art zu sich selbst zu finden, und nur ein Mensch, der mit sich selbst im Einklang ist, besitzt die Freiheit, das Gute, das er will, tatsächlich auch zu tun. [...]

Wenn man deshalb, wie es in der kirchlichen Theologie allenthalben geschieht, Glaube, Hoffnung und Liebe als die ersten drei „Tugenden" dem überlieferten Katalog von Tugenden in der Ethik zuordnet, so kommt es entscheidend darauf an, zu verdeutlichen, dass diese drei christlichen Grundhaltungen eben keine Tugenden in moralischem Sinne bilden, sondern die Basisbedingungen eines glücklich gelingenden Daseins darstellen: Nur ein unbedingtes Vertrauen (Glauben) bewahrt vor dem Versinken in den Abgründen der Angst, nur ein Sich-Ausspannen im Unendlichen (Hoffen) hebt hinweg über die trostlosen Absurditäten des Endlichen, und nur ein Glauben und Hoffen an Liebe und in Liebe lässt eine Persönlichkeit reifen, die in ihrer Liebenswürdigkeit der Liebe fähig ist. Nichts von alledem ist mit Willensanstrengungen als eine sittliche „Tugend" herbeizuzwingen – es lässt sich nur als ein nicht selber gemachtes Geschenk in Empfang nehmen; und das setzt nicht mehr und nicht weniger voraus als den kompletten Verzicht auf jegliches Denken in den Begriffen von Leistung und Belohnung, von Versagen und Bestrafen.   *Eugen Drewermann*

Pieter Brueghel d. Ä. (1564-1638): Caritas (Die Liebe), 1559

Tugendethik

Der griechische Philosoph Aristoteles (384-322 v. Chr.) sah im Endzweck allen menschlichen Tuns die Glückseligkeit. Diese lässt sich durch ein tugendhaftes Leben gewinnen. Tugenden wie Mut, Gerechtigkeit, Besonnenheit und Klugheit sind z.B. menschliche Charaktereigenschaften, die gutes Handeln ermöglichen. Tugenden bilden immer die Mitte zwischen Extremen. So liegt der Mut zwischen Feigheit und Tollkühnheit. Auch Glaube, Liebe und Hoffnung werden als christliche Tugenden bezeichnet.

Aufgaben

1. Benenne die Handlungen, die Brueghel in seinem Tugendbild der Liebe zuordnet. Mt 25,37ff. kann dir hierbei helfen.
2. Nenne weitere Tugenden und erläutere, wie diese ein gutes und glückliches Leben ermöglichen können.
3. Arbeite aus dem Text heraus, was einem Menschen die Kraft gibt, Gutes zu tun. Vergleiche die Tugendbegriffe von Aristoteles und Drewermann.
4. Gestalte zum Text von Drewermann einen Baum mit Wurzeln und Zweigen.

Trachtet zuerst nach dem Reich Gottes und nach seiner Gerechtigkeit (Mt 6,33)

Worauf
hoffe ich?

Martin Luther King: I have a dream

[...] Wir können nicht zufrieden sein, solange noch unsere Kinder ihrer Freiheit und Würde beraubt werden durch Zeichen, auf denen es heißt: „Nur für Weiße". Wir können nicht zufriedengestellt sein, solange der Neger* in Mississippi nicht das Stimmrecht hat und der Neger in New York niemand hat, den er wirklich wählen möchte. Nein, wir werden nicht zufriedengestellt sein, bis das Recht strömt wie Wasser und die Gerechtigkeit wie ein mächtiger Strom (Amos 5,24). [...]

Neger: Das Wort gilt heute als abwertend und wird nicht mehr verwendet.

Ich habe den Traum, dass eines Tages die Söhne der früheren Sklaven und die Söhne der früheren Sklavenhalter auf den roten Hügeln Georgias bereit sein werden, sich gemeinsam am Tisch der Brüderlichkeit niederzulassen.

Ich habe den Traum, dass sich eines Tages selbst der Staat Mississippi, welcher noch in der Hitze der Unterdrückung schmachtet, in eine Oase der Freiheit und Gerechtigkeit verwandelt.

Ich habe den Traum, dass meine vier kleinen Kinder eines Tages in einer Nation leben, in der sie nicht nach der Farbe ihrer Haut, sondern nach dem Gehalt ihrer Gesinnungen beurteilt werden. Ich habe den Traum heute!

Sieh dir zu dieser Rede auch das Bild auf >> S. 47 an.

Ich habe den Traum, dass eines Tages in Alabama mit seinen bösartigen Rassisten, mit seinem Gouverneur, von dessen Lippen Worte wie „Intervention" und „Annullierung der Rassenintegration" triefen, dass eines Tages genau dort in Alabama kleine schwarze Jungen und Mädchen die Hände schütteln mit kleinen weißen Jungen und Mädchen als Brüdern und Schwestern.

Ich habe den Traum, dass eines Tages jedes Tal erhöht, jeder Berg und Hügel abgetragen werden, alle Unebenheiten geebnet, alles Gewundene begradigt wird. Und die Herrlichkeit des Herrn wird offenbar werden, und alles Fleisch wird es sehen (Jesaja 40,4-5).

Das ist unsere Hoffnung. Mit diesem Glauben kehre ich in den Süden zurück. Mit diesem Glauben sind wir imstande, aus den Bergen der Verzweiflung den Stein der Hoffnung zu hauen. [...] Mit diesem Glauben werden wir fähig sein, zusammen zu arbeiten, zusammen zu beten, zusammen zu kämpfen, zusammen ins Gefängnis zu gehen, zusammen für die Freiheit aufzustehen – in dem Wissen, dass wir eines Tages frei sein werden. [...]

Martin Luther King im August 1963 bei einer Kundgebung vor 250.000 Menschen in Washington D.C.

Güterethik

Beim Nachdenken über das richtige und gute Handeln können wir uns von Gütern leiten lassen, die wir mit unserem Handeln zu erreichen versuchen. So ist bei Aristoteles das Glück das höchste Gut, das wir mit unserem Handeln erstreben. Es ist insofern das höchste Gut, weil wir es um seiner selbst willen erstreben und damit keinen weiteren Zweck verbinden. Gesundheit, Freiheit, Frieden und Sicherheit gelten ebenfalls als Güter. Für viele Christen ist das Reich Gottes das höchste Gut.

Aufgaben

1. Entwirf deine Vorstellung von einem höchsten Gut, das erstrebenswert ist.
2. Gestalte den Text als Rede und trage ihn im Unterricht vor oder gestalte ein Bild.
3. Nenne erstrebenswerte Güter, die King anspricht. Begründe, welches Gut dir am wichtigsten erscheint.
4. Nimm Stellung zum Cartoon aus Sicht von Martin Luther King.
5. Begründe, was die Hoffnungen (= Güter) Kings mit dem Reich Gottes zu tun haben.

Wofür bin ich verantwortlich?

Mehr zu Bonhoeffer:
>> S. 198

Verantwortungsethik: Was heißt verantwortlich handeln?

„Heil Hitler"

17. Juni 1940. Dietrich Bonhoeffer* und sein Freund Eberhard Bethge verbringen einen Nachmittag in einem Gartenlokal gegenüber von Memel an der Spitze der Kurischen Nehrung. Da werden über den Lautsprecher die Rundfunknachrichten übertragen, die von dem Sieg deutscher Truppen über Frankreich berichten: Frankreich hat kapituliert Ein Taumel ergreift die sommerliche Kaffeegesellschaft. Alle springen auf, reißen die Arme in die Höhe und singen *Deutschland, Deutschland über alles*. Nur Eberhard Bethge steht wie benommen daneben; er will sich an diesem Jubel nicht beteiligen. Da reißt Dietrich Bonhoeffer den Freund am Arm: „Bist du verrückt?", raunt er ihm zu und zwingt ihn förmlich, den Arm zu dem von ihm verachteten Deutschen Gruß zu erheben. Danach fügt er hinzu: Wir werden uns jetzt für ganz andere Dinge gefährden müssen, aber nicht für diesen Salut.

Wolfgang Huber

Ren Rong (*1960):
Verantwortung Zukunft

Verantwortungsethik
Der Soziologe Max Weber (1864-1920) unterschied zwischen Verantwortungsethik und Gesinnungsethik. Insbesondere das politische Handeln muss seine Handlungsergebnisse und Folgen verantworten können und darf sich nicht nur an guten und richtigen Einstellungen und Absichten (Gesinnung) orientieren. So können moralisch fragwürdige Mittel auch einem guten Zweck dienen. Wer muss vor wem für was Verantwortung übernehmen – das sind Fragen, die ein verantwortliches Handeln stellt. Christen sind durch ihre Gottesebenbildlichkeit zur Verantwortung vor Gott, ihren Mitgeschöpfen und sich selbst zur Verantwortung für die Schöpfung aufgerufen.

Aufgaben

1. Interpretiere die Skulptur *Verantwortung Zukunft* von Ren Rong.
2. Erkläre Bonhoeffers Verhalten und seine Argumentation. Zieh auch >> S. 198 heran.
3. „Es gibt keinen Weg zum Frieden, denn Frieden ist der Weg." (Mahatma Gandhi) Formuliere eine Erwiderung aus Sicht eines Verantwortungsethikers.

Immanuel Kant: Der kategorische Imperativ

Pflichtethik bei Immanuel Kant (1724-1804)

Kant wurde in Königsberg geboren, wo er als Philosoph an der Universität sein ganzes Leben verbrachte. Er gilt als ein Begründer der Aufklärung, die er wie folgt beschrieb: „Aufklärung ist der Ausgang des Menschen aus seiner selbst verschuldeten Unmündigkeit." D.h., der Mensch braucht keine staatliche, religiöse oder familiäre Bevormundung, da er mithilfe seiner Vernunft selbst imstande ist, das Richtige und Gebotene zu erkennen. Da jeder Mensch mit Würde ausgestattet ist, verbietet sich nach Kant, dass wir Menschen als Mittel für einen bestimmten Zweck benutzen und sie dadurch ihrer Menschlichkeit berauben. Er versuchte mit seiner Ethik vernünftige Grundlagen für ein gutes Handeln zu bestimmen. Er argumentierte, dass das Gute und Richtige darin bestehe, allgemeingültigen moralischen Pflichten zu gehorchen und sich beim Handeln nicht an Neigungen, Gefühlen oder den möglichen Folgen zu orientieren. Aus diesem Grunde bezeichnet man seine Ethik als Pflichtethik. Wenn christliche Ethik nur von Geboten ausgeht, kann sie als Pflichtethik erscheinen. Als Prüfkriterium für solche moralischen Pflichten entwickelte Kant den kategorischen Imperativ: „Handle nur nach derjenigen Maxime*, durch die du zugleich wollen kannst, dass sie ein allgemeines Gesetz werde."

Maxime: Grundsatz

heteronom: fremdbestimmt

Vernunft: Mit der Vernunft können wir Erkenntnisse über die Ordnungen der Welt und des Denkens erlangen.

Die Bank bestehlen?

Ich sehe einen Geldboten einer Bank auf der Straße, der die Geldtasche ungesichert in der Hand trägt, und beschließe, sie ihm mit einem kurzen Ruck zu entreißen, ohne ihm Schaden zuzufügen, und schnell in der Menge zu verschwinden. „Das ist nicht schlimm", denke ich, denn die Banken schwimmen sowieso alle im Geld, und außerdem sind sie versichert.

Dieses Stehlen ist nach Kant nicht deshalb unsittlich, weil es gegen das 7. Gebot „Du sollst nicht stehlen!" (Ex 20,15) verstößt, denn dann wäre es eine heteronome* Bestimmung der Vernunft*, eine Fremdbestimmung, die von außen an mich herangetragen wird (weil es geschrieben steht).

Der kategorische Imperativ wird wie folgt angewandt: Zuerst wird probeweise eine Maxime formuliert: „Immer, wenn ich in Geldnot bin, entwende ich Geld." Jetzt wird die Maxime verallgemeinert und als allgemeines Gesetz gedacht: „Das Stehlen von Geld ist zum Zwecke der Behebung von Geldnot geboten. Kann ich das wollen? Nein, denn wenn ich ein solches Gesetz wirklich will, muss ich auch wollen, das mein eigenes Geld von anderen gestohlen wird." Dem Wunsch aber, bestohlen zu werden, liegt ein widersprüchliches Wollen zugrunde, das wohl kaum mit der Vernunft vereinbart werden kann. *Ralf Ludwig*

Aufgaben

1. Erläutere die Begriffe Aufklärung, Vernunft, kategorischer Imperativ und Menschenwürde.
2. Arbeite heraus, wie nach Kant ethische Urteilsbildung erfolgen sollte.
3. Interpretiere das Bild und nimm Stellung aus Sicht von Kant.
4. Erläutere, welche Konsequenzen ein Handeln haben kann, das sich ausschließlich an der Pflicht, immer die Wahrheit zu sagen, und nicht auch an den Folgen dieses Handelns orientiert.

Utilitarismus

Σ = Zeichen für Summe in der Mathematik

Utilitarismus

Der Utilitarismus (von lat. utilis = nützlich) beurteilt das Handeln nach der Nützlichkeit seiner Folgen. Nützlich ist das Handeln dann, wenn es das Glück und die Minimierung von Leid fördert. Dies gilt es jeweils in einer Nutzenabwägung zu bestimmen. So wäre eine Lüge dann gerechtfertigt, wenn diese mir und anderen mehr nützen als schaden würde.

Vier Prinzipien bestimmen die Ethik des Utilitarismus: 1. Es werden die Folgen des Handelns beachtet (Konsequenzprinzip). 2. Es soll so gehandelt werden, dass durch das Handeln der Nutzen vermehrt wird (Utilitätsprinzip). 3. Als nützliches Handeln wird verstanden, was Glück (im Sinne eines momentan empfundenen und gefühlten Glücks) schafft und Leid beseitigt (hedonistisches Prinzip). 4. Das Handeln soll sich nicht nur am Glück des Handelnden, sondern am Wohlergehen der größtmöglichen Zahl der Beteiligten und Betroffenen orientieren (universalistisches Prinzip).

Das Trolley-Problem

Das Trolley-Problem (engl. trolley = Straßenbahn) ist ein Gedankenexperiment zu einem ethischen Dilemma:

Eine Straßenbahn ist außer Kontrolle geraten und droht, fünf Personen zu überrollen. Durch Herabstoßen eines unbeteiligten dicken Mannes von einer Brücke vor die Straßenbahn kann diese zum Stehen gebracht werden

Aufgaben

1. Deute die Grafik im Zusammenhang mit dem Utilitarismus.
2. Wende die Prinzipien des Utilitarismus an, um das Trolley-Problem zu entscheiden.
3. Erläutere welche Konsequenzen sich aus der Pflichtenethik (>> S. 185) bei der Entscheidung des Trolley-Problems ergeben. Bezieh das 5. Gebot (>> S. 179) in deine Überlegungen ein.

Ziel erreicht!

> Entwirf eine Klassenarbeit für das Teilkapitel und gestalte Lernkarten zur Vorbereitung auf diese Arbeit.

> Begründe, welches ethisches Modell dich besonders und welches dich weniger angesprochen hat.

> Gestalte für alle ethischen Modelle ein Symbol.

Gute Gründe für ein ethisches Urteil prüfen

Zu dem Besitzer eines Lebensmittelgeschäfts kommt eines Tages ein kleines Mädchen, das weder lesen noch schreiben kann. Es weiß auch nicht, wie teuer die von ihm verlangte Tafel Schokolade ist. So würde es, wenn der Kaufmann es fordert, genauso gut 5 Euro wie 10 Cent dafür bezahlen. Der Kaufmann weiß dies, er könnte das Kind deshalb leicht „übers Ohr hauen".

Nach Michael Wittschier

Schließlich gibt er dem Mädchen die Schokolade für 10 Cent. Ein Azubi bekommt die Entscheidung des Kaufmanns mit und fragt nach, ob er auch so entscheiden dürfe. Formuliere eine Antwort aus Sicht des Kaufmanns. Vergleicht eure Argumentationen: Welche Leitmotive erkennt ihr?

Gesucht - Gefunden/search/ethic/verdict

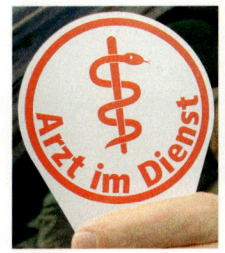 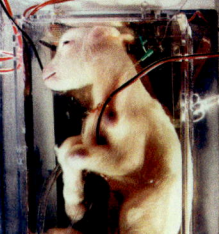 

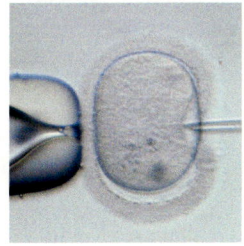 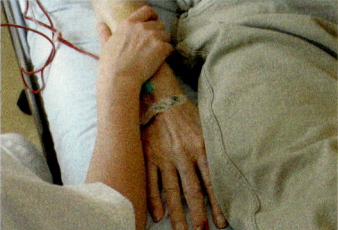

Schritte der ethischen Urteilsbildung?

Ethisch argumentieren

In der Regel argumentieren Menschen erst, nachdem sie für ein bestimmtes ethisches Problem ihr Urteil schon gebildet haben. Fragt man sie, warum sie so entschieden haben, dann führen sie oftmals rechtfertigende Normen oder Gebote an, beabsichtigte Ziele oder vorhersehbare Folgen oder auch Tugenden oder Werte, denen sie gerecht werden wollen. Eine fundierte Argumentation bezieht dabei auch immer mögliche Gegenargumente ein und versucht diese zu entkräften.

Projektaufgaben zu den Seiten 187-194

➤ Erstellt eine Wertefeldanalyse zu einer der im Teilkapitel folgenden Situationen.

➤ Interpretiert die Karikaturen des Teilkapitels und ordnet sie hinsichtlich der Aktualität und Lösbarkeit des dargestellten ethischen Dilemmas.

➤ Erstellt zu drei der im Großkapitel vorgestellten ethischen Probleme ein ethisches Gutachten.

➤ Die Personen der Karikaturen treffen sich auf einem Marktplatz und stellen ihre ethischen Argumentationen vor. Entwerft dazu ein Rollenspiel.

➤ Erörtert eine der folgenden ethischen Fragestellungen mithilfe einer Amerikanischen Debatte (>> S. 243).

Vernünftig abwägen

Ärzte in Not

Burkhard Mohr

Ein Gedankenexperiment

Du bist Notarzt und triffst als Erster bei einem Verkehrsunfall auf einer Bundesstraße ein. Du verschaffst dir rasch einen Überblick über die Lage und kommst zu der Erkenntnis, dass die Fahrerin eines PKWs scheinbar grundlos die Spur gewechselt hat und frontal in ein entgegenkommendes Auto gerast ist. Es gibt zwei Schwerverletzte, eine junge Frau und den Fahrer des anderen Autos. In Bruchteilen von Sekunden erkennst du, dass dir beide bekannt sind: Der Fahrer des einen Autos ist ein 47-jähriger Unternehmer, ein wichtiger Arbeitgeber in der Region und Vater von drei schulpflichtigen Kindern. In der jungen Frau erkennst du deine Jugendliebe aus der Schulzeit – für dich selbst war die Beziehung „nichts Ernstes". Du weißt aber, dass sie bei der Trennung sehr verletzt war, sich von dir ausgenutzt fühlte und in ihrer Verzweiflung Selbstmordabsichten geäußert hatte. Die beiden Unfallopfer haben lebensgefährliche Verletzungen und liegen im Sterben. Weil du allein bist, kannst du aller Wahrscheinlichkeit nach nur einen der beiden Patienten retten. Wie entscheidest du dich?

Nach https://religionundleben.wordpress.com

Antwort A: Du empfindest ein schlechtes Gewissen gegenüber deiner Jugendliebe. Sie ist doch noch ziemlich jung. Außerdem gilt doch: Frauen und Kinder zuerst! Du rettest die junge Frau.

Antwort B: Was ist für alle gut bzw. vernünftig? Ein vernünftiges Handlungsmuster ist für dich nicht zu erkennen. Du handelst also überhaupt nicht und wartest, bis sich die Lage entscheidend verändert.

Antwort C: Du wägst ab: die alleinstehende Frau gegen den Vater von drei Kindern, die junge Frau gegen den 47-jährigen Unternehmer. Außerdem erinnerst du dich an ihre Selbstmordabsichten. Aufgrund seiner gesellschaftlichen Bedeutung rettest du den Mann.

Antwort D: Du behandelst beide Personen gleichzeitig; das Risiko, dass beide sterben, liegt aber höher als 90 %.

Aufgaben

1. Formuliere ein eigenes Urteil und begründe es.
2. Wende Kants kategorischen Imperativ auf diesen Fall an (>> S. 185).
3. Interpretiere die Karikatur: Welche moralischen Grundsätze muss ein Arzt einhalten?
4. Beurteile, ob es sich bei dem Fall des Notarztes um ein Gewissensurteil handelt.

Gewissensurteil

Im Gewissen ist ein Mensch in dreifacher Weise sein eigener Mit-Wisser: Er weiß, dass er selbst bestimmte Handlungen getan oder unterlassen hat. Er weiß, dass er bestimmte Handlungen oder Unterlassungen für ethisch richtig oder falsch hält, und er weiß, dass zwischen seinen vollzogenen und geplanten Handlungen und seinen ethischen Überzeugungen Übereinstimmungen oder Widersprüche bestehen. Das Gewissen überprüft folglich beim einzelnen Menschen, ob das, was er tut, dem entspricht oder widerspricht, was er selbst für ethisch richtig oder falsch hält.

Nach Wilfried Härle

Utilitaristisch für Tierrechte eintreten

Welche Regeln gelten für Tierversuche?

Der australische Tierethiker Peter Singer argumentiert zum Thema Tierversuche:
Wenn ein Tier oder auch ein Dutzend Tiere Experimente erleiden müssten, um Tausende zu retten, dann würde ich es im Hinblick auf die gleiche Interessensabwägung für richtig halten, dass sie leiden. Auf die hypothetische Frage, ob Tausende von Menschen durch einen einzigen Tierversuch zu retten seien, könnten Gegner des Speziesismus*
ihrerseits mit einer hypothetischen Frage antworten: Wären dieselben Forscher bereit, ihre Experimente an verwaisten Menschen mit schwerwiegenden, unheilbaren Hirnschäden durchzuführen, wenn das der einzige Weg wäre, um Tausende zu retten? (Ich sage „verwaist", um eine Komplikation durch die Gefühle der menschlichen Eltern auszuschließen.) Wenn die Forscher nicht bereit sind, verwaiste Menschen mit schwerwiegenden und unheilbaren Hirnschäden zu verwenden, dann scheint ihre Bereitschaft, nichtmenschliche Lebewesen zu verwenden, eine Diskriminierung allein auf der Grundlage der Spezies zu bedeuten; denn Menschenaffen, kleinere Affen, Hunde, Katzen und selbst Mäuse und Ratten sind intelligenter, haben ein stärkeres Bewusstsein von dem, was mit ihnen geschieht, und sind schmerzempfindlicher usw. als viele schwer hirngeschädigte Menschen, die in Krankenhäusern und anderen Institutionen gerade noch überleben.

Diejenigen, die gegen Abtreibung protestieren, die doch regelmäßig das Fleisch von Hühnern, Schweinen und Kälbern verspeisen, können kaum für sich in Anspruch nehmen, Interesse für das Leben an sich zu haben. Ihr Interesse für Embryonen und Föten lässt lediglich eine Voreingenommenheit bezüglich des Lebens von Mitgliedern unserer eigenen Spezies erkennen. Denn bei jedem fairen Vergleich moralisch relevanter Eigenschaften wie Rationalität, Selbstbewusstsein, Bewusstsein, Autonomie*, Lust- und Schmerzempfinden usw. haben das Kalb, das Schwein und das viel verspottete Huhn einen guten Vorsprung vor dem Fötus in jedem Stadium der Schwangerschaft – und nehmen wir einen weniger als drei Monate alten Fötus, so würde sogar ein Fisch mehr Anzeichen von Bewusstsein zeigen. Ich schlage daher vor, dem Leben eines Fötus keinen größeren Wert zuzubilligen als dem Leben eines nichtmenschlichen Lebewesens auf einer ähnlichen Stufe der Rationalität, des Selbstbewusstseins, der Bewusstheit, der Empfindungsfähigkeit.

Peter Singer: Praktische Ethik

Speziesismus bezeichnet die moralische Diskriminierung von Individuen ausschließlich aufgrund ihrer Artzugehörigkeit.

Autonomie: die Fähigkeit der Selbstbestimmung, Selbstständigkeit, Unabhängigkeit und Entscheidungsfreiheit

Michael Holtschulte

Aufgaben

1. Beschreibe das ethische Dilemma bei Tierversuchen.
2. Analysiere die Argumentation von Peter Singer und bewerte diese.
3. Wende Singers Argumentation auf die Karikatur an.
4. In Großbritannien ist die Grundlagenforschung an menschlichen Embryonen erlaubt. Bezieh Stellung aus der Sicht von Peter Singer, Immanuel Kant und der Bibel (>> S. 178, 185).

Wie schafft man Frieden ohne Waffen?

MUSEUM FÜR DEUTSCHE GESCHICHTE

Thomas Plaßmann

EKD: Evangelische Kirche in Deutschland >> S. 147

Zu Krieg und Frieden auch >> S. 162, >> S. 210f.

Du sollst nicht töten

In der Denkschrift „Aus Gottes Frieden leben – für gerechten Frieden sorgen" formuliert die EKD* für den Einsatz von rechtserhaltender Gewalt, wie diese z.B. im Kriegsrecht oder im Polizeirecht beansprucht wird, folgende moralische Prüfkriterien:

- **Erlaubnisgrund:** Bei schwersten, menschliches Leben und gemeinsam anerkanntes Recht bedrohenden Übergriffen eines Gewalttäters kann die Anwendung von Gegengewalt erlaubt sein, denn der Schutz des Lebens und die Stärke des gemeinsamen Rechts darf gegenüber dem „Recht des Stärkeren" nicht wehrlos bleiben.

  - **Autorisierung:** Zur Gegengewalt darf nur greifen, wer dazu legitimiert ist [...]; deshalb muss der Einsatz von Gegengewalt der Herrschaft des Rechts unterworfen werden.

  - **Richtige Absicht:** Der Gewaltgebrauch [...] muss durch das Ziel begrenzt sein, die Bedingungen gewaltfreien Zusammenlebens (wieder-) herzustellen, und muss über eine darauf bezogene Konzeption verfügen.

- **Äußerstes Mittel:** Der Gewaltgebrauch muss als äußerstes Mittel erforderlich sein, d.h., alle wirksamen milderen Mittel der Konfliktregelung sind auszuloten. Das Kriterium des „äußersten Mittels" heißt [...], dass unter allen geeigneten (also wirksamen) Mitteln das jeweils gewaltärmste vorzuziehen ist.

- **Verhältnismäßigkeit der Folgen:** Das durch den Erstgebrauch der Gewalt verursachte Übel darf nicht durch die Herbeiführung eines noch größeren Übels beantwortet werden; dabei sind politisch-institutionelle ebenso wie ökonomische, soziale, kulturelle und ökologische Folgen zu bedenken.

- **Verhältnismäßigkeit der Mittel:** Das Mittel der Gewalt muss einerseits geeignet, d.h. aller Voraussicht nach hinreichend wirksam sein, um mit Aussicht auf Erfolg die Bedrohung abzuwenden oder eine Beendigung des Konflikts herbeizuführen; andererseits müssen Umfang, Dauer und Intensität der eingesetzten Mittel darauf gerichtet sein, Leid und Schaden auf das notwendige Mindestmaß zu begrenzen.

- **Unterscheidungsprinzip:** An der Ausübung primärer Gewalt nicht direkt beteiligte Personen und Einrichtungen sind zu schonen.

Nach herkömmlicher Auffassung der Ethik müssen für den Gebrauch von legitimer Gegengewalt alle diese Kriterien erfüllt sein, gleichgültig ob im Fall eines innerstaatlichen Widerstands, eines Befreiungskampfes oder militärischer Konflikte zwischen Staaten. Aber auch in Fällen, in denen alle Kriterien erfüllt zu sein scheinen, ist es aus der Sicht christlicher Ethik problematisch und missverständlich, von einer „Rechtfertigung" des Gewaltgebrauchs zu sprechen. In Situationen, in denen die Verantwortung für eigenes oder fremdes Leben zu einem Handeln nötigt, durch das zugleich Leben bedroht oder vernichtet wird, kann keine noch so sorgfältige Güterabwägung von dem Risiko des Schuldigwerdens befreien.

EKD-Friedensdenkschrift: Aus Gottes Frieden leben

Aufgaben

1. Formuliere die Gedanken des Museumsbesuchers in der Karikatur.
2. Beschreibe das Dilemma beim Einsatz von Waffengewalt. Nenne dafür konkrete Situationen.
3. Entwirf eine Kurzanleitung für den Einsatz von Gewalt im Sinne der EKD.
4. Wende die Prüfkriterien auf einen aktuellen Einsatz der Bundeswehr an.

Gerechter Frieden
Die Theorie „gerechter Frieden" betrachtet kriegerische Gewalt vom Frieden her. Ein dauerhafter Frieden orientiert sich an der Frage gerechter Friedensbedingungen nach dem Ende des Krieges.

Über Leben entscheiden

Aus Liebe zum Leben

Erst als ihr Sohn David drei Jahre alt ist, erfolgt die Diagnose für Familie Bauerfeind, da waren schon vierzig Prozent seiner Muskelfasern zerstört. In Davids X-Chromosom ist das Gen defekt, in dem die Informationen für das Muskeleiweiß Dystophin steckt. Sieben Jahre ist David alt, ein schmaler blonder Junge mit großen Augen und langen Wimpern. Mühsam hat er sich von Stufe zu Stufe geschoben, die Arme gegen die Wände gestemmt. Als er oben ankommt, keuchte er, als hätte er einen Tausendmeterlauf hinter sich gebracht. Aber er hat es geschafft. Vielleicht zum letzten Mal. Die Duchenne-Krankheit selbst ist unheilbar. Über eines jedoch sind sich seine Eltern gewiss: Ihr

Thomas Plaßmann

zweites Kind soll nicht das Gleiche erleben müssen. Deshalb lassen sie ihre Embryonen im Labor begutachten. Sie sagen: „Wir können dieses Leiden keinem zweiten Kind zumuten. Dafür lieben wir unseren David zu sehr."

Der andere ist Christian Papadopoulos, Unternehmensberater: Mit neun Jahren, erzählt Papadopoulos, brauchte er einen Stock, mit zwölf saß er im Rollstuhl, die Abiturprüfung schrieb er mit einem Schreibhelfer. Als er 22 Jahre alt war, konnte er nicht mehr selbstständig essen, ein Jahr später nicht mehr ohne Hilfe atmen. Doch während die meisten Betroffenen als Mittzwanziger sterben, feierte Papadopoulos kürzlich mit Freunden seinen 38. Geburtstag und plant schon seinen vierzigsten. Christian Papadopoulos ist einer der ältesten Duchenne-Patienten Deutschlands. Das Wort Patient würde Papadopoulos jedoch nie benutzen. „Ich habe keine Schmerzen", sagt er, „und krank bin ich nur sehr selten." Seine Frau kommt aus dem Arbeitszimmer hereingerollt, streicht ihm über den Arm. Auch Aristoula Papadopoulos sitzt im Rollstuhl, eine Muskelkrankheit. Sie haben sich während des Studiums kennengelernt, vor fünf Jahren haben sie geheiratet. Nun wohnen sie in einer hellen Dachwohnung mit drei Balkonen. Über dem Ehebett hängt das Foto ihrer Hochzeit. Sie sitzt auf seinem Schoß, beide lachen. Seit am 6. Juli 2010 der Bundesgerichtshof erlaubt hat, Embryonen im Labor auf schwere Erbkrankheiten zu testen, sieht Papadopoulos die Zukunft für Seinesgleichen düster. Schon im Soziologiestudium hat er sich mit der Embryonenauswahl beschäftigt. Lange Zeit hat er gehofft, dass in Deutschland verboten bleibt, was im Ausland längst üblich ist: behindertes Leben im Frühstadium auszusortieren. Papadopoulos ist sich sicher: „Die PID ist ein Selektionsinstrument." Zwei Familien, zwei Sichtweisen.

Nach einem Artikel von Martin Spiewak in DIE ZEIT (gekürzt)

Präimplantationsdiagnostik (PID)

Im Gegensatz zur Pränatalen Diagnostik (PD) wird die Präimplantationsdiagnostik (PID) nur bei einer künstlichen Befruchtung durchgeführt, und zwar bevor es überhaupt zu einer Schwangerschaft der Mutter kommt. Rund drei Tage nach der künstlichen Befruchtung werden Eizellen gezielt auf Erbkrankheiten untersucht. Bei Gendefekten wird die befruchtete Eizelle verworfen.

Aufgaben

1. Beschreibe das ethische Dilemma der PID und welche Fragen damit zusammenhängen.
2. Interpretiere die Karikatur und formuliere die Antwort des Mitarbeiters.
3. Nimm zu den Positionen von Familie Bauerfeind und Christian Papadopoulos einen begründeten Standpunkt ein.

Damit sie das Leben in Fülle haben

Soll assistierter Suizid erlaubt sein?

Thomas Plaßmann

Nikolaus Schneider, evangelischer Theologe, bis 2014 EKD-Ratsvorsitzender; Rücktritt, als seine Frau an Krebs erkrankte

Und wenn ich nicht mehr leben möchte?

Frage: Herr Schneider*, Sie sind entschiedener Gegner des assistierten Suizids. Welches Argument für die Sterbehilfe finden Sie dennoch überzeugend?

Schneider: Als Gemeindepfarrer habe ich viele Menschen beim Sterben begleitet. Dabei hat mich am meisten bewegt, wenn Sterbende so heftige Schmerzen litten, dass sie einfach nicht mehr leben wollten. [...] wenn einer sagte: Ich bestehe nur noch aus Schmerz; diesen Zustand kann ich nicht länger ertragen; ich will, dass er beendet wird.

Frage: Hat die Not der Sterbenden Sie dazu gebracht, dass Sie nicht nur den Sterbewunsch akzeptieren konnten, sondern auch die Bitte um Sterbehilfe?

Schneider: Wenn ich solches Leid erlebt habe, war ich auch als Pfarrer mit meinen Argumenten am Ende. Als Christ kämpfe ich bis zum Schluss für das Leben und darum, dass auch das Sterben als gutes Leben erlebt werden kann. Und auch in schwierigsten Lebenslagen habe ich immer darum gerungen, dass sterbewillige Menschen ihren Lebenswillen, ihre Freude am Leben wiedergewinnen. Aber in einigen harten Ausnahmefällen bin ich dann doch stumm geblieben, wenn die Bitte um Sterbehilfe ausgesprochen wurde.

Frage: Aus Mitleid?

Schneider: Und aus Barmherzigkeit. Aber auch, weil ich mit meinen Argumenten am Ende war. Was soll ich noch sagen, wenn jemand das Leben buchstäblich nicht mehr erträgt? Einen Menschen in einer solchen Situation nicht ernst zu nehmen, wäre für mich unchristlich.

Frage: Ihre krebskranke Frau hat sich gewünscht, dass Sie ihr notfalls beistehen, wenn sie Sterbehilfe braucht. Da sie selbst Theologin ist, argumentiert sie auch theologisch. Überzeugt Sie das?

Schneider: Meine Frau und ich sind uns in dieser Frage nicht einig, wir streiten darüber seit Langem. Sie hat vor allem ein Argument, mit dem ich mich wirklich rumschlage und das zu widerlegen mir bisher nicht gelungen ist. Sie sagt: „Das Leben ist für mich nicht nur Leben auf dieser Erde. Ich glaube an die Auferstehung, und das relativiert meine Zeit im Diesseits. Gott hat mir das Leben geschenkt, aber ich darf das Geschenk des Lebens auch an Gott zurückgeben, denn ich gehe fest davon aus, dass das nicht das Ende ist." Dem stimme ich im Grundsatz zu. Und doch kann ich den Suizid nicht befürworten. Denn ich meine: Menschen sollen das Geschenk des Lebens nicht eigenmächtig an Gott zurückgeben.

Aufgaben

1. Formuliere Argumente für und gegen assistierten Suizid und bewerte diese.
2. Schneider befindet sich im Konfliktfeld zweier Pflichten. Skizziere seine Argumentation und die seiner Frau.
3. Vergleiche Schneiders Argumentation mit der Aussage der Karikatur.

Sterbehilfe
Aktive Sterbehilfe: Tötung auf Verlangen. Tötung eines anderen, der dies ausdrücklich will.
Passive Sterbehilfe: Sterben zulassen. Nichtbeginnen oder Beenden einer lebenserhaltenden Behandlung, sodass der Patient an den Folgen seiner Erkrankung beziehungsweise Verletzung stirbt.
Assistierter Suizid: Beihilfe zur Selbsttötung. Der Patient tötet sich selbst, bekommt dabei aber Hilfe.

Schritte ethischer Urteilsbildung

In der Ethik geht es um die Frage: Was soll ich tun? Was sollen wir tun?
Soll in einem konkreten Fall die Antwort nicht bloß intuitiv formuliert oder einfach
gesetzt werden, bedarf es eines bedachten Vorgehens. Die folgenden Schritte und Fragen wollen dazu eine Hilfe sein und die Besinnung auf ethische Normen mit einer
gründlichen Analyse der Situation sowie einer Abschätzung von Folgen verbinden.

Schritt 2: Situationsanalyse
*Wie ist das Problem entstanden?
Welche Faktoren spielen mit?
Wie hängen sie zusammen? Welche
Personen und Gruppen sind direkt oder
indirekt davon betroffen? Wer sind
die Schwächsten in diesem
Zusammenhang?*

Schritt 1: Problemdefinition
*Worin liegt eigentlich das ethische
Problem? Wie lautet die ethische
Frage? Wie sehen das die Beteilig-
ten? Wie reagiere ich im ersten
Moment?*

Schritt 3: Verhaltensalternativen
*Welche Vorschläge zur Lösung des
Problems gibt es schon? Wer vertritt
diese? Warum? Wie wirken sich die
einzelnen Vorschläge auf die
Schwächsten aus?*

**Schritt 7: Vertreten der Entscheidung in der
Öffentlichkeit**
*Welche Form wähle ich, um meine Entscheidung
öffentlich zu machen? Wie und wo gewinne ich
Mitstreiter/-innen? Wo benötige ich Institutionen
(Gemeinde, Kirche ...) als Träger der Verantwor-
tung, um mich nicht individuell zu überlasten?*

Schritt 4: Normenreflexion
*Welche Überzeugungen stecken hinter den einzelnen Vorschlägen?
Welchen kann ich zustimmen? Welchen nicht? Warum?
Welche Lösungen ergeben sich, wenn man das Problem aus den
Augen eines bestimmten Philosophen oder einer anderen Religion
betrachtet? Welche Lösungen ergeben sich, wenn man von dem
Gebot der Nächstenliebe und der „vorrangigen Option für die
Armen" ausgeht?
Wie sind diese Lösungen im Blick auf Menschen (Humanverträglich-
keit), die Umwelt (Umweltverträglichkeit), das gesellschaftliche
Zusammenleben (Sozialverträglichkeit) und andere Verträglichkei-
ten zu beurteilen?*

Schritt 6: Urteilsentscheid
*Für welche Lösung entscheide
ich mich bzw. entscheiden wir
uns? Welche Folgen hat dieses
Urteil für mich persönlich bzw.
für uns? Können und wollen wir
mit diesen Folgen leben?*

**Schritt 5: Prüfung der kommunikati-
ven Verbindlichkeit**
*Welcher Lösungsvorschlag wird den
Beteiligten und Betroffenen am meisten
gerecht? Wie lässt sich diese Lösung
argumentativ vertreten?*

Aufgaben

1. Gestalte die Schritte ethischer Urteilsbildung als Flyer.
2. Untersuche die Schritte ethischer Urteilsbildung auf Elemente
   der Pflichtenethik, der Nutzenethik, der Güterethik sowie der
   Verantwortungsethik.

Die Schritte ethischer Urteilsbildung anwenden

Jürgen Janson

"...als man noch mit genetischen Mängeln zur Welt kam!"

Götz Wiedenroth

Thomas Plaßmann

Aufgaben

1. Beschreibe die in den Karikaturen angesprochenen ethischen Fragestellungen.
2. Untersuche diese mithilfe einer Wertefeldanalyse*.
3. Entwirf ein Gutachten zu den angesprochenen Themen.
   Wende dazu die Schritte der ethischen Urteilsbildung an.

Wertefeldanalyse:

(Begriff)

(Begriff) ←→ (Begriff)

(Begriff)

Ziel erreicht!

> Die Personen der Karikaturen begegnen sich auf einer Podiumsdiskussion zum Thema „Gute Gründe für ein ethisches Urteil prüfen". Entwirf ein mögliches Gespräch.

> Zeichne eine eigene Karikatur zu einem der vorgestellten ethischen Problemfelder.

> Finde Gründe, weshalb man sich im Religionsunterricht mit den vorgestellten Themen beschäftigen soll bzw. muss.

> Schreibe zu einer der vorgestellten Argumentationen einen kommentierenden Leserbrief für eine Schülerzeitung.

> Formuliere, was du in diesem Teilkapitel neu gelernt hast. Was hat dir Spaß gemacht? Was hättest du noch gerne vertieft? Welche Fragen bleiben dir?

Von Vorbildern lernen

Welche Christenmenschen würdest du als Vorbilder bezeichnen?

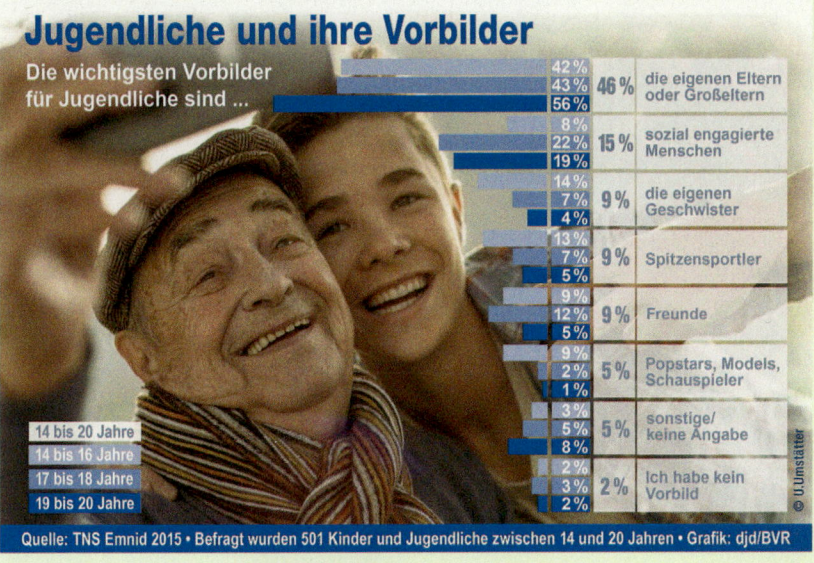

Jugendliche und ihre Vorbilder

Die wichtigsten Vorbilder für Jugendliche sind ...

	14 bis 20 Jahre	14 bis 16 Jahre	17 bis 18 Jahre	19 bis 20 Jahre	
die eigenen Eltern oder Großeltern	42%	43%	56%		**46%**
sozial engagierte Menschen	8%	22%	19%		**15%**
die eigenen Geschwister	14%	7%	4%		**9%**
Spitzensportler	13%	7%	5%		**9%**
Freunde	9%	12%	5%		**9%**
Popstars, Models, Schauspieler	9%	2%	1%		**5%**
sonstige/ keine Angabe	3%	5%	8%		**5%**
Ich habe kein Vorbild	2%	3%	2%		**2%**

Quelle: TNS Emnid 2015 • Befragt wurden 501 Kinder und Jugendliche zwischen 14 und 20 Jahren • Grafik: djd/BVR

Desmond Tutu (* 1931), Bischof und Vorsitzender der Wahrheits- und Versöhnungskommission in Südafrika

Cicely Saunders (1918–2005), Ärztin und Mitbegründerin der Hospizbewegung

Dietrich Bonhoeffer (1906–1945), Theologe und Widerstandskämpfer in der Zeit des Nationalsozialismus

Weigle-Haus: Flüchtlingen Schutz bieten

Berichte was du über die Personen und Gruppen und ihr Engagement weißt. Welches Engagement interessiert dich besonders?

Projektaufgaben zu den den Seiten 195-199

➤ Beurteilt, ob die hier dargestellten Personen evangelische Heilige sind.

➤ Entwerft fiktive Interviews mit den vorgestellten Menschen.

➤ Gestaltet für eine der vorgestellten Personen oder Initiativen eine Rede zur Verleihung des Preises „Vorbild für die Jugend".

➤ Entwerft zu den hier vorstellten Personen und Initiativen ein Rollenspiel, in dem das besondere Anliegen der Betreffenden zum Ausdruck kommt.

Evangelische „Heilige"

Auch in der ev. Kirche gibt es die Vorstellung von Heiligen. An ihnen kann deutlich werden, wie der Glaube Menschen in schwierigen Situationen und bei Lebensentscheidungen hilft, sie verändert und zu einem verantwortlichen Leben fähig macht. Ihr Handeln kann so zu einem herausfordernden Beispiel für ein christliches Leben werden. Anders als in der kath. Kirche werden sie in der ev. Kirche nicht als Vermittler zwischen Gott und den Menschen angesehen, die man im Gebet um Hilfe anrufen kann. Auch werden ev. Heilige nicht selig oder heilig gesprochen. Sie bleiben Menschen mit all ihren Stärken und Schwächen.

Cicely Saunders: Sterbende im Hospiz begleiten

„Es geht nicht darum, dem Leben mehr Tage zu geben, sondern den Tagen mehr Leben."

1948 kam es im Leben von Cicely Saunders zu einer entscheidenden Begegnung. Als Nachtwache lernte sie in einem Londoner Krankenhaus den krebskranken Holocaustüberlebenden David Tasma kennen. Sie verliebte sich in ihn. Die beiden redeten und träumten von einer Situation, die unheilbar Kranken ein würdevolles Sterben ermöglichen könnte. Es musste ein Ort ohne Schmerzen sein. Es sollte ein Ort sein, an dem David auch mit seinem unerfüllten Leben ins Reine kommen konnte. David Tasma starb zwei Monate nach ihrer ersten Begegnung im Alter von 40 Jahren und hinterließ Cicely 500 Pfund mit den Worten: „Ich werde ein Fenster sein in deinem Heim."

„Ich brauchte 19 Jahre, um ein Heim rund um dieses Fenster zu bauen", sagte Saunders 1967 bei der Eröffnung ihres Hospizes in London. Ihre Grundidee war, die Bedürfnisse des Patienten zu erkennen und zu behandeln, anstatt die Krankheit zu bekämpfen. Sie sah in Krankenhäusern das Leid der Sterbenden, wenn diese nur noch abgestellt wurden, nachdem keine medizinische Heilung mehr möglich war. Sie hatte erlebt, wie Ärzte und Krankenschwestern mit der Situation von Sterbenden überfordert waren und nicht angemessen mit Sterbenden umgehen konnten. Dies sollte in ihrem Hospiz anders sein. Sie wollte Sterbenden beistehen und sie begleiten. Sie wollte durch eine entsprechende Schmerzbehandlung die Sterbenden von ihren Schmerzen befreien, um ihnen zu einem relativ guten körperlichen Wohlbefinden zu verhelfen. Neu war hierbei, dass sie das Schmerzerleben der Patienten ständig im Auge

Cicely Saunders und die Hospizbewegung
Die englische Ärztin, Sozialarbeiterin und Krankenschwester Cicely Saunders (1918-2005) eröffnete 1967 das St. Christopher's Hospice in London. Sie gilt damit als eine der Begründerinnen der Hospizbewegung. In ihrem Hospiz (lat. hospitium = Gastfreundschaft; bezeichnet einen Ort der gastfreundlichen Aufnahme) sollten sterbenskranke Menschen einen Ort finden, wo sie ohne Schmerzen und begleitet durch ihre Mitmenschen in Würde dem Tod entgegengehen können. Sie sah im Sterben eine Chance, Abschied zu nehmen, und lehnte als Christin aktive Sterbehilfe ab. 1980 wurde sie von der englischen Königin für ihre Verdienste in den persönlichen Adelsstand erhoben.

hatte, um mit entsprechenden Schmerzmitteln reagieren zu können. Dies sollte die Voraussetzung sein für eine psychologische und geistliche Begleitung der Patienten auf ihrem letzten Weg. Sie setzte auf mehr Personal und weniger Technik für ihre Patienten. Auch die Angehörigen der Sterbenden sollten in die Begleitung einbezogen werden. Sie konnten mithelfen und Trost erfahren. Ehrenamtliche standen ihr bei ihren Aufgaben zur Seite. „Du bist wichtig, weil du du bist, und wir werden alles für dich tun, damit du nicht nur in Frieden sterben, sondern leben kannst bis zuletzt", fasste sie die Anliegen ihrer Hospizarbeit zusammen.

Aufgaben

1. Beschreibe das Bild der Hände und erzähle eine Geschichte dazu.
2. Cicely Saunders benannte ihr Hospiz nach dem heiligen Christophorus. Erkläre die Gründe für diese Namensgebung.
3. Gestalte einen Handzettel für die Hospizarbeit. Finde ein eigenes Logo und verwende die Informationen dieser Seite.

Desmond Tutu: Versöhnung statt Vergeltung

Vergebung und Versöhnung

Es ist klar, dass Vergebung und Versöhnung keine sentimentalen Dinge sind. Versöhnung ist nichts für Weichlinge. Das ist eine harte Sache. Und wenn es uns nur darum geht, uns selbst zurückzukriegen, Auge um Auge, wie es heißt, dann werden wir die Welt ziemlich blind verlassen. [...]

Ich habe oft gesagt, dass es für Südafrika ohne Vergebung, ohne Versöhnung keine Zukunft gegeben hätte. Unsere Wut und das Streben nach Rache hätten uns in den Untergang geführt. [...] Es hat Zeiten gegeben, als jede und jeder Einzelne von uns vergeben musste. Und es gab Zeiten, als jede und jeder Einzelne von uns Vergebung bedurfte. Und das wird auch in Zukunft immer wieder so sein. [...] Vergebung ist die Reise, die wir unternehmen, um das Gebrochene, das Wunde und Zerrissene zu heilen. [...] Der Zyklus der Vergebung kann nur in Gang gesetzt und abgeschlossen werden, wenn absolute Wahrhaftigkeit und Aufrichtigkeit herrschen. Vergebung erfordert, die Verbrechen laut auszusprechen und das Leid beim Namen zu nennen, das wir erlitten haben. [...] Ich bin verletzt, sagen wir. Ich wurde betrogen, erklären wir. Ich leide und trauere. [...] Vielleicht kann ich niemals vergessen, was ihr mir angetan habt, aber ich werde euch vergeben. Ich werde alles in meiner Macht Stehende tun, damit ihr mir nie wieder Leid zufügt. Ich werde keine Vergeltung üben, nicht gegen euch und nicht gegen mich selbst. [...] Deshalb habe ich eine Mitverantwortung nicht nur für jeden Konflikt, an dem ich persönlich unmittelbar beteiligt bin, sondern für alle Konflikte, die gegenwärtig in meiner Familie, in meiner Gemeinde, in meiner Nation und auf der ganzen Welt stattfinden. Dieser Gedanke mag wie eine übergroße Last erscheinen. Doch liegt das Geschenk des Ubuntu* darin, dass wir auf diesem Weg Frieden erschaffen können, ohne nach politischer Macht streben zu müssen. Jeder von uns kann eine friedlichere Welt erschaffen, und zwar dort, wo wir in dieser Welt gerade stehen.

Desmond und Mpho Tutu: Das Buch des Vergebens

Desmond Tutu
Desmond Tutu wurde am 7. Oktober 1931 in Transvaal, einer Provinz Südafrikas, geboren. Er wuchs im Südafrika der Rassentrennung und Rassendiskriminierung (Apartheid) auf. Er studierte Theologie und wurde 1960 zum Priester der Anglikanischen Kirche geweiht. Der Geistliche setzte sich jahrzehntelang gewaltfrei für die Aufhebung des Apartheid-Regimes in Südafrika ein. 1984 erhielt Tutu für dieses Engagement den Friedensnobelpreis. Tutu engagierte sich nach dem Ende des Apartheitsregimes als Vorsitzender der Wahrheits- und Versöhnungskommission TRC (Truth and Reconciliation Commission) in Südafrika. Die Kommission untersuchte von 1996-1998 politisch motivierte Verbrechen während der Zeit der Apartheid.

Aufgaben

1. Arbeite die Notwendigkeit von Vergebung heraus und nenne die notwendigen Schritte zur Vergebung.
2. Formuliere deine Gedanken zum oberen Foto und gestalte weitere Gesten der Versöhnung.
3. Recherchiere Weiteres zum Leben von Desmond Tutu.
4. Erörtere das Verhältnis von Tutu zu Jesus.

Ubuntu: Die afrikanische Ubuntu-Philosophie betont, dass jeder Mensch Teil eines größeren Ganzen ist. Das Wort selbst bedeutet Menschlichkeit, Nächstenliebe und auch Gemeinsinn.

Dietrich Bonhoeffer: „Dem Rad in die Speichen fallen"

Wo Recht zu Unrecht wird wird Widerstand zur Pflicht

Widerstand gegen den NS-Staat

Am 27. Februar 1933 brennt der Reichstag. Am Tatort wird ein junger, ziemlich verwirrter Holländer aufgegriffen, der Mitglied der kommunistischen Partei ist. [...] Schon am nächsten Tag erscheint die „Notverordnung" zum „Schutze von Volk und Staat". Diese Verordnung bleibt für die nächsten zwölf Jahre in Kraft; sie ist die „gesetzliche" Grundlage für den nun einsetzenden nationalsozialistischen Terror. Der richtet sich zunächst fast ausschließlich gegen links. Viertausend kommunistische Funktionäre werden verhaftet, viele von ihnen in den Kellern der SA erschlagen oder „auf der Flucht" erschossen. Für die evangelische Kirche ist das allerdings kein Terror, sondern Wiederherstellung der Ordnung und Rettung „in schwerer Gefahr". [...]

Drei Wochen später hält Dietrich einen Vortrag vor einem Kreis von Berliner Pfarrern. Die meisten von denen, die dort sitzen, sind durchaus nicht begeistert von der Art und Weise, wie der Staat „seines Amtes waltet". Aber sie sind gute Lutheraner und deshalb bewegt sich Dietrich zunächst auf Zehenspitzen durch das Thema Kirche und Staat: Die Kirche hat kein Recht, sich Macht über den Staat anzueignen. Aber sie darf sich nicht aus der Politik heraushalten, wenn der Staat grundlegende Menschenrechte außer Kraft setzt. In diesem Fall nennt Dietrich drei Möglichkeiten kirchlichen Handelns gegenüber dem Staat: „Erstens die an den Staat gerichtete Frage nach dem legitim staatlichen Charakter seines Handelns, d.h. die Verantwortlichmachung des Staates. Zweitens der Dienst an den Opfern des Staatshandelns. Die Kirche ist den Opfern jeder Gesellschaftsordnung in unbedingter Weise verpflichtet, auch wenn sie nicht der christlichen Gemeinde zugehören (!). Die dritte Möglichkeit besteht darin, nicht nur die Opfer unter dem Rad zu verbinden, sondern dem Rad selbst in die Speichen zu fallen." Den Rest seines Vortrags hält Dietrich vor fast leerem Saal. Die Forderung, dass die Kirche zum politischen Widerstand bereit sein muss, hat die meisten seiner Zuhörer vor den deutschprotestantischen Kopf gestoßen. Mit dieser Einstellung bleibt Dietrich in seiner Kirche allein.

Renate Wind: Dem Rad in die Speichen fallen

Dietrich Bonhoeffer wurde am 4. Februar 1906 in Breslau geboren. Er studierte Evangelische Theologie und wurde 1931 Hochschullehrer und Hilfsprediger in Berlin Prenzlauer Berg. Nach dem Machtantritt Hitlers 1933 beteiligte er sich am Aufbau einer kirchlichen Opposition (Bekennende Kirche) gegen die Gleichschaltung der Kirche durch den NS-Staat. Er unterhielt viele Kontakte ins Ausland und schloss sich 1940 einer Widerstandgruppe der deutschen Spionageabwehr gegen die NS-Herrschaft an. 1943 wurde er wegen Wehrkraftzersetzung inhaftiert. Nach dem gescheiterten Attentat auf Hitler am 20. Juli 1944 wurde seine Beteiligung am Widerstand bekannt. Am 9. April 1945 wurde Dietrich Bonhoeffer im KZ Flossenbürg wegen Landes- und Hochverrat hingerichtet.

Mehr zu Kirche und Nationalsozialismus:
>> S. 148ff.

Aufgaben

1. Gib die drei Möglichkeiten wieder, die Bonhoeffer im Verhalten der Kirche dem Staat gegenüber sieht.
2. Nimm Stellung zu Bonhoeffers Beteiligung am Attentat auf Hitler aus Sicht des Utilitarismus (>> S. 186) und aus Sicht der Pflichtenethik (>> S. 185).
3. Setze dich mit dem Aufruf zum Widerstand auf dem Button auseinander.

Flüchtlingen Schutz bieten

Die Gemeinde des Evangelischen Weigle-Hauses in Essen gewährt zwei Iranern Kirchenasyl*

Seit drei Jahren sind Sarah und Amir (Namen geändert) auf der Flucht. Im evangelischen Weigle-Haus in Essen hat das iranische Paar Kirchenasyl gefunden [...]. Das Gelände können die beiden 36-jährigen Christen seit sieben Monaten nicht verlassen: Die Ausländerbehörde Herne hat sie zur Fahndung ausgeschrieben.

Trotzdem ist das Ehepaar froh, nicht in den Iran zurückzumüssen. „Die Menschen hier helfen uns sehr", sagt Sarah mit leiser Stimme. 2012 war sie mit ihrem Mann über Schweden nach Deutschland geflohen. Amir unterstützte im Iran die Opposition gegen die Politik des damaligen Präsidenten Mahmud Ahmadinedschad. Dafür verbrachte er eineinhalb Monate im Gefängnis. Erst nach einer Lösegeldzahlung kam er wieder frei. Zuvor hatten die Eheleute über Verwandte die Bibel kennengelernt und einen christlichen Gesprächskreis besucht, der sich in ihrer Wohnung traf. Ein riskanter Schritt – die Konversion zu einer anderen Religion steht für Muslime im Iran unter Todesstrafe.

Irgendwo hier sollen sich Schein-Asylanten versteckt halten....!!

Klaus Stuttmann

Während Sarahs Bruder nach einer vergleichbaren Vorgeschichte als anerkannter Asylbewerber in Deutschland lebt, wurde ihr Asylantrag in Schweden abgelehnt. Das Paar sollte abgeschoben werden und floh weiter. In Deutschland sollten Sarah und Amir zurück nach Schweden überstellt werden, weil nach der sogenannten Dublin-Verordnung das EU-Erstaufnahmeland für den Antrag zuständig ist. [...]

Jugendpfarrer Rolf Zwick, Leiter des Weigle-Hauses, sieht im Kirchenasyl eine Korrektur des Asylrechts. „Wir gewähren das Kirchenasyl, weil es unsere Pflicht ist, Menschenrechtsverletzungen zu verhindern", sagt der Theologe. [...] „In solchen Fällen steht für mich als Christ die Ethik vor dem Recht", betont Zwick. In der Bibel habe das Kirchen- oder Tempelasyl eine lange Tradition.

Nora Frerichmann

Kirchenasyl
Durch Kirchenasyl gewähren christliche Gemeinden Flüchtlingen ohne legale Aufenthaltsgenehmigung Zuflucht. Das Kirchenasyl ist ein Akt des zivilen Ungehorsams, das gegen geltendes staatliches Recht verstößt.

Aufgaben

1. Nimm Stellung zur Aussage von Pfarrer Rolf Zwick und berücksichtige bei deiner Argumentation ethische Positionen des zweiten Teilkapitels (>> S. 177ff.).
2. Interpretiere die Karikatur und bezieh sie auf das Engagement der Gemeinde des Weigle-Hauses.

Ziel erreicht!

> Begründe, welche der vorgestellten Personen und Initiativen du gerne persönlich kennenlernen möchtest.

> „Was würde Jesus dazu sagen?" Formuliere eine Antwort im Blick auf das Engagement der hier vorgestellten Menschen und Initiativen.

> Beschreibe, was für dich vorbildlich am Leben und Handeln der dargestellten Menschen und Initiativen ist.

> Nenne Fragen, die sich dir durch die Beschäftigung mit den dargestellten Personen und Initiativen stellen. Suche im Gespräch mit anderen nach Antworten.

Religionen begegnen

In der Schulbibliothek entdeckst du mit Freunden eine alte Zeitschrift. Auf dem Cover steht die Frage: „Wie gefährlich ist Religion?" Ihr kommt miteinander ins Diskutieren. Markus, der in der Gemeinde aktiv ist, sagt: „Die meisten Religionen suchen den Frieden auf der Welt!"

Mehmed bestätigt: „Das Wort Islam geht sogar zurück auf das Wort Salam, das Frieden bedeutet."

Doch Lea widerspricht: „Aber hat es nicht schon genügend Kriege wegen der Religionen gegeben?"

Du antwortest ...

? Warum gibt es verschiedene Religionen?

? Was meint Religionsfreiheit?

? Woran erkennt man Fanatiker?

? Was steckt hinter dem Glauben an die Wiedergeburt?

? Welche Regeln gelten in allen Religionen?

? ...

So ist das Kapitel aufgebaut:

Religionen im Umfeld entdecken >>
Fernöstliche Religionen erkunden >>

Puja (Verehrung, tägliches Gebet) für die Gottheit Shiva in Nepal (oben) und für Buddha in Thailand (rechts)

Ich kann am Ende des Kapitels ...

✔ beschreiben, was man unter Religionsfreiheit versteht und wo deren Grenzen sind.

✔ gefährliche Ausprägungen der Religionen von lebensfreundlichen unterscheiden.

✔ Regeln für ein Gespräch unter Anhängern von Religionen benennen.

✔ Merkmale des Hinduismus und des Buddhismus beschreiben.

✔ fernöstliche Religionen mit dem Christentum vergleichen.

Religionen im Umfeld entdecken

Auf einer Klassenfahrt nach Berlin kommt Fabienne an einer Synagoge vorbei, die von einem meterhohen Zaun umgeben ist. Kameras überwachen jede Bewegung, vor dem Gebäude stehen Polizisten. „Ach du Schreck, das sieht ja aus wie ein Hochsicherheitsgefängnis. Ist das wirklich nötig?"

Ihre Klassenlehrerin antwortet ...

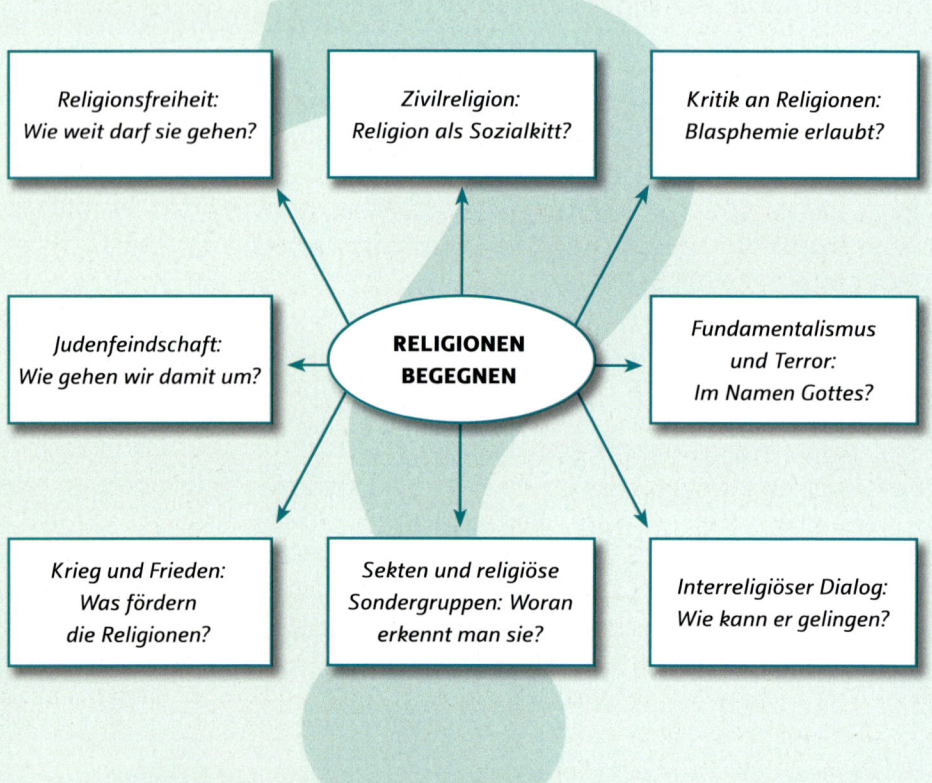

Religionsfreiheit: Wie weit darf sie gehen?	*Zivilreligion: Religion als Sozialkitt?*	*Kritik an Religionen: Blasphemie erlaubt?*
Judenfeindschaft: Wie gehen wir damit um?	**RELIGIONEN BEGEGNEN**	*Fundamentalismus und Terror: Im Namen Gottes?*
Krieg und Frieden: Was fördern die Religionen?	*Sekten und religiöse Sondergruppen: Woran erkennt man sie?*	*Interreligiöser Dialog: Wie kann er gelingen?*

Religion und Gesellschaft

Lange sah es so aus, als ob die Religionen zunehmend an Bedeutung verlieren würden. Der Mitgliederschwund bei beiden Großkirchen scheint der These von einer fortschreitenden Säkularisierung (= Verweltlichung) Recht zu geben. Doch neben den Kirchen boomen andere Gemeinschaften, die mit dem Begriff „Sekte" nur unzureichend beschrieben sind. Schaut man in die Medien, ist das Thema Religion allgegenwärtig. Immer wieder taucht es im Zusammenhang mit Krieg und Gewalt auf. Doch es gibt auch ein ethisches Potenzial der Religionen, das den Menschen zugutekommt.

Welche dieser Fragen hast du dir bereits gestellt?

Projektaufgaben zu den Seiten 202-215

➤ Entwerft Piktogramme, die die oben aufgeführten Themenblöcke dieses Teilkapitels grafisch veranschaulichen.

➤ Fertigt eine Weltkarte an, in die ihr Konflikte und Kriege eintragt, in denen Religion eine Rolle spielt. Ergänzt die Karte durch Plakate, auf denen ihr über die Hintergründe informiert.

➤ Sammelt Karikaturen zum Thema Religion und fertigt eine Ausstellung an. Blasphemische Darstellungen lasst dabei weg.

➤ Gestaltet ein Lernspiel, das zentrale Inhalte dieses Teilkapitels zusammenfasst.

Religionsfreiheit und ihre Grenzen

Nach Jahrhunderten blutiger Auseinandersetzungen um den rechten Glauben hat sich in Europa eine Trennung von Religion und Politik durchgesetzt. Politiker mischen sich nicht mehr in Glaubensfragen ein, religiöse Institutionen beanspruchen keine weltliche Macht mehr. Das Grundgesetz garantiert:

„Die Freiheit des Glaubens, des Gewissens und die Freiheit des religiösen und weltanschaulichen Bekenntnisses sind unverletzlich." (Art. 4)

Jeder Bürger, jede Bürgerin kann heute frei entscheiden, ob und wie er/sie sich religiös betätigen will. Neben dieser positiven Religionsfreiheit **(Freiheit zu)** gibt es aber auch eine negative Religionsfreiheit **(Freiheit von)**:

„Niemand darf zu einer kirchlichen Handlung oder Feierlichkeit oder zur Teilnahme an religiösen Übungen [...] gezwungen werden." (Art. 136 WRV*).

Wie weit darf man gehen?

Manchmal gibt es Konflikte zwischen dem Grundrecht auf Religionsfreiheit und anderen in der Verfassung garantierten Rechten. Hier ein paar Beispiele:

- **Kruzifix in Klassenzimmern?** 1995 verbot das Bundesverfassungsgericht das Aufhängen von Kruzifixen in staatlichen Schulen. Der Europäische Gerichtshof für Menschenrechte stellte aber 2011 klar, christliche Symbole in öffentlichen Räumen aufzuhängen sei noch keine Indoktrinierung und deshalb erlaubt.

- **Scharia-Polizei vor Diskos in Wuppertal:** Eine Gruppe von Salafisten* in orangefarbenen Westen mit der Aufschrift „Shariah Police" versuchte mit Hinweis auf das islamische Religionsgesetz (Scharia), Menschen vom Glücksspiel oder vom Trinken abzuhalten und für den Islam zu missionieren.

- **Sonderbehandlung der Kirchen im Arbeitsrecht?** Kirchen dürfen ihre inneren Angelegenheiten nach ihren eigenen Prinzipien ordnen, solange sie sich dabei an das Recht halten (Art. 137 WRV). Kirchliche Mitarbeiter müssen sich an christliche Moralvorstellungen halten. Verstöße dagegen können zu Abmahnung oder Kündigung führen. In kirchlichen Einrichtungen haben Arbeitnehmer auch kein Streikrecht.

WRV: Weimarer Reichsverfassung von 1919. In Art. 140 des Grundgesetzes wird darauf Bezug genommen.

Der Salafismus ist eine Spielart des sunnitischen Islamismus, die das Ideal des Frühislam wieder beleben will.
Vgl. auch **>>** *S. 209.*

Aufgaben

1. Fasse die Grundsätze des Verhältnisses von Kirche und Staat in Deutschland zusammen.
2. Führt eine Pro-und-Kontra-Diskussion zur Frage, ob ein Kreuz im Klassenzimmer aufgehängt werden sollte.
3. Formuliere Gedanken der Kinder auf dem Bild angesichts des Kruzifixes über der Tür.
4. Sammle Argumente für und gegen den staatlichen Schutz eines hohen muslimischen Feiertags.
5. Beurteile anhand der drei Fallbeispiele, wie weit die Religionsfreiheit gehen soll.

Mehr zu Kirche und Staat:
>> *S. 138ff., bes. S. 145*

Was
hält ein Land
zusammen?

Religion in der Gesellschaft

*Als im schwäbischen
Winnenden 2009 ein
17-jähriger Schüler
15 Menschen tötete,
gedachten Tausende in
einem ökumenischen
Trauergottesdienst der
Toten. Auch hochrangige
Vertreter der Politik
nahmen an der Feier, die
im Fernsehen übertragen
wurde, teil.*

*Im Sozialkundekurs am Albert-Schweitzer-Gymnasium geht es hoch her. Alex regt sich
über die „Privilegien der Kirchen" in Deutschland auf, Lea sieht das anders.*

Alex: Wieso gibt es in einem weltanschaulich neutralen Staat eigentlich einen Religi-
onsunterricht als ordentliches Lehrfach? Und warum schützt das Grundgesetz nur den
Sonntag, warum nicht das islamische Opferfest*? Damit zementiert es doch nur die
Macht der Kirchen.

*Das Opferfest ist eines
der wichtigsten Feste
im Islam; es erinnert
an die (Beinahe-)
Opferung Ismaels.*

Lea: Gesetze entstehen eben nicht im luftleeren Raum. Es hat mit der Geschichte zu
tun, dass christliche Normen und Werte in unsere Gesetze eingeflossen sind. Für den
Zusammenhalt unserer Gesellschaft ist das von enormer Bedeutung.

Alex: Religion als Sozialkitt – als ob wir das bräuchten. Unseren Staat hält anderes
zusammen als eine „jüdisch-christliche Leitkultur": Menschrechte und Toleranz! Das
ist es, was zählt. Dazu brauche ich keinen Glauben.

Lea: Du irrst dich, auch diese Werte haben religiöse Hintergründe. Erinnerst du dich
übrigens noch an den Trauergottesdienst nach dem Amoklauf an der Schule in Winnenden? Das war ein schönes Symbol des Zusammenhalts und hat vielen Menschen
Trost gegeben – über die Gräben der einzelnen Religionsgemeinschaften hinweg.

*Bürger- bzw. Zivilreligion:
gemeinsames, die
Religionsgemeinschaften
übergreifendes System
von Überzeugungen
und Ritualen in einer
Gesellschaft*

Alex: Diese Rituale werden von der Politik doch nur ausgenutzt, damit wieder Ruhe
einkehrt. Braucht man wirklich eine solche Bürgerreligion* für die Medien?

*Mehr zu Böckenförde:
>> S. 145*

Aufgaben

1. Stelle die Argumente von Alex und Lea in einer Tabelle im Heft dar.
2. Führt die Diskussion in der Klasse fort: Wer von beiden hat recht?
3. Sammelt weitere Beispiele von Zivilreligion* aus den Medien.
   Gestaltet dazu in Gruppen eine Wandzeitung.
4. Der Rechtsphilosoph E.W. Böckenförde sagte einmal: „Der freiheitliche, säkularisierte Staat lebt von Voraussetzungen, die er selbst
   nicht garantieren kann." Erkläre, wie der Satz gemeint sein könnte.
   Beziehe begründet Stellung dazu.

Religion kritisieren: Darf man das?

Blasphemie
Blasphemie bezeichnet das Lästern oder Verunglimpfen der Glaubensinhalte einer anderen Religion. Bei uns in Deutschland ist sie strafbar, wenn dadurch der öffentliche Frieden gestört wird. In manchen Ländern steht darauf die Todesstrafe. Aber nicht jede kritische Äußerung gegenüber den Religionen ist damit automatisch verboten. Nach Art 5 GG hat jeder Mensch „das Recht, seine Meinung in Wort, Schrift und Bild frei zu äußern und zu verbreiten".

Wie man auf solche „Gotteslästerungen" regieren sollte, ist umstritten, wie die folgenden Zitate zeigen:

„Im irdischen Strafrecht geht es nicht um Gott, sondern um die Menschen."
Thomas Fischer, Jurist

„Was darf die Satire? Alles."
Kurt Tucholsky, Schriftsteller

„Nicht alles, was erlaubt ist, ist auch gut."
Kurt Imhof, Soziologe

Beispiel 1: Der Kippenberger-Frosch
In einem Südtiroler Museum sorgte ein gekreuzigter Frosch mit einem Bierkrug für Wirbel. Der Papst beschwerte sich, das Kunstwerk habe die religiösen Gefühle vieler Menschen verletzt, die im Kreuz ein Symbol der Liebe Gottes sehen. Dabei war es vom Künstler nur als ironisches Selbstporträt gedacht.

Martin Kippenberger (1953-1997): Zuerst die Füße

Beispiel 2: Charlie Hebdo
In Paris verübten Islamisten ein Attentat auf das Satiremagazin *Charlie Hebdo* wegen einer Mohammed-Karikatur. Während in ganz Europa Menschen auf die Straßen gingen und sich mit den Opfern solidarisierten, gab es zuvor in muslimischen Ländern wütende Proteste gegen die Verunglimpfung des Propheten.

Beispiel 3: Popetown
Die Ausstrahlung der Zeichentrick-Serie, die den Vatikan auf den Arm nimmt, sollte vor Gericht verhindert werden. Ohne Erfolg – die Serie konnte anlaufen.

Popetown

Aufgaben

1. Beschreibe die beiden Bilder und zeige auf, was daran blasphemisch sein könnte.
2. Recherchiere die Hintergründe der drei Fallbeispiele im Internet. Wer bzw. was wird jeweils kritisiert?
3. Erörtert die Fälle in der Klasse: Darf man das? Bezieht dabei die Zitate oben mit ein.

Judenfeindschaft heute

Warum immer die Juden?

> **Antisemitismus – Judenfeindlichkeit**
> Im weiteren Sinn bedeutet Antisemitismus die Feindschaft gegen Juden als Juden. Das heißt, der entscheidende Grund für die Ablehnung hängt mit der jüdischen Herkunft eines Individuums oder einer Gruppe zusammen. Antisemitismus kann inhaltlich ganz unterschiedlich begründet sein:
> - Neben religiösen Argumentationsmustern (= Antijudaismus) gibt es auch sozial, politisch, nationalistisch oder rassistisch begründete Judenfeindschaft (Antisemitismus im engeren Sinn).
> - Von sekundärem Antisemitismus spricht man, wenn das entscheidende Motiv ist, deutsche Schuld am Holocaust zu bagatellisieren oder zu leugnen.
> - Antizionismus* nennt man eine pauschale Verunglimpfung des Staates Israel, die sich judenfeindlicher Klischees bedient.

Zionismus: Bewegung für die Gründung eines jüdischen Nationalstaates (ab 19. Jh.)

Jael ist Lehrerin an einer Schule in Berlin. Am liebsten würde sie Deutschland verlassen. Seit einigen Jahren schon hört sie immer wieder judenfeindliche Sprüche und Beschimpfungen. Diese Äußerungen seien so schlimm, dass sie sie gar nicht wiedergeben könne. Dass sie Jüdin ist, wissen ihre Schüler nicht. „Das ist auch gut so", betont sie.

Wenn sie im Unterricht über den Nahostkonflikt spricht, wird oft auch über den Staat Israel hergezogen. Einer erwähnte das brutale Vorgehen der israelischen Armee gegen die Palästinenser. Ein Mädchen beklagte sich darüber, dass die Juden immer noch Wiedergutmachung von den Deutschen wollen. Auch den Vorwurf, die Juden seien „scharf aufs Geld", hat Jael einige Male gehört.

Ein Rabbiner ist ein jüdischer Schriftgelehrter bzw. Religionslehrer.

Jael ist unsicher, wenn sie abends allein durch den Kiez läuft. Neulich wurde ein Rabbiner* von Jugendlichen vor den Augen seiner kleinen Tochter verprügelt. Seine Kippa* hat ihn wohl als Juden verraten. Nein, Jael wird sich nicht outen. Sonst geht es ihr am Ende wie der Freundin ihrer Tochter, auch Jüdin. Die konnte eine Zeit lang nur noch mit Polizeischutz zur Schule gehen. Immer wieder wurde sie angepöbelt, einmal flog sogar eine Flasche haarscharf an ihrem Kopf vorbei.

Kippa heißt die kleine flache Kopfbedeckung, die v.a. jüdische Männer tragen.

Was sind das für Leute, überlegt Jael, die nachts an das Holocaust-Mahnmal pinkeln? In den letzten Jahren wurden mehr jüdische Friedhöfe geschändet als im ganzen Dritten Reich.

Nein, noch sitzt sie nicht auf gepackten Koffern. Wohin sollte sie auch gehen?

Aufgaben

1. Untersuche, welche Formen von Antisemitismus auf dieser Seite zum Ausdruck kommen. Unterscheide dabei die unterschiedlichen Begründungen.
2. Stell die verschiedenen Spielarten von Judenfeindschaft in einer Mindmap dar. Bezieh dazu auch Beispiele aus der Geschichte mit ein (>> S. 207 und >> S. 151).
3. Prüfe, wie man den verschiedenen Formen des Antisemitismus begegnen kann.

Umkehr und Neuanfang

Nach dem Holocaust* bekannten viele Kirchen die eigene Mit-
schuld daran. Doch zu einer wirklichen Umkehr kam es erst
allmählich. Eine wichtige Wegmarke auf diesem Weg der Versöhnung war der Synodalbeschluss der Rheinischen Kirche
(1980). In ihm wird u.a. betont:

- Jesus war Jude und blieb es sein Leben lang. Sein Gott war
  der Gott der Hebräischen Bibel*.
- Das Judentum ist keine „Fremdreligion", sondern die Wurzel, die uns trägt (Röm 11,18).
- Die besondere Erwählung Israels* hat Gott nie zurückge-
  nommen. Der einst geschlossene Bund bleibt in Geltung, er
  wird durch Christus lediglich ausgeweitet auf andere Menschen.

Erinnern

Viele Deutsche wollen sich nicht mehr mit dem Judenmord befassen. Nach einer Umfrage
wollen 77 % „die Geschichte ruhen lassen". 55 % finden, wir sollten „endlich einen Schluss-
strich unter die Vergangenheit ziehen". Andere aber wollen die Erinnerung wachhalten,
etwa durch Gedenkfeiern oder das Verlegen von Stolpersteinen*.

Begegnungen von Christen und Juden

Jenseits der schwierigen theologischen und historischen Fragen gibt es heute viele Begegnungsmöglichkeiten zwischen Christen und Juden:

- In **Janas** Klasse waren neulich jüdische Jugendliche aus Düsseldorf zu Gast. Ganz nor-
  male Leute, denen man ihr Judesein nicht ansieht. Zum Reliunterricht, erfuhr Jana,
  treffen sie sich nachmittags in der jüdischen Gemeinde. Auch bei ihnen gibt es Noten
  und einen Lehrplan.
- **Kai** macht seinen Freiwilligendienst in einem Altersheim bei Tel Aviv. Dort pflegt er auch
  Überlebende des Holocaust. Einige sprechen über ihre Erlebnisse, andere schweigen.
- **Anne** lernt bei einem Kochabend der Mannheimer Synagogengemeinde die koschere
  Küche und nebenbei viele nette Leute kennen.
- **Gabriel** besucht manchmal Vorträge an der jüdischen Hochschule. Das eröffnet ihm
  ganz neue Perspektiven.

*Holocaust heißt wörtlich
„Ganzopfer". Es ist die
Umschreibung des
versuchten Völkermordes
an den Juden. Mehr dazu:
>> S. 152–155*

*Hebräische Bibel:
anderer Ausdruck für das
Alte Testament*

*Israel wird als Bezeichnung
einer religiösen Gemein-
schaft wie auch eines
modernen Staates
verwendet.*

*Stolpersteine nennt der
Künstler Gunter Demnig
sein 1992 begonnenes
Kunstprojekt, bei dem im
Boden versenkte Gedenk-
tafeln an die Opfer des
Nationalsozialismus
erinnern.*

Aufgaben

1. Beschreibe die Umkehr der Kirchen im Blick auf das Judentum
   nach 1945.
2. Erörtere, ob, wie und warum man die Erinnerung an den Holocaust
   wachhalten muss.
3. Das Verlegen von Stolpersteinen ist nicht unumstritten, auch auf
   jüdischer Seite. Gestaltet ein Streitgespräch zwischen Gegnern und
   Befürwortern des Projekts. Haltet die Argumente schriftlich fest.
4. Bewerte die genannten Begegnungsmöglichkeiten. Welche spricht
   dich am meisten an? Begründe deine Meinung. Überprüfe, ob sich
   Ähnliches auch bei euch realisieren lassen würde.
5. Das Bild oben zeigt eine Gruppe junger Jüdinnen und Juden am
   Berliner Holocaust-Mahnmal. Entwirf einen Tagebucheintrag eines
   dieser Menschen: Was haben sie sich wohl angeschaut im „Land der
   Täter"? Welche Gespräche haben sie geführt?

Was sind unsere Fundamente?

Zu Glaube und Naturwissenschaft >> S. 48f.

Religiöser Fundamentalismus

Die moderne, unübersichtlich gewordene Welt macht heute vielen Menschen Angst. Man sehnt sich nach klaren Prinzipien und orientiert sich dabei an den Fundamenten des eigenen Glaubens. Dabei werden die heiligen Schriften oft wörtlich genommen und aus ihrem historischen Kontext gerissen. Diese Frömmigkeit geht nicht selten einher mit gewaltbereiter Intoleranz. Man versucht nicht nur sein eigenes Leben, sondern auch den öffentlichen Bereich nach eigenen Glaubensüberzeugungen zu gestalten. Fanatismus und Rückständigkeit sind in vielen Glaubensgemeinschaften anzutreffen, wie die folgenden Beispiele zeigen:

Garry: Wiedergeborener Christ aus den USA

Garry geht nicht auf das staatliche College. Er wird zu Hause von seinen Eltern unterrichtet. Statt der „gottlosen Naturwissenschaften" und der Evolutionslehre wird hier das biblische Welt- und Menschenbild unterrichtet. Abtreibung und Homosexualität sind für ihn Sünde. „Nach der Bibel", so sagt er, „steht darauf eigentlich die Todesstrafe." Auf den liberalen Staat, der das alles duldet, ist er nicht gut zu sprechen. Nach dem Examen will er selbst in die Politik gehen: „Wir müssen die Welt auf die Wiederkunft Jesu vorbereiten. Wir sind Gottes Soldaten."

Wirathu: Buddhistischer Mönch aus Myanmar

Ashin Wirathu ist einer der Anführer der antimuslimischen Bewegung in Myanmar (Burma). „Du kannst voll von Güte und Liebe sein", sagt er über die verfolgte Minderheit der Rohingya, „aber du kannst nicht neben einem tollwütigen Hund schlafen. Wenn wir zu schwach sind, wird unser Land muslimisch werden", ist seine Befürchtung. Deshalb ist er gegen Mischehen von Buddhisten und Muslimen und fordert einen Boykott von muslimischen Geschäften. Von den Plünderungen, Massakern und Vertreibungen distanziert er sich. Nicht jeder nimmt ihm das ab.

Uri: Jüdischer Siedler aus dem Westjordanland

Uris Familie lebt in einem Kibbuz* in Gusch Etzion. Das ist eine Siedlung im Westjordanland, südlich von Bethlehem. Uri verteidigt das Recht der Juden, hier im „Land der Väter" zu leben. Völkerrechtlich aber ist das höchst umstritten. Bis zum Krieg 1967 gehörte die Gegend zu Jordanien, seitdem ist sie von Israel besetzt. Für Uri ebnet der Siedlungsbau dem Messias den Weg. Er versteht deshalb auch nicht, warum die Regierung Gaza wieder den Ungläubigen zurückgegeben hat. „Keinen Fußbreit dür-

Buddhismus: ausführlich >> S. 226ff.

fen wir von Eretz Jisrael* preis geben. Das wird sich rächen", sagt er. Seit letzte Woche ein Palästinenser zwei Siedler in ihrem Auto erschossen hat, geht auch er nicht mehr ohne Waffe aus dem Haus.

Ein Kibbuz ist eine ländliche Kollektivsiedlung in Israel.

Eretz Jisrael ist hebräisch und bedeutet Land Israel. Jüdische Fundamentalisten leiten die Grenzen dieses Territoriums aus der Bibel ab.

Aufgaben

1. Benenne die Kennzeichen des religiösen Fundamentalismus.
2. Wende diese Kennzeichen auf die drei Personen an.
3. Überprüfe, inwieweit diese Personen als gewaltbereit einzustufen sind.
4. Recherchiere weitere Beispiele für religiösen Fundamentalismus.

Terror im Namen Allahs

In dem Roman „Falling Man" beschreibt der Autor Don DeLillo, wie sich junge Muslime in Hamburg so radikalisierten, dass sie einen Anschlag auf das World Trade Center in New York (11. September 2001) ausübten. Im Mittelpunkt steht die erfundene Figur Hammad.

Sie ließen sich allesamt Bärte wachsen. Hammad saß da, aß und hörte zu. Das Gespräch war Feuer und Licht, das Gefühl ansteckend. Sie waren in diesem Land, um eine technische Ausbildung zu bekommen, aber in diesen Räumen sprachen sie über den Kampf. Alles da draußen war verdreht, heuchlerisch der Westen, korrupt an Geist und Körper, entschlossen, den Islam zu Brotkrumen für die Vögel zu zerbröseln. Hammad hörte sich alles an, was sie sagten, aufmerksam. Er hatte immer mit dem Gefühl gelebt, dass irgendeine namenlose Kraft in seinem Körper versiegelt sei, zu fest verschlossen, um freizukommen. Sie redeten und stritten. Einer der Männer hatte in Bosnien gekämpft, ein anderer vermied jeden Kontakt mit Frauen. Sie sahen sich Videos vom Dschihad* in anderen Ländern an. Die Zeit kommt, unsere Wahrheit, unsere Schande, und jeder Mann wird zum Anderen, und der Andere zu noch einem Anderen, und dann gibt es keine Trennung mehr. Das Gefühl der verlorenen Geschichte. Sie waren schon zu lange isoliert. Darüber sprachen sie, von anderen Kulturen abgedrängt zu werden, von der anderen Zukunft, dem alles umschlingenden Willen von Kapitalmarkt und Außenpolitik.

Don DeLillo: Falling Man (gekürzt)

Zum Begriff Dschihad
>> S. 210

Islam ≠ Islamismus!

Wenn man heute einen Angehörigen des Islam als „Islamist" anspricht, kann das peinlich werden. Der Begriff bezeichnet nämlich nur eine kleine, extremistische Gruppe. Zu ihr zählen gerade mal ein Prozent der gut vier Millionen Muslime in Deutschland. Die große Mehrzahl hat mit dieser radikalen Variante nichts zu tun. Islamisten leben streng nach den Vorschriften des Korans, meist wörtlich verstanden. Ihr Vorbild sind die „rechtschaffenen Vorfahren"* der Urgemeinde, ihr Kennzeichen die Abgrenzung gegenüber allen Andersdenkenden. Manche beschränken ihren Glauben auf ihr persönliches Umfeld. Andere machen aus dem Islam eine politische Ideologie, nach der sie den Staat umgestalten wollen. Grundrechte wie Minderheitenschutz oder Meinungsfreiheit bedeuten ihnen wenig. Manche Islamisten schrecken nicht einmal vor Gewalt zurück. Terrornetzwerke wie Al Quaida (Saudi-Arabien), aber auch Boko Haram (Nigeria) und der sog. Islamische Staat (Syrien/Irak) verbreiten durch ihre Anschläge Angst und Schrecken. In Deutschland beobachtet man mit Sorge den Salafismus*, der gerade unter Jugendlichen erfolgreich ist. Mit seinen klaren Regeln gibt er vor allem jungen Männern am Rande der Gesellschaft ein neues Selbstwertgefühl.

rechtschaffene Vorfahren:
Von dem arab. Begriff
salaf-as-salih leitet sich
auch der Begriff Salafismus
ab (>> S. 203).

Aufgaben

1. Beschreibe den Style des jungen Gotteskriegers auf dem Bild oben.
2. Charakterisiere die Figur Hammad. Erörtere an seinem Beispiel, wie aus einem jungen arabischen Studenten ein Attentäter werden konnte.
3. Informiere dich über die Anschläge auf das World-Trade-Center. Der damalige Bundeskanzler Gerhard Schröder sagte: „Die Anschläge von New York haben nichts mit Religion zu tun." Erörtere, wie der Satz gemeint sein könnte.
4. Arbeite heraus, inwiefern man den Islamismus als eine Spielart des Fundamentalismus ansehen kann.

Religion und Gewalt

In der Diskussion um Krieg und Gewalt halten viele Menschen Religion für eine Art „Brandbeschleuniger". Sie sagen:

Die Bibel ermutigt im Namen Gottes zum **Krieg gegen die Gottlosen**. Die unterlegenen Feinde sollen ausgelöscht werden.

Die monotheistischen Religionen fördern mit ihrer Unterscheidung zwischen dem einen wahren Gott und den falschen Götzen der anderen, zwischen der wahren Lehre und den Irrlehren, zwischen Glaube und Unglaube die Gewaltbereitschaft. Die Geschichte ihrer Durchsetzung ist verbunden mit einer Serie von Massakern.

In der Bibel kommen **primitive Rachegelüste** zum Ausdruck. Vergolten werden soll „Auge um Auge, Zahn um Zahn". Der Psalmbeter wünscht Gottes Gericht auf seine Feinde herab und fantasiert davon, „seine Füße [zu] baden in des Gottlosen Blut".

Seit der Konstantinischen Wende (4. Jahrhundert) paktiert das **Christentum mit der Staatsgewalt**. Es entsteht eine Reichskirche, die gnadenlos ihre Lehre mit weltlichen Machtmitteln durchsetzt. Tempel werden zerstört, andere Kulte blutig verfolgt, Kriege nun im Zeichen des Kreuzes geführt.

Man hat oft das Gefühl, überall schlagen sich die Menschen nur wegen Glaubensfragen die Köpfe ein: Sunniten gegen Schiiten (Irak), Katholiken gegen Protestanten (Nordirland), Muslime gegen Juden (Israel/Palästina). Die Welt brennt und **Religion ist der Brandbeschleuniger**.

Die Lehre vom „gerechten Krieg" verhindert keine Kriege. Sie gibt im Gegenteil den Krieg führenden Parteien noch ein gutes Gewissen dabei. In Zeiten von Massenvernichtungswaffen kann das Ziel der Politik nur noch ein „gerechter Frieden" sein.

Gerechter Krieg

Der Kirchenlehrer Augustinus (354-430) hat einen Krieg als gerecht angesehen, wenn er

- von einer rechtmäßigen Autorität angeordnet wurde,
- um einer gerechten Sache willen geführt wird,
- die Wiederherstellung des Friedens als Ziel hat,
- sich gegen begangenes Unrecht richtet,
- mit angemessenen Mitteln geführt wird,
- keine Unschuldigen trifft,
- Aussicht auf Erfolg hat.

Aufgaben

1. Ordne Mt 26,52; 1. Kön 18,40; Mt 5,43f.; 2. Mose 21,24; Ps 58,11; 2. Mose 32,25-29; Mi 4,3 den Sprechblasen zu.
2. Recherchiere im Internet zu aktuellen Kriegen. Erläutere an Beispielen, welche Faktoren außer der Religion heute bei Kriegen noch eine Rolle spielen.
3. Bewerte, ob es sich bei diesen Kriegen um „gerechte Kriege" handelt.

Religion und Frieden

Andere Zeitgenossen betonen das große Friedenspotenzial der Religionen. Auch sie haben gute Argumente:

> Die Bibel will aber nicht zur Gewalt aufrufen, sondern sie will die **Gewalt entlarven**, indem sie diese möglichst drastisch darstellt.

> Mord und Totschlag sind nicht erst mit den monotheistischen Religionen in die Welt gekommen, sondern sind **so alt wie die Menschheit**. Die Gewaltfantasien im Alten Testament stammen aus einer Zeit, als sich der Eingottglaube noch gar nicht durchgesetzt hatte. Nicht vergessen sollte man die große Vision von einem künftigen Weltfrieden, die die die Bibel entwirft.

> Schon im Alten Testament wird maßlose **Rache verurteilt**. Es geht auch weniger um Rache als darum, dass das Böse bestraft und so die Gerechtigkeit wiederhergestellt wird. Jesus von Nazareth überwindet das Böse durch Gutes, er predigt statt Rache **Gewaltverzicht und Feindesliebe**.

> Die **Trennung von Religion und Politik** hat religiöse Wurzeln. Luther unterscheidet einen geistlichen und einen weltlichen Bereich, die man nicht miteinander vermischen darf. Auch die Glaubens- und Gewissensfreiheit im modernen Recht kommt letztlich aus dem Christentum.

> Die schlimmsten Völkermorde des 20. Jahrhunderts wurden nicht religiös, sondern durch **weltliche Ideologien** wie den Nationalsozialismus und den Marxismus begründet. Heute werden bewaffnete Konflikte meist durch verschiedene Faktoren angeheizt, von denen Religion nur einer ist.

> Die Kriterien eines „gerechten Krieges" stellen sinnvolle Maßstäbe dar, die sogar in das allgemeine Völkerrecht eingeflossen sind. Trotzdem hat der Begriff heute in der Ökumene dem eines **gerechten Friedens** Platz gemacht, der mehr meint als nur die Abwesenheit von Krieg.

Dschihad

Dschihad wird oft mit „Heiliger Krieg" übersetzt. Nach den klassischen Rechtsschulen im Islam versteht man unter dem Begriff aber zunächst die geistliche Anstrengung im Kampf gegen die eigene Schlechtigkeit („großer Dschihad"). Die Ausübung von Gewalt ist dem Muslim höchstens zu Verteidigungszwecken erlaubt („kleiner Dschihad").

Dieses Verständnis steht im Widerspruch zu der Auffassung heutiger Islamisten, die im Kampf für die Sache Gottes vor Krieg und Terror nicht zurückschrecken, auch wenn dabei unschuldige Zivilisten sterben. In ihrer Selbstwahrnehmung befinden sich die „Gotteskämpfer" in einem Verteidigungskrieg gegen die westliche Zivilisation, die mit ihrer freizügigen Art zu leben die Grundlagen des Glaubens zerstört.

Aufgaben

1. Franz von Assisi, Martin Luther King, Mahatma Gandhi oder der Dalai Lama sind Menschen, deren Namen für das Friedenspotenzial der Religionen stehen. Erarbeitet in Gruppen Kurzreferate über ihr Leben.
2. Vergleiche die Lehre vom Heiligen Krieg im Christentum mit der des Dschihad im Islam.
3. Erörtert in der Klasse, ob die Religionen dem Frieden dienen oder ihm eher schaden.

Problematische Gruppen: Religion, „Sekte", oder ...?

Was ist eine Sekte?

Was ist eine Sekte? Die Frage ist kaum zu klären, da der Begriff unterschiedlich verwendet wird. Zum einen meint er die Abspaltung von einer Religion. Die Anhänger Jesu wurden als Sekte* bezeichnet und die Evangelischen in der Reformationszeit ebenfalls. Zum anderen hat der Begriff umgangssprachlich einen negativen Beigeschmack und steht für eine Gruppe, die sich von der Gesellschaft absondert. Daher spricht man eher von „religiösen Sondergemeinschaften oder Weltanschauungen". Ob eine Gruppe problematisch oder gefährlich ist oder nicht, können folgende Merkmale zeigen:

Secta: Richtung, Partei, Gefolgschaft, von lat. sequi = folgen. In Apg 24,5 werden die Anhänger Jesu „Sekte" genannt.

Fanatismus   Abkapselung   Kritikunfähigkeit   Endzeitstimmung   Abhängigkeit   Rangordnung   Machtstreben   „Love-Bombing"   Kontrollsystem   Gruppensprache   Elitebewusstsein   „Retter" an der Spitze

1. Die Gruppe fordert auf, dass man sich von der Umwelt, von der Familie und von Freunden löst, wenn sie nicht der Lehre folgen. Die Welt außerhalb gilt als schlecht.
2. Um sich entfalten zu können, sucht die Gruppe nach Einfluss in der Gesellschaft.
3. Man ändert seine Lebensweise, gibt sein Geld und seine Arbeitskraft und unterstellt sich dem Willen der Gruppe.
4. Bei einem baldigen Ende der Welt werden nur die Auserwählten gerettet werden.
5. Menschen werden oft fanatisch im Verbreiten ihres neuen Glaubens und in der Verfolgung von Kritikern, Feinden oder „Abtrünnigen".

Guru: indischer „Lehrer"

6. Gruppen werden oft von charismatischen Personen geleitet (Guru*, Prophet ...). Sie gelten als von Gott beauftragt oder im Besitz der Wahrheit.
7. Menschen denken, dass sie etwas ganz Besonderes sind: Sie allein kennen die Wahrheit.

Aufgaben

8. Um innerhalb der Gruppe aufzusteigen, muss man tiefer in die Lehre einsteigen, oft durch teure Kurse oder Arbeit, die ohne Lohn geleistet wird.

1. Ordne die Begriffe in der Grafik den Merkmalen zu.
2. Gestalte eine Reihenfolge, die zeigt, welche der Merkmale du für gefährlicher als andere hältst.

9. Einsteigern wird Zuwendung und Interesse gezeigt. Sie glauben, dass sie von der Gruppe verstanden werden, und fühlen sich daher zunächst wohl.
10. Um die Gruppe zusammenzuhalten, überwacht man einander und droht, wenn ein Mitglied den Weg verlassen will.
11. Man verwendet eine eigene Sprache und schafft neue Begriffe, um sich von anderen abzusondern.
12. Anfragen von außen werden abgetan. Es gibt keine offenen Diskussionen über die Lehre oder das Verhalten in der Gruppe.

„Sie sah in uns nur Feinde" – Interview mit einer Mutter

Frau Herzog, wie begann Ihre Beschäftigung mit religiösen Sondergemeinschaften?
Früher dachte ich: In eine religiöse Gruppe geht man rein und wieder raus, wie in einen Verein. Heute weiß ich, dass Menschen abhängig werden können, dass sie allein den Ausstieg nur selten schaffen. Unsere Tochter ist durch eine Kollegin mit einer Gruppe in Kontakt gekommen. Anfangs fand sie dort alles freundlich, friedlich und so, wie sie sich eine religiöse Gemeinschaft immer gewünscht hat. Dann kam es zur Veränderung ihrer Persönlichkeit. Sie wurde gegen die Familie und den Ehemann aufgebracht, sodass sie in uns nur noch Feinde sah und uns verließ.

Demonstration gegen ein Scientology-Hauptquartier in Berlin, 2007

Was taten Sie dann?
Ich recherchierte, wie Menschen abhängig gemacht werden, informierte mich bei Experten und in der Literatur. Doch für meine Tochter war es zu spät. Sie war nicht mehr für kritische Gespräche zugänglich, alles in der Welt war böse, alles ein Werk des Satans. Ich fand über einen Weltanschauungsbeauftragten* weitere Betroffene. So gründeten wir eine Initiative, als Anlaufstelle für Angehörige, Ausstiegswillige oder Aussteiger, die Hilfen und Informationen brauchen. Das Bewusstsein für die Gefahren zu schärfen sehen wir als eine unserer wichtigsten Aufgaben.

Jede evangelische Landeskirche hat einen Weltanschauungsbeauftragten.

Evangelische Zentralstelle für Weltanschauungsfragen (EZW)

Die Evangelische Kirche in Deutschland unterhält in Berlin die *Evangelische Zentralstelle für Weltanschauungsfragen* (EZW), die Weltanschauungen untersucht und Informationen darüber erteilt. Die EZW setzt sich mit vielen Themen auseinander, so mit Strömungen des säkularen* und religiösen Zeitgeistes, mit Esoterik* und Okkultismus*. Es wird der *Evangelikalismus und das pfingstlich-charismatische* Christentum* genauso analysiert wie auch in der Gesellschaft diskutierte Organisationen, seien es *Jehovas Zeugen*, *Scientology*, die *Transzendentale Meditation* oder das *Universelle Leben*. Dann setzt sich die EZW mit dem Islam und anderen nichtchristlichen Religionen auseinander, mit neuen religiösen Bewegungen, mit östlicher Spiritualität und dem interreligiösen Dialog. Ein weiterer Schwerpunkt sind psychologische Aspekte neuer Religiosität, der Lebenshilfemarkt und daraus entstehende Sondergemeinschaften. Wer schnelle Informationen braucht, findet sie in den Flyer *Kompakt-Informationen* als PDFs auf der Website der EZW.

säkular: weltlich

Esoterik: religiöses Geheimwissen, das über das Wesen der Welt Auskunft geben soll

Okkultismus: wörtlich „Lehre vom Verborgenen", Glaube an übersinnliche Kräfte

Aufgaben

1. Arbeite mithilfe der Texte und des Bildes heraus, auf welch unterschiedlichen Wegen man sich mit einer religiösen Sondergruppe auseinandersetzen kann.
2. Recherchiere mithilfe der *Kompakt-Informationen* der EZW auf deren Website zu den kursiv gedruckten Gruppen und gestalte eine Präsentation darüber. Man findet dort weitere Weltanschauungen, über die eine Präsentation erstellt werden kann.
3. Entwirf Ideen, wie man Betroffenen und Aussteigern helfen kann.

Evangelikalismus, pfingstlich-charismatisch: radikale und fundamentalistische Strömungen

Interreligiöser Dialog

Abrahamitische Ökumene

Juden, Christen und Muslime haben in ihrem Glauben viele Gemeinsamkeiten. Diese inspirierten die beiden katholischen Theologen Hans Küng* und Karl-Josef Kuschel* zu ihrer Idee einer Abrahamitischen Ökumene.

*Hans Küng: * 1928, Schweizer Theologe, kirchenkritischer römisch-katholischer Priester und Autor*

Karl-Josef Kuschel: katholischer Theologe, Weggefährte Küngs an der Universität Tübingen

Das Projekt Weltethos

1990 veröffentlichte Hans Küng eine Schrift namens *Projekt Weltethos*, in der er auch die Religionen des Ostens mit in das Gespräch einbezog. Seine Grundeinsichten formulierte er so:

- „Kein Frieden unter den Nationen ohne Frieden unter den Religionen.
- Kein Frieden unter den Religionen ohne Dialog zwischen den Religionen.
- Kein Dialog zwischen den Religionen ohne Grundlagenforschung in den Religionen."

Goldene Regel: Alles nun, was ihr wollt, dass euch die Leute tun sollen, das tut ihnen auch. Mt 7,12

Drei Jahre später gab das Parlament der Weltreligionen in Chicago eine Erklärung zum Weltethos ab. Hier einigten sich erstmals Repräsentanten aller großen Weltreligionen auf das „Prinzip Menschlichkeit", wie es etwa in der Goldenen Regel* zum Ausdruck kommt.

Inhaltlich wird der gemeinsame Verhaltenskodex getragen von einer Kultur …

- der Gewaltlosigkeit und der Ehrfurcht vor allem Leben,
- der Solidarität und einer gerechten Wirtschaftsordnung,
- der Toleranz und eines Lebens in Wahrhaftigkeit,
- der Gleichberechtigung und der Partnerschaft von Mann und Frau.

Kritik am Projekt Weltethos

Neben Anerkennung und Lob erntete das *Projekt Weltethos* auch Kritik, etwa von der Deutsch-Koreanerin Sung Hee Lee-Linke: „Mit einem gemeinsamen Ethos allein – also mit einem verkopften Versuch, auf einen Nenner zu kommen – kommen wir nicht weiter. Denn das berührt den Kern des Menschen nicht." „Was wir brauchen", sagt sie, ist ein „Weltpathos", d.h. „die Bereitschaft, sich in den anderen einzufühlen, einen Dialog des Herzens zu führen." Außerdem bemängelt sie: „Wenn wir den Weltfrieden wollen, brauchen wir nicht die eine Welt. Wir brauchen mehrere Welten, die nebeneinander existieren und miteinander kommunizieren."

Der Dalai Lama hat 1993 beim Parlament der Weltreligionen das Prinzip des Karuna (Mitgefühl, Pathos) betont: >> S. 231

Aufgaben

1. Entwirf eine Liste von Gemeinsamkeiten der drei monotheistischen Weltreligionen.
2. Manche Theologen verwenden statt „Abrahamitische Ökumene" lieber die Begriffe „Abrahamitischer Dialog" oder „Trialog". Erörtere die möglichen Gründe dafür.
3. Benenne für den in Chicago verabschiedeten Verhaltenskodex Beispiele aus christlicher Tradition.
5. Zeige das Problem beim Dialog auf, auf das das Bild aufmerksam machen will.

Interreligiöser Dialog

Was verbindet die Religionen?

Pluralität ohne Gleichgültigkeit

Früher haben die meisten Religionen geglaubt, allein ihr Weg führe zu Gott. Doch im Zuge der Aufklärung* hat sich in der westlichen Welt die Idee der Toleranz durchgesetzt. Das war ein großer Fortschritt. Doch merkt man heute: Andersdenkende nur zu dulden ist zu wenig. Das endet leicht bei Gleichgültigkeit, nach dem Motto: „Das muss jeder selbst entscheiden." Vielfalt ist anstrengend, bedeutet für alle Beteiligten aber auch die Chance, voneinander zu lernen. Das muss nicht im Dialog der Experten geschehen, sondern ganz einfach durch das Zusammenleben im Alltag.

Die Aufklärung ist eine wichtige Epoche der abendländischen Geistesgeschichte (ca. 1650-1800).

Beten mit anderen?

„Wir wollen auch mal mitmachen", beschwerten sich die Ethikschüler, als vor den Ferien an der IGS Deidesheim/Wachenheim ein ökumenischer Schulgottesdienst angekündigt wurde. In der Lerngruppe waren zur Hälfte Schülerinnen und Schüler ohne Bekenntnis, die anderen waren fast alle Muslime. Die Religionslehrer als bisherige Organisatoren der Schulgottesdienste waren gleich einverstanden: „Gut, jeder kann aus seiner Tradition etwas einbringen. Wichtig ist nur, dass wir die Verschiedenheit der Bekenntnisse respektieren und nicht einebnen."

Als thematisches Leitmotiv für die neue Form der „Interreligiösen Schulfeier" wählte man das Symbol „Weg" aus. Dazu passte gut der Popsong: *Dieser Weg wird kein leichter sein.* Daneben kamen aber auch Lieder und Texte der unterschiedlichen Bekenntnisse zum Einsatz. „Das ist spannend", fand Marcel. Neben christlichen Geistlichen aus der Region war auch eine Vertreterin der islamischen Gemeinde mit von der Partie. „Die befürchtete Verwirrung trat nicht ein", war Tina hinterher erleichtert. „Im Gegenteil", bestätigte Aishe, „es war es bereichernd, mitzuerleben, wie jeder seine eigene religiöse Identität ausdrücken konnte."

Aufgaben

1. Erkläre, warum man die Feier nicht Ökumenischer Schulgottesdienst, sondern Interreligiöse Schulfeier nannte.
2. Erörtere, ob man gemeinsam, nebeneinander oder nacheinander beten sollte. Überlege auch, welche Texte man dafür nehmen sollte.
3. Erarbeite Vorschläge, wie man an der IGS den Interreligiösen Dialog weiter fördern könnte.

Ziel erreicht!

> Formuliere Kriterien für eine lebensförderliche und eine lebensfeindliche Ausübung von Religion.

> Fertige ein Kreuzworträtsel an, das zentrale Begriffe dieses Teilkapitels aufgreift.

> Recherchiert sehenswerte Filme zu den in diesem Teilkapitel behandelten Themen und bereitet gemeinsam einen Filmabend an der Schule vor. Erarbeitet zu jedem Film eine kurze inhaltliche Einführung.

> Benenne, was dich in dem Teilkapitel besonders interessiert, aber auch was dir gefehlt hat.

Fernöstliche Religionen erkunden

Das buddhistische Bild „Rad des Lebens" enthält viele Aspekte sowohl des Hinduismus als auch des Buddhismus. Zeige auf, welche dir bereits begegnet sind. Was ist dir fremd?

Ziel ist die Befreiung aus dem Kreislauf des Lebens (Moksha, Nirwana)

Leben in verschiedenen Lebenswelten (als Gott, als Mensch in unterschiedlichen Kasten, als Tier …)

Wiedergeboren werden aufgrund des Karma (Tat, Lohn des Tuns)

Eine Lehre (Dharma) zeigt den Weg aus dem Kreislauf.

Die materielle Welt, in der jedes Lebewesen gefangen ist, gilt als schlecht.

Negative Eigenschaften wie Verblendung, Hass und Gier verhindern den Ausstieg aus dem Kreislauf.

Rad des Lebens aus Nepal

Verwandte Religionen

Judentum, Christentum und Islam gehören zu den Religionen Abrahams. Muslime nennen sie Schriftreligionen. Sie verbindet der Glaube an einen Schöpfergott, der die Welt erhält und am Ende der Zeit erlöst. Die Religionen Ostasiens sind auch miteinander verwandt. Der Hinduismus ist die Wurzel des Buddhismus. Beide kennen keinen Anfang und kein Ende der Welt. Jedes Lebewesen ist gefangen im Kreislauf der Wiedergeburten. Durch ein gutes Karma kann es aber die materielle Welt hinter sich lassen.

Projektaufgaben zu den Seiten 216–231

➤ Gestaltet ein Lexikon fernöstlicher Religionen mithilfe der Fremdwörter, die in den Texten auftauchen. Achtet dabei darauf, ob sie unterschiedlich verwendet werden.

➤ Vergleicht anhand von drei Themen die Lehren fernöstlicher Religionen mit Vorstellungen aus dem Christentum, dem Judentum und dem Islam.

➤ Gestaltet mithilfe der Bilder im Buch eine Präsentation, in der ihr in die Grundlagen der fernöstlichen Religionen einführt.

➤ Entwerft einen Artikel für eine Schülerzeitung zum Thema Jenseitsvorstellungen fernöstlicher Religionen und bei uns.

➤ Benennt mithilfe des Teilkapitels Fragen, die ihr einem Hindu und einem Buddhisten stellen würdet.

Fernost ganz nah

Markus erzählt

Neulich kaufte meine Mutter im Baumarkt einen steinernen Buddha für den Garten. Seither fällt mir auf, dass es in vielen Läden solche Figuren gibt. In unserer Buchhandlung habe ich eine ganze Abteilung entdeckt mit Figuren von Buddha und fernöstlichen Göttern, mit Räucherstäbchen und Meditations-gegenständen. Dort werden Bücher verkauft, die in die Religio-nen Ostasiens und in Meditationsmethoden einführen.

Ich habe nach weiteren Spuren der fernöstlichen Religionen gesucht. Meine kleine Schwester malt gerne Mandalas aus. Bei meiner Recherche habe ich festgestellt, dass damit Meditati-onsbilder gemeint sind, die für Hindus und Buddhisten als hei-lig gelten. Auch tragen manche meiner Mitschüler Symbole fernöstlicher Religionen wie das Om oder das Yin und Yang als Schmuck.

Dann sind mir die vielen Yogazentren* aufgefallen, in denen fernöstliche Meditations-methoden angeboten werden. Meine Tante schwört auf die Ayurveda*, wenn es um ihr Wohlbefinden geht. Und mein Onkel macht seit vielen Jahren Tai-Chi, um seine Energie-ströme im Körper ins Gleichgewicht zu bringen. Als sie ihr Haus umgebaut haben, hol-ten sie sich einen Feng-Shui-Berater, der schaute, ob ihr Bett nicht auf einem Energie-strom steht. Und dann fragte mich mein bester Freund, ob wir gemeinsam zur „Holi Gaudy"* fahren. Dies sei ein Fest aus Indien, bei dem man gut Party machen kann und sich mit Farben bespritzt ...

Yoga: Wagengeschirr. Der Körper wird als Wagen gesehen, den der Geist durch Übungen des Yoga beeinflussen kann.

Ayurveda: Lebenswissen; indische Heilkunst

Holi: Ausgelassenes Fest zu Ehren des Gottes Krishna >> S. 225

Aufgaben

1. Zeige anhand des Textes und der Bilder auf, wie man hierzulande fernöstlichen Religionen begegnen kann.
2. Recherchiere in deiner Umgebung nach Spuren der Religionen Ostasiens.
3. Interpretiere, warum sich in Deutschland so viele Menschen Buddhafiguren kaufen.
4. Erörtere mit anderen, ob man, wie beim Holi-Fest, einfach ein Fest einer anderen Religion übernehmen darf, ohne dessen Hintergrund zu kennen.

Hinduismus – Sanatana Dharma

Indra erzählt

Meine Religion, die ihr Hinduismus nennt, heißt bei uns Sanatana Dharma* – ewige Ordnung der Welt. Im Unterschied zu anderen Religionen gibt es bei uns keinen Religionsstifter wie Jesus oder Mohammed. Wir verehren viele Gottheiten und ehren sie täglich durch eine Puja*. Bei den vielen Festen im Jahr tupfen wir uns zu Ehren der Gottheit ein farbiges Tilaka auf die Stirn. Ein rotes Zeichen steht für eine Shakti*, eine Göttin. Für mich ist das Tilaka wie ein drittes Auge, das tiefer schauen kann als die beiden anderen. Auch verehren wir die Kuh. Sie steht bei uns für Wachstum, Kraft und Leben. Deshalb essen wir kein Rindfleisch.

Uns Hindus verbindet der Glaube an den Kreislauf der Wiedergeburten. Durch die Geburt in einem Körper liegt fest, welchen Lebensregeln man folgen soll. Wer diesen nicht folgt, riskiert ein schlechtes Karma*, wodurch er schlechter wiedergeboren wird. Hindus der ersten drei Kasten* sollen tägliche Pujas durchführen. Auch machen sie Pilgerfahrten zu heiligen Orten wie zum Fluss Ganges.

Unsere heilige Sprache ist Sanskrit*, in der unsere heiligen Schriften* geschrieben wurden. Darin finden sich Mantras*, die bei Ritualen gesprochen werden. Ein gemeinsames Symbol von Hindus, das viele als Schmuckstück tragen oder als Aufkleber am Auto haben, ist das Mantra Om. Es bedeutet „Alles" und umfasst die Schriftzeichen für Geburt, Leben und Tod:

Dharma: Ordnung, Bestimmung, Regeln >> S. 219

Puja: Verehrung, Gebet, Gottesdienst

Shakti: >> S. 225

Karma: Tat, Lohn der Tat >> S. 220

Kaste: >> S. 223

Moksha: Ausstieg aus dem Samsara >> S. 220

Mantra: Meditationsvers, der helfen kann, aus dem Kreislauf des Lebens befreit zu werden

Sanskrit: alte Sprache Indiens mit indogermanischen Wurzeln.

Heilige Schriften: >> S. 118

Tod

Leben

Geburt

Hinduismus
Rund 900 Millionen Menschen in Indien, Nepal, auf Bali, in Großbritannien und seinen ehemaligen Kolonialgebieten gehören dem Hinduismus an. Der Name bedeutet „Menschen, die jenseits des Flusses Indus leben" und stammt von Nichthindus. Die Religion entstand vor rund 4000 Jahren, als Nomaden aus dem Norden Indien eroberten. Sie grenzten sich von der Bevölkerung ab und schufen das Kastenwesen. Der Hinduismus ist die älteste der heutigen Weltreligionen.

Aufgaben

1. Nenne die für dich fünf wichtigsten Informationen zum Hinduismus.
2. Erläutere, warum sich die Mädchen auf dem Bild einen Punkt auf die Stirn malen.
3. Vergleiche die Informationen auf der Doppelseite mit dem, was du über das Christentum weißt.

Mahatma Gandhi

Mahatma* Gandhi (1869-1948) gilt als der bekannteste Hindu. Er gehörte der Kaste der Vaishyas* an und war Anhänger des Gottes Vishnu*. In London als Rechtsanwalt ausgebildet, setzte er sich in Südafrika und Indien gegen die Politik der Kolonialmacht England und für die Rechte unterdrückter Menschen ein. Gandhi legte die Regel der Ahimsa* radikal aus, indem er sagte, dass auch Selbstverteidigung Gewalt sei, die wiederum Gewalt erzeuge. Ein zweiter Grundsatz Gandhis war Satyagraha*. 1930 zeigte er bei einem Salzmarsch ans Meer, was damit gemeint war. Die Inder mussten für Salz Steuern an die Briten zahlen und durften es nicht selbst herstellen. Für eine Hand voll selbst hergestelltes Salz gingen Gandhi und viele Anhänger ins Gefängnis.

Auf die Frage, wer ein Hindu sei, sagte er:

„Wer in einer hinduistischen Familie geboren wurde; wer die Veden*, die Upanishaden* und die Puranas* als heilige Bücher akzeptiert; wer an die Gebote von Ahimsa* und Satyagraha* glaubt und der, so gut er kann, nach ihnen handelt; der anerkennt, dass es das Atman* und das Brahman* gibt und der glaubt, dass Atman nie geboren wird und stirbt, sondern durch Wiedergeburt in einem Körper von Leben zu Leben wandert und für den der Ausstieg aus dem Kreislauf der Wiedergeburten das vornehmste Ziel menschlichen Strebens ist; der an die Gesellschaftsordnung von Kasten glaubt; der an den Schutz der Kuh glaubt."

Mahatma: Große Seele

Vaishyas: Händlerkaste **>>** *S. 223*

Vishnu: Gott **>>** *S. 224*

Ahimsa: Gewaltlosigkeit

Satyagraha:
an der Wahrheit beharrlich festhalten

Veden, Upanishaden, Puranas: **>>** *S. 117*

Atman: innerer Wesenskern des Menschen, der durch Wiedergeburt weiterwandert

Brahman: göttlicher Urgrund, aus dem alles entsteht, eigentliche Wirklichkeit jenseits der materiellen Welt

Dharma: Lebensregeln

Grundlage des Lebens ist das Dharma, übersetzt: Ordnung, Regeln, Bestimmung. Jedes Lebewesen unterliegt dem Dharma, sogar Tiere und Pflanzen. Zum Dharma gehören Naturgesetze (Kreislauf von Tag und Nacht), Weisheiten der heiligen Schriften und Regeln der jeweiligen Gruppe, in die man hineingeboren wurde (z.B. Kontakt zu anderen, Hygiene, Kleidung, Essen). Je nach Lebensalter, Geschlecht und Kastenzugehörigkeit kann es unterschiedliche Lebensregeln geben. Dharma bedeutet auch Verantwortung gegenüber Gottheiten, gegenüber Lehrern und gegenüber Vorfahren. Weltlicher Wohlstand und Sexualität gelten nicht prinzipiell als schlecht. Doch das Ziel, das Dharma zu erfüllen und aus dem Kreislauf der Wiedergeburten auszusteigen, hat Vorrang.

Allgemeine Lebensregeln der Hindus
Wahrhaftigkeit (Satyam), Gewaltlosigkeit (Ahimsa), Mitgefühl (Karuna) sowie Zornlosigkeit, Freundlichkeit, nichts stehlen, Selbstkontrolle, Vergebung, Geduld, Bescheidenheit, Beständigkeit, Urteilskraft, Mildtätigkeit, Reinheit, Gastfreundschaft, Gottesverehrung.

Sechs Feinde des Dharma
Gier und übertriebene Sinneslust, Zorn, Geiz, Verblendung, Hochmut, Neid.

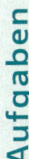

Aufgaben

1. Vergleiche die Aussagen Gandhis, wer ein Hindu ist, mit den Informationen der gegenüberliegenden Seite.
2. Beschreibe mithilfe der Informationen auf der Doppelseite, wie die Hindus ihre Welt sehen.
3. Erörtere mit anderen, ob die Lebensregeln der Hindus auch Grundlage einer gemeinsamen Ethik (Lehre vom rechten Handeln) sein können.

Karma, Tod und Wiedergeburt

Ziel ist das Moksha

Karma bedeutet Tat und Lohn der Tat, also Ursache und Wirkung zugleich. Jede Tat und selbst ein böser Wille kann sich auf das nächste Leben auswirken. Die Vorstellung vom Karma ist eng mit der von Samsara, dem ewigen Kreislauf des Lebens und der Wiedergeburten, verbunden. Ein Atman* wandert nach dem Tod eines Körpers umher. Taten des vorigen Lebens führen zu einer Wiedergeburt als niedrigere oder als höhere Existenz – als Mensch innerhalb oder außerhalb des Kastenwesens, als Tier, als Pflanze oder als Gottheit.

Was „gut" oder „schlecht" für das Karma und die Wiedergeburt ist, entscheidet sich danach, wie man das Dharma* der Lebenswelt befolgt, in die man hineingeboren wurde. Es nützt wenig, wie ein Hindupriester zu leben, wenn man als Christ in Deutschland geboren wurde und seinem Dharma folgen

sollte. Für einen aus der Kriegerkaste gilt Gewaltlosigkeit (Ahimsa) nicht, da er seine Aufgabe als Krieger erfüllen soll. Für ein gutes Karma als hilfreich sehen die oberen drei Kasten* das Studium der heiligen Schriften, Rituale für eine Gottheit, Pilgerfahrten, Meditation und ein enthaltsames Leben.

Erst mehrere Leben mit einem guten Karma führen zum Moksha, der Befreiung von der Wiedergeburt. Dann verschmilzt das Atman im Brahman*, wie ein Tropfen im Meer. Wenn Hindus sagen: „Kham Brahm" (= Alles ist Brahma), meinen sie damit, dass die eigentliche Wirklichkeit die Welt jenseits aller Materie und außerhalb des Kreislaufs liegt.

Der Inder Sudhir Kakar sagt über das Karma:

Man erntet, was man sät. So macht das Karma-Gesetz das Unrecht in der Welt erklärbar und erträglich, indem es Gerechtigkeit in der Zukunft verspricht. Zugleich ist es ein Appell, sich ethisch zu verhalten und Gutes zu tun.

„Wie einer handelt, wie einer wandelt, ein solcher wird er. Aus guter Handlung entsteht Gutes, aus schlechter Handlung entsteht Schlechtes." Aus den Upanishaden, einer heiligen Schrift, >> S.117

Atman: innerer unvergänglicher und unpersönlicher Wesenskern des Menschen

Dharma: Ordnung, Bestimmung, Regeln >> S. 219

Kaste >> S. 223

Brahman: göttlicher Urgrund, die eigentliche Wirklichkeit jenseits der materiellen Welt

Aufgaben

1. Stelle die Lehre von Karma, Samsara, Atman und Brahman grafisch dar.
2. Beurteile die Aussage von Sudhir Kakar vor dem Hintergrund des Textes oben und beschreibe die Folgen, die die Karma-Lehre für eine Gesellschaft haben kann.
3. Der Roman *Mieses Karma* überträgt humorvoll die Karma-Lehre und erzählt von einem Menschen, der als Ameise wiedergeboren wurde. Gestalte selbst eine Erzählung vom ersten Tag als Ameise.
4. Vergleiche die Karma-Lehre mit der christlichen Vorstellung, dass Gott die Menschen liebt und ihnen aus Gnade ihre Schuld vergibt.

Indra erzählt

Wir Hindus glauben an die Reinkarnation, die Wiedergeburt in einem anderen Körper. Durch den Tod verlässt mein Atman* den vergänglichen Körper und wird in einem neuen wiedergeboren. Daher ist der Tod das Ende und zugleich ein Anfang, er ist Befreiung aus dem alten Körper sowie Gefangenschaft in einem neuen. Nichts gilt als ewig – ob das Leben als Pflanze, als Tier, als Mensch oder als Gottheit. Worin mein Atman wiedergeboren wird, hängt von meinem Karma* ab. Ziel jedes Lebewesens ist es, nicht mehr wiedergeboren zu werden.

Was zwischen den Wiedergeburten geschieht, darüber gibt es verschiedene Ansichten. Manche Gurus* lehren, dass das Atman in einer Hölle bleibt, bis schlechte Taten gebüßt sind. Andere vertrauen auf die Gnade einer Gottheit, die bei der Wiedergeburt hilft, und beten bei der Bestattung zu ihr.

Bei einer Bestattung wird der Körper verbrannt. Zuvor reinigt man ihn mit heiligem Wasser, wickelt ihn in Tücher und trägt ihn mit den Füßen voran zum Verbrennungsort. Dort werden Holzstapel aufgeschichtet und man geht zu Ehren der Verstorbenen um den Leichnam herum. Der erstgeborene Sohn entzündet das Feuer, das zuvor im Tempel geweiht wurde. Tote gelten als unrein. Daher ist kein Priester bei der Bestattung dabei, da sich Brahmanen* nicht verunreinigen dürfen. Wichtig ist, dass durch die Verbrennung der Schädel offen ist, damit das Atman entweichen kann. Die Asche wird der Natur übergeben. Am besten ist es, wenn sie in den heiligen Fluss Ganges geschüttet wird. In der Trauerzeit gelten Trauernde als unrein und dürfen keinen Tempel besuchen. Männer rasieren sich als Zeichen der Trauer das Kopfhaar. Am Jahrestag der Verstorbenen opfern wir Speisen, wodurch jeder sein eigenes Karma verbessern kann.

Atman: >> S. 220

Aufgaben

1. Beschreibe mithilfe der Texte und Bilder die Einstellung zum Tod und die Bestattungsriten der Hindus.
2. Laut einer Umfrage der *Apotheken-Umschau* (2010) erwarten 21 % der Deutschen, nach dem Tod als Mensch, Tier oder als Pflanze wiedergeboren zu werden. Erörtere dieses Ergebnis.
3. Vergleiche die Lehre von der Wiedergeburt mit der christlichen Auferstehungshoffnung (>> S. 85-94) und nimm dazu Stellung.
4. Vergleiche die Bestattungsrituale mit denen bei uns. Was wäre bei uns kaum denkbar? Erörtere mit anderen, welche Formen der Bestattung du für angemessen hältst.

Karma: >> S. 220

Guru: hinduistischer Lehrer

Brahmanen: >> S. 223

Wie geht Erlösung?

Heilswege im Hinduismus

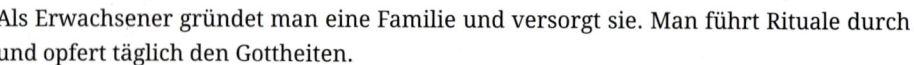

Für Hindus gibt es mehrere Wege, um die Erlösung aus dem Kreislauf der Wiedergeburten zu erreichen. Sie ergänzen sich teilweise. Die Intensität, wie man einem Weg folgen kann, hängt vom Lebensabschnitt (Ashrama) ab, in dem man sich befindet. Frauen stehen den Männern in jedem Lebensabschnitt bei.

Als Schüler studiert man die heiligen Schriften bei einem Lehrmeister und ergründet die eigene Bestimmung.

Als Erwachsener gründet man eine Familie und versorgt sie. Man führt Rituale durch und opfert täglich den Gottheiten.

Als alter Mann meditiert man mehr, studiert die heiligen Schriften und beginnt der Welt zu entsagen.

Als Asket zieht man sich von der Familie zurück, nimmt vielleicht aber Schüler auf. Man verzichtet auf das Materielle und konzentriert sich auf die Wiedergeburt.

Erlösung durch Erkennen (Jnana Marga)

Man erkennt, dass Kern jedes Lebewesens das Atman ist, das mit Brahman verschmelzen will, und dass nichts außer Atman und Brahman wirklich ist. Es gibt Samsara und das Karma und jeder muss sein Dharma ergründen und erfüllen. Heilige Schriften und Lehrer zeigen Wege der Erlösung, zu denen auch Meditation und Yoga gehören.

Erlösung durch Handeln (Karma Marga)

Man tut gute Werke. Dazu gehören das Sprechen von Mantras, der Besuch von Tempeln, Opfergaben für Gottheiten und das Einhalten von Ritualen, Pilgerfahrten zu heiligen Orten, eine Waschung im heiligen Fluss Ganges und die tägliche Verehrung der heiligen Kuh.

Erlösung durch Hingabe oder Gottesliebe (Bhakti Marga)

Man verehrt beständig eine einzige Gottheit und glaubt fest an sie. In der Bhagavadgita, einer heiligen Schrift der Hindus, sagt Gott Krishna: „Wenn jemand mir mit Liebe und Hingabe ein Blatt, eine Blume, eine Frucht oder ein wenig Wasser opfert, werde ich es annehmen. Wenn einer, und wäre seine Lebensweise auch sehr schlecht, mir anhängt, ohne irgendeinem anderen anzuhängen, soll man ihn als einen Guten sehen. Bald wird er zu einem, der mit dem Dharma in Einklang steht."

Aufgaben

1. Ordne die Bilder auf dieser Seite sowie das linke Bild auf >> S. 201 den auf der Seite beschriebenen Wegen zu.
2. Beim Karma Marga geht es im Alltag um das tägliche Ritual und die Verehrung von Gottheiten. Beurteile den Sinn von religiösen Ritualen.
3. Bhakti Marga wird als Protestbewegung gegen die anderen Wege gesehen. Erkläre, warum dies so ist, und vergleiche diesen Weg mit dem christlichen Gottesglauben.
4. Die Lebensabschnitte oben beschreiben ein Ideal. Entwirf aus deiner Sicht Etappen und Merkmale eines idealen Lebens.

Kastenwesen

Indra erzählt

Wir Hindus nennen Kasten Varna* oder Jati*. Die Kaste, in die man hineingeboren wird, gibt vor, wer man ist, wen man heiratet und welche Regeln man einhält. Folgende Kasten gibt es, die traditionell bestimmten Berufsgruppen zugeordnet werden:

Brahmanen sollen als Priester die heiligen Schriften kennen, für religiöse Rituale zuständig sein und Hindus ihr Dharma* erläutern. Sie sollen sich von Unreinheit fernhalten und müssen strenge Speisevorschriften beachten. Die anderen Kasten versorgen sie. Ihre Farbe ist Weiß, als Symbol für das Licht des Wissens.

Kshatriyas sollen das Volk schützen und die Ordnung aufrechterhalten. Oft sind es Politiker, Beamte oder Soldaten. Ihre Farbe ist Rot, da bei ihrer Aufgabe auch Blut vergossen wird.

Vaishyas sind für die Wirtschaft des Landes und für die Versorgung der anderen Kasten zuständig. Traditionell waren sie Bauern (Landbesitzer), Händler und Handwerker. Ihre Farbe ist Gelb, da sie die Erde bebauen. Sie tragen oft Arbeitskleidung.

Shudras sind einfache Bauern, Arbeiter oder Tagelöhner, die als Diener der anderen Kasten gelten. In den Veden* steht, dass sie nicht lesen lernen sollen. Doch dies wird heute nicht mehr eingehalten. Ihre Farbe ist Schwarz, da sie im Schatten der anderen Kasten stehen.

Parias* oder **Dalits***, von Mahatma Gandhi Harijans* genannt, sowie alle Nicht-Hindus stehen außerhalb der Kasten. Kastenangehörige sollten den Kontakt mit ihnen meiden. Die Unterdrückung Kastenloser ist durch die Verfassung Indiens seit 1949 verboten. Doch sieht die Wirklichkeit in der Gesellschaft anders aus.

Varna: Farbe, genannt nach den Farben für die Kasten

Jati: geboren

Dharma: >> S. 219

Veden: heilige Schriften >> S. 117

Parias: Unberührbare

Dalits: Unterdrückte

Harijans: Kinder Gottes

Bhagavadgita: heilige Schrift >> S. 117

Aus der Bhagavadgita*

Was Priester, Adlige und Volk, auch was die Shudras tun, mein Freund, die Taten alle sind verteilt nach Qualitäten ihrer Art. Ruhe, Selbstbeherrschung, Buße, Reinheit, Geduld und Redlichkeit, Rechtes Wissen und Gläubigkeit ist Priesters Pflicht, nach seiner Art. Heldenmut, Kraft und Festigkeit, Geschick im Kampf, Furchtlosigkeit, Spenden und rechtes Herrentum ist Adels Pflicht, nach seiner Art. Viehzucht, Ackerbau und Handel ist Volkes Pflicht, nach seiner Art. Im Dienen bloß besteht die Pflicht für den Shudra, nach seiner Art. Wer Freude hat an seiner Pflicht, der Mann erlangt Vollkommenheit.

Bhagavadgita 18,41–45

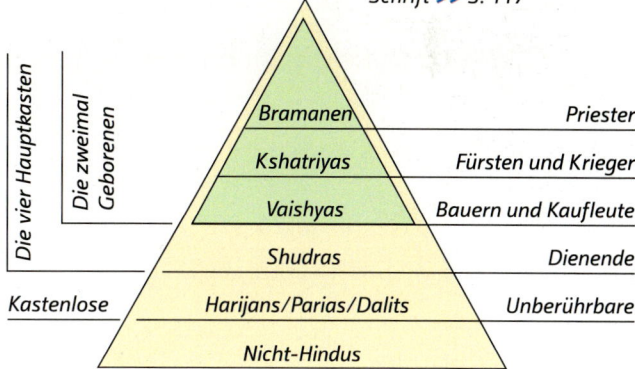

Die vier Hauptkasten	Die zweimal Geborenen	Bramanen	Priester
		Kshatriyas	Fürsten und Krieger
		Vaishyas	Bauern und Kaufleute
		Shudras	Dienende
Kastenlose		Harijans/Parias/Dalits	Unberührbare
		Nicht-Hindus	

Sind alle Menschen gleich?

Aufgaben

1. Das Foto zeigt einen Vaishya (links), der einen Brahmanen eine Puja* halten lässt. Beschreibe die Rollen der beiden.
2. Vergleiche den Text aus der Bhagavadgita mit den Informationen aus dem Text.
3. Erörtere Folgen, die ein Kastenwesen auf eine Gesellschaft haben kann.

Puja: heilige Handlung

Was ist ein Gott?

Deva: Gottheit

Puja: Verehrung (hier: einer Gottheit)

Gottheiten der Hindus

Indra erzählt

Für uns Hindus gibt es viele Devas.* Um diese zu ehren, feiern wir täglich Pujas.* Wie viele Devas gibt es? Ein Weiser beantwortete einmal diese Frage mit der Zahl 3306. Als er immer weiter gefragt wurde, reduzierte er deren Anzahl auf 36 – 6 – 3 – 1. Damit wollte er sagen, dass die Zahl unwichtig sei. An unserem Dorfbrunnen ist eine Kachel angebracht, auf der drei wichtige Götter zu sehen sind: Brahma, Vishnu und Shiva. Sie werden in einer Lotosblüte dargestellt, die für uns Reinheit symbolisiert.

Brahma gilt als Schöpfer. Doch für uns Hindus gibt es keinen Anfang der Welt. Brahma erschafft Zeitalter. Dargestellt wird er mit vier Köpfen, die in jede Himmelsrichtung schauen. Man sieht ihn meist mit heiligen Schriften, einer Bettelschale als Zeichen für Frömmigkeit und einem Schöpfgefäß als Hinweis auf das Urwasser, den Ursprung des Lebens.

Shiva kann alles zerstören und Neues entstehen lassen. Man erkennt ihn am Dreizack, der geflochtenen Haarkrone, einer Mondsichel und am Auge der Erkenntnis auf der Stirn. Das Tigerfell zeigt seine Macht über Dämonen. Er wird oft als Mann und Frau zugleich dargestellt, als Zeichen für Fruchtbarkeit. Manche Bilder stellen ihn tanzend auf einem Menschen mit einer Flamme für Zerstörung, und einer Trommel für den Neubeginn dar. Dies zeigt Shivas Macht über das Leben. Ihm zu Ehren gibt es das Fest Shivatati im Februar oder März.

Vishnu gilt als gütiger Bewahrer der Welt und des Dharma*. Er kämpft gegen das Böse und schützt vor Katastrophen. Zu erkennen ist Vishnu an seinen Waffen, der Keule und dem ringförmigen Diskus sowie an einem Muschelhorn, einem Blasinstrument. Auf der Brust trägt er einen Edelstein, der Wünsche erfüllt. Vishnu schlüpft immer wieder in Avatare*, um das Böse zu bekämpfen. Überliefert sind zehn Avatare Vishnus, zu denen Tiergestalten gehören, aber auch der König Rama, der Gott Krishna und Buddha. Hindus erwarten, dass Vishnu in Zukunft als Gott Kalki erscheint, um gegen Unrecht vorzugehen und das Dharma* durchzusetzen.

Dharma: hier Ordnung der Welt **>>** *S. 218f.*

Avatar: Erscheinungsform eines Gottes

Monotheismus und Polytheismus

Die monotheistischen Religionen Christentum, Judentum und Islam verehren einen Gott, polytheistische verehren mehrere. Doch der Begriff Deva ist kaum mit „Gott" in einer monotheistischen Religion vergleichbar. Viele Hindus sehen in ihrer Gottheit kein allmächtiges Wesen, sondern eine symbolhafte Gestalt. So gibt es Lehrmeinungen, die besagen, allein Brahman sei wirklich und Gottheiten gehörten zur materiellen Welt und seien eine Illusion.

Ganesha erfüllt Wünsche, beseitigt Hindernisse und hilft denen, die etwas lernen – also Schülern und Studenten. Er wird oft mit einer Maus als Zeichen für Schlauheit dargestellt. Ganesha wurde von der Göttin Parvati geschaffen und sollte sie bewachen. Als er ihren Mann Shiva nicht zu ihr ließ, schlug dieser ihm den Kopf ab. Doch bereute er seine Tat und holte ihn wieder ins Leben zurück. Er gab ihm einen Elefantenkopf, der viel Wissen in sich aufnehmen konnte, und nahm ihn als Sohn an.

Krishna, ein Avatar* von Vishnu, gilt als Gott der Liebe und wird mit einer Flöte und einer Kuh dargestellt. Als Neffe eines Königs wurde er als Kind vor diesem gerettet, wuchs bei Kuhhirten auf und liebte das Hirtenmädchen Rhada. Diese Liebe symbolisiert die Beziehung zwischen Gottheit und Mensch. Von ihm handelt die Bhagavadgita*, in der er einem Fürsten sein Dharma zeigt. Zu Krishna beten daher Menschen, wenn sie ihre Bestimmung suchen. Das Fest Holi* im Frühjahr ist Krishna gewidmet.

Viele Hindus verehren eine Shakti* (Shaktismus):

Sarasvati, die Shakti* Brahmas, gilt als Göttin der Weisheit und der Künste. Sie hält ein Saiteninstrument, manchmal auch eine Gebetskette und heilige Schriften in Händen und wird mit einem Schwan dargestellt. Das Sarasvati-Fest im Frühjahr ist bei Hindus beliebt.

Lakshmi ist die Göttin der Schönheit, der Fruchtbarkeit, des Glücks und des Wohlstandes. Sie ist Shakti* Vishnus und wird mit Lotosblüten dargestellt, Zeichen für Weisheit und Reinheit. Lakshmi wird besonders am Fest Divali verehrt.

Parvati gilt als Göttin der Gnade. Sie ist Shivas Shakti* und wird oft, wie er, mit einem dritten Auge, dem Dreizack und dem Halbmond dargestellt. Die freundliche Parvati hat auch andere Seiten. **Kali** gilt als die bedrohliche Seite Parvatis, dargestellt mit einem Schwert und abgetrennten Köpfen. Ihr opfert man Blut von Lebewesen. **Durga** ist die kämpferische Seite Parvatis, die auf einem Tiger reitend gegen Dämonen kämpft. Symbolisch sehen viele Hindus dies als Kampf gegen alles, was ein gutes Karma verhindert: Begierden, Zorn, Verblendung, Neid und Hochmut.

Avatar: Erscheinungsform eines Gottes

Bhagavadgita: heilige Schrift der Hindus >> S. 117

Holi: Fest der Hindus, bei dem man zu Ehren des Gottes Krishna andere mit Farben bewirft >> S. 217

Shakti: das weibliche Gegenüber einer Gottheit

Aufgaben

1. Fasse die wichtigsten Eigenschaften der Gottheiten zusammen. Erkläre dabei, wie das Verhältnis der männlichen und weiblichen Gottheiten zueinander ist.
2. Beschreibe das Bild und benenne, welche Gottheiten dargestellt sind.
3. Recherchiere, warum der Lotos Reinheit symbolisiert.
4. „Judentum, Christentum und Islam glauben an einen Gott, Hindus glauben an viele Götter." Nimm mithilfe des Infokastens Stellung zu dieser Aussage.
5. Auf der Doppelseite werden nur wenige Feiertage genannt. Recherchiere nach weiteren Feiertagen der Hindus. Du kannst einen Festkalender zum Jahr, in dem diese vorkommen, anlegen.

Buddha und seine Lehre

Der historische Buddha

Siddhartha Gautama lebte etwa 563-483* vor Christus in Nepal und Nordindien. Er war ein Prinz und gehörte der hinduistischen Kriegerkaste an. Legenden beschreiben, Siddhartha sei ohne Beischlaf empfangen worden. Vier Götter seien bei seiner Geburt dabei gewesen und seine Mutter habe keine Schmerzen gehabt. Mit 16 Jahren heiratete er und bekam einen Sohn, Rahula.

Erst mit 29 Jahren soll Siddhartha die Welt außerhalb des Palastes kennengelernt haben. Bei drei Ausfahrten begegnete er dem Leid: einem gebrechlichen Alten, einem schmerzgeplagten Kranken und einem Leichnam. Er fragte sich nach der Ursache des Leidens. Eine vierte Ausfahrt führte ihn zu einem Mönch, der durch Meditation einen Weg suchte. Er folgte ihm, doch war ihm dies nicht genug. Sechs Jahre lebte er streng asketisch, aß kaum etwas, trug keine Kleider und schlief auf Dornen. Doch er erkannte, dass Schmerzen nicht zum Ziel führen. Unter einem Bodhi-Baum* meditierte er so lange, bis er die Wahrheit über das Leid fand. Nach Tagen erkannte er die vier edlen Wahrheiten, den achtfachen Pfad und wurde zum Buddha.* Bald sammelte er Schüler um sich, die diesem „mittleren Weg" zwischen Genuss und Askese folgten. 45 Jahre hielt er Lehrreden und sammelte Anhänger. Parias* und Frauen schlossen sich seiner Lehre an, weil ihnen durch sie der Weg ins Nirwana* offenstand.

Buddha mit einer Lehrgeste, einem Tempel (Pagode) in der Hand und einer Swastika (Kreuz mit vier Armen – ein uraltes fernöstliches Glückssymbol) auf der Brust. Die Nationalsozialisten übernahmen es für ihre Zwecke.

Was ist ein Buddha?

Buddha-Figuren stehen immer höher als die Anwesenden. Er wird im strengen Sinne jedoch nicht als Gott verehrt, denn ein Gott gehört zur diesseitigen Welt und Buddha befindet sich im endgültigen Nirwana*. Der historische Buddha Siddhartha Gautama verkörpert für Buddhisten den Weg zum Bodhi*. Theravada-Buddhisten* verbinden vor allem mit ihm den Namen Buddha.

Im Mahayana-Buddhismus spielen Bodhisattwas* eine wichtige Rolle. Dies sind Wesen, die bereits im ewigen Nirwana sein könnten, aber aus Liebe, Güte und Mitgefühl wieder zurückkamen, um allen Lebewesen auf deren Weg ins Nirwana beizustehen.

Schließlich sagt der Dalai Lama*: „Die Lehre des Buddha ist wichtiger als seine Person." Damit betont er: Ziel jedes Buddhisten ist es, selbst zu erwachen und ein Buddha zu werden.

Bodhi meint Erwachen
Buddha: Jemand, der das Erwachen (Bodhi) erlangt
Nirwana: Erlöschen, Verwehen, die Welt jenseits der Materie >> S. 31

Bodhisattwa: erwachtes Wesen

Theravada, Mahayana >> S. 228

Dalai Lama: >> S. 231

Parias: >> S. 223

Aufgaben

1. Beschreibe das Bild des Buddha.
2. Erörtere, was ein Buddha ist.
3. Vergleiche die Biografie des historischen Buddha mit Jesus.
4. Mit der Lebensgeschichte Siddharthas werden vier Orte in Verbindung gebracht, die im Buddhismus Pilgerorte sind. Recherchiere, was in Lumbini, Uruvela, Sarnath und Kusinagar geschah und wie Buddha dort verehrt wird.

Buddha und seine Lehre

Keno erzählt

Bei jeder Puja* bekennen wir: „Ich nehme Zuflucht zu Buddha, zum Dharma* und zur Sangha*". Im Zentrum der buddhistischen Lehre stehen die die **vier edlen Wahrheiten** über das Wesen der Welt:

1. Alles Leben im Samsara* ist Dukkha*. Alles Glück ist vergänglich.
2. Ursachen von Dukkha* sind Begehren, Hass und Verblendung, die zum Tanha* führen.
3. Das Leiden endet erst, wenn wir nichts begehren und Bodhi* erreichen.
4. Der Weg vom Leid zum Glück führt allein über den **achtfachen Pfad**.

Dieser achtfache Pfad führt uns auf praktische Weise an das Ziel heran. An ihn erinnert das **Rad der Lehre** mit acht Speichen, ein Symbol des Buddhismus.

Was ist Wahrheit?

Puja: >> S. 218
Dharma: Lehre Buddhas, siehe das hinduistische Verständnis >> S. 219
Sangha: Gemeinschaft der Buddhisten

---

1. Rechte Erkenntnis
Man erkennt die vier edlen Wahrheiten: wie die Welt ist, woher das Leid kommt und dass es einen Ausweg gibt.

2. Rechte Absicht
Aufgrund der Erkenntnis entschließt man sich, Gier, Hass und Verblendung (Geistesgifte) zu meiden.

3. Rechtes Reden
Man lügt und verleumdet nicht, sondern sagt immer die Wahrheit und redet so, dass es für andere angenehm ist.

8. Rechte Meditation
Man konzentriert sich vollkommen auf das Wesentliche, erlebt Freiheit vom Leiden und das Aufgehen in der Unendlichkeit.

4. Rechtes Handeln
Man tut keinem Lebewesen Gewalt an, nimmt keinem etwas weg, wird mitfühlend und großzügig.

7. Rechte Achtsamkeit
Man achtet auf seinen Körper und seine Sinne und unterwirft sie seinem Geist.

6. Rechte Anstrengung
Gefühle und Sinne werden gezügelt und man lässt keine schlechten, sondern nur noch gute Gedanken zu.

5. Rechtes Leben
Man lebt in Frieden und versucht, keinem Leid zuzufügen. Das gilt auch im Beruf.

Tanha* hält unsere Sinne in der materiellen Welt gefangen und es gelingt nie, diesen Durst der Sinne zu befriedigen. Diese Konzentration auf die Welt führt zu einem schlechten Karma und zur Wiedergeburt. Das Dharma* hilft uns, aus dem Samsara* befreit zu werden. Als Buddhisten ist es daher unser Ziel, das Nirwana* zu erreichen. Dort ist man von allem Materiellen, von Leidenschaften und dem Leiden und der Wiedergeburt befreit. Allerdings unterscheiden sich hier die Richtungen im Buddhismus. Während im Theravada* dazu ein Leben im Kloster notwendig ist, hält der Mahayana* auch für Laien diesen Weg möglich.

Dukkha: Leiden

Tanha: Durst

Bodhi: Erwachen

Samsara: Kreislauf des Lebens und der Wiedergeburten >> S. 220

Nirwana: >> S. 226, >> S. 31.

Theravada und Mahayana: Richtungen des Buddhismus >> S. 228

Aufgaben

1. Beschreibe, was ein Buddhist unter Tanha versteht und welche Folgen dieser hat.
2. Bewerte, welche der acht Wege dir schwerer und welche dir leichter fallen würden.
3. Vergleiche das Nirwana mit den Jenseitsvorstellungen im Christentum (>> S. 80ff.)
4. Vergleiche den achtfachen Pfad mit der Bergpredigt (>> S. 95ff.).

Wege des Buddhismus

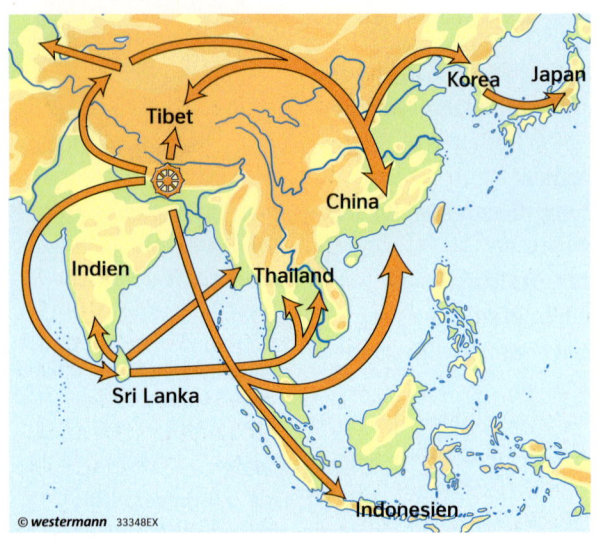

Richtungen im Buddhismus werden Yana genannt, das heißt Fahrzeug oder Weg.

Hinayana* oder Theravada* ist in Thailand, Kambodscha, Laos, Myanmar und Sri Lanka verbreitet. Diese Richtung sieht sich als Nachfolger der ersten Anhänger Buddhas und erkennt einzig den Pali-Kanon* als heilige Schrift an. Jeder Einzelne muss viele Regeln einhalten, um das Nirwana zu erreichen, was nur als Mönch oder Nonne gelingen kann. Daher lebt man zumindest zeitweise im Kloster.

Mahayana* ist in Tibet, China, Japan, Korea, Nepal und Vietnam verbreitet. Neben dem Pali-Kanon stehen Buddhas Sutras, das sind Reden, die er vor Laien gehalten hat, im Mittelpunkt. Der Mahayana nahm Elemente anderer Religionen auf, sodass aus ihm viele Richtungen entstanden sind. Im Zentrum stehen hier neben dem historischen Buddha auch Bodhisattwas*, deren wichtigste Eigenschaft Mitgefühl (Karuna) ist. Theravada-Buddhisten lehnen dagegen die Bodhisattwa-Lehre ab, da sie nicht im Pali-Kanon vorkommt.

Vajrayana* ist eine Richtung im Mahayana, die aus Tibet stammt. Ihr gehört der Dalai Lama* an. Rituale und Magie sind wichtig. Neben Buddhas gibt es männliche und weibliche Bodhisattvas sowie Götter und Dämonen.

Eine weitere Richtung ist **Zen***, der in China, Japan und Korea, verbreitet ist. Er stellt sich gegen Dogmen und das Auswendiglernen von Texten. Ohne Worte soll der Meditierende Erleuchtung erlangen.

Der **Buddhismus in China** ist Teil einer Volksreligion, die auch den Ahnenglauben*, den Konfuzianismus* und den Daoismus* umfasst und das diesseitige und jenseitige Glück anstrebt. Verbreitet ist eine Figur, die „Glücksbuddha" genannt wird. Sie stellt einen Mönch namens Budai dar, der vor tausend Jahren lebte. Seinen Bauch zu streicheln soll Glück bringen.

Hinayana: Kleines Fahrzeug, meint, dass nur wenige das Ziel erreichen

Theravada: alte Lehre

Pali-Kanon: >> S. 117

Mahayana: Großes Fahrzeug

Bodhisattwa: erwachtes Wesen >> S. 226

Vajrayana: Diamantweg

Dalai Lama: Ozeangleicher Lehrer, Führer einer Richtung des Vajrayana >> S. 231

Zen, chinesisch Chan: Versenkung

Ahnenglaube: Die Geister der Vorfahren leben im Jenseits und erwarten Verehrung und Opfer.

Konfuzianismus: Lehre des Konfuzius (551-449 v.Chr.)

Daoismus: chinesische Religion, deren Symbol das Yin und Yang ist

Aufgaben

1. Fasse die wichtigsten Merkmale der Strömungen des Buddhismus zusammen.
2. Deute mithilfe der Informationen die Karte.
3. Auch im Judentum, im Christentum und im Islam gibt es unterschiedliche Strömungen. Recherchiere danach und zeige Gemeinsamkeiten und Unterschiede auf.
4. Den Bauch dieses Buddhas zu streicheln soll Glück bringen. Erörtere, welche Hoffnung damit verbunden ist.

Gebet und Meditation im Buddhismus

Puja

Eine junge Frau aus Thailand erzählt: „Täglich halte ich für Buddha eine Puja*. Zu Hause haben wir dafür einen Altar mit einer Buddha-Figur. Oft gehe ich jedoch in den Tempel. Bei der Puja gelobe ich, mich an Buddha und seine Lehre zu halten und etwas für meine Mitmenschen zu tun. Ich gelobe, die Silas* einzuhalten, und spreche Mantras*. Dann lege ich Opfergaben auf den Altar: Lampenöl, Wasser und Räucherstäbchen. Auch Blumen bringe ich mit, die daran erinnern, dass jeder Körper verwelkt."

Puja: **>>** *S. 218*

Silas: **>>** *S. 230*

Mantra: Meditationsvers, der auf einen Buddha zurückgeführt wird und der helfen kann, aus dem Kreislauf des Lebens und Leidens befreit zu werden.

Sand-Mandala

Ein tibetanischer Mönch erzählt: „Wir meditieren im Kloster täglich viele Stunden und verwenden dazu Bilder wie das Rad der Lehre*. Eine besondere Meditation ist die Gestaltung eines Sand-Mandalas*. Farbiger Sand wird auf eine Steinfläche aufgetragen. Wir arbeiten viele Tage daran. Dann wird es aus den Räumen des Klosters ins Freie getragen und nach kurzer Zeit hat der Wind den Sand weggeweht. Dies zeigt uns: Alles, was auf der Welt geschieht, ist vergänglich.

Rad der Lehre: **>>** *S. 227*

Mandala: Schaubild mit religiöser Bedeutung

Zen-Meditation

Eine Zen-Buddhistin aus Deutschland erzählt: Täglich führe ich die Za-Zen*-Meditation durch. Schweigend sitze ich mit aufrechtem Rücken da und konzentriere mich auf einen Punkt. Dabei versuche ich, gelassen zu werden und den Verstand auszuschalten. Eine andere Übung, um Körper und Geist zu befreien, ist das Malen eines Kreises, Enso genannt. Dieser ist auch das Symbol des Zen. Manche vergleichen Zen mit einer Mystik.* Das Ziel ist aber kein Wissen oder eine Begegnung mit einer Gottheit. Es geht um das Erleben, von allem Materiellen befreit zu sein, also um das Erreichen des Nirwana.* Doch das ist schwer.

Za-Zen: Sitzende (Za) Versenkung (Zen)

Mystik: griech. mystikos = geheimnisvoll. Mystik meint das intensive religiöse Erleben einer Gottheit der jenseitigen Welt.

Nirwana: **>>** *S. 227*

Ein traditionelles buddhistisches Gebet

Mögen alle Wesen Glück und den Schlüssel zum Glück finden, mögen sie frei von Leiden und der Wurzel des Leidens sein, mögen sie nicht vom großen Glück getrennt sein, in dem es kein Leiden gibt, mögen sie in großem Gleichmut, frei von Leidenschaft, Aggression und Vorurteil leben.

Ideen für eine Meditation: **>>** *S. 247*

Aufgaben

1. Benenne mithilfe der Texte und der Fotos fünf Punkte, die dir im Blick auf die buddhistische Meditation wichtig wären.
2. Erläutere, was die Handhaltung der Zen-Buddhistin ausdrückt.
3. Während es in vielen Religionen Formen der Mystik gibt, wird dies meist beim Buddhismus bestritten. Recherchiere hierzu, was Mystik im Christentum bedeutet, und vergleiche dies mit dem Buddhismus.
4. Begründe, welcher der Personen auf den Bildern du das buddhistische Gebet am ehesten in den Mund legen würdest, und nimm Stellung, ob es auch Christen sprechen könnten.

Buddhistische Ethik

Vier edle Wahrheiten, achtfacher Pfad: >> S. 227

Ausgangspunkt der buddhistischen Ethik sind die vier edlen Wahrheiten, der achtfache Pfad* und das Prinzip des Kusala*. Eine schlechte Grundhaltung und der Verstoß gegen Regeln sind schlecht für die Wiedergeburt.

Kusala: heilsam, förderlich für ein gutes Karma; im Gegensatz: Akusala

Wichtig für das Leben sind die vier Grundhaltungen und zehn Grundregeln, die Silas (Regel, Tugenden) genannt werden:

Vier Grundhaltungen:

Karuna: Das Mitgefühl, also die Fähigkeit, sich in andere Lebewesen einzufühlen, wenn diese leiden.

Mudita: Die Mitfreude, wenn ein Lebewesen bereits den Zustand des Glücks erreicht hat.

Metta: Die liebende Güte und die Zuneigung zu anderen Lebewesen, die ohne Begierde auskommt und das Glück aller zum Ziel hat.

Upekka: Die Gelassenheit, die das Gegenüber ernst nimmt, aber nicht besitzergreifend ist.

Fünf Silas für alle:

1. Keinem Lebewesen das Leben nehmen
2. Nichts zu nehmen, was nicht gegeben wurde
3. Sich von unreinem Lebenswandel fernhalten
4. Nichts Unwahres sagen
5. Keine Rauschmittel zu sich nehmen

Fünf Silas für Mönche und Nonnen:

6. Nicht zu unerlaubten Zeiten (ab Mittag) essen
7. Tanz, Musik oder Theater meiden
8. Keinen Schmuck oder Kosmetik tragen
9. Nicht in bequemen Betten schlafen
10. Kein Geld, Gold oder Silber annehmen

Leben im Kloster

Besonders im Theravada*-Buddhismus gilt ein Leben als Mönch oder Nonne als besonders verdienstvoll für das Karma*. Kinder und Jugendliche leben oft in den Ferien zeitweise im Kloster und lernen so den Buddhismus kennen. Mönche sollen insgesamt 227 Regeln beachten. Für Nonnen gelten mehr Regeln, und sie sind den Mönchen untergeordnet. Laien* versorgen Mönche und Nonnen täglich mit Essen und an Festtagen mit Kleidungsstücken. Beim Geben bedanken sich Laien, denn etwas zu geben ermöglicht ein gutes Karma und eine gute Wiedergeburt.

Theravada: >> S. 228

Karma: >> S. 220

Laie: jemand, der nicht Mönch oder Nonne ist

Aufgaben

1. Fasse in Thesen die buddhistische Ethik zusammen.
2. Erkläre, was das Bild mit buddhistischer Ethik zu tun hat.
3. Vergleiche die zehn Silas mit den Zehn Geboten (2. Mose 20).
4. Beurteile, welche der Grundhaltungen und Grundregeln des Buddhismus auch als Regeln bei uns gelten könnten.
5. Die buddhistische Ethik hat als Grundlage das Ziel der Selbsterlösung. Die christliche Ethik basiert auf einem Gott, der die Menschen erlöst. Erörtere mit anderen die beide Modelle.

Der Dalai Lama und die Religionen

Der Dalai Lama* gilt heute als wichtigster Vertreter des Buddhismus. In seinem Buch Das Herz der Religionen schreibt er, es sei gut, dass es so viele Religionen gibt: „Jede Religion hat [...] ihre Schönheit, Logik und Einzigartigkeit." Wenn es nur eine einzige Religion gäbe, könne diese „den religiösen Bedürfnissen der Menschen nicht gerecht werden." Statt sich gegenseitig zu bekriegen, solle man die Glaubenstraditionen annehmen und von ihnen lernen.

Am Ende des Buches ruft er auf:

„Falls Sie an Gott glauben, betrachten Sie die anderen als Kinder Gottes. Falls Sie Nicht-Theist sind, betrachten Sie alle Wesen als Ihre Mutter. Wenn Sie das tun, gibt es keinen Platz für Vorurteile, Intoleranz und Exklusivität. [...] Machen Sie heute das Gelöbnis, dass Sie es nie zulassen werden, dass Ihr Glaube als Instrument der Gewalttätigkeit benutzt wird. Machen Sie heute das Gelöbnis, dass Sie zum Instrument des Friedens werden und gemäß den ethischen Lehren Ihrer eigenen Religion über das Mitgefühl leben wollen."

Dalai Lama: Ozeangleicher Lehrer, Lehrmeister der Gelbmützen, einer Richtung des Vajrayana. Er wird von seinen Anhängern als Bodhisattwa verehrt. Der 14. Dalai Lama Tenzin Gyatso (1935) erhielt 1989 den Friedensnobelpreis. Er setzt sich für die Freiheit seines Heimatlandes Tibet ein.*

Aufgaben

1. Fasse die Einstellung des Dalai Lama zu den Religionen der Welt zusammen.
2. Vergleiche die Aussage „Falls Sie an Gott glauben ..." mit der Goldenen Regel (Mt 7,12 >> S. 214 Randspalte).
3. Der Dalai Lama sieht im Mitgefühl ein Leitprinzip, ein „Herz der Religionen". Überprüfe diese These und nimm Stellung.
4. Recherchiere und gestalte eine Biografie des 14. Dalai Lama.

Ziel erreicht!

> Überprüfe anhand des Teilkapitels, was dich an den fernöstlichen Religionen fasziniert und was dir fremd geblieben ist.

> Gestalte eine Wordcloud mit den Begriffen fernöstlicher Religionen und erläutere, was mit diesen gemeint ist.

> Auf dem Bild rechts zeigt ein Jugendlicher auf seinem Motorrad, welche Gottheit er verehrt. Nenne sie. Welche religiösen Aufkleber gibt es bei uns?

> In heiligen Schriften der Hindus und Buddhisten wird das Mitgefühl (Karuna) als wichtige Eigenschaft gesehen. Überprüfe, wo der Begriff im Teilkapitel vorkommt, und erläutere, was damit gemeint ist.

> Von Dogen, einem Meister des Zen-Buddhismus, stammt der Satz: „Wirke nichts, das böse ist. Hänge nicht an Leben und Tod. Erbarme dich aller Lebewesen. Ehre, was über dir ist. Sei gnädig zu den Unteren. Hasse nicht, verlange nicht, lasse nichts an deinem Herzen haften. Dann wirst du selbst der Buddha sein, suche ihn nirgendwo sonst." Zeige auf, welche buddhistischen und hinduistischen Lehren hier zusammengefasst sind.

> Gestalte ein Plakat mit Regeln, worauf man achten sollte, wenn man mit Vertretern fernöstlicher Religionen in Kontakt kommt.

Grundfähigkeiten entwickeln

In diesem Schulbuch geht es um eine ganze Reihe von Kompetenzen. Eine ist: „Schülerinnen und Schüler können fernöstliche Religionen mit dem Christentum vergleichen." Alle Kompetenzen beziehen sich auf den christlichen Glauben, aber auch auf andere Religionen und auf nicht-religiöse Sichtweisen. Immer wieder geht es um die Auseinandersetzung mit grundlegenden Vorstellungen von Gott, der Welt, dem Menschen, von Gut und Böse sowie einem guten Leben, die unser Dasein prägen. So will der Religionsunterricht einen Beitrag leisten, Grundfragen des Lebens zu bedenken sowie eigene Grundvorstellungen zu entdecken und weiterzuentwickeln.

Um dieses Ziel zu erreichen, arbeitet der Religionsunterricht an dem Erwerb von Grundfähigkeiten, nämlich:

- religiös bedeutsame Phänomene wahrnehmen,
- diese deuten und verstehen,
- diese beurteilen,
- darüber mit anderen sprechen und auch
- anwenden und gestalten zu können.

Religiöse bedeutsame Phänomene

Religiös bedeutsame Phänomene bringen grundlegende Vorstellungen von Gott, der Welt, dem Menschen, von Gut und Böse sowie einem guten Leben zum Ausdruck. Dazu gehören symbolische Zeichen wie das Kreuz, Rituale wie das Abendgebet, Feste wie Weihnachten oder das Fastenbrechen, das Singen von Liedern, das Erzählen von Geschichten, das Auslegen von Texten, öffentliche Bekenntnisse, die Wertschätzung bestimmter Bilder oder Personen, der Besuch „heiliger Orte", die Art der Ernährung u.v.a.m. Solche Phänomene zeigen sich nicht nur bei religiösen, sondern auch bei nicht-religiösen Menschen und Gemeinschaften.

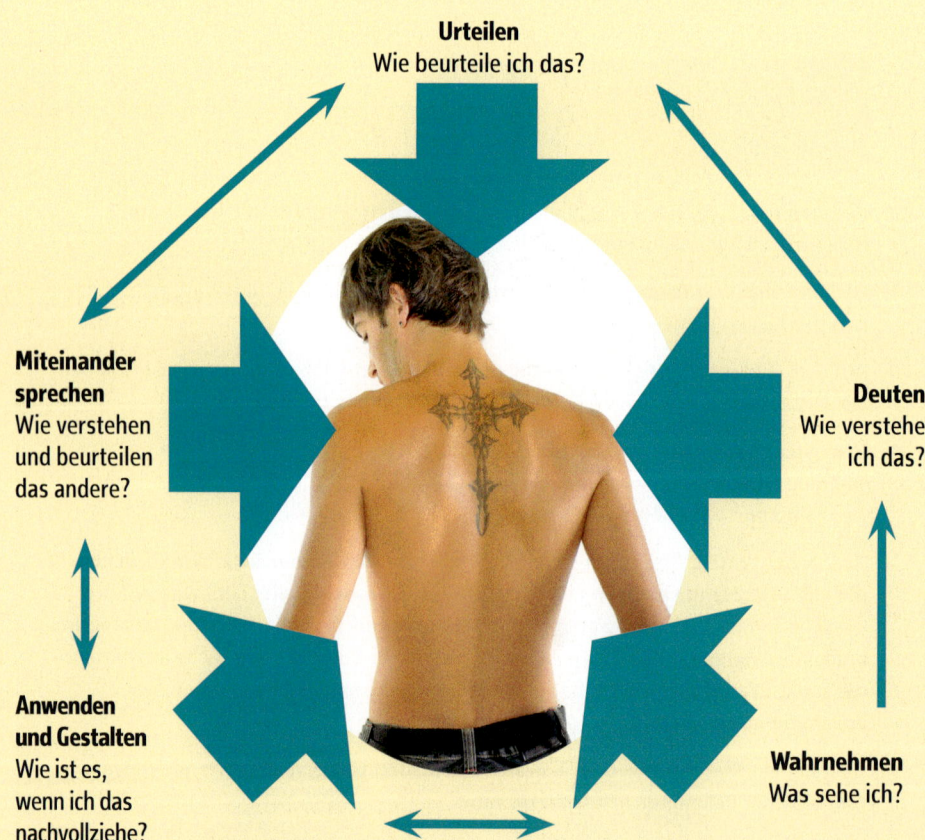

Urteilen
Wie beurteile ich das?

Miteinander sprechen
Wie verstehen und beurteilen das andere?

Deuten
Wie verstehe ich das?

Anwenden und Gestalten
Wie ist es, wenn ich das nachvollziehe?

Wahrnehmen
Was sehe ich?

1. Wahrnehmen

Zunächst meint Wahrnehmen: eine Sache, die mit Religion zu tun hat, **mit möglichst allen Sinnen** wahrzunehmen (z.B. Salböl, eine Pietà, Orgelmusik, einen betenden Menschen). Wahrnehmen hat also mit Sehen, Hören, Riechen, Schmecken oder Tasten zu tun. Man kann aber auch mit dem ganzen Körper wahrnehmen (z.B. beim Betreten eines Kirchenraums). Dazu gehört, dass man dann die Eindrücke zum Ausdruck bringt. Dies kann sprachlich, malend oder mit Bewegung geschehen.

Wahrnehmen kann auch darin bestehen, **Details, aber auch Zusammenhänge zu entdecken** und z.B. ein Bild differenzierter zu beschreiben. Dazu gehört ferner, auf den ersten Blick nicht sofort erkennbare religiöse Motive zu entdecken (z.B. in einer Werbeanzeige) und ihren ursprünglichen Zusammenhang zu bestimmen. Wahrnehmen kann sich jedoch auch darauf konzentrieren, das **„Wesentliche" oder „Strukturen"** eines Textes, eines Bildes oder eines Rituals zu **erfassen und darzustellen**. Wahrnehmen bezieht sich zudem nicht bloß auf etwas Äußeres und Gegenständliches. Wahrnehmen bezieht sich ebenso auf das Innere. Dazu gehören **die eigenen Gefühle, aber auch die Gefühle und Motive, die andere bestimmen und bewegen**.

Übung: Religiöse Motive entdecken

Werbekampagne eines Augsburger Pralinenherstellers

Werbung für den Weihnachtseinkauf

Auf dem Friedhof

- Benenne die verwendeten religiösen Motive und zeige ihren ursprünglichen Zusammenhang auf.

Übung: Gefühle wahrnehmen

- Benenne alle Gefühle, die du schon einmal gespürt hast (z.B. Ärger, Freude), und schreibe sie auf jeweils eine Karte.
- Stellt einander die Gefühle in Partnerarbeit pantomimisch dar.
- Arbeite heraus, woran man die unterschiedlichen Gefühle erkennt.
- Beschreibe die Gefühle der einzelnen Personen in dem Bild von Rembrandt über die Begegnung des Auferstandenen mit dem Jünger Thomas (>> S. 52).

Übung: Mit den Händen Gefühle ausdrücken

- Schreibe auf Karten typische Aussagen, die mit Beziehungen zu tun haben, wie z.B.: Ich bin stolz auf dich! Hau bloß ab! – Ich stehe zu dir! Wir halten zusammen. – Das nehme ich nicht ernst. – Du hast sie ja nicht alle! – Ich brauche dich! – Ich finde dich richtig gut. – Mit dir will ich nichts zu tun haben! u.a.m
- Legt in einer Kleingruppe die Karten umgedreht vor euch hin, zieht eine und stellt mit den Händen die Aussage dar. Die anderen versuchen die Handhaltung bzw. die Handbewegung in Worte zu übersetzen.
- Beschreibe die Hände in dem Kreuzigungsbild von Matthias Grünewald (>> S. 76).

> **Die folgenden Methoden tragen zur Entwicklung der Grundfähigkeit „Wahrnehmen" bei:**

Methode: Das Wesentliche eines Textes herausarbeiten

Hier kann man methodisch verschieden vorgehen. Man kann
- einen Text als Kurznachricht mit 140 Zeichen schreiben;
- aus dem Text einen Spickzettel machen;
- in einem Text alle Sätze oder Wörter streichen, auf die zur Not verzichtet werden kann (Textlöschen bzw. Textreduktion);
- eine Überschrift bilden, die die Kernaussage des Textes zum Ausdruck bringt.

- In Apg 15 findet sich die Erzählung über ein entscheidendes Ereignis in der frühen Zeit des Christentums. Ohne dieses wäre die Geschichte des Christentums anders verlaufen. Fasse die Erzählung in einer Kurznachricht zusammen oder formuliere eine treffende Überschrift für das ganze Kapitel.

Methode: Strukturlegetechnik

Mit dieser Methode kann ein Text genauer erfasst werden. Dazu werden zentrale Begriffe oder Aussagen vorgegeben. Die Aufgabe besteht dann darin, aufgrund der Textlektüre die Begriffe zu ordnen und zueinander grafisch in Beziehung zu setzen (durch räumliche Anordnung und durch Pfeile).

Diese Methode eignet sich auch, um am Ende einer Lernsequenz die Inhalte zusammenfassend darzustellen.

- Bring die Begriffe GOTT, RELIGION, SPIEGELBILD DER NATUR DES MENSCHEN, WUNSCHPROJEKTION, ILLUSION, AUS CHRISTEN MENSCHEN MACHEN in einen Zusammenhang, der der Position von Ludwig Feuerbach entspricht (>> S. 44).

Methode: Mit einer Concept-Map Strukturen darstellen

Concept-Map kann als „Strukturnetz" übersetzt werden. Dabei wird bei einem Thema, einem Text, einer Debatte möglichst mit Bleistift

1. zunächst einmal das Thema des Ganzen oben hingeschrieben (nicht wie bei einer Mindmap in die Mitte).
2. Von da aus werden dann die zentralen Elemente des Themas grafisch angeordnet und in Kästchen gesetzt.
3. Schließlich werden die logischen oder argumentativen Beziehungen durch Pfeile zum Ausdruck gebracht und ggf. durch Worte ergänzt (daraus ergibt sich, dahinter steht ...).

- Ergänze die folgende Concept-Map zu >> S. 49.
- Wende die Methode dann auf >> S. 96 „Die Bergpredigt als Rede" an.

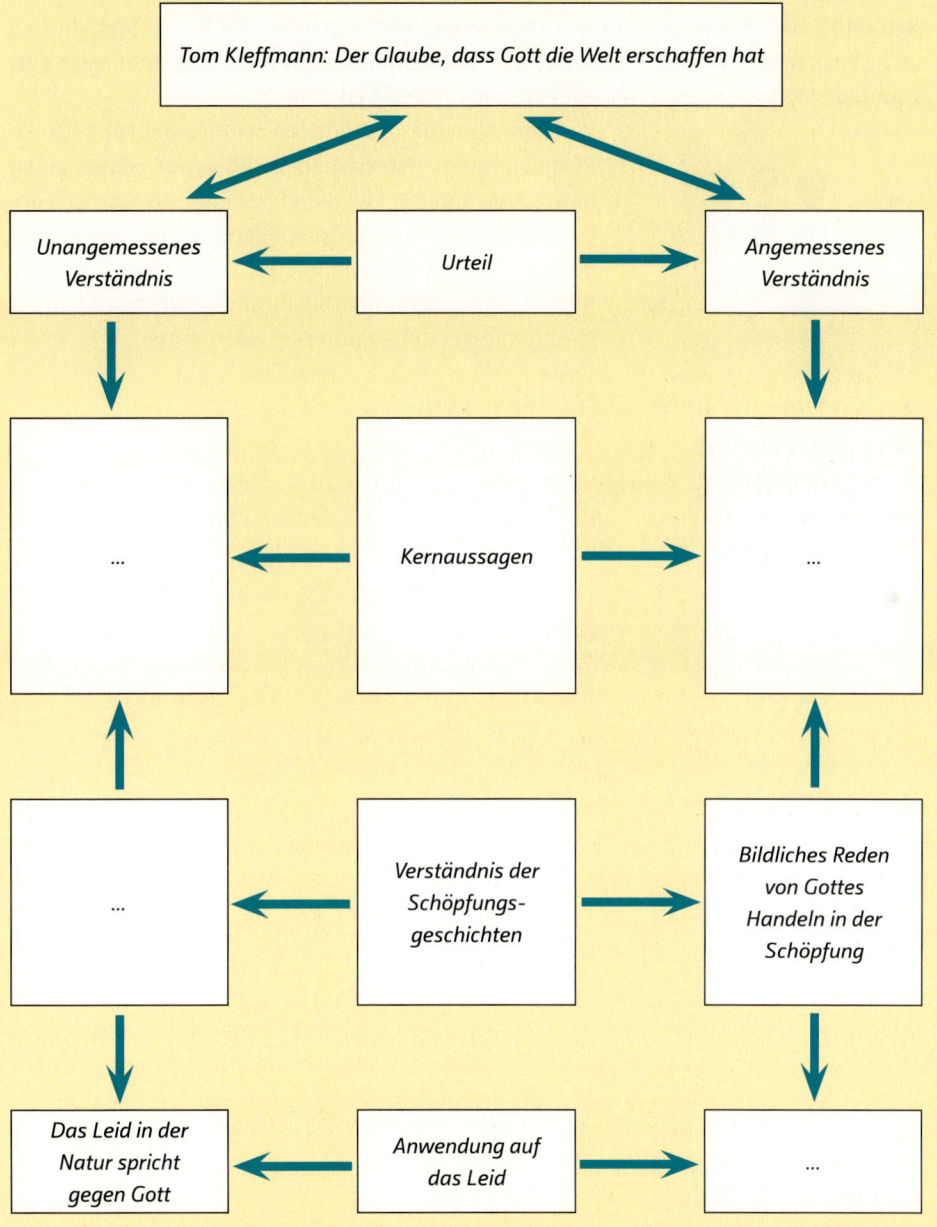

2. Deuten

„I'm beautiful in my way / 'Cause God makes no mistakes / I'm on the right track, baby / I was born this way." So singt Lady Gaga in dem Lied *Born this way* aus dem Jahre 2012. Der Sinn dieses Liedes erschließt sich nicht sofort. Was meint Lady Gaga? Spricht sie von sich selbst? Wie kommt es zu dieser Aussage? Warum singt sie dies ihren Fans zu? Um den Sinn zu verstehen, muss man das ganze Lied heranziehen und schauen, wie es sich zu anderen Liedern von ihr verhält (Blick auf das Werk), aber auch danach fragen, wie Lady Gaga dieses Lied kommentiert (Blick auf die Komponistin und Autorin). Meint die Sängerin das mit Gott wirklich so? Der Song wendet sich an junge Frauen, die Schwierigkeiten haben, sich in ihrer sexuellen Orientierung zu akzeptieren, zumal in christlich-fundamentalistisch geprägten Kreisen in den USA, in denen Homosexuelle und Transsexuelle abgelehnt werden.

Manches an dem Lied lässt sich **erklären**. Eine katholisch erzogene, aber konsequent sich selbst bestimmende Frau wie Lady Gaga redet von Gott und macht Mut, zu sich selbst zu stehen. Aber hat man damit schon die Intention und den Sinn des Liedes **verstanden**? Ist das die persönliche Überzeugung von Lady Gaga?

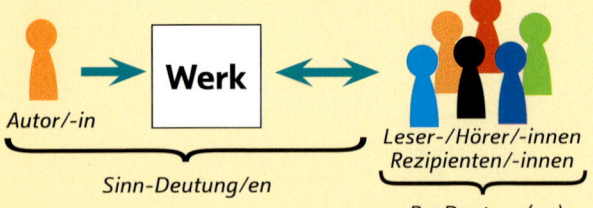

Von dem Sinn dieses Liedes ist seine **Bedeutung** für die Rezipienten zu unterscheiden (Blick auf Hörer/-innen bzw. Leser/-innen). Für die einen kann es eine Ermutigung sein, andere kann es vollkommen kalt lassen, andere können es massiv ablehnen. So zeigt das Lied, dass man zwischen Sinn und Bedeutung sowie zwischen Erklären und Verstehen unterscheiden muss.

Übung: Sinn und Bedeutung unterscheiden

- Erläutere anhand des Textes und der Grafik die Begriffe Sinn und Bedeutung.
- Recherchiere Song und Text von *Born this way*. Formuliere, was das Lied für dich bedeutet, und interpretiere den Sinn des Liedes. Untersuche, ob und inwieweit Bedeutung und Sinndeutung zusammenhängen.
- Erläutere, wie Gal 3,26-28 bei dir „ankommt", und vergleiche dazu die Sinndeutung aus einem theologischen Kommentar.

26 Denn ihr seid alle durch den Glauben Gottes Kinder in Christus Jesus.
27 Denn ihr alle, die ihr auf Christus getauft seid, habt Christus angezogen.
28 Hier ist nicht Jude noch Grieche, hier ist nicht Sklave noch Freier, hier ist nicht Mann noch Frau; denn ihr seid allesamt einer in Christus Jesus. Gal 3,26-28

Theologischer Kommentar

Paulus bedient sich hier eines festgeprägten gottesdienstlichen Zuspruchs, wie er wohl nach dem Bekenntnis (etwa 1. Kor 8,6) und der Taufe den soeben Getauften zugesprochen wurde: Dieser Zuspruch besagt: Die Taufe auf Christus gliedert in die neue Geschwisterschaft ein. Die formelhafte Wendung „in Christus" bezeichnet den endzeitlichen Heilsraum, in den die Getauften aufgenommen werden, insbesondere in die Kirche. Dies bewirkt, dass für die Getauften die üblichen Unterscheidungen in der Welt nicht mehr gelten. Heilsgeschichtliche (Jude – Grieche), gesellschaftliche (Sklave – Freier) und geschlechtliche (männlich – weiblich) Differenzierungen sind in Bezug auf das neue Heil bedeutungslos.   *Jürgen Becker*

Übung: Religiöse Sprachformen erläutern

Religionen verwenden bestimmte Sprachformen. Dazu gehören u.a. Klage-, Bitt- und Dankgebete, Symbole und Metaphern, Gleichnisse, Legenden und Mythen, Prophezeiungen und Gebote, Bekenntnisse und Lehrsätze.

* Benenne zu den einzelnen Sprachformen ein Beispiel.
* Erkläre anhand von >> S. 19 und >> S. 124, was Mythen sind und warum sie nicht einfach als unglaubwürdig gelten sollten.
* Interpretiere das erste Glaubensbekenntnis auf >> S. 61 und entwirf eine Definition von „Bekenntnis".

Die folgenden Methoden tragen zur Entwicklung der Grundfähigkeit „Deuten" bei:

Methode: Zu einzelnen Textaussagen das Gegenteil formulieren

Der Sinn eines Textes kann verständlicher werden, wenn man zu den einzelnen Sätzen das Gegenteil formuliert.

* Formuliere zu den Kriterien eines gerechten Krieges (>> S. 190) das jeweilige Gegenteil.
* Formuliere zu den einzelnen Schritten des achtfachen Pfads im Buddhismus (>> S. 227) das jeweilige Gegenteil.

Methode: Ein Bild inszenieren

Vornehmlich figürliche, nicht-abstrakte Bilder lassen sich (u.U. mit Gegenständen) nachstellen. So kann man ihnen nachspüren. Nach dem Spüren kann man nach Worten bzw. Aussagen suchen, die zu der Szene und den Figuren passen. Die einen stellen dazu die Szene körperlich nach, andere stellen sich hinter eine Figur und verleihen dieser Worte. Danach macht der Sprecher wieder Platz für andere. So wird das Bild lebendig. Dabei sind recht unterschiedliche Aussagen denkbar. Die Frage wird sein, welche Aussagen am besten zu dem Bild passen und wie sich dies begründet. Wo es möglich ist, können dazugehörige Texte zum Vergleich herangezogen werden.

* Entwerft Inszenierungen zu dem Auferstehungsbild von Dieric Bouts (>> S. 78) oder der Darstellung der Bekehrung des Paulus von Nicolas-Bernhard Lepicie (>> S. 86).

Methode: Bilder grafisch bearbeiten

Der Sinn eines Bildes kann durch grafische Bearbeitung herausgestellt werden. Dazu gibt es unterschiedliche Möglichkeiten:

Übermalung: Die Kopie eines Bildes wird übermalt.

Rahmung: Das kopierte Bild wird mit einem interpretierenden Rahmen versehen.

Triptychon (dreifach gefaltet): Viele Bilder aus der christliche Ikonografie sind Teil eines Altars gewesen, manche gehörten auch zu einem dreiteiligen Altarbild. Das kopierte Bild wird danach mit zwei weiteren Bildern ergänzt, sodass ein Triptychon entsteht und ein Sinnzusammenhang zur Darstellung kommt.

* Bearbeite ein Bild eigener Wahl aus diesem Schulbuch.
* Bearbeite eines der Kreuzigungsbilder in diesem Buch (z.B. >> S. 76, 77, 84).

Methode: Historisch-kritische Bibelauslegung

>> Kapitel *Mit der Bibel leben*, S. 120-125

Methode: Text und Melodie in Beziehung setzen

Lieder bestehen aus Texten und Melodien samt ihren Rhythmen. Meist interpretiert die Melodie den Text. Dabei spielt schon die Wahl der Liedgattung eine wichtige Rolle. Es gibt Trauerlieder, Wiegenlieder, Tanzlieder, Kampflieder, Protestlieder, Siegeslieder, Liebeslieder, Wanderlieder, Trinklieder, Hymnen, Märsche u.v.a.m. Manchmal wechselt innerhalb eines Liedes die Gattung (z.B. erst Marsch, dann Tanz). Um die Interpretation des Textes durch die Melodie herausfinden zu können, sind folgende Schritte denkbar:

1. Den Text „melodisch und rhythmisch" sprechen.
2. Erörtern, welche Musik zu dem Text passen könnte.
3. Lied mehrmals anhören, mitsingen, wie ein Dirigent mitvollziehen oder sich dazu bewegen.
4. Wahrnehmungen (einschließlich Empfindungen) zur Melodie notieren.
5. Wahrnehmungen austauschen und mit den eigenen Ideen vergleichen, evtl. Musikexperten befragen.
6. Text und Notenbild vergleichen (hohe/tiefe, kurze/lange Töne; Taktwechsel).
7. Zusammenfassen, wie die Melodie den Text interpretiert.

Methode: Einen Kurzfilm interpretieren

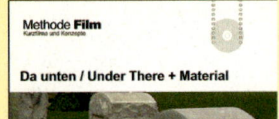

Ausschnitte aus Spielfilmen und Kurzfilmen (einschl. Videoclips wie z.B. *Susi Neunmalklug erläutert die Evolution*) ergänzen die Arbeit mit einem Schulbuch. Sie können die Auseinandersetzung mit einem Teilkapitel eröffnen oder abschließen. Mehrere Ausschnitte aus einem Spielfilm können die einzelnen Schritte eines Teilkapitels begleiten (z.B. ein Jesusfilm). Für die Interpretation eines der symbolisch verdichteten und deshalb auch komplexen Kurzfilme legen sich folgende Schritte nahe:

1. Film zweimal betrachten
2. Anfertigen eines Wahrnehmungsprotokolls in Einzelarbeit: Was habe ich gesehen?
3. Anwenden des „Göttinger Stufenmodells"
   - (a) Wahrnehmung: Was habe ich gesehen? (Einbringen des Protokolls)
   - (b) Gefühle: Wie ging es mir dabei?
   - (c) Einfälle: Was habe ich assoziiert?
   - (d) Schlussfolgerung: Wie lautet die Botschaft des Films in einem Satz?
4. Mögliche Vertiefung
   - Handlungsaufbau
   - Hauptdarsteller
   - Gestaltungsmittel (Bildführung, Ton, Musik, Schnitt, Licht, Farbe)
   - Verhältnis Inhalt und Form
   - Kreative Aneignung (Schreiben einer Filmkritik, Entwurf eines Filmplakates, Brief an den Regisseur, eine Figur anklagen oder verteidigen, den Hauptdarsteller sprechen lassen, den Figuren einen Brief schreiben)

• Wende die Schritte der Interpretation eines Kurzfilmes auf den Film *Under there/Da unten* an (3 Minuten; USA 2006, Regie: Jeremy D. Lanni).

Inhaltsangabe:
Ein Mädchen spielt auf dem Friedhof mit einem Fußball. Ein vorbeikommender Mann findet das unpassend, wechselt aber schnell das Thema, als er erfährt, dass der Bruder des Mädchens hier begraben ist. Er erklärt ihr, dass man mit Toten nicht Fußball spielen kann. Sie seien im Himmel und nicht unter der Erde, wie das Mädchen meint. Wer hat recht?

3. Urteilen

Im Religionsunterricht geht es immer wieder darum, ein Urteil zu fällen und so einen eigenen Standpunkt einzunehmen. Ganz allgemein besteht ein solches Urteil in der Verknüpfung eines Subjektes mit einem Prädikat zu einem Satz: „Das Handeln ist schlecht." „Das Bild ist schön." „Jesus ist der Sohn Gottes."

Durch die Angabe von Gründen kommt es zu einem „begründeten Urteil". Je nach Art des Urteils bedarf es anderer Begründungen. **Ästhetische Urteile** werden z.B. Eigenschaften des Bildes heranziehen, auf andere Bilder verweisen sowie persönliche Empfindungen heranziehen. Bei **juristischen Urteilen** wird der konkrete Fall einem Paragraphen des Strafgesetzbuches zugeordnet. **Moralische Urteile** benennen sachliche Gegebenheiten und führen Werte und Normen oder wünschenswerte Ziele an. **Religiöse Urteile** (z.B. Wir werden in einer anderen Gestalt wiedergeboren) haben mit grundlegenden Vorstellungen zu tun (es gibt ein Leben nach dem Tod) und greifen auf überlieferte Deutungen zurück (z.B. aus dem Hinduismus). **Theologische Urteile** sind ebenfalls religiös, nehmen aber im Christentum ihren Ausgangspunkt vor allem bei der Bibel und ihrer Auslegung (z.B. Paulus hofft auf die Auferstehung, wie Christus auferstanden ist). Entscheidend ist, dass die Begründungen verständlich, sachgemäß und wahrhaftig sowie in sich stimmig und einleuchtend sind. Um dies zu überprüfen, bedarf es einer Urteilsfähigkeit, die es vermag, Begründungen zu analysieren und zu beurteilen.

Matthias Grünewald
(1470–1528): Auferstehung

Übung: Verschiedene Arten eines Urteils vergleichen

• Benenne zu jeder Art des Urteils ein Beispiel und skizziere dazu Begründungen. Wozu passen die Bilder? Zum Teil sind mehrere Zuordnungen möglich.

Übung: Ursachen und Gründe unterscheiden

Jedes Handeln hat mit Ursachen zu tun, die bei einem Urteil notwendig zu beachten sind, sowie mit Gründen, die in der Entscheidung des Handelnden liegen. Handeln hat also mit Faktoren zu tun, die bei Nachfrage erklärt werden müssen, und mit Faktoren, die der Rechtfertigung bedürfen.

• Untersuche, wo es in folgenden Aussagen um Ursachen und Gründe geht:
  – Der Deutsche Bundestag hat sich für eine Unterstützung des Militäreinsatzes gegen den sog. „Islamischen Staat" durch die Bundeswehr entschieden.
  – Angesichts der vielen Flüchtlinge schließt Ungarn seine Grenzen.
  – Ich wollte nicht schwanger werden, aber abtreiben werde ich nicht.

Übung: Moralische Urteile formulieren

Die Grundform eines moralischen Urteils besteht in der Schlussfolgerung (normativer Schluss) aus einer Handlungsvorschrift (normativer Satz) und einer Beschreibung (deskriptiver Satz).

Beispiel 1:

A. Du sollst deinen Nächsten lieben (normativer Satz).

B. Ein Überfallener liegt am Straßenrand (deskriptiver Satz).

C. Ich muss dem Überfallenen helfen (normative Schlussfolgerung).

Beispiel 2:

A. Wünschenswert ist es, dass Menschen verschiedener Hautfarben friedlich und als Gleichrangige zusammenleben (normativer Satz).

B. Die Plätze im hinteren Busteil sind für Menschen mit schwarzer Hautfarbe vorgesehen. Vorne haben die Weißen ihren Platz (deskriptiver Satz).

C. Alle Menschen müssen ihren Platz im Bus selber wählen können (normative Schlussfolgerung).

Lucas Cranach d.Ä.:
Jesus und die Ehebrecherin

- Stelle das moralische Urteil von Jesus in der Begegnung mit der Ehebrecherin (Joh 8,1-11) dar.
- Formuliere das moralische Urteil der Strafvollzugsanstalt in Bastøy (>> S. 181).

Übung: Die Stimmigkeit einer moralischen Argumentation überprüfen

Aus beschreibenden Sätzen (Kleine Mädchen spielen mit Puppen) kann man keine Handlungsvorschriften ableiten (Die kleine Kati soll mit Puppen spielen). Wo dies geschieht, entsteht der sog. „naturalistische Fehlschluss".

- Vergleiche die Stimmigkeit der beiden Argumentationsfiguren:

(1) Kati ist ein kleines Mädchen.	*(1) Kati ist ein kleines Mädchen.*
(2) Kleine Mädchen spielen mit Puppen.	*(2) Kleine Mädchen sollen mit Puppen spielen.*
(3) Kati soll mit Puppen spielen.	*(3) Kati soll mit Puppen spielen.*

- Beurteile die folgende Argumentation:
  „Der Lauf der Evolution unterliegt ehernen Gesetzen. Die Starken und Gesunden setzen sich im Kampf ums Überleben gegen den Schwachen und Kranken durch (survival of the fittest). Überall setzen sich die starken und gesunden Lebewesen durch. Daher ist es auch für Menschen moralisch legitim, die Starken und Gesunden zu fördern und die Schwachen und die Kranken ihrem eigenen Schicksal zu überlassen."

Übung: Kriteriengeleitet bewerten

Menschenwürde, Religionsfreiheit, Gleichheit von Mann und Frau, soziale Gerechtigkeit, Nächstenliebe, Frieden, Bewahrung der Schöpfung, Toleranz sind – neben anderen – wichtige Maßstäbe menschlichen Zusammenlebens. Sie eignen sich als Kriterien für die Beurteilung religiöser Lebensformen.

- Wende solche Maßstäbe auf die folgenden Situation an:
  Die Eltern in einer christlichen Gemeinschaft halten es für richtig, ihre Kinder zu schlagen, wenn sie ungehorsam und respektlos sind. Sie berufen sich dabei auf die Bibel, u.a. auf Sprüche 22,15: **„Torheit steckt dem Knaben im Herzen, aber die Rute der Zucht treibt sie ihm aus."**

> **Die folgenden Methoden tragen zur Entwicklung der Grundfähigkeit „Urteilen" bei:**

Methode: Theologisch argumentieren

Eine theologische Argumentation geht davon aus, dass die Bibel Grundlage des christlichen Glaubens ist und Menschen darin eine Botschaft finden, die ihrem Leben Sinn und Orientierung gibt. Die Botschaft der Bibel findet in Glaubensbekenntnissen ihre Zusammenfassung und wird in theologischer Lehre immer wieder bedacht. Doch die biblischen Schriften und ihre Auslegung bleiben Ausgangspunkt und Grundlage aller christlichen Aussagen. In einer theologischen Argumentation kann deshalb folgendermaßen vorgegangen werden:

1. Formulieren einer christlichen Glaubensüberzeugung.
2. Erläuterung der Überzeugung und Aufzeigen ihrer Konsequenzen (Dies meint ...).
3. Formulieren einer biblischen Begründung.
4. Auseinandersetzung mit anderen Überzeugungen und kritischen Anfragen.
5. Zusammenfassung der Argumentation.

- Untersuche, welche Glaubensüberzeugung Christian Nürnberger (>> S. 57) oder Dorothee Sölle (>> S. 70) vertreten und wie sie argumentieren.
- Entwirf aus christlicher Perspektive eine Argumentation für eine zentrale Überzeugung des christlichen Glaubens, z.B.: Die Welt ist Schöpfung Gottes; Jesus ist der Sohn Gottes o.a.

Methode: Ethisch argumentieren

Die Schritte ethischer Urteilsbildung (>> S. 193) verbinden deskriptive Aussagen (Situationsanalyse; Verhaltensalternativen) mit normativen (Normenreflexion) und gelangen so zu einem ethischen Urteil (Urteilsentscheid). Diese Schritte stellen zugleich ein Modell dar, wie ethisch argumentiert werden kann. Sie repräsentieren eine Verantwortungsethik (>> S. 184) und unterscheiden sich von den Argumentationsmodellen einer deontologischen (>> S. 185) oder utilitaristischen Ethik (>> S. 186, 189).

- Wende die Schritte ethischer Urteilsbildung auf das Nebeneinander ganz unterschiedlicher Löhne an (>> S. 171) oder auf ein anderes Beispiel.
- Vergleiche diese Schritte mit dem Vorgehen von Immanuel Kant (>> S. 185) und Peter Singer (>> S. 189).

Methode: PMI

Bei vielen ethischen Fragen sind wir unsicher und wissen nicht sofort, was gut und richtig ist. In diesen Fällen hilft die Methode PMI. Sie hilft aber auch dann, wenn man schon eine ganz feste Überzeugung hat, weil man seinen Standpunkt verteidigen muss und dabei auf Argumente aufmerksam wird, die man möglicherweise übersehen hat. Die Buchstaben stehen für **P = Pluspunkte**: Was spricht dafür? **M = Minuspunkte**: Was spricht dagegen? **I= Interessante Fragen**.

Folgendes Vorgehen legt sich nahe:

1. Festlegen einer Frage (z.B. Soll die Schulmensa nur noch vegetarisch kochen?)
2. Anlegen einer grafischen Form (siehe Randspalte).
3. Gruppenarbeit: Erstes Gruppenmitglied stellt nur die P-Argumente vor, die anderen ergänzen. Zweites Gruppenmitglied stellt M-Argumente vor, die anderen ergänzen. Jeder stellt schließlich eine Frage, die gemeinsam beantwortet wird.
4. Präsentation und Diskussion im Plenum.

Problemfrage

Pluspunkte: Dafür spricht	Minuspunkte: Dagegen spricht
1.	1.
2.	2.
...	...

Interessante Fragen
- ...
- ...

4. Miteinander sprechen

Gespräche machen klug. Gespräche lassen einen an den Erfahrungen anderer teilhaben und erweitern das eigene Wissen. In Gesprächen werde ich herausgefordert, mich selbst verständlich zu machen. Das klärt eigene Gedanken und Meinungen. In Gesprächen erlebe ich, wie andere auf mich reagieren, sodass ich Neues über mich erfahre, aber auch Grenzen und Lücken in meinem Wissen entdecke. In Gesprächen erlebe ich, wie unterschiedlich Menschen sein können. Ich merke auch, was ich an ihnen nicht verstehe und was mir fremd bleibt. Auch dann sind Respekt, Verständnis und Anerkennung gefragt.

In Gesprächen erlebe ich, dass der Mensch in Beziehungen lebt, sich Beziehungen verdankt und auf Beziehungen angewiesen ist. Wie ich bin, wie ich denke und empfinde, ist immer durch die Beziehungen geprägt, in denen ich lebe. Sie prägen meine Einstellungen zur Welt, zu anderen, zu mir selbst und zu Gott. In Gesprächen zeigt sich, dass der Mensch ein Beziehungswesen ist. In der Sicht des christlichen Glaubens ist der Mensch dazu bestimmt, als Gegenüber Gottes sein Leben als Antwort auf sein Wort zu führen.

Übung: Sich auf die Perspektiven anderer einlassen und diese in Beziehung zum eigenen Standpunkt setzen

- Erklärt einander in Partnerarbeit, was ihr vom christlichen Glauben haltet und wie ihr zu eurer Sicht gekommen seid.
- Stellt dann in eigenen Worten die Position des anderen dar.
- Der andere beurteilt, ob und inwieweit er sich verstanden fühlt.
- Formuliert, worin Gemeinsamkeiten und Unterschiede bestehen und welche Konsequenzen dieser Befund für euer Zusammenleben hat.

Übung: „Nicht-entscheidbare Fragen" miteinander erörtern

Der Physiker und Philosoph Heinz von Foerster unterscheidet „entscheidbare" und „nicht-entscheidbare Fragen". Während die einen eindeutig und sicher zu beantworten sind (z.B. Was ist 3 + 4? Wohin reiste Paulus?), bleiben die anderen strittig (z.B. Was ist Liebe?). Dennoch sind auch diese zu beantworten, jedoch nur in Form einer persönlichen und freien Entscheidung. Die Plausibilität einer Antwort hängt davon ab, ob sie einen Menschen persönlich trifft, ihm selber einleuchtet und ein für ihn sinnvolles Leben ermöglicht. Beispiele für nicht-entscheidbaren Fragen finden sich auf der Randspalte.

Im Religionsunterricht geht es gerade um solche „nicht-entscheidbare Fragen". Ein wichtiges Ziel ist, dass Schülerinnen und Schüler die Fähigkeit erwerben, für sich selbst solche Fragen zu beantworten. Dazu hilft vor allem das Gespräch über solche Fragen.

- Benennt mindestens fünf verschiedene nicht-entscheidbare Fragen, die euch interessieren, und bildet einen Stuhlkreis.
- Wählt eine erste aus und formuliert Antworten auf diese Fragen. Begründet diese.
- Erörtert, welche Antworten „tragfähig" sind und worin sich dies zeigt.
- Untersucht abschließend Eigenart und Verlauf des Gespräches. Prüft, ob sich daraus Regeln für ein „gutes" Gespräch über nicht-entscheidbare Fragen ableiten lassen.

„Nicht-entscheidbare Fragen":
Was war vor dem Urknall?
Woher kommt die viele Energie im Weltall?
Wie sehen Atome wirklich aus?
Meint Person X das wirklich ehrlich, mit dem was sie sagt?
Was hat das Leben für einen Sinn?
Was geschieht mit uns, wenn wir sterben?
Was ist Bewusstsein?
Wie ist Gott?
Was ist gut?

Die folgenden Methoden tragen zur Entwicklung der Grundfähigkeit „Miteinander sprechen" bei:

Methode: Gallery Walk

Die Präsentationsmethode des Gallery Walk kann für die Diskussion von Gruppenarbeitsergebnissen eingesetzt werden.

1. Die Ergebnisse einer arbeitsteiligen Gruppenarbeit (z.B. Formen der Sterbehilfe, Merkmale des Buddhismus) werden an verschiedenen Stationen im Klassenzimmer dargestellt (Poster, Bild etc.).
2. Alle Schülerinnen und Schüler wandern durch den Raum. An jeder Station wird ein Gruppenergebnis vorgestellt, befragt und diskutiert.
3. Abschließend werden offene Fragen benannt und erörtert.

Methode: Amerikanische Debatte

Diese Form der Debatte eignet sich bei kontroversen Fragen und dient der selbständigen Erarbeitung von Argumenten sowie ihrem kontrollierten Austausch.

1. Frage benennen, um die es gehen soll.
2. Die Klasse wird in eine Pro- und eine Kontra-Gruppe geteilt. Diese können Hintergrundmaterial bekommen.
3. Die Gruppen erarbeiten sich ihre Argumente.
4. Jede Gruppe bestimmt mehrere Diskutanten, die sich an einen Tisch gegenüber setzen.
5. Der Vertreter einer Gruppe beginnt und trägt seine Argumente vor. Die Zeit ist strikt begrenzt (z.B. eine Minute). Danach wechselt die Seite. Nach dem Ende der ersten Runde wird wieder bei dem ersten begonnen und die Debatte fortgeführt. Die Zeit der Debatte ist genau festgelegt (z.B. 20 Minuten).
6. Danach findet ein Bewertungsgespräch statt. Bewertet werden sachlicher Gehalt, Überzeugungskraft, Glaubwürdigkeit, rhetorisches Geschick etc.
7. Abschließend wird über die Ausgangsfrage abgestimmt.

- Führt eine Amerikanische Debatte zu der Frage: Soll es Ärzten erlaubt sein, bei einem Suizid zu assistieren?

Methode: 635

Der Name der Methode ergibt sich aus dem Vorgehen: Sechs Personen erarbeiten sich drei Ideen in fünf Minuten.

1. Ausgangspunkt ist ein Thema, für das Ideen gesucht werden.
2. Sechs Schülerinnen und Schüler bilden ein Gruppe. Jeder erhält ein Din-A3-Blatt, das in drei Spalten und sechs Zeilen aufgeteilt wird.
3. Jeder der Sechs schreibt in fünf Minuten in die erste Zeile drei Ideen.
4. Danach wandert das Blatt. Der nächste schreibt in die zweite Zeile usw. So entstehen 108 Ideen (6 x 3 x 6).
5. Jeder schneidet seine „Kärtchen" aus, legt die ähnlichen zur Seite und ordnet die Ideen inhaltlich sowie nach der persönlichen Relevanz.
6. Abschließend folgt ein Auswertungsgespräch. Was hat mich überzeugt? Was hat mir geholfen? Etc.

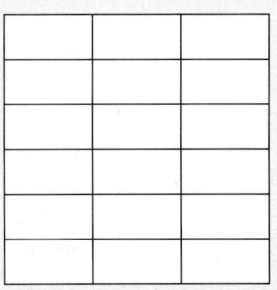

- Wendet diese Methode auf ein Thema wie Gott und Leid, Leben nach dem Tod, Umgang mit Gewalt oder Flüchtlinge an. Beurteilt dann das Vorgehen.

Methode: Das Fremde verstehen

In der Begegnung mit anderen Religionen, wie z.B. dem Hinduismus, begegnen wir immer wieder Inhalten oder Formen, die uns fremd bleiben. Um zu vermeiden, dass Fremdes nicht allzu schnell in den eigenen Verständnishorizont eingeordnet wird („Das ist ja nichts anderes als …"), kann man vier Schritte gehen (nach dem Theologen und Religionswissenschaftler Theo Sundermeier):

1. Ein Phänomen genau beschreiben und sich dabei subjektiver Deutungen und persönlicher Beurteilungen enthalten.
2. Den besonderen Sinn des Phänomens im Rahmen der anderen Religion einfühlsam erarbeiten.
3. Unterschiedliche Sinndeutungen herausarbeiten, miteinander vergleichen und dabei gerade auch Differenzen festhalten.
4. Konsequenzen für das Leben in einer gemeinsamen Welt entwerfen.

Liegender Buddha in Thailand

Hindu-Tempel in Hamm, Westfalen

Heilige Kühe in einer indischen Stadt

Semana Santa in Sevilla (Spanien)

• Wende die vier Schritte auf eines der Bilder an.

5. Anwenden und Gestalten

Christliche Religion ist wie alle Religionen vor allem Praxis. Da werden Geschichten erzählt, Psalmen gebetet, mit biblischen Texten das Leben gedeutet, mit Segensworten Menschen ermutigt, mit Bibelworten Traurige getröstet, mit Geboten moralisches Verhalten aufgezeigt, Bekenntnisse öffentlich abgelegt. Da werden Lieder gesungen, biblische Erzählungen in Bildern und Kirchenfenstern vor Augen gestellt, vor Skulpturen Kerzen entzündet. Da werden Gottesdienste gefeiert, Feste begangen, Paare getraut, Verstorbene bestattet, Kinder getauft, Jugendliche konfirmiert. Brot und Wein geteilt, aber auch Bedürftigen geholfen.

Die Inhalte des christlichen Glaubens gibt es nur in bestimmten Gebrauchs-Formen wie z.B. Bibelarbeit, Predigt oder Oratorium. Zu dem Gehalt gehört immer eine Gestalt.

Dabei prägt der Gebrauch immer auch das Verständnis. Wer den Text des Vaterunsers analysiert, erfährt die Worte anders als derjenige, der es betend spricht und dabei sogar unterschiedliche Gebetshaltungen einnimmt. Vermutlich ändert sich das Verstehen auch mit dem umgebenden Raum.

Man kann eine Religion besser verstehen, wenn man sich mit ihren Ausdrucksformen auseinandersetzt, sich auf sie auch einmal probeweise einlässt und die Erlebnisse damit miteinander reflektiert.

Übung: Inhalte und Formen der christlichen Religion einander zuordnen

Inhalte	Formen
Schöpfungserzählungen	Predigt
Kinderevangelium	Kindergottesdienst
Passionsgeschichte	Taufe
Geschichten von Abraham und Sara	Krippenspiel
Doppelgebot der Liebe	Denkschriften
Weihnachtsgeschichte	Kreuzwege
Prophetenworte	Gottesdienst
Auferstehungsberichte	Erntedankfest
Taufbefehl	Beerdigung
Lob Gottes	Diakoniestation
Geschichte von David und Goliath	Bescherung
....	....

- Erläutere sowohl die Inhalte als auch die Formen.
- Ordne die Formen den Inhalten zu. Manchmal gibt es mehrere Möglichkeiten.
- Benenne weitere Inhalte mit ihren Formen. Achte auch auf das Bild.

Übung: Sich mit der kirchlichen Trauung als Ausdrucksform des christlichen Glaubens auseinandersetzen

Stell dir vor: Deine Schwester möchte sich kirchlich trauen lassen, auch deswegen, weil man da ein weißes Hochzeitskleid trägt. Das Ganze soll ein unvergessliches Erlebnis sein. Nach einem ersten Gespräch mit der Pfarrerin steht sie vor Fragen:

- Soll ihr Vater sie in die Kirche führen?
- Welche Lieder sollen gesungen werden?
- Welche Bibeltexte sollen auf jeden Fall verlesen werden?
- Kann ich das Trauversprechen mit seinem Eheverständnis so mitsprechen? Welche Veränderungen sollte ich vornehmen?

- Erörtert in Gruppen die Fragen und spielt dabei auch einmal die Trauszene durch.

Traulesungen

(1. Mose 1,27-28a.31a; 1. Mose 2,18; Mt 19,4-6; Kol 3,12-15)

Trauversprechen

Mit diesen Worten bezeugt die Heilige Schrift, dass die Gemeinschaft [in] der Ehe eine gute Gabe Gottes ist. Gott vertraut euch einander an. Gott will eure Ehe schützen und segnen.

So frage ich euch nun vor Gott und in Gegenwart dieser Gemeinde:

N.N., willst du N.N., die Gott dir anvertraut, als deine Ehefrau lieben und ehren, Freude und Leid mit ihr teilen und ihr die Treue halten, bis der Tod euch scheidet, so antworte: Ja, mit Gottes Hilfe.

Antwort: Ja, mit Gottes Hilfe.

N.N., willst du N.N., den Gott dir anvertraut, als deinen Ehemann lieben und ehren, Freude und Leid mit ihm teilen und ihm die Treue halten, bis der Tod euch scheidet, so antworte: Ja, mit Gottes Hilfe.

Antwort: Ja, mit Gottes Hilfe.

Ringübergabe

Gebt einander die Ringe.

Ehemann und Ehefrau sprechen einander zu: N.N., trage diesen Ring als Zeichen unserer Liebe und Treue.

Händereichen

Reicht einander die Hand.

Trauvotum

Die Liturgin/der Liturg legt ihre/seine Hand auf die verbundenen Hände und spricht:

Gott hat euch einander anvertraut. Was Gott zusammengefügt hat, das soll der Mensch nicht scheiden.

Aus der Agende für die Union Evangelischer Kirchen in der EKD

Übung: Sich mit einer kirchlichen Bestattung als Ausdrucksform des christlichen Glaubens auseinandersetzen

Stell dir vor, ein Mitschüler sei an einer schweren Krankheit verstorben. Die Bestürzung ist groß. In der Klasse entsteht die Idee bei der kirchlichen Bestattung „irgendetwas zu machen". Die Religionslehrerin besorgt euch den Ablauf einer solchen Feier.

In der Friedhofskapelle: 1. Musik/Lied – 2. Begrüßung – 3. Eingangsgebet – 4. Musik/Lied – 5. Lesungen (z.B. Joh 14,1-6; Röm 8,38-39) – 6. Lebenslauf (fakultativ) – 7. Predigt – 8. Lied/Musik – 9. Gebet – 10. Nachrufe – 11. Abschied (dann Weg zum Grab)

Am Grab: 12. Biblisches Wort – 13. Gebet – 14. Begräbnis mit Erdaufwurf und Anbefehlung „Wir befehlen den Verstorbenen in Gottes Hand. Er ruhe in Frieden." – 15. Vaterunser – 16. Segen

- Erklärt einander, was in den einzelnen Schritten geschieht.
- Erörtert, was ihr einbringen könntet, und formuliert, was ihr am liebsten ändern würdet.

Die folgende Methode trägt zur Entwicklung der Grundfähigkeit
„Anwenden und Gestalten" bei:

Methode: Meditation

Meditation (von lat. meditari = nachdenken, nachsinnen) bezeichnet das aufmerksame Nachdenken über einen Gegenstand, ein Wort, ein Bild. Eine Meditation kann aber auch gegenstandslos erfolgen. Anliegen ist es, sich zu sammeln, zur Ruhe zu kommen, sich von momentanen Gefühlen zu lösen und sich innerlich berühren zu lassen. Neben der Meditation biblischer Worte kennt das Christentum auch die Meditation von Gegenständen, Skulpturen und vor allem auch Bildern.

Eine solche Meditation kann folgende Schritte gehen:

1. **Sammlung:** Wahl einer ruhigen Umgebung und eines bequemen Sitzes. Einnahme einer aufmerksamen Haltung (gerade sitzen, Wirbelsäule aufrecht, Hände auf dem Schoß oder auf den Knien, geschlossene Augen), evtl. meditative Musik.
2. **Wahrnehmung** mit mehreren Sinnen: Gegenstände, Bilder detailliert betrachten, betasten; Worte mehrmals zu Gehör bringen.
3. **Erster Eindruck:** Beobachtungen, Entdeckungen äußern.
4. **Versachlichen:** Was habe ich wahrgenommen?
5. **Subjektiven Bezügen Ausdruck geben:** Gefühle, Erinnerungen, Ähnlichkeiten benennen.
6. Noch einmal **Wahrnehmen.**
7. **Sinn-Entdeckungen** formulieren: Was ist mir neu aufgegangen? Evtl. aufschreiben.
8. **Erlebtes zum Ausdruck bringen:** z.B. Textkarte grafisch gestalten, Bild malen, Lied weiterschreiben, Elfchen, Gespräch u.a.m.

Jesus sagt:
Selig sind, die Frieden
stiften, denn sie werden
Gottes Kinder heißen.
Mt 5,9

- Beschreibe die Figur des meditierenden Buddha und nimm die Haltung ein.
- Wende die Schritte einer Meditation auf eines der Bilder bzw. Gegenstände an.

Text- und Liedquellen

Leider war es nicht möglich, alle Urheber ausfindig zu machen. Betroffene Inhaber von Urheberrechten bitten wir, sich bei einem der beiden Verlag zu melden. Texte ohne Nennung des Namens direkt beim Text stammen von den Autorinnen und Autoren von Das Kursbuch Religion 3.

Bibeltextes sind, sofern nicht anders angegeben, zitiert aus der Übersetzung Martin Luthers: Lutherbibel, revidiert 2017, © 2016 Deutsche Bibelgesellschaft, Stuttgart.

S. 6f. Nach dem Faltblatt „10 gute Gründe für Reli". Hg. vom Religionspädagogischen Institut Baden, Karlsruhe, und dem Pädagogisch-Theologischen Zentrum Württemberg, Stuttgart (Text leicht verändert).

S. 11 www.spiegel.de/wirtschaftsoziales/grundeinkommen-was-sich-2016-in-der-schweiz-und-finnland-entscheiden-wird - Zugriff 5.1.2016.

S. 12f. Grolle, Johann in: DER SPIEGEL Nr. 38 vom 12.9.2015, S. 102ff. (in Auszügen).

S. 14 Traurig, aber wahr: Komponist und Textdichter: Georg Danzer. © Edition Phöbus bei Marimba Musikverlag, München.
Hobbes, Thomas: Leviathan oder Stoff, Form und Gewalt eines bürgerlichen und kirchlichen Staates. Hg. von Iring Fetscher. Übersetzt von Walter Euchner. Suhrkamp, Frankfurt am Main 1984. © Luchterhand, München 1966 (Auszüge).

S. 15 Alles, was ... Rousseau, Jean-Jacques: Emile oder über die Erziehung. Übertr. von Eleonore Sckommodau. Reclam, Stuttgart 1976, S. 108.
Der Erste ... Rousseau, Jean-Jacques: Diskurs über die Ungleichheit. Übers. und kommentiert von Heinrich Meier. Schöningh, Paderborn, 4. Auflage 1997, S. 173.
Wie findet ... Rousseau, Jean-Jacques: Der Gesellschaftsvertrag. Übers. von H. Denhardt. Reclam, Stuttgart 1971, S. 17f.

S. 16 Herrmann, Stefan / Esser, Robert in der Aachener Zeitung, 29.10.2015, S. 15.
Zitate in Gedankenblasen: aus dem Lied „Kaufen". Komponist und Textdichter: Herbert Grönemeyer. © 1983 by Hans Gerig OHG, Bergisch Gladbach.

S. 17 Heidemann, Britta, www.derwesten.de/panoram/wochende/anskaufenglauben-id7345312.html - Zugriff 1.3.2016.

Der Sonntag ... Bruckhoff, Hans-Peter, in Aachener Zeitung, 11.12.2015, S. 17.

S. 18 Bibeltext aus BasisBibel. Deutsche Bibelgesellschaft, Stuttgart 2012.

S. 19 Weitz, Burkhard in: Eduard Kopp, Reinhard Mawick, Burkhard Weitz: Religion für Einsteiger II. Edition Chrismon, Frankfurt am Main 2008, S. 21f.

S. 20 Sauter, Gerhard: Sünde. In: Winrich C. W. Clasen (Hg.): Evangelischer Taschenkatechismus. CMZ-Verlag, Rheinbach 2001, S. 89f.

S. 22 Stirner, Max: Der Einzige und sein Eigentum. Bibliographisch ergänzte Ausgabe. Reclam, Stuttgart 2011, S. 405f.

S. 23 Marti, Kurt, aus: Ders.: Hoch sollst du leben. Gedichte zum Geburtstag. Sanssouci im Carl Hanser Verlag, München 2009.

S. 24 Kahlau, Heinz: Ich liebe dich, aus: Ders.: Du. Liebesgedichte. Aufbau Verlag, Berlin/Weimar. 1. illustrierte Auflage 1989, S. 5.
Kaléko, Mascha: Ich und du, aus: Dies.: In meinen Träumen läutet es Sturm. Gedichte und Epigramme aus dem Nachlaß. dtv, München, 15. Aufl. 1993, S. 37.

S. 25 www.kirche-koeln.de/aktuell/artikel.php?id=4451 – Zugriff 1.3.2016.

S. 26f. Bibeltexte aus Neue Zürcher Bibel. Theologischer Verlag, Zürich 2007.

S. 27 Petermann, Ina Johanna: Das Buch Rut. Grenzgänge zweier Frauen im Patriarchat. In: Luise Schottroff, Marie-Theres Wacker: Kompendium Feministische Bibelauslegung. Gütersloh 1998, S. 112.

S. 28 Brecht, Bertolt: Die unwürdige Greisin. Werkausgabe edition Suhrkamp, Frankfurt, Gesammelte Werke Band 11, S. 315-320 (mit Kürzungen).

S. 29 Interview mit Wilfried Härle in: entwurf. Konzepte, Ideen und Materialien für den Religionsunterricht 4, 2013, S. 8.

S. 30 www.planet-schule.de/downloads/divers/themenwoche_glueck 2013/Zum Glueck. © WDR Planet Schule 2013.

S. 31 Greschat, Hans-Jürgen: Die Religion der Buddhisten. UTB GmbH, Stuttgart 1980, S. 56.

S. 32 Es wirkt wie Ginseng ... Nach http://www.hauenstein-rafz.ch/de/pflanzenwelt/pflanzenportrait/schlingpflanzen/Kraut-der-Unsterblichkeit-Gynostemma-pentaphyllum.php - Zugriff 2.3.2016 (leicht verändert).
Bibeltext aus BasisBibel. Deutsche Bibelgesellschaft, Stuttgart 2012.

S. 33 Sölle, Dorothee / Steffensky, Fulbert: Nicht nur Ja und Amen. Von Christen im Widerstand. rororo rotfuchs, Reinbek 1983, S. 50f.

S. 35 Starphysiker ... www.msn.com/de-de/nachrichten/wissenundtechnik/stephen-hawking-apokalptisch – Zugriff 19.01.2016.

S. 36 Bibeltexte oben und unten: Neue Zürcher Bibel. Theologischer Verlag, Zürich 2007.
Mitte: BasisBibel. Deutsche Bibelgesellschaft, Stuttgart 2012.

S. 37 Bibeltext aus Neue Zürcher Bibel, Theologischer Verlag, Zürich 2007.

S. 38 Thürmer-Rohr, Christine: Die gespenstischen Paradiese der Männer und die Hoffnungslosigkeit der Frauen. In: Psychologie heute, Januar 1984, S. 57ff.

S. 39 Lonquich, Heinz Martin, aus: lieder zwischen himmel und erde. Das Liederbuch. Nr. 229. Düsseldorf, 4. Auflage 2009, tvd-Verlag. © Carus-Verlag Stuttgart.

S. 40 Schmidt-Salomon, Michael / Nyncke, Helge: Wo bitte geht's zu Gott? fragte das kleine Ferkel. Ein Buch für alle, die sich nichts vormachen lassen. Alibri Verlag, Aschaffenburg 2007, ohne Pagina.

S. 44 Pöhlmann, Horst Georg: Der Atheismus oder der Streit um Gott. Gütersloher Verlagshaus, Gütersloh 1977, S. 59-60 (Text leicht bearbeitet).

S. 45 Lütz, Manfred: Gott. Eine kleine Geschichte des Größten. Pattloch, München 2007, S. 26-28 (in Auszügen)

S. 46 Pöhlmann, Horst Georg: Der Atheismus oder der Streit um Gott, Gütersloh 1977, S. 84-86 (in Auszügen)

S. 47 Geißler, Heiner: Wo ist Gott? Gespräche mit der nächsten Generation. Rowohlt Taschenbuch Verlag, Reinbek bei Hamburg, 2002.

S. 48 Schmidt-Salomon, Michael / Nyncke, Helge: Susi Neunmalklug erklärt die Evolution. Alibri Verlag, Aschaffenburg 2009, ohne Pagina.

S. 49 Kleffmann, Tom: Originalbeitrag für Das Kursbuch Religion 3.

S. 50 Zitat Johannes „Ja, viele Menschen ..." in: Schambeck, Mirjam: Die Sinnfrage als Gewand der Gottesfrage bei Jugendlichen? In: Gottfried Adam, Rudolf Englert, Rainer Lachmann, Norbert Mette (Hg.), GOTT. Ein religionspädagogischer Reader. Comenius Institut, Münster 2014, S. 184.

S. 51 Gesamte Seite aus Schmid, Wilhelm: Dem Leben Sinn geben. Suhrkamp, Berlin 2013, S. 449-455 (in Auszügen).

S. 53 Prantl, Heribert: Glauben am Osterfest. Süddeutsche Zeitung vom 31. März 2013.

S. 57 Nürnberger, Christian: Die Bibel. Was man wirklich wissen muss. Rowohlt Taschenbuch Verlag, Reinbek 2006, S. 187f.

S. 58 Bloch, Alina: Originalbeitrag für Das Kursbuch Religion 3.

S. 59 Young, William Paul: Die Hütte. Ein Wochenende mit Gott. Übersetzt von Thomas Görden. Ullstein Taschenbuch, Berlin, 15. Aufl. 2014, S. 127-129.

S. 60 Aus: SPIEGEL Streitgespräch. „Wir wollen unsterblich sein". Der Hamburger Pastor Johann Hinrich Claussen und der britische Astrophysiker Ben Moore über den Sinn des Glaubens und die Abgründe der Religion, in: DER SPIEGEL Nr. 53/24.12.2015, S. 15-21 (in Auszügen).

S. 61 Beide Texte aus http://www.kirche-do-suedwest.de/cms/index.php/kinder-a-jugend/konfirmanden/171-glaubensbekenntnisse – Zugriff 1.2.2016.

S. 63 Nena: Liebe ist, aus: Willst du mit mir gehen. Best of Nena. Text: Kerner, Nena. © Arabella Musikverlag, GmbH, Berlin; BMG Rights Management GmbH, Berlin; Universal Music Publ. GmbH, Berlin.

S. 64 Pons, Arion: Originalbeitrag für Das Kursbuch Religion 3.

S. 65 Nüchtern, Michael: Joseph. In: Biblische Personen damals und heute. Grundwissen Christentum 1. Hg. von Markus Mühling. Vandenhoeck & Ruprecht, Göttingen 2008, S. 59-62 (Auszüge).

S. 66 Camus, Albert: Die Pest. Übersetzt von Guido G. Meiser. Rowohlt, Hamburg 1965, S. 127f.

S. 67 Kushner, Harold: Wenn guten Menschen Böses widerfährt. Übersetzt von Ulla Galm-Frieboes. Gütersloher Verlagshaus 1988, S. 126-131 (in Auszügen).
Tears in heaven: Text: Clapton, Eric/Jennings, Will/Clapton, Eric Patrick. © Blue Sky Rider Songs/EC Music; Rondor Musikverlag GmbH, Berlin; Neue Welt Musikverlag GmbH, Hamburg.

S. 69 Kegler Jürgen, Heidelberg: Originalbeitrag für Das Kursbuch Religion 3.

S. 70 Die drei Verurteilten ...: Wiesel, Eli: Die Nacht. Erinnerung und Zeugnis. Aus dem Französischen von Curt Meyer-Clason. Herder, Freiburg/Basel/Wien, 4. Aufl. der Neuausgabe 2011, S. 94f. (gekürzt).
Jonas, Hans: Der Gottesbegriff nach Auschwitz. Eine jüdische Stimme. Suhrkamp, Berlin 1987, S. 36-42.
Sölle, Dorothee: Leiden.

Kreuz Verlag, Stuttgart 1989, S. 179ff. (in Auszügen).

S. 72 Albrecht-Zenk, Michaela: Play-Station statt Foltertod. Mit Jugendlichen über das Sterben Jesu nachdenken. In: Loccumer Pelikan 2, 2014, S. 58.

S. 77 Some things ... Text: Idle, Eric. © Monthy Python Pictures Ltd. Universal Music Publishing GmbH, Berlin.

S. 78 Amoi seg ma uns wieder Text: Gabalier, Andreas. © Edition BMG Klanggold bei BMG Rights Management GmbH, Berlin; Edition Stall bei Melodie der Welt J. Michel GmbH & Co. KG Musikverlag, Frankfurt am Main.

S. 79 Marti, Kurt, in: Ders.: Leichenreden. © Luchterhand Literaturverlag, Frankfurt/Main (Zeilenfall verändert wg. Aufg. 3).

S. 81 Bibeltext aus BasisBibel. Deutsche Bibelgesellschaft, Stuttgart 2012. Personal Jesus: Text: Gore, Martin. © Grabbing-Hands-Music-Ltd.; EMI Music Publishing GmbH & Co. KG, Hamburg.

S. 82 Bibeltext aus BasisBibel. Deutsche Bibelgesellschaft, Stuttgart 2012.

S. 83 Nach: Connolly, Peter: Das Leben zur Zeit des Jesus von Nazareth. Tessloff Sachbuch, Hamburg 1984, S. 51 (Text leicht verändert).

S. 84 Jochum-Bortfeld, Carsten: Der gedeutete Jesus. Erzählungen von Leben, Sterben und Auferstehen Jesu in den Evangelien. In: Loccumer Pelikan 2/2014, S. 56.

S. 85 Bibeltext aus BasisBibel. Deutsche Bibelgesellschaft, Stuttgart 2012.
Jochum-Bortfeld, Carsten: Der gedeutete Jesus. Erzählungen von Leben, Sterben und Auferstehen Jesu in den Evangelien. In: Loccumer Pelikan 2/2014, S. 56.

S. 86 Bibeltext aus BasisBibel. Deutsche Bibelgesellschaft, Stuttgart 2012. Pannenberg, Wolfhart: Grundzüge der Christologie. Gütersloher Verlagshaus, Gütersloh 1990, S. 96.

S. 87 Bibeltext aus BasisBibel. Deutsche Bibelgesellschaft, Stuttgart 2012.

S. 89 Albrecht-Zenk, Michaela: Playstation statt Foltertod. Mit Jugendlichen über das Sterben Jesu nachdenken. In: Loccumer Pelikan 2/2014, S. 62.
Parappally, Jacob: Christus, der leidende Gott des indischen Sub-Kontinents. In: entwurf 1/2010, S. 16-19 (in Auszügen).

S. 90 Ein Ritual der Versöhnung: Hirsch-Hüffell, Thomas: Gottesdienst und Ritual. In: (Hg.): Der Beauftragte des Landes Brandenburg zur Aufarbeitung der Folgen des kommunistischen Diktatur; Amt für Kirchliche Dienste der Evangelischen Kirche Berlin-Brandenburg-schlesische Oberlausitz; Die Ev.-luth. Landeskirche in

Norddeutschland-Nordkirche vertreten durch den Gemeindedienst und das Gottesdienstinstitut. April 2015, S. 76f. (leicht gekürzt).

S. 91 Im Fokus Niedergedrückt: Hg.: Arbeitsstelle für Jugendseelsorge der Deutschen Bischofskonferenz (afj) als Geschäftsführerin; Bund der Deutschen Katholischen Jugend (BDKJ); Arbeitsgemeinschaft der evangelischen Jugend in Deutschland e.V. (aej); Arbeitsstelle für Jugendseelsorge der Deutschen Bischofskonferenz, afj Düsseldorf.

S. 92 Nun bist du fort: Komponist und Textdichter: Jürgen Werth. © Profil Vertrieb Heinz-Josef Flötotto.

S. 93 Plato: aus: Phaidon. Übersetzt von R. Kassner. Jena 1920, S. 45.

S. 93 Kardec, Allan: Das Buch der Geister. Übersetzt von Constantin Delhez. Wien 1868.
Brecht, Bertolt: Ausgewählte Gedichte. edition Suhrkamp 86, Frankfurt/Main, S. 7.

S. 94 Kopp, Eduard in chrismon. Das evangelische Magazin 6, 2007.
We shall overcome: Zilphia Horton, Frank Hamilton, Guy Carawan, Pete Seeger nach einem Spiritual von Charles Albert Tindley 1903. Essex Musikvertrieb GmbH, Köln.

S. 96 Köhnlein, Manfred: Die Bergpredigt. Kohlhammer, Stuttgart 2005, S. 39f. (leicht gekürzt).

S. 97 Sill, Bernhard: beten & segnen. In: Peter Bubmann, Bernhard Sill (Hg.): Christliche Lebenskunst. Verlag Friedrich Pustet, Regensburg, 2008, S. 301f.

S. 98 Du musst ein Schwein sein: Text: Lindenberg, Udo/Humpe, Annette/Harloff, Fabian/Hilbert, Lucas. © Schatzi Edition/SMPG Publishing (Germany) GmbH, Berlin; Universal Music Publ. GmbH, Berlin; Edition Diana HC.

S. 99 Luz, Ulrich: Das Evangelium nach Matthäus. Benziger/Neukirchner Verlag, Zürich/Einsiedeln/Köln, Neukirchen Vluyn 1985, S. 295.

S. 100 Weizsäcker, Carl Friedrich von: Die intelligente Feindesliebe. In: Deutsches Sonntagsblatt vom 15.6. 1980.
Lapide, Pinchas: Aus Entfeindung leben. Gütersloher Verlagshaus Mohn, Gütersloh 1993.
Luz, Ulrich: Das Evangelium nach Matthäus (Mt 1-7), Benziger/Neukirchener Verlag, Zürich/Einsiedeln/Köln, Neukirchen Vluyn, 1985, S. 317 (in Auszügen).

S. 102 Silvia Vrablecova im Gespräch mit Rudolf Wötzel, in: Körper, Geist, Seele. Magazin für Gesundheit, Lebenshilfe und Inspiration, Juli 2009. Herausgeber u. Verlag: Körper Geist Seele Verlagsgesellschaft mbH Berlin.

S. 103 Selig seid ihr: Text: Friedrich Karl

Barth, Peter Horst; Melodie: Peter Janssens © Peter Janssens Musikverlag, Telgte, Westfalen.

S. 108 Leithold, Iris: dpa 02.04.2010, http://www.n-tv.de/panorama/Wie-Werbung-die-Bibel-nutzt-article806386.html - Zugriff 21.4.2016.

S. 110 Das gefährlichste ... Goethe, Johann Wolfgang im Gespräch mit Johann Daniel Falk (10.11.1810) http://www.zeno.org/Literatur/MGoethe,+Johann+Wolfgang/Ges pr%C3%A4che/%5BZu+den+Gespr %C3%A4chen%5D/1810 – Zugriff 24.5.2016.
Ich bin überzeugt ... Goethe, Johann von: Wolfgang: Wilhelm Meisters Wanderjahre III. Aus Makariens Archiv.
Da gestern ... Heine, Heinrich: Tagebucheintrag vom 8. Juli 1830.
Ich verdanke ... Heine, Heinrich: Zur Geschichte der Religion und Philosophie in Deutschland. Vorrede zur zweiten Auflage 1852, in: Heines Werke in fünf Bänden, Band 5, Aufbau-Verlag, Berlin und Weimar 1978, S. 12f.

S. 111 Die Bibel ist für ... Handke, Peter, in: Langsam im Schatten. Suhrkamp, Frankfurt 1992, S. 123-124.
Das gesellige Buch ... Marti, Kurt, in: Die gesellige Gottheit. Ein Diskurs. Radius Verlag, Stuttgart 1993, S. 9f.

S. 115 Und Gott chillte. Die Bibel in Kurznachrichten. Edition chrismon. Hansesches Druck- und Verlagshaus Frankfurt, S. 31, 239.

S. 121 Griech. Bibeltext aus dem Novum Testamentum Graece (Nestle-Aland). 28. Aufl. 2015. © Deutsche Bibelgesellschaft, Stuttgart.

S. 123 Bibeltext aus BasisBibel. Deutsche Bibelgesellschaft, Stuttgart 2012.

S. 124 Der Mythos gibt Kunde ... Zenger, Erich: Jenseits der Geschichte. Anmerkungen zur so genannten „Urgeschichte" der Genesis (Gen 1-11) Aus: Urgeschichte(n), Bibel und Kirche 58 (1/2003), S. 2–5, zitiert nach https://www.bibelwerk.de/sixcms/media.php/157/Gen%20 1-11%20%C3%9Cberblicksartikel. pdf – Zugriff 9.5.2016.

S. 126 Drewermann, Eugen: Das Markusevangelium. Erster Teil: Bilder der Erlösung. Walter Verlag, Düsseldorf, 3. Aufl. 1988, S. 223.

S. 128 Zitat im zweiten Text: Die Evangelische Kirche und die Bildungsplanung. Herausgegeben von der Kirchenkanzlei der EKD, 1972, S. 124.

S. 129 Stober, Alexandra, http://www.planet-wissen.de/natur/forschung/evolutionsforschung/pwiekreationismusschoepfunggegenevolution100.html - Zugriff 6.5.2016.

S. 130f. Texte auf Basis von Landgraf, Michael: ReliBausteine Bibel. Calwer Verlag, Stuttgart, 3. Auflage 2015, S. 90-105.

S. 132f. Texte aus: Landgraf, Michael: Bibel kreativ erkunden. Calwer Verlag, Stuttgart 2010, S. 88.

S. 134 Eltrop, Bettina, in: Bibel und Kirche. Die Zeitschrift zur Bibel in Forschung und Praxis. Katholisches Bibelwerk Stuttgart, 68. Jahrgang, 3. Quartal 2013, S. 126f.

S. 135 Bonhoeffer, Dietrich, in: Dietrich Bonhoeffer Werkausgabe, Band 14. Illegale Theologenausbildung. Finkenwalde 1935-1937, Verlag. Chr. Kaiser, München 1996, S. 144f.

S. 140 Girardet, Klaus Martin: Konstantin – Wegbereiter des Christentums als Weltreligion. In: Imperator Caesar Flavius Constantinus – Konstantin der Große, Ausstellungskatalog. Hg. v. A. Demandt –und J. Engemann. Zabern, Mainz 2007, S. 242.
Weise handelte ... Ambrosius von Mailand: Trauerrede auf Kaiser Theodosius d. Gr. In: Des heiligen Kirchenlehrer Ambrosis ausgewählte Schriften Band 3, Bibliothek der Kirchenväter, 1. Reihe, Band 32. Kösel, Kempten/München 1917, S. 418.

S. 141 http://relilex.de/zwei-reiche-lehre/ - Zugriff 6.4.2016.

S. 142 Stanford, Peter: 50 Schlüsselideen Religion. Springer Verlag, Heidelberg 2011, S. 64-67 (mit Auslassungen).

S. 143 Indem die Regierung ... Zit. nach: Das Zeitalter der Weltkriege und Revolutionen. Hg. von Martin Greschat und Hans-Walter Krumwiede (Kirchen- und Theologiegeschichte in Quellen, V), Neukirchener Verlag, Neukirchen-Vluyn 1999, S. 75.
Die Verkündigung ... Aus: Deutsche Gottesworte. Aus der Bergpredigt verdeutscht von Reichsbischof Ludwig Müller. Verlag Deutsche Christen, Weimar/Tübingen, 13. Aufl. 1938.

S. 144 Ens, Kornelius: Die Jugendweihe als zentrales Konfliktfeld des Erziehungsanspruchs zwischen Staat und evangelischer Kirche. Entwicklungen in der Zeit von 1954 bis 1959. In: Deutschland Archiv, 2.11.2015, aus: www.bpb. de/214629 - Zugriff 11.4.2016.
Koenen, Klaus: in https://www.bibelwissenschaft.de/stichwort/11412/ - Zugriff 11.4.2016.

S. 145 Nach evangelischem ... Aus der Denkschrift „Evangelische Kirche und freiheitliche Demokratie" 1985, S. 22. https://www.ekd.de/download/evangelische_kirche_und_freiheitliche_demokratie_1985.pdf – Zugriff 5.4.2016.
Böckenförde, Ernst-Wolfgang:

https://www.taz.de/1/archiv/print-archiv/printressorts/digi-artikel/?ressort=sw&dig=2009% 2F09%2F23%2Fa0090&cHash= 21e4e4c527– Zugriff 5.4.2016.

S. 146 In den USA ... Nach Pruisken, Insa / Coronel, Janina: Megakirchen: Managerialisierung im religiösen Feld? In: Sozialformen der Religion im Wandel. Hg. von Patrick Heiser. Springer-Verlag, Wiesbaden 2014, S. 73-75.
Ein prominentes Beispiel ... Nach Gersch, Rahel: Frommer Individualismus, Weissensee-Verlag, Berlin 2013, S. 275.

S. 147 https://www.ekd.de/download/grundordnung_fassung_amtsblatt_januar_2007.pdf - Zugriff 6.4.2016.

S. 148 Urteil gegen ... Auschwitz war ein Arbeitslager ... www.bild.de/regional/hamburg/neofaschismus/beschaemende-szene-vor-gericht-blumen-fuer-nazi-oma-43371974.bild.html – Zugriff 12.4.2016.

S. 149 Vondung, Klaus: Deutsche Wege zur Erlösung. Formen des Religiösen im Nationalsozialismus. Verlag Wilhelm Fink, München 2013, S. 38, 39, 41 (mit Auslassungen).

S. 151 Weil ihr ... Johannes Chrysostomus: Acht Reden gegen die Juden. Eingeleitet und erläutert von Rudolf Brändle, übersetzt von Verena Jegher-Bucher. Hiersemann Verlag, Stuttgart 1995, S. 171, 175.

S. 152 Pangritz, Andreas: Nun ist Bußtag - und die Kirche soll schweigen? Die Reaktion von Elisabeth Schmitz auf die Novemberpogrome 1938. In: Elisabeth Schmitz und ihre Denkschrift gegen die Judenverfolgung. Konturen einer vergessenen Biografie (1893-1977). Hg. v. Manfred Gailus. Wichern Verlag, Berlin 2008, S. 176.

S. 153 Auszug aus ihrer Denkschrift, in: Elisabeth Schmitz und ihre Denkschrift gegen die Judenverfolgung. Konturen einer vergessenen Biografie (1893-1977). Hg. v. Manfred Gailus. Wichern Verlag, Berlin 2008, S. 209-211.
Die Verfolgung ... Gailus, Manfred: Elisabeth Schmitz und ihre Denkschrift gegen die Judenverfolgung. Vortrag am 15. November 2009 in der Gedenk-und Bildungsstätte Haus der Wannsee-Konferenz, verfügbar in: http://www.ghwk.de/fileadmin/user_upload/pdf-wannsee/newsletter/newsletter_29.pdf – Zugriff 25.3.2016.

S. 154f. Thierfelder, Jörg: www.freiburger-rundbrief.de/de/?item=876 – Zugriff 6.4.2016.

S. 156 Denkschrift aus Braune, Berta: Hoffnung gegen die Not. Mein Leben mit Paul Braune 1932-1954,

251

Evangelische Verlagsanstalt, Leipzig 1989, Anhang S. 139-151 Anlage 2.

S. 157 In der Frage der Euthanasie ... Zitiert nach Berta Braune: Hoffnung gegen die Not. Mein Leben mit Paul Braune 1932-1954, Evangelische Verlagsanstalt, Leipzig 1989, S. 73.

S. 160 Wie funktioniert ... http://www.diakonie-pfalz.de/ich-suche-hilfe/finanzielle-probleme/schuldner-insolvenzberatung.html – Zugriff 14.4.2016.

S. 162 Nichts ist gut ... https://www.ekd.de/predigten/kaesmann/100101_kaessmann_neujahrspredigt.html – Zugriff 14.4.2016.

S. 163 Krötke, Wolf: http://wolf-kroetke.de/ansicht/eintrag/117.html – Zugriff 14.4.2016.

S. 164 http://www.ekd.de/vortraege/2010/101031_beckstein_verleihung_luthermedaille.html – Zugriff 7.4. 2016.

S. 165 Dinkelacker, Christoph: http://www.alsharq.de/2010/mashreq/libanon/wenn-christen-und-muslime-gemeinsam-der-armut-entfliehen-zum-150-jahrigen-bestehen-der-schneller-schulen-im-nahen-osten/ – Zugriff 7.4.2016.

S. 166f. Mawick, Reinhard, in zeitzeichen 10/2015, S. 33-35 (in Auszügen).

S. 171 Prinzipien der Lohngerechtigkeit nach Göbel, Elisabeth: Unternehmensethik. UTB/Lucius, Konstanz. 3. Aufl. 2013.

S. 172 Aus fluter. Jugendmagazin der Bundeszentrale für politische Bildung. Thema Flucht, Sommer 2015, S. 46.

S. 175 am wochenende .... Alle E-Mails aus dem Film Hallo Jule, ich lebe noch. © Film- und Fernsehproduktion Bernd Umbreit, Oberstenfeld.

S. 179 Luthers Auslegung des 5. Gebotes im Großen Katechismus: zitiert nach: Unser Glaube – Bekenntnisschriften der evangelisch-lutherischen Kirche, Gütersloher Verlagshaus Gerd Mohn, S. 640f.

S. 180 Diehl, Klaus Jürgen: In 99 Tagen durch die Bibel. Brunnen-Verlag, Gießen 2010.

S. 181 Fetscher, Caroline, in: Der Tagesspiegel vom 22.7.2012.

S. 182 Drewermann, Eugen: Die sieben Tugenden. Patmos, Düsseldorf, 1. Aufl. 2012, S. 9f.

S. 183 Martin Luther King im August 1963 in Washington DC, zitiert nach http://usa.usembassy.de/etexts/soc/traum.htm - Zugriff 3.6.2016.

S. 184 Huber, Wolfgang, zitiert nach https://www.ekd.de/vortraege/huber/060307_huber_dessau.html - Zugriff 14.3.2016.

S. 185 Ludwig, Ralf: Philosophie für Anfänger von Sokrates bis Sartre. Ein Wegbegleiter durch die abendländische Philosophie. dtv,

München 2015, S. 228.

S. 187 Zu dem Besitzer ... Nach Wittschier, Michael: Alle Kreter lügen ..., sprach der Kreter. Kleine Einführung in die Philosophie. Patmos, Düsseldorf 1980. S. 34 (minimal verändert).

S. 188 Du bist Notarzt ... Leicht verändert nach: https://religionundleben.wordpress.com/category/pflichtethik/ Zugriff 15.3.2016. Das Gewissen ... nach Härle, Wilfried: Ethik. De Gruyter Verlag, Berlin/New York, 2011, S. 115–117.

S. 189 Singer: Peter: Praktische Ethik. Reclam, Stuttgart, 3. revidierte und erweiterte Auflage 2013, S. 112-114 und S. 246.

S. 190 www.ekd.de/download/ekd_friedensdenkschrift.pdf – Zugriff 1.2.16.

S. 191 Nach Spiewak, Martin, in DIE ZEIT, www.zeit.de/2011/04/PID-Gentest/seite-2 - Zugriff 4.2.2016.

S. 192 Gröhe, Hermann / Schneider, Nikolaus: Und wenn ich nicht mehr leben möchte? Adeo-Verlag, Asslar 2015, S. 11ff.

S. 197 Tutu, Desmond und Mpho: Das Buch des Vergebens. Allegria Verlag, Berlin 2015.

S. 198 Wind, Renate: Dem Rad in die Speichen fallen. Die Lebensgeschichte des Dietrich Bonhoeffer. Beltz & Gelberg in der Verlagsgruppe Beltz, Weinheim Basel 1999, S. 86ff.

S. 199 Frerichmann, Nora: Zwischen Hoffnung, Angst und Dankbarkeit. In: epd-Dossier Nr. 7, März 2015, S. 3.

S. 205 Fischer, Thomas: http://www.zeit.de/gesellschaft/zeitgeschehen/2015-03/blasphemie-gotteslaesterung-straftatbestand-religion/seite-2 - Zugriff 18.2.2016. Tucholsky, Kurt: Gesammelte Werke in zehn Bänden. Herausgegeben von Mary Gerold-Tucholsky und Fritz J. Raddatz. Rowohlt Taschenbuch Verlag, Reinbek 1975, Band 2: 1919–1920, S. 42-44. Imhof, Kurt: Aus einem Interview von Andrea Christen mit Kurt Imhof, http://www.srf.ch/news/international/nicht-alles-was-erlaubt-ist-ist-auch-gut - Zugriff 18.2.2016.

S. 209 DeLillo, Don: Falling Man. Übersetzt von Frank Heibert. Goldmann, München, 3. Aufl. 2009, S. 91-93 (gekürzt).

S. 212 Zwölf Merkmale nach: Landgraf, Michael: ReliBausteine Religion „Sekte" oder ...? Calwer Verlag, Stuttgart 3. Aufl. 2011, S. 55.

S. 213 Interview mit Nora Herzog, in: Landgraf, Michael: ReliBausteine Religion, „Sekte" oder..? Calwer Verlag, Stuttgart 3. Aufl. 2011, S. 96 (gekürzt).

S. 214 Kein Frieden ... aus: Küng, Hans: Das Judentum. Wesen und Geschichte. Piper, München 1991, S. 21. Lee-Linke, Sung Hee: Mit einem gemeinsamen Ethos ...: http://www.reformiert-info.de/2009-0-56-7.html Zugriff 23.2.2016.

S. 219 Wer in einer hinduistischen ... Nach: Gandhi, Mohandas: Who is a Sanatani Hindu? In: Collected Works, Ministery of Information and Broadcasting. Government of India (Hg.), Band 19, Ahmedabad 1966, S. 327, Übersetzung: Michael Landgraf, Neustadt.

S. 220 „Wie einer handelt ..." Aus den Upanishaden, Übersetzung: Michael Landgraf, Neustadt. Man erntet ... Kakar, Sudhir: in DIE ZEIT Nr. 11, 8. März 2007.

S. 231 Jede Religion hat ... Dalai Lama: Das Herz der Religionen. Gemeinsames entdecken und verstehen. Herder, Freiburg, S. 218. Falls Sie an Gott glauben ... Dalai Lama: Das Herz der Religionen. Gemeinsames entdecken und verstehen. Herder, Freiburg 2014, S. 231.

S. 236 Paulus bedient ... Becker, Jürgen: Der Brief an die Galater. In: Jürgen Becker, Ulrich Luz: Die Briefe an die Galater, Epheser und Kolosser. NTD 8/1. Vandenhoeck & Ruprecht, Göttingen 1998, S. 59f.

S. 238 Vier Schritte (Film) in Anlehnung an Kirsner, Inge: Den Film groß machen. In: entwurf 2/2013, S. 12-15.

S. 240 Der Lauf der Evolution ... und Beispiel Kati aus: Pfeifer, Volker: Ethisch argumentieren, Bildungshaus Schulbuch Verlage, Braunschweig 2009, S. 24f.

S. 241 Methode PMI: Nach Brüning, Ludger / Saum, Tobias: Erfolgreich unterrichten durch Visualisieren. Neue Deutsche Schule. Verlagsgesellschaft Essen 2007, S. 89f.

S. 246 Agende für die Union Evangelischer Kirchen in der EKD, Bd. 4, Luther Verlag, Bielefeld 2006, S. 54-56.

Bildquellen

Agentur 3Kreativ, Essen: 180. |Aharon Yakobson ART Gallery: 57. |akg-images GmbH, Berlin: 37 u., 44, 92, 140 o., 239 1; André Held 240; Bible Land Pictures / Jerusalem Photo by: Z.Radovan 125 u.; Bildarchiv Monheim / Florian Monheim / © VG Bild-Kunst, Bonn 2016 85; British Library 14; De Agostini Picture Library 74 m. 3; Erich Lessing 19, 62 r. u.; Erich Lessing / © Succession Picasso / VG Bild-Kunst, Bonn 2016 36 u.; Pictures From History 62 l. u.; Yvan Travert 140 u. |Artothek, Weilheim: Constantin Beyer 55; Hans Hinz / © Kate Rothko-Prizel & Christopher Rothko / VG Bild-Kunst, Bonn 2016 31; Museum Folkwang Essen 82; © Blauel Gnamm 74 l.; © Museum der Brotkultur Ulm 182. |Atelier Hirndorf, Warpe: Pablo Hirndorf 91. |avantverlag, Berlin: © Edition Delcourt & avantverlag, 2015 174. |Avenue Images GmbH, Hamburg: World History Archive/Ann Ronan Collection / agefotostock 143. |Baselitz, Georg, München: © 2016 / Photo: Jochen Littkemann, Berlin 74 m. 4. |Bastøy prison: 181. |Bayerische Staatsbibliothek, München: 105. |Benison, Julie Ann: 137. |Beuroner Kunstverlag, Beuron: Gesicht Christi – Gesichter der Menschen · Jugendprojekt mit Abbé Nicolas Jouy, Paris / www.klosterkunst.de. Das Motiv ist als Kunst-Postkarte Nr. 6983 erhältlich. 123. |Bildagentur Schapowalow, Hamburg: Atlantide 219. |Bilderberg, Hamburg: Stefan Elleringmann 62 r. o. |Bohem Press AG, Affoltern am Albis: Bilder aus „Mit Gott unterwegs" © 2016 Bohem Press AG, Centralweg 16, CH-Affoltern am Albis 126. |Boiselle & Svrcina, Neustadt a. d. W.: 110, 134. |bpk–Bildagentur, Berlin: 141, 151 4; RMN - Grand Palais / © VG Bild-Kunst, Bonn 2016 26 r. u. |Bredol, Martin Heinrich, Marburg: 151 2. |Bridgeman Images, Berlin: 86, 142, 149, 151 1; © VG Bild-Kunst, Bonn 2016 178; © VG Bild-Kunst, Bonn 2017 24 o. |Brot für die Welt - Evangelischer Entwicklungsdienst, Berlin: 179. |Bundesverband der Deutschen Volksbanken und Raiffeisenbanken (BVR), Berlin: 195 o. |Calwer Verlag GmbH, Stuttgart: 1. |courtesy Galerie EIGEN + ART Leipzig/Berlin und Zwirner, New York/London, Berlin: Uwe Walter, Berlin / © VG Bild-Kunst, Bonn 2016 169. |Crepaz, Peter Paul, San Candido (BZ): 74 r. |ddp images GmbH, Hamburg: 109; INTERTOPICS 62 l. o.; United Archives 72. |Deutsche Bibelgesellschaft, Stuttgart: Lutherbibel, revidierter Text 1984 239 3. |Diakonie Deutschland - Evangelischer Bundesverband, Echterdingen: 160, 161 r. o. |Diez, Hans Jürgen, Frankfurt/Main: © VG Bild-Kunst, Bonn 2016 41. |dreamstime.com, Brentwood: Malgorzata 225; Sergey Sav 247 l. o.; Vadim Koslowsky 116; yordan Rousev 247 r. o. |Druwe & Polastri, Cremlingen/Weddel: 102. |Dumont, Georg, Deidesheim: 215. |ECE Projektmanagement G.m.b.H & Co. KG, Hamburg: Aquis Plaza, Aachen 16 o. |Eickmeyer, Peter, Melle: 173. |El Sawiy, Rasha, Hamburg: 30. |EMS - Evangelische Mission in Solidarität e.V., Stuttgart: Martina Waiblinger 165. |epd-bild, Frankfurt/M.: 164; Christopher Clem Franken 229 u.; Gerrit-Richard Ranft 161 l. o.; Gordon Welters 213; Jens Schulze 246; Jochen Günther 195 r.; Maike Glöckner 81; Norbert Neetz 245; Peter Lindoerfer 7; Peter Widmann 201 u.; privat 145 l.; Rainer Oettel 233 r.; Rolf Zöllner 51, 145 r.; Stefan Auth 229 o. |Estate Martin Kippenberger, Köln: Helga Krobath, Wien 205 o. |Evangelischen Kirche in Deutschland (EKD), Hannover: http://www.ekd.de/download/die_kmu5.pdf 159 o. |Fotofinder GmbH, Berlin: bridgemanart.com 117; Jim West / agefotostock / Avenue Images 129; © Rainer Weisflog 196 o. |fotolia.com, New York: fotolia / © allapen 8 l; fotolia / © Iaschi adrian 232 4; Jürgen Flchle 48; Lava Lova 227; Marem 39; natanaelginting 158; oneinchpunch 16 u., 43 r.; Photographer.eu 9 r.; riccardo1990 13; tai111 159 r. u.; vitaliymateha 98; © Les Cunliffe 137; © tuulijumala 218 u. |fotosearch.com, Waukesha: Stock Foto 148. |Foundation Arts, Utah, American Fork: 27. |Getty Images, München: DeAgostini 93; Ikon Images 185; Kelvin Murray 23 o.; Stone / Tom Schierlitz 187 m. o. |Gille, Carsten, Frauenstein: © VG Bild-Kunst, Bonn 2016 139. |Grolik, Markus, München: http://cartoongrolik.blogspot.de/ 106. |Gruner + Jahr GmbH & Co. KG, Hamburg: 200. |Hoffnungstaler Stiftung Lobetal, Bernau OT Lobetal: 156 u. |Hofmann, Hans-Georg, Stuttgart: Titel. |Holtschulte, Michael, Herten: 189. |Initiative Bildung-Kultur.org e.V., Witten-Rüdinghausen: © Ren Rong / Foto: Mache 184. |Interfoto, München: Mary Evans / GEORGE STEVENS PRODUCTIONS / Ronald Grant Archive 73. |iStockphoto.com, Calgary: Adam Smigielski 175; Aldo Murillo 61 o.; br-photo 217 u.; Cade8888 242; Cliff Parnell 197 o.; David Clark 97; FooTToo 59; i_kimura 247 l. u.; Nicola Pavone 42; raciro 49; serdiophoto 61 u.; susandaniels 99. |Janson, Jürgen, Landau: 120, 194 l. o. |Kopp-Wichmann, Roland, Heidelberg: 183. |Landgraf, Michael, Neustadt: 6, 107, 114, 122, 201 o., 217 o., 218 o., 221 o., 221 u., 222, 222, 223, 224, 226, 228 u., 229 m., 230, 231 u.; Archiv 119. |Martin, Maria, Würzburg: mamind 21. |Methode Film, Bad Vilbel: © Jeremy D. Lanni 238 u. |Mohr, Burkhard, Königswinter: 188. |MVG Medienproduktion und Vertriebsgesellschaft mbH, Aachen, Aachen: © 1982 / MISEREOR-Hungertuch aus Haiti von Jacques Chéry 127. |OKAPIA KG - Michael Grzimek & Co., Frankfurt/M.: XYZ PICTURES / imageBROKER 216. |Panther Media GmbH (panthermedia.net), München: fluegelnelke 159 l. u.; kpatyhka 232; pklimenko 247 r. u. |Patmos Verlag, Ostfildern: aus: Martin Wolters / Thomas Ebinger (Hg.), Bibelclouds für Konfis, © Verlagsgruppe Patmos der Schwabenverlag AG, Ostfildern 2015, www.verlagsgruppe-patmos.de 131. |Pentermann-Fotografie, Osnabrück: 161 u. |Petri, Dieter, Bietigheim-Bissingen: 113. |Philipp Heinisch - Kunst und Justiz, Berlin: www.kunstundjustiz.de 168. |Philosophie Magazin, Berlin: Sonderausgabe 05 (2015), Coverbild: Collection Christophel © Lucas Film / Walt Disney Productions 124. |PHOTO-DESIGN Herbert Boswank, Dresden: © VG Bild-Kunst, Bonn 2016 26 r. o. |Picture-Alliance GmbH, Frankfurt/M.: AFP 195 Saunders, 196; akg 151 3; akg-images 36 o., 83 r.; ANP XTRA 239 4; AP 18; AP / Cheryl Gerber 195 Tutu, 197; AP Images 8; Arco Images / B. Bönsch 244 r. o.; Art Media 52; Awad_Awad 208 u.; Bernd Weißbrod 204; beyond/Vladimir Godnik 176; Bildagentur-online 244 l. u.; CHINFO, Navy Visual News Service 89; Chromorange/Tipslmages 58; dpa 94, 162, 163, 172, 187, 195 Bonhoeffer, 198, 231 o., 239 2; dpa / Agentur Black & White 233 l. o.; dpa / Rolf Rick 108; dpa-Zentralbild 90, 187 l. u.; Eibner-Pressefoto 32; epa afp Hossam Abu Alan 206 o.; Eranga Jayawardena 208 m.; Erich Lessing 88; Fine Art Images 26 l.; Frank Hidebrandt 203; Godong 146 u.; Heritage Auctions/HA.com 28; IMAGNO 71; John Edward Linden 146 o.; Katharina Eglau 208 o.; Maxppp Jm Niester 187 r. u.; MTV/BBC 205 u.; Oliver Berg 209; prismaonline 25; R4200 187 r. o.; Robin Nelson 206 u.; Ulrich Baumgarten 207 o. |pixelio media GmbH, München: adacta 118. |Plaßmann, Thomas, Essen: 45, 111, 112, 133, 171, 177, 190, 191, 192, 194 u. |Project Photos GmbH & Co. KG, Walchensee: R. Eisele 9 l. |Rauschgold, Zita, Hamburg: Liebende 2013 24 u. |Robert-Havemann-Gesellschaft e.V., Berlin: aus: Pseudosakrale Staatsakte in der Sowjetzone. Kindesweihe, Jugendweihe, Eheweihe, Grabweihe, hrsg. v. Bundesministerium für Gesamtdeutsche Fragen, Bonn und Berlin 1960 144 o. |Rowohlt Verlag GmbH, Reinbek: 220. |Rühl, E. Rainer, Alsheim: 10, 10, 34, 83 l., 115, 138, 138, 138, 170, 200 3. |Rupp, Dr. Hartmut, Waghäusel: 87 o., 233 l. u. |Schmidt, Roger - Karikatur-Cartoon.de, Brunsbüttel: 38. |Schöning, Dirk, Lünen: 207 u. |Shutterstock.com, New York: 5 second studio 23 u.; Alberto Loyo 103; Arena Photo UK 244 r. u.; ensiferum 46; OlegD 244 l. o.; photowings 40, 67 2; Seamartini Graphics 168 2. |SPIEGEL-Verlag Rudolf Augstein GmbH & Co. KG, Hamburg: 12, 104. |Stadtarchiv Heidelberg, Heidelberg: 154 o., 154 u., 155. |Steffens Photographie, Budenheim: Bridgeman Art Library/Archives Charmet 15. |Steiger, Ivan, München: 132. |Stuttmann, Klaus, Berlin: 199. |sublan.tv, Frankfurt am Main: 166. |Süddeutsche Zeitung - Photo, München: KPA 47. |Südverlag GmbH/UVK Verlagsgesellschaft, Konstanz: e.o.plauen: Vater und Sohn. Gesamtausgabe Erich Ohlser © 2000. 101. |TEEKANNE GmbH & Co KG, Köln: 20. |Tilly, Jacques, Düsseldorf: 214. |Tomaschoff, Jan, Düsseldorf: 29. |toonpool.com, Berlin, Castrop-Rauxel: 136. |ullstein bild, Berlin: 157; Lange 144 u.; SZ Photo 150. |VG BILD-KUNST, Bonn: © Estate of George Grosz, Princeton, N.J. / VG Bild-Kunst, Bonn 2016 62 m. u.; © Fondation Antoni Tapies Barcelona / VG Bild-Kunst, Bonn 2016 74 m. 1. |Visum Foto GmbH, Hannover: Michael Staudt 87 u. |Wiedenroth, Götz/www.wiedenroth-karikatur.de, Flensburg: 194 r. o. |wikimedia.commons: 74 m. 2; Creative Commons CC0 1.0 Universal Public Domain Dedication 152; GNU Free Documentation License, Creative Commons 153. |Winter, Jörg, Karlsruhe: 247 m. u. |Zimmermann, Prof. Dr. Ruben, Mainz: 125 o.

Register